2014—2015

学科发展报告

综合卷

COMPREHENSIVE REPORT ON
ADVANCES IN SCIENCES

中国科学技术协会 主编

中国科学技术出版社
·北 京·

图书在版编目（CIP）数据

2014—2015学科发展报告综合卷 / 中国科学技术协会主编 . —北京：中国科学技术出版社，2016.3
（中国科协学科发展研究系列报告）
ISBN 978-7-5046-7100-4

Ⅰ.①2… Ⅱ.①中… Ⅲ.①学科发展—研究报告—中国—2014—2015 Ⅳ.①G301

中国版本图书馆CIP数据核字（2016）第042145号

策划编辑	吕建华　许　慧
责任编辑	李　红
装帧设计	中文天地
责任校对	刘洪岩
责任印制	张建农

出　　版	中国科学技术出版社
发　　行	科学普及出版社发行部
地　　址	北京市海淀区中关村南大街16号
邮　　编	100081
发行电话	010-62103130
传　　真	010-62179148
网　　址	http://www.cspbooks.com.cn

开　　本	787mm×1092mm　1/16
字　　数	513千字
印　　张	23.75
版　　次	2016年4月第1版
印　　次	2016年4月第1次印刷
印　　刷	北京盛通印刷股份有限公司
书　　号	ISBN 978-7-5046-7100-4/G·709
定　　价	96.00元

2014—2015
学科发展报告综合卷

专　家　组

组　　长　李静海

副 组 长　冯长根　谢克昌　沈　岩　王春法　沈爱民

执　　笔　刘志恒

成　　员　（按姓氏笔画排序）

王恩哥　史培军　朱　明　朱立国　刘嘉麒
严纯华　苏　青　陈运泰　范维澄　钱七虎
高　福　游苏宁　颜　帅

编　写　组　（按姓氏笔画排序）

王瑞元　孔昭君　甘晓华　田　煜　史永超
冯连世　冯登国　宁津生　朱　明　刘　琳
刘兴平　刘志恒　许世卫　李　卫　李春明
李冠兴　杨月欣　杨玉芳　杨国强　汪寿阳
宋　军　陈广仁　金　芝　孟庆跃　赵　华
赵　明　赵文智　赵继宗　侯保荣　秦　川
索传军　高　翔　唐旭东　陶祖莱　黄硕琳
曹雪涛　梁羲东　戴　浩

学术秘书　胡春华　王　奕　刘朋阳　吴晓丽　褚倩倩

›››› 序

党的十八届五中全会提出要发挥科技创新在全面创新中的引领作用，推动战略前沿领域创新突破，为经济社会发展提供持久动力。国家“十三五”规划也对科技创新进行了战略部署。

要在科技创新中赢得先机，明确科技发展的重点领域和方向，培育具有竞争新优势的战略支点和突破口十分重要。从 2006 年开始，中国科协所属全国学会发挥自身优势，聚集全国高质量学术资源和优秀人才队伍，持续开展学科发展研究，通过对相关学科在发展态势、学术影响、代表性成果、国际合作、人才队伍建设等方面的最新进展的梳理和分析以及与国外相关学科的比较，总结学科研究热点与重要进展，提出各学科领域的发展趋势和发展策略，引导学科结构优化调整，推动完善学科布局，促进学科交叉融合和均衡发展。至 2013 年，共有 104 个全国学会开展了 186 项学科发展研究，编辑出版系列学科发展报告 186 卷，先后有 1.8 万名专家学者参与了学科发展研讨，有 7000 余位专家执笔撰写学科发展报告。学科发展研究逐步得到国内外科学界的广泛关注，得到国家有关决策部门的高度重视，为国家超前规划科技创新战略布局、抢占科技发展制高点提供了重要参考。

2014 年，中国科协组织 33 个全国学会，分别就其相关学科或领域的发展状况进行系统研究，编写了 33 卷学科发展报告（2014—2015）以及 1 卷学科发展报告综合卷。从本次出版的学科发展报告可以看出，近几年来，我国在基础研究、应用研究和交叉学科研究方面取得了突出性的科研成果，国家科研投入不断增加，科研队伍不断优化和成长，学科结构正在逐步改善，学科的国际合作与交流加强，科技实力和水平不断提升。同时本次学科发展报告也揭示出我国学科发展存在一些问题，包括基础研究薄弱，缺乏重大原创性科研成果；公众理解科学程度不够，给科学决策和学科建设带来负面影响；科研成果转化存在体制机制障碍，创新资源配置碎片化和效率不高；学科制度的设计不能很好地满足学科多样性发展的需求；等等。急切需要从人才、经费、制度、平台、机制等多方面采取措施加以改善，以推动学科建设和科学研究的持续发展。

中国科协所属全国学会是我国科技团体的中坚力量，学科类别齐全，学术资源丰富，汇聚了跨学科、跨行业、跨地域的高层次科技人才。近年来，中国科协通过组织全国学会开展学科发展研究，逐步形成了相对稳定的研究、编撰和服务管理团队，具有开展学科发展研究的组织和人才优势。2014—2015 学科发展研究报告凝聚着 1200 多位专家学者的心血。在这里我衷心感谢各有关学会的大力支持，衷心感谢各学科专家的积极参与，衷心感谢付出辛勤劳动的全体人员！同时希望中国科协及其所属全国学会紧紧围绕科技创新要求和国家经济社会发展需要，坚持不懈地开展学科研究，继续提高学科发展报告的质量，建立起我国学科发展研究的支撑体系，出成果、出思想、出人才，为我国科技创新夯实基础。

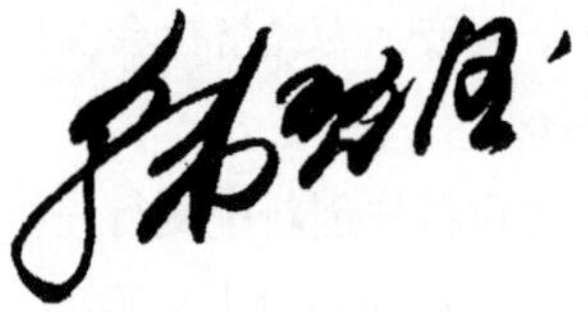

2016 年 3 月

前　言

2014年，中国科协组织中国化学会等33个全国学会，分别就化学、空间科学、海洋科学、心理学、环境科学技术（大气环境）、系统科学与系统工程、实验动物学、神经外科学、机械工程（摩擦学）、农业工程、动力与电气工程、计算机科学技术、测绘科学与技术、航空科学技术、兵器科学技术（装甲兵器技术）、稀土科学技术、核科学技术、深层油气地质、粮油科学技术、指挥与控制、农学（基础农学）、水产学、园艺学、畜牧学、作物学、中西医结合消化医学、生物医学工程、营养学、体育科学、免疫学、公共卫生与预防医学、图书馆学、密码学共33个学科的发展状况进行了系统研究，编辑出版了《中国科协学科发展研究系列报告》。

受中国科协学会学术部委托，中国科协学会服务中心组织有关专家，在上述33个学科发展报告基础上，编写了《2014—2015学科发展报告综合卷》（以下简称《综合卷》）。《综合卷》分四个部分：第一部分以33个学科的重大进展为基础，解读近两年来我国自然科学及工程技术领域学科发展的总体情况，评析学科发展存在的困难与挑战，提出促进我国学科发展的政策建议；第二部分简要综述了33个学科发展报告的主要内容，介绍了各学科近年的最新研究进展、国内外研究进展比较、发展趋势与对策建议等；第三部分是33个学科发展报告主要内容的英文介绍；第四部分是2014、2015年度与学科发展相关的资料附录。《综合卷》学科排序根据相关全国学会在中国科协的编号顺序排列。

为做好《综合卷》研究工作，中国科协学会服务中心组织成立了《综合卷》专家组、编写组。专家组由中国科协学会与学术工作专门委员会委员及有关专家组成，编写组由33个全国学会选派的专家等组成。为提高《综合卷》学科发展综述部分的学术性、客观性，中国科协学会服务中心联合科技导报社，与北京理工大学管理与经济学院合作成立了“2014—2015学科发展综合评述”课题组，对相关内容开展了专题研究。

《综合卷》的编写工作凝聚了相关学科专家的集体智慧。相关全国学会及中国科协学会服务中心、科技导报社、中国科学技术出版社、北京理工大学管理与经济学院等单位也给予了大力支持。在此，谨向所有为《综合卷》编写付出辛勤劳动的专家学者和工作人员表达诚挚的谢意！

需要说明的是，《综合卷》主要在33个学科发展报告的基础上综合而成，仅概括相关学科的重要进展和总体情况，不能完整地反映我国自然科学及工程技术领域学科发展的全貌。特别是《综合卷》涉及的学科面广，编写时间仓促，加之调研工作有一定难度，虽经多方努力，仍难免存在问题或遗憾，敬请读者指正。

《2014—2015学科发展报告综合卷》编写组

2016年3月

目 录

第三章　学科发展研究报告（2014—2015）简介（英文）

第一章

学科发展综述

一、引言

随着科学的发展，各专门学问从哲学性质的原始科学中分化出来，形成自己的研究领域，并演变为学科。学科有其自身发展的规律性，是多种因素综合作用的结果。科学发展的逻辑只是影响学科发展的内在因素，学科的发展在很大程度上还受社会需要、国家政策，以及大学及科研机构的学术管理体制等外在环境因素的影响。

进入 21 世纪，新科技革命的迅猛发展，推动了学科的交叉、融合、渗透、分化和发展，并孕育着新的重大突破，必将深刻改变经济和社会面貌。

为反映科学技术发展趋势，学科发展报告旨在探索学科发展规律，跟踪学科发展态势，把握学科发展方向，总结学科最新进展，传播学科研究成果，促进学科发展交流。

二、学科进展概况

近两年，学科发展环境不断优化，学科建设投入增长，学科队伍不断壮大，学科平台建设更加完善，国际合作和交流增强。由此，有力地推动了学科建设和科学研究的发展，基础学科和应用学科不断完善发展，学科间交叉融合孕育着创新，正在逐步改变学科结构。

（一）学科建设投入总体保持增长态势

目前支持我国科学研究和学科建设的资金投入渠道主要包括：自然科学基金、国家重点基础研究发展计划、国家重大科学研究计划、国家高技术研究发展计划、国家科技支撑计划和国家重点实验室建设计划等，各渠道的资金投入整体呈现增长态势。

从 1986 年科技拨款制度改革开始，国家科技投入体制机制不断发展和完善，形成了更加有利于新时期科技创新活动的科技投入体制机制。改革开放以来，我国加速了财政科技拨款制度的改革，财政科技拨款开始以财政专项资金的形式安排国家科技计划，强化了财政科技投入的国家战略导向。进入 21 世纪，随着党中央、国务院对科技事业的日益重视，全社会科技投入的增加，以及我国各项科技政策的实施，我国学科建设的投入稳定增加。资金投入不断增长，有力地支撑和推动了学科建设，促进了高层次人才培养以及实验室和研究基地建设，不断地提高了我国的科研竞争力。

近年来政府科技投入快速增长，1998—2007 年的十年间，财政科技拨款累计额达到 10358.6 亿元，比 1988—1997 年翻了两番，年均增长达 15.0%。“十一五”期间，中央财政科技投入保持了 20% 以上的年均增速，2011 年我国的科研经费投入达到 8687 亿元，占国内生产总值的比例从 2010 年的 1.76% 提升到 1.84%，我国已步入科技投入大国的行列。2012 年，我国科技投入首次突破万亿元，全国共投入研究与实验发展（R&D）经费 10298.4 亿元，占当年 GDP 的比重为 1.98%。2014 年全国科技经费投入持续增加，全社会研究与试验发展（R&D）支出达到 13015.6 亿元，比 2013 年增加 1169 亿元，R&D 占 GDP 比重预计可达 2.09%。据国家统计局的全国科技经费投入统计公报披露，2005—2014 年科研经费支出如图 1 所示。

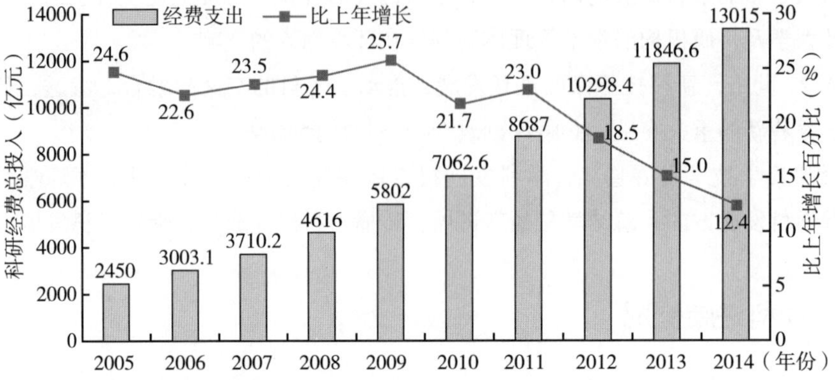

图 1　2005—2014 年我国科研经费支出

数据来源：《2015 年中国统计年鉴》

1. 国家自然科学基金

国家自然科学基金坚持支持基础研究，深入开展学科发展战略研究，推动学科均衡协调可持续发展。自 1986 年设立以来，国家自然科学基金委员会在推动我国自然科学基础研究，促进基础学科的学科建设，发现和培养优秀科技人才等方面取得了巨大成绩；为提升基础研究创新能力进行了有益的探索，积累了宝贵的经验，为我国基础研究的发展和整体水平的提高做出了积极贡献。

国家自然科学基金的投入从 2005 年的 27.01 亿元，增加到 2014 年的 194.03 亿元，增加了 6 倍多，资助投入年均增长率达到 25.59%。截至 2014 年 5 月，自然科学基金委共有依托单位 2983 个，其中高等学校 911 个（占 31%），科学研究机构 1320 个（占 44%），其他性质机构 752 个（占 25%）。国家自然科学基金每年受理的申请量也在稳步上升，2014 年集中受理期共接收各类申请 142734 项，是 2005 年接收申请量的 1.4 倍。图 2 为国家自然科学基金委 2005—2014 年财政拨款投入。从图 2 可以看出，国家自然科学基金财政拨款投入整体呈递增趋势。

2. 国家重点基础研究发展计划

国家重点基础研究发展计划（“973”计划）是具有明确国家目标、对国家发展和科学技术进步具有全局性和带动性的基础研究发展计划，旨在解决我国经济建设、社会可持续发展、国家公共安全和科技发展中的重大基础科学问题，在世界科学发展的主流方向上取

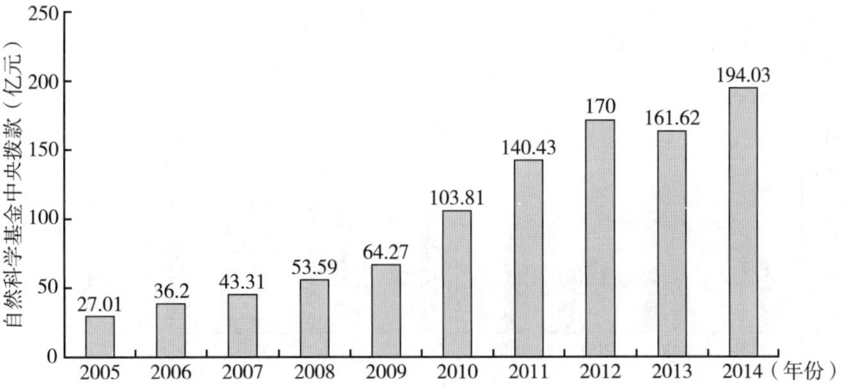

图 2　2005—2014 年自然科学基金中央财政拨款

数据来源：根据 2005—2014 年《国家自然科学基金委年度报告》以及 2005—2014 年《国家自然科学基金资助项目统计资料》整理得到

得了一批具有重大影响的原始性创新结果，提升了我国基础研究自主创新能力，为国民经济和社会可持续发展提供了科学基础，为未来高新技术发展提供了源头创新。

如图 3 所示，“973”计划自实施以来，财政投入基本上稳步增长。2005 年，“973”计划的投入资金额为 10 亿元，2013 年的投入资金总额是 28.28 亿元，是 2005 年的 2.8 倍。2014 年以来，“973”计划的中央财政拨款总额 13.59 亿元。（数据来源于 2014 年 10 月“973”项目清单合计）

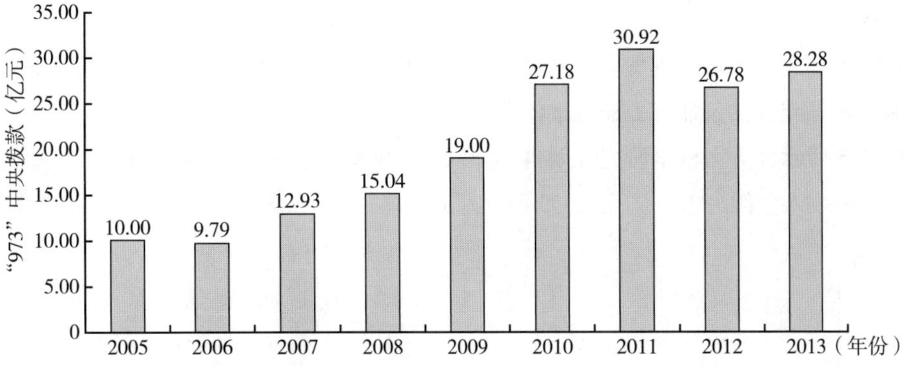

图 3　2005—2013 年“973”计划中央财政拨款

数据来源：《2014 年国家科技统计年鉴》

如图 4 所示，2010—2013 年，综合交叉领域的研究获得国家的重视和大力支持，2005 年，该领域获得中央财政拨款为 1.91 亿元，2013 年为 6.55 亿元，是 2005 年的 3.43 倍；此外，综合交叉领域获得的资助为总资助额的 23.1%，紧随其后的是重大科学前沿领域，资助金额为总资助额的 15.2%。自 2010 年开始，能源领域逐渐成为“973”计划支持

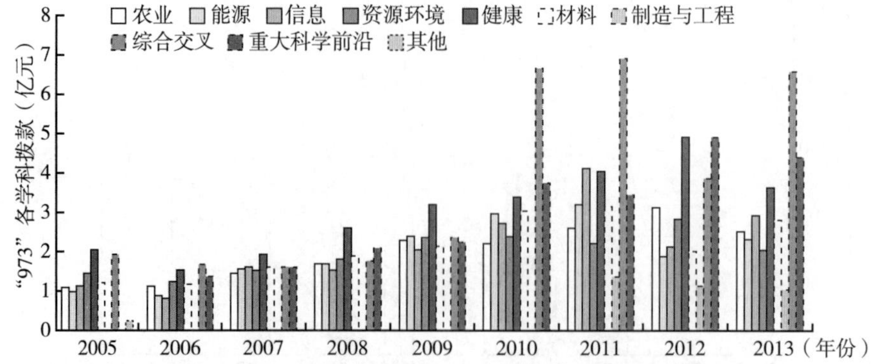

图 4　2005—2013 年"973"支持项目情况

数据来源：《2014 年国家科技统计年鉴》

的重点对象，2013 年资助金额为 2.32 亿元，说明能源学科越来越受到国家的重视，成为学科发展和研究的热点。

3. 国家重大科学研究计划

国家重大科学研究计划是《国家中长期科学和技术发展规划纲要（2006—2020 年）》部署的引领未来发展、对科学和技术发展有很强带动作用的基础研究发展计划。"十一五"期间，为落实该规划的部署，启动了蛋白质研究、量子调控研究、纳米研究、发育与生殖研究、干细胞研究 5 个国家重大科学研究计划。实施这 5 个国家重大科学研究计划，对科学和技术发展具有较强带动作用，促进了我国持续创新能力提高，显著提升了我国在该领域的国际竞争力，实现了重点跨越。针对全球气候变化研究的新形势、新任务，2010 年又应急启动了全球变化研究国家重大科学研究计划，形成了我国全球变化研究的优势与特色，为国家社会经济可持续发展宏观决策提供了科学依据，为国家参加国际气候变化谈判和开展环境外交提供了强有力的科学依据。

如图 5 所示，重大科学研究计划自实施以来，财政投入稳定增长。2006 年，重大科学研究计划的投入金额为 3.75 亿元，2013 年投入资金总额为 12.27 亿元，是 2006 年的 3.272 倍。

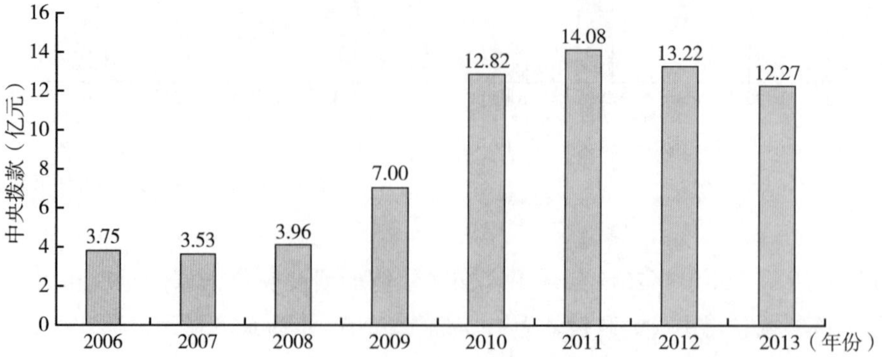

图 5　2006—2013 年国家重大科学研究计划中央财政拨款

数据来源：《2014 年国家科技统计年鉴》

如图 6 所示，自 2007 年开始，纳米研究领域成为国家重大科学研究计划支持的重点项目对象，累积资助金额为 3.5 亿元，占总资助金额的 30.86%，说明我国重视并大力支持纳米学科的发展；紧随其后的是蛋白质研究和发育与生殖研究，也是我国重大科学研究计划项目支持的重点对象，2013 年，蛋白质研究得到资助 2.25 亿元，占总资助金额的 21.14%，发育与生殖研究研究得到资助 1.75 亿元，占总资助金额的 22.28%。

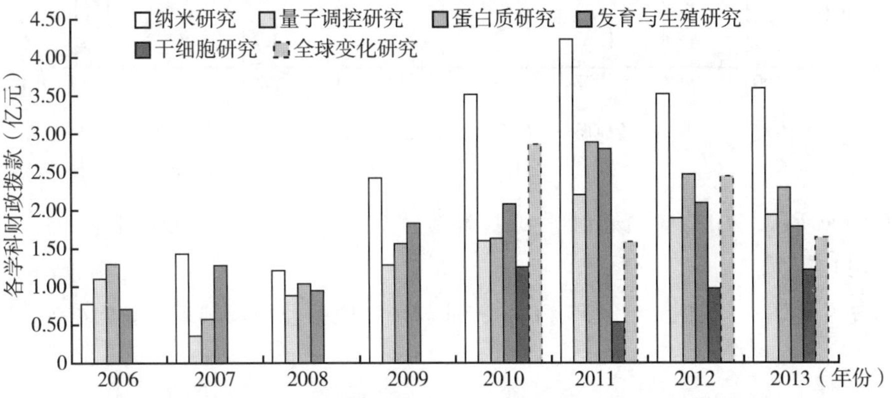

图 6　2006—2013 年国家重大科学研究计划支持项目情况

数据来源:《2014 年国家科技统计年鉴》

4. 国家高技术研究发展计划

自 1986 年 3 月启动以来，国家高技术研究发展计划（简称“863”计划）始终瞄准世界高技术发展前沿，按照有所为、有所不为的原则，在事关国家长远发展和国家安全的重要高技术领域，以提高我国自主创新能力为宗旨，坚持战略性、前沿性和前瞻性，以前沿技术研究发展为重点，统筹部署高技术的集成应用和产业化示范，充分发挥高技术引领未来发展的先导作用。实施“863”计划的近 30 年，该计划为我国高技术的起步、发展和产业化奠定了坚实基础。“863”计划所取得的成就在提升我国自主创新能力、提高国家综合实力、增强民族自信心等方面发挥了重要作用。

2005—2013 年，“863”计划财政拨款总投入为 438.8 亿元，如图 7 所示，其中 2005 年，“863”计划财政拨款额为 39.86 亿元；2013 年，该计划财政拨款额为 52.03 亿元，是 2005 年的 1.31 倍。

5. 国家科技支撑计划

国家科技支撑计划面向国民经济和社会发展的重大科技需求，贯彻落实《国家中长期科学和技术发展规划纲要（2006—2020 年）》，面向国民经济和社会发展需求，重点解决经济社会发展中的重大科技问题，以重大公益技术及产业共性技术研究开发与应用示范为重点，结合重大工程建设和重大装备开发，加强集成创新和引进消化吸收再创新，重点解决涉及全局性、跨行业、跨地区的重大技术问题，着力攻克了一批关键技术，突破了瓶颈制约，提升了产业竞争力，为我国经济社会协调发展提供了坚实支撑。

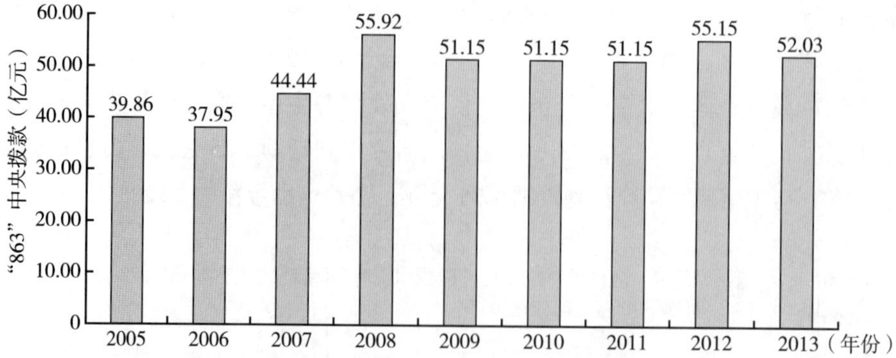

图 7 2005—2013 年"863"计划中央财政拨款

数据来源:《2014 年国家科技统计年鉴》

如图 8 所示，2013 年，该计划财政拨款额为 61.26 亿元，约为 2005 年的 3.8 倍（2005 年为 16.24 亿元）。

从图 9 可知，自 2011 年以来，信息产业与现代服务业领域越来越受到重视，逐渐成

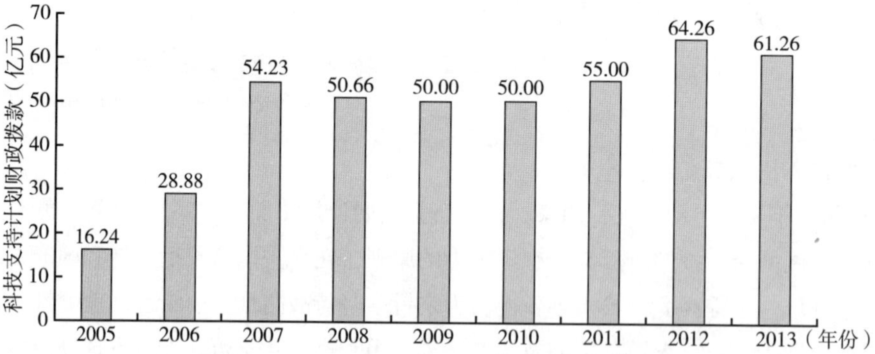

图 8 2005—2013 年国家科技支撑计划中央财政拨款

数据来源:《2014 年国家科技统计年鉴》

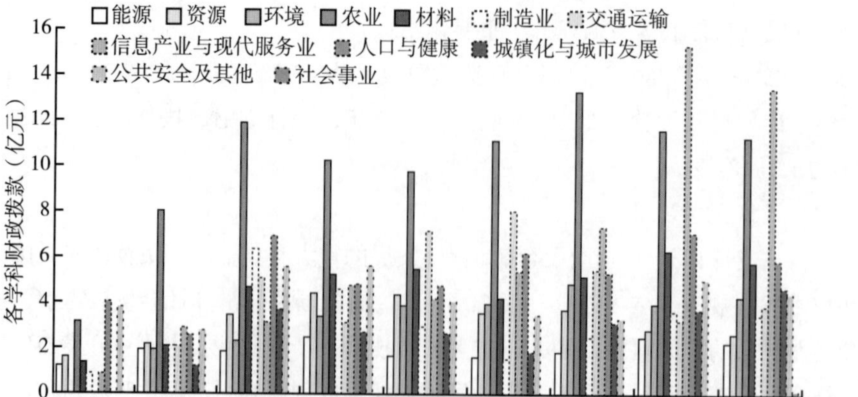

图 9 2005—2013 年国家科技支撑计划支持项目情况

数据来源:《2014 年国家科技统计年鉴》

为我国科技支撑计划重点支持对象，2005 年资助金额为 0.8 亿元，2013 年资助金额为 38.3 亿元，是 2005 年的 47.87 倍；其次是农业领域，由于我国是农业大国，因此农业学科一直是国家重点扶持对象，2013 年获得资助金额为 32 亿元。

（二）学科研究成果显著

随着《国家中长期科学和技术发展规划纲要（2006—2020 年）》的实施，我国科学研究和学科建设投入不断增加，发展步伐明显加快，创新能力逐步提高，国际影响力日益扩大，取得了一批重要成果，整体水平得到大幅度提升。尤其是近年来，许多关键科学技术指标进入世界前列，改变了世界研发格局，引起了各国广泛关注。

2014 年，美国康奈尔大学、欧洲工商管理学院和世界知识产权组织联合发布的《2014 全球创新指数报告》指出，与其他金砖国家相比，中国的创新能力正在快速提高，未来几年在榜单中的排名有望进入前 10。世界知识产权组织发布的《世界知识产权指标（2014）》指出，在中国专利年申请量两位数增长率的支撑下，2013 年全球专利年申请量仍然延续强劲的增长势头。在全世界 260 万件专利申请中，约有 1/3 是在中国提出的，排在其后的最大受理国是美国和日本。美国国家科学理事会发布了《2014 年科学与工程指标》，该报告对近年来美国及其他国家和地区在科学、工程和技术、教育及经济领域的发展态势进行了定量分析。2011 年，中国经费投入为 2082 亿美元，居全球第二；1991—2011 年，中国的研发强度从 0.5% 增至 1.84%。世界经济合作与发展组织（OECD）发布的《主要科学技术指标》数据库（Main Science and Technology 2009-1）指出，中国 R&D 投入强度稳步增长，中国科技发展迅速，并且中国的崛起改变了世界研发活动格局。

自进入 21 世纪以来，中国科学家发表的国际科学论文数量呈现出惊人的增长速度，已经引起国际科技界的广泛关注，也反映了我国各个学科水平的发展趋势。美国汤姆森科技集团的 Web of Science 科学索引扩展版——ESI 数据库，将所有自然科学领域分为 22 个：临床医学、化学、物理学、生物及生物化学领域、分子生物与遗传学、神经科学及行为学、材料科学、工程科学、植物学与动物学、社会科学、环境生态科学、免疫学、药理学与毒理学、地球科学、神经病学与心理学、农业科学、微生物学、空间科学、计算机科学、经济与商业学、数学、多学科。从 2005—2015 年的情况来看，我国一些学科已经处于世界领先地位，在国际上具备较强的影响力。

表 1 2005—2015 年我国 22 个学科领域论文发表量和引文量世界排名

学 科	发文量世界排名	引文量世界排名
化学	1	2
材料科学	1	2
物理学	2	3
生物及生物化学领域	2	5

续表

学　科	发文量世界排名	引文量世界排名
分子生物与遗传学	2	8
工程科学	2	2
植物学与动物学	2	7
环境生态科学	2	4
药理学与毒理学	2	3
地球科学	2	5
微生物学	2	6
计算机科学	2	2
数学	2	2
多学科	2	6
农业科学	3	2
临床医学	5	10
免疫学	5	12
神经科学及行为学	6	12
神经病学与心理学	6	12
经济与商业学	6	7
空间科学	7	13
社会科学	8	9

数据来源：ISI/ESI 数据库，检索时间为 2015 年 8 月。

从发表论文数量排名来看，22 个学科领域中，我国有 17 个领域位于世界前五名，例如，我国化学和材料科学领域位于世界排名第 1 位；物理学、生物及生物化学领域、分子生物与遗传学、工程科学、植物学与动物学、环境生态科学、药理学与毒理学、地球科学、微生物学、计算机科学、数学和多学科发表论文的数量紧随美国之后，位列世界第 2 名，进入世界第一阵营行列；农业科学位列世界第三名，紧随美国和巴西。

从发表论文的引文数量排名来看，我国有 16 个学科论文被引用次数进入世界前 10 位，比上一年度又增加 31 个。其中，化学、计算机科学、工程技术、材料科学、数学等 5 个领域论文的被引用次数排名世界第 2 位；农业科学和物理学排在世界第 3 位；被引用次数排名进入世界前 5 位的，还有环境与生态学、地学、药学与毒物学。与 2013 年相比，有 7 个学科领域的论文被引用频次排位有所上升，其中跃升 3 位的是临床医学。这说明，我国学者在化学、计算机科学、工程技术、材料科学、数学等领域的研究水平已跻身世界学术研究的第一方阵，具有较明显的学术优势。

22 个学科领域中，我国有 11 个学科领域发表论文的引文数量位于世界前五名，有 18 个学科领域发表论文的引文数量处于世界前十名，例如，我国化学、材料科学、工程、数

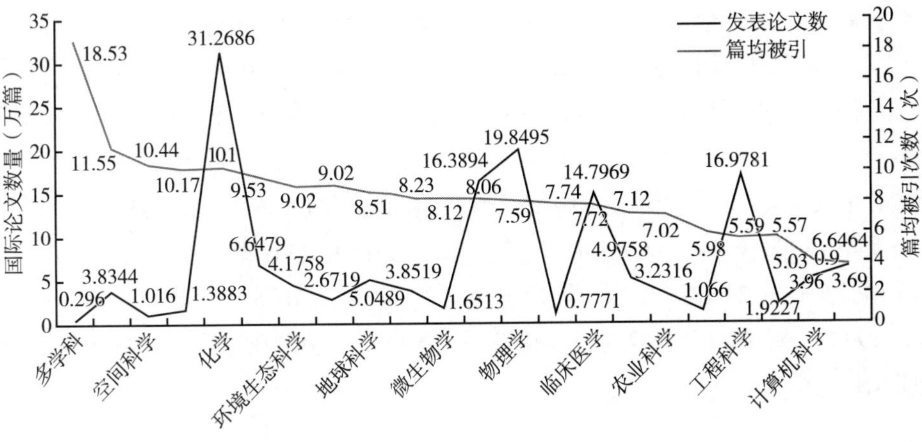

图 10　我国各学科发表国际论文数量和篇均被引次数的学科分布图

数据来源：ISI/ESI 数据库

学、计算机科学和农业科学领域的引文数量排在世界第二名，仅次于美国。

2005—2015 年，我国 22 个学科领域高质量的研究成果显著增长，其中在化学、物理学、工程科学、材料科学和临床医学领域发表的国际科技论文数量均超过了 10 万篇，其中化学领域成果尤为突出，达到了 30 多万篇；此外，在生物及生物化学领域、数学、地球科学和计算机科学领域的成果也非常可观。此外，在 22 个学科领域中，我国在多学科的均篇被引次数最高，为 18.63；其次为分子生物与遗传学领域，为 11.55。

此外，我国系统科学与系统工程领域期刊论文的发文量占世界发文量的比例从 2010 年的 23.5% 增长到 2015 年的 32.1%，成为全球本领域发文数量领先的国家。

2015 年 10 月，中国科学院文献情报中心联合国际专业信息服务提供商汤森路透在京发布《2015 研究前沿》报告，该报告基于汤森路透 ESI 数据库中的 1 万多个研究前沿，根据某个学科被引频次排在前 1% 的高被引论文来代表当前热点内容，甄选出了当前自然科学和社会科学 10 大学科领域的 100 个热点研究前沿和 49 个新兴研究前沿，并对 6 个主要科技国家（美国、英国、德国、法国、中国、日本）的贡献进行评估。从数据看，中国在 82 个前沿（55%）有核心论文入选，在 16 个前沿的核心论文数为第一名（10.7%），超过英国的 10 个（6.7%）、德国的 8 个（5.4%）和日本的 2 个（1.3%），这显示中国具有较强的前沿贡献度，在某些重要前沿跻身世界先进行列。报告也注意到，中国有 38 个前沿进入核心论文数前三名（25.5%），美国、英国、德国和日本分别有 133 个（89.3%）、68 个（45.6%）、55 个（36.9%）和 29 个（19.5%）。中国在核心论文数排名第一的 16 个前沿分别来自化学与材料科学领域，物理领域，数学、计算机科学和工程领域，农业、植物学和动物学领域，生物科学领域和地球科学领域这 6 个领域。其中，在化学与材料科学领域，中国在前沿的贡献度超过美国。在该领域 19 个前沿中，中国在 9 个前沿中核心论文数排名第一，美国有 7 个。

我国具有悠久的传统医学文化背景，近年来，对植物性食物生物活性成分或者植物化学物的功能研究以及相关食品资源的开发成为热点问题。2010 年和 2015 年，中国营养学会先后两次对国内外植物化学物的研究进展进行综述。2005—2014 年预防及干预慢性疾病的植物性营养科学相关文献和综述发文总量达到 49832 篇。近 10 年间，发文量呈现平稳增长的发展趋势。近 10 年来美国尽管发文总量排名全球第一，但是中国在该领域的发文量增长速度最快，从 2005 年的 179 篇增长到 2014 年 1749 篇，发文量增长了近 8 倍，平均年增长率达到 29.1%。中国在该领域的发文量排名从 2005 年全球第三（发文量只占美国的 19.5%）到 2013 年发文量与美国持平；2014 年，中国在植物化学物方面的发文量超过美国排名全球第一。

（三）基础研究呈现多重发展趋势

1. 一些基础研究应用化趋势明显

基础研究成果转化周期缩短，基础研究与应用研究的界限日益模糊。科学与技术的结合和相互作用、相互转换更加迅速，并逐步形成统一的科学技术体系。科学技术的竞争已转移到基础研究和原始创新的层次，竞争更加激烈，影响也更加深远。

从具体学科看，生物学、生命科学、化学、地球科学等基础学科，在基础研究的应用方面取得了显著进步。

在数学领域，发展型偏微分方程数值解法已成为应用数学领域迅速发展的一门学科，在航空航天、电磁学、石油勘探、半导装置模拟、水污染处理、海洋和气象学等方面都有重要的应用。这些数学物理方程的数值模拟方法研究属于当今科学与工程计算前沿研究领域，其中对于这些问题的高阶精度数值算法的设计、分析与应用一直是具有挑战性的课题。

以中国科学院上海生命科学院赵国屏为首席专家的“973”项目围绕新功能人造生物器件的设计原理、合成组装、模块构建、标准化建库以及在底盘细胞中集成与适配机制等关键科学问题和相关技术难点，以萜类化合物的人工异源合成为主要研究对象，取得了一些重要进展，尤其是在稀有人参皂苷 CK、甜菊糖苷和丹参酮前体铁锈醇等重要药用食用萜类化合物的器件挖掘、集成及异源合成方面取得重要突破。此外，在元件模块的挖掘与合成技术创新（MASTER ligation 方法）等方面，亦取得显著进展。

人参皂苷 CK 具有抗癌、保肝、抗炎症和治疗糖尿病等生理活性，但在人参中从未被检测到，历来依靠微生物来源的糖基水解酶体外制备。中国科学院上海生命科学研究院合成生物学重点实验室周志华课题组发现并鉴定了 1 个来源于人参的 UDP- 糖基转移酶，构建了可以生产“非天然人参皂苷”的“酵母细胞工厂”，实现了从单糖到稀有人参皂苷 CK 的从头全合成，发现人参体内可能合成 CK 的两条并行代谢途径。

合成生物学技术应用于肿瘤研究在国内外都是刚起步的探索性工作，以深圳大学蔡志明教授为首席的“973”项目“合成生物器件干预膀胱癌的基础研究”在系统生物学的基础上，将合成生物学技术应用于肿瘤治疗研究。项目发现了部分膀胱癌关键基因及通路，并在分析相关基因网络信息基础上，利用定量可控工程体系，表征膀胱癌发生发展过程中复杂事件的共性，挖掘出许多具有潜在利用价值的膀胱癌识别和治疗的复合靶标。建立了一个完整的合成生物学靶点筛查与验证平台，用于确定这些潜在靶点是否为有效的靶点。创建了正交、可逆的转录抑制子蛋白库，用于构建模块化的合成基因线路及在哺乳动物细胞中进行可编程的操作。项目利用 CRISPR-Cas9 系统构建出了逻辑“与”门基因遗传线路。该线路能利用膀胱癌细胞内的识别靶点特异区分膀胱癌细胞和其他类型细胞，并通过调控治疗靶点，有效减缓肿瘤细胞的生长速度，诱导其进入凋亡程序，或遏制其迁移运动能力。

代谢组学是一项对生物体内代谢物进行大规模分析的技术，它对某一生物或细胞在特定生理时期内所有小分子代谢产物同时进行定性和定量分析。这门学科也是以组群指标分析为基础，以高通量检测和数据处理为手段，以信息建模与系统整合为目标的系统生物学的一个分支。近年来，随着生命科学研究的发展，尤其是在完成拟南芥（Arabidopsis thaliana）和水稻（Oryza sativa）等植物的基因组测序后，植物生物学的重点已经从基因测序转移到了对基因功能的研究。基因组学、转录组学、蛋白质组学以及代谢组学的快速发展，为人们在整体水平上定性、定量和动态分析代谢过程和代谢产物创造了良好条件。

物理学方面，近场光镊是基于近场光学理论建立起来的可以对微粒实现稳定捕获和操作的新技术，相较基于单光束梯度力的传统远场光镊，近场光镊克服了光学分辨率衍射极限和热效应等众多因素的限制，可以实现对纳米量级微小粒子的捕获和操控。光镊因其独特的非接触、无损伤的特性被广泛应用于生物、物理和化学领域，特别是在生物领域，已经用于对细胞、病毒、细菌和 DNA 分子的研究。

在化学方面，随着我国战略性新兴产业的发展，新材料成为近几年来比较热门的研究方向，通过对不同种类材料性质的探索，解决生产生活中遇到的现实难题。超级电容器是介于传统电容器与化学电源之间的一种新型储能元件，它具有充电时间短、循环寿命长、功率特性好、温度范围宽和经济环保等优势，目前在很多领域都受到广泛关注。电极材料的发展趋势主要有两个方向：①材料的复合化：利用不同材料间的协同作用，通过不同材料间的复合、掺杂等方式，以期得到性能优异的电极材料；②材料的纳米化：纳米级材料不仅具有较高的比表面积，而且可以改善电子、离子传输扩散路径，从而提高电极性能。

在全球工业化进程日益推进的背景下，储能相变材料在节能降耗、洁净能源应用、工业废热回收等领域具有显著的实际价值和巨大的发展前景。但是大多数相变材料在实际应用中需要克服溶解性、熔融性、毒性、腐蚀性等缺陷。为了把具有不同理化性质、不同相变温度、不同相变焓的相变功能材料恰当地应用到具体的领域或具体项目中，储能相变材料的制备方法显得尤为重要。随着储能相变材料性能逐渐提高，其应用领域不断扩展，这就要求有关相变材料的制备工艺随之发展，主要的研究进展可概括为：①针对有机类相变功能材料，尽可能采用化学方法制备共聚物型固 PCMs，这样可有利于克服材料的溶解性、熔融性等缺点，也便于拓展其应用领域并延长其使用周期；②探索相变功能材料与支撑载体之间的复合原则及复合方法，并改善支撑载体的力学性能，研制出物化性能更稳定、结构强度更完善的复合相变材料，使其在长期的使用过程中保持相变材料足够的稳定性；③在制备储能相变材料过程中，开发更简化的工艺流程，降低生产和使用成本，从而使其适合大规模生产；④开发新的、更具实用性的储能相变材料制备方法，促进其应用于更多场合，为利用洁净能源、提高能源利用率和环境保护提供可行的途径。

茶叶生物化学是研究茶树生命化学的学科，主要在生物化学与分子层次上探讨茶树特别是新梢中特征性次级代谢产物的合成途径、结构与功能，以及在茶叶加工及贮藏过程中的转化规律及其与茶叶品质形成的关系。近年来，茶叶生物化学主要侧重于与茶叶品质和健康功效密切相关的儿茶素、咖啡碱、茶氨酸、萜烯类香气物质等合成途径的研究，并在茶树基因组、特异性茶树种质资源代谢组、茶叶加工过程代谢谱、茶叶品质化学等领域开展了深入研究，取得了一些突破性进展。茶叶生物化学作为茶叶科学的基础，其研究成果为茶树栽培和育种、茶叶加工和深加工、茶叶贸易和茶文化提供了理论依据和方法手段。随着行业和科技的发展，茶叶生物化学研究的深入和拓展，在茶产业的可持续发展中发挥着愈来愈重要的作用，具有很强的应用价值。

化学工业是化学原理应用于工业生产的结果，其研究成果通常具有很强的应用性。比如，固体分散体是一种很新颖的药物制剂技术，利用制备制剂将固体药物以及难溶性药物高度分散在另一种固体载体中，具有广阔的应用前景。近年新型方法的出现为其发展又奠定了良好的基础。在药物使用方面固体分散体也扮演越来越重要的角色，尤其是在新药研究进展中发挥着举足轻重的作用，之所以受药企如此青睐是因为它不仅可以改善药物的溶出度还可以提高药物的生物利用度，在载体的研究方面更是发挥着潜在的作用。目前新型的制备方法有喷雾干燥法、静电纺丝法、热熔挤出技术等。

地球科学是整合了很多原有学科形成的分支众多的学科群，涵盖了地质学、海洋学、气象学和天文学等领域。我国地球科学研究一直在快速发展，在应用技术方面在国际上具有一定地位。例如，基于成熟度梯度和油气运移地色层分馏效应原理，油藏地球化学研究可示踪油气运移方向、优势充注路径、潜在烃源灶方位，从而定位“卫星”油气藏，直接指导油气勘探工作。目前示踪标志物已从传统的咔唑类含氮化合物和甾萜类生物标志化合物发展到含硫和含氧杂原子多环芳烃化合物。南海北部边缘北部湾盆地福山凹陷早期油藏地球化学研究结果表明，位于凹陷中部构造带的花场次凸已发现石油主要来自位于其北东方向的白莲次凹烃源灶，并预测位于花场次凸东部的花东、白莲构造带及凸起往白莲次凹的上游方向是最有利的勘探目标区，并得到油气勘探发现和后期的油藏地球化学研究结果证实。精细的示踪参数值等值线图不但确定了油气运移的方向，也预测了优势的充注路径，可直接指导勘探部署。

合成孔径雷达干涉测量（InSAR）是一种快速发展的大地测量技术，能够全天候获取高精度、连续覆盖的地面高程和地表形变信息。InSAR已在地形测绘、全球环境变化、灾害监测评估等相关领域得到广泛应用并取得了一系列成果。从InSAR的最新研究动态可以看出，InSAR技术的进展主要体现在三大方面：技术越发成熟，并且延伸发展了MAI、TomoSAR、SqueeSAR等新技术；InSAR技术向时序InSAR过渡，从传统的大尺度形变监测拓展到缓慢地表形变研究领域，监测精度从cm级提高到mm级甚至亚nm级的精度；误差消弱模型的重大发展，主要是大气误差影响从无能为力到有效地估算削弱。

在植物学方面，2015年2月10日，李家洋研究组和万建民研究组在解析新型植物激素独脚金内酯的信号途径和阐明独脚金内酯调控水稻（Oryza Sativa）株型的分子机制等方面取得的重大原创成果，并入选“2014年度中国科学十大进展”。植物激素是植物自身合成且在低浓度下调控植物生长发育和逆境响应的微量有机物，阐释其发挥作用的分子机理一直是植物学领域的前沿和热点。在已知的几大类植物激素中，独脚金内酯（Strigolactone，SL）的发现较晚。直到2008年SL被发现具有促进菌丝分枝和抑制植物分枝等生理功能，SL这才被公认为新的植物激素。近年来，植物学界高度重视对独脚金内酯的研究，其信号途径的解析取得了显著进展，其相关理论成果应用于塑造农作物理想株型、提高抗逆性和作物营养利用效率以及降低寄生杂草的危害。

随着水资源日益匮乏，全球干旱区域不断扩大，干旱程度日趋严重。干旱严重影响植物的生长和发育，如何提高植物的抗旱性已成为遗传育种研究的重中之重。目前，关于植物抗旱机制的研究取得了较 大进展，主要包括：活性氧（Reactive Oxygen Species，ROS）的清除、气孔行为、渗透调节、植物激素水平的调节和光合效率的提高。干旱可诱导植物产生大量ROS，而过量的ROS积累会对植物产生损害。植物主要通过自身抗氧化系统清除体内多余的ROS。植物抗氧化系统包括抗氧化酶系统和抗氧化剂系统。抗氧化酶主要有超氧化物歧化酶（SOD）、过氧化氢酶（CAT）、抗坏血酸过氧化物酶（APX）、单脱氢抗坏血酸还原酶（MDHAR）、脱氢抗坏血酸还原酶（DHAR）和谷胱甘肽还原酶（GR）。现阶段对抗氧化酶在植物体内的抗旱机制的探索，以及利用基因工程来增强抗氧化酶相关基因的表达，对提高植物抗旱性有着重要的现实意义。

在基础研究的若干重要前沿领域，已具有深厚的积累，在应用方面也孕育着新的突破，如暗物质、新粒子发现、河内巡天，有望深化人类对宇宙的认知，进而在人类太空探索方面会起到重要作用；在高温超导与拓扑绝缘体、量子存储器、量子调控、介尺度科学等领域，有望探索发现新的物理和化学原理并产生应用价值；在合成生物学、脑科学等研究领域，探索生命的起源和创新科学思维方法成为可能。

2. 部分基础研究致力于原始创新

部分基础研究是为获得关于现象和可观察事实的基本原理及新知识而进行的实验性和理论性工作，它不以任何专门或特定的应用或使用为目的，致力于本学科的原始研究中。这些学科的研究通过实验分析或理论性研究对事物的物性、结构和各种关系进行分析，加深对客观事物的认识，解释现象的本质，揭示物质运动的规律，或者提出和验证各种设想、理论或定律。研究结果以论文的形式在科学期刊上发表或学术会议上交流。

数学作为基础科学中发展较早的学科，有悠久的历史。目前数学科学主要分为数论、代数学、代数几何学、几何学、拓扑学、数学分析、函数论、常微分方程等等。在数论领域，唐玉玲等人讨论了求对称反循环矩阵逆矩阵的一般方法，并根据反循环矩阵与对称反循环矩阵的特殊关系给出了积累特殊对称反循环矩阵的逆矩阵。拆函数的同余性质是分拆理论和数论领域中一个古老而有吸引力的课题，并且与数学中的其他众多分支有着密切的联系，例如李代数的表示论、模形式、组合数学。于婷利用 q- 级数运算与模形式理论给出几类分拆函数的同余性质，利用的工具主要为作用于模形式上的各类算子，包括 U- 算子、V- 算子、Hecke 算子。

应用统计数学领域，何朝兵等人主要利用 MCMC 方法研究了左截断右删失数据下指数分布多变点模型的参数估计问题。通过筛选法和逆变换法得到了指数分布的完全数据，在获得各参数的满条件分布后，利用 MCMC 方法得到了 Gibbs 样本，把 Gibbs 样本的均值作为各参数的估计，随机模拟的结果表明各参数估计的精度都较高。

运筹学领域，岳瑞雪等人在近似凸、近似伪凸的条件下，研究了变分不等式问题的近似解与向量优化问题的拟近似解的关系，在近似伪凸、拟近似伪凸的条件下研究了向量优化问题的临界点与拟近似解的关系。在线性规划的内点算法中，理论和实践之间存在着数值效果好的算法具有较差复杂性的矛盾。目前大多数内点算法软件的执行采用 Mehrotra 型预估 - 矫正算法。刘长河等人提出了求解线性规划问题的一个新的 Mehrotra 型预估 - 矫正算法，证明了该算法的迭代复杂性是 O(VnL)，这是内点算法所具有的最好的复杂性结果。

作为自然科学的带头学科，物理学研究大至宇宙，小至基本粒子等一切物质最基本的运动形式和规律，因此成为自然科学其他学科的研究基础。物理学研究领域进展比较大的包括凝聚态物理，原子、分析和光学物理，高能 / 粒子物理，天体物理等。

电子动力学及相干辐射的强场调控与阿秒探测是强场物理与阿秒物理领域中的重大课题。通过同步探测阿秒辐射和太赫兹辐射，国防科技大学赵增秀等人首次实现了阿秒精度的太赫兹产生动力学的探测与控制，表明阿秒物理与太赫兹技术的结合有助于深入理解强场驱动下太赫兹产生机制和电子再散射动力学，展示了利用双色场控制电子波包相干相位，实现超快物理过程强场调控的可能。该研究团队提出的精确刻画太赫兹时域瞬时电场方案，有助于推动极化敏感的太赫兹谱学研究。可以预期，阿秒脉冲与太赫兹源技术不会局限于原子分子物理领域。实现阿秒物理与太赫兹技术之间的互为抽运与探测，将会极大地推动化学、材料科学、凝聚态物理等领域的高时空分辨的超快动力学探测。

钙钛矿结构锰氧化物由于同时存在电荷、自旋、轨道、晶格等多种自由度，它们之间很强的相互作用和相互竞争导致了一系列新颖的物理现象，如庞磁电阻效应、巨磁熵效应、绝缘体 - 金属转变、电子相分离、电荷 / 轨道有序等现象，使其成为凝聚态物理学研究的热点。随着微电子器件日趋集成化和微型化，其特征尺寸越来越小，目前基于钙钛矿结构锰氧化物微电子器件的特征尺寸已经进入纳米尺度。在纳米尺度钙钛矿结构锰氧化物具有显著的尺寸效应，表现出与薄膜及块材不同的电、磁输运特性，在新一代微电子器件领域具有重要的应用价值。近年来人们在钙钛矿锰氧化物低维纳米结构制备、电磁输运特性测量、微结构表征及理论模拟方面，都取得了较大的研究进展。

在光学物理方面，多角度动态光散射（MDLS）技术具有响应速度快、非接触式测量等优势，相较于单一散射角度测量技术，MDLS 能获取更多的反映颗粒特征的散射光信息，可提供更准确的颗粒粒度分布（PSD），而合适的颗粒粒度反演算法能进一步提高 MDLS 方法的测量准确性。在 Phillips–Twomey（PT）算法基础上，李蕾等人提出采用 MR–L 曲线法确定正则化参数，递归算法求取权重系数并添加非负约束的递归非负 Phillips–Twomey（RNNPT）算法，通过准确确定权重系数改善 MDLS 颗粒粒度分布反演算法的准确性。采用 RNNPT 算法，在光强相关函数测量噪声为 0.01% ~ 1%，对两种单峰模拟分布以及一种双峰模拟分布颗粒体系进行了粒度反演，可知在噪声水平低于 0.1% 的情况下反演结果均较为理想。

高能物理方面，欧洲核子研究中心在 2012 年发现了希格斯玻色子，成为物理学史上一个新里程碑。目前，全球高能物理界正在积极推动下一代高能正负电子对撞机的预研工作，以便对新发现的希格斯玻色子进行精确测量并探索标准模型之外的新物理。对撞机在高能物理研究过程中扮演了极为重要的角色，历史上第一台正负电子对撞机 AdA 的诞生之后，在 AdA 基础上诞生的 ACO、VEPP- Ⅱ、ADONE，以及后来的 SPEAR、DORIS、CESR、TRISTAN，再到至今为止最大的环形正负电子对撞机 LEP 等能量前沿正负电子对撞机。未来对撞机的几种设计方案获得了国际高能物理界的青睐，如 ILC、CLIC、TLEP 等，其中包括我国自主提出的下一代环型正负电子对撞机 CEPC。

在植物学方面，由中国科学院生物物理研究所常文瑞研究员带领的科研团队完成的“植物主要捕光复合物的结构与功能研究项目”获得了 2014 年度国家科技进步奖二等奖。植物捕光天线系统是由多个成员组成的精巧而复杂的系统，各成员彼此分工又相互配合，发挥高效吸收和传递太阳能的重要功能，其光能传递效率接近 100%；此外，它们还参与植物在高光条件下的光保护功能，避免植物遭受强光的损害。为了阐明捕光天线系统的作用机制，了解光能在不同的天线蛋白之间传递的途径，获得这些天线蛋白的三维结构信息至关重要。这一研究团队在光合膜蛋白质 LHC–II 的空间结构的研究上取得原创性成果，发现了膜蛋白结晶的第三种方式，首次报道了二十面体状的膜蛋白–脂复合体的空心球体的结构，在 2.72 分辨率上提供了包括蛋白质分子、色素分子、脂分子和水分子在内的近 3 万个独立原子的高精度三维坐标数据。这是国际上第一个用 X– 射线晶体学方法解析的高等植物捕光复合物高分辨率空间结构，推动我国光合作用机理与膜蛋白三维结构研究进入国际领先水平。该项成果首次完整地建立了该复合体内的能量传递网络，提出了基于结构的光保护分子机理模型，阐述了植物在高光强条件下通过 LHC–II 的调节作用对多余的光能进行耗散以实现自我保护的机理。对培育高光效和强抗逆性作物具有潜在的指导意义。此后在这一基础上，经过 5 年多的研究，研究团队率先独立解析了来源于高等植物菠菜的

CP29 晶体结构。CP29 晶体结构的解析，纠正了多年来很多功能研究中一直广泛应用的一个预测 CP29 模型。CP29 这一重要光合膜蛋白三维结构的测定，为在原子水平上深入研究高等植物次要捕光复合物的高效捕光、能量传递，尤其是光保护等能量调节机制提供了结构基础。

在动物学方面，由中国科学院昆明动物研究所张亚平研究员带领的科研团队攻关的项目“基因组多样性与亚洲人群的演化”获得 2014 年国家自然科学奖二等奖。张亚平等人以基因组多样性的分布格局及形成机制为视角，以亚洲人群为研究对象，紧紧围绕“亚洲人群源流历史和演化”这一核心目标，通过澄清亚洲人群的源流历史中悬而未决的重要科学问题，诠释人群对新环境适应的遗传学机制，总结出民族起源、迁徙及发展演化等过程中的一些重要特点和规律。具体包括以下两个方面：在亚洲人群源流历史和演化研究方面，证明了亚洲人群主要源自“走出非洲”后沿亚洲海岸线的快速迁移扩散事件，纠正了前人对安达曼岛人群起源的错误认识；证实东亚人群近期起源于非洲，且无源自当地直立人的母系遗传贡献；通过揭示“现代人类祖先于旧石器晚期即已迁入并成功定居青藏高原”、“文化传播是南岛语系向东南亚大陆传播的主要模式”、“西亚农业扩张对欧洲人群母系基因库影响有限”等方面，表明早期人群迁移以及后期文化扩散是亚洲地区民族人群形成的重要原因。在亚洲人群环境适应的遗传学机制研究方面，揭示了正选择作用驱动下骨骼发育相关基因出现的功能变化是现代人类祖先走出非洲之后适应新环境的重要原因；现代人群的褪黑激素受体基因（MTNR1B）多态性是日照时长等自然环境的选择作用的结果；澄清了线粒体 DNA 世系特异的地理分布与气候适应的关系并提出新的观点和解释。研究人员通过收集分析了采自 84 个中国人群 6000 余份样本的 mtDNA 序列，结果显示迄今甄别出来的 mtDNA 事实上均源自非洲起源的建群类型 M 或 N，没有发现可能追溯至古人类的母系遗传组分。

在医学研究方面，由中国人民解放军第三军医大学祝之明、刘道燕教授完成的“瞬时受体电位通道在代谢性血管病中的作用与机制”，其成果获得 2014 年度国家自然科学奖二等奖。辣椒中的主要活性成分辣椒素能特异性激活瞬时受体电位通道 TRPV1，又称为辣椒素受体。该团队经过研究证实一类新的非选择性的阳离子通道——瞬时受体电位通道（Transient Receptor Potential Channels，TRPCs）与代谢性心血管病的病理生理机制有关。TRPM 通道（Melastatin-Related Channels）能被氧化应激、冷刺激（其中包括薄荷醇）等所激活。通过研究，该团队发现 TRP 通道的表达或分布的改变与血压、血糖和脂肪的变化相关联，是防治代谢性心血管病的新靶点。同时，研究证实 TRPV1 通道参与前脂肪细胞的生成和肥胖诱导的慢性炎症反应等，TRPV1 与自主神经的交互作用也能影响脂肪的分布和调节食欲。此外，该研究还发现 TRPC 通道具有钙池操纵的钙通道的特征。在盐敏感高血压大鼠发现 TRPV1 表达下降，上述研究显示 TRPCs 在高血压发病中起着重要作用，因而得出膳食辣椒素能预防高脂饮食诱导的动脉粥样硬化的结论。此外研究还显示膳食辣椒素能预防非酒精性脂肪肝与 TRPV1 介导的 PPARδ 激活有关。基于此，他们发现了辣椒素能调控 TRPV1 拮抗高血压和肥胖的发生。人体肥胖时脂肪组织的 TRPV1 功能受损，研究发现长期膳食辣椒素可显著上调脂肪组织 TRPV1 及增强其功能，抑制脂肪生成的相关分子，从而抑制高脂诱导肥胖的发生。在此基础上，他们进一步的研究发现长期辣椒素能激活血管内皮的TRPV1，增加内皮细胞钙信号，促进蛋白激酶A磷酸化，促进NO生成，改善血管功能和降低血压。

（四）应用研究稳步发展

信息科学与技术发展方兴未艾，依然是经济持续增长的主导力量；生命科学与生物技术迅猛发展，为改善和提高人类生活质量发挥关键作用；能源科学与技术持续升温，为解决能源问题开辟新的途径；环保领域新成果迅速增长，为应对环境问题提供新的方案。民生相关的科学技术得到大力发展，科学技术应用转化的速度不断加快，造就新的追赶和跨越机会。

我国在信息领域取得突破性成果。浪潮集团承担的“高端容错计算机项目”是“十一五”期间国家“863”计划重大专项，获得 2014 年度国家科技进步奖一等奖。浪潮集团成功研发我国首台具有自主知识产权的高端容错计算机，并将其正式命名为浪潮天梭 K1 系统。该产品让中国成为继美国、日本之后第 3 个有能力研制 32 路高端计算机的国家，从此，中国的关键数据可以运行在自主平台上，这是我国信息化建设自主可控战略的重要布局。天梭 K1 成功突破“双翼可扩展多处理器紧耦合共享存储器体系结构”、“三级缓存两级目录一致性协议”和“软硬一体化的容错技术体系”等 3 项核心技术，共申请发明专利 1147 项。目前，天梭 K1 已经获得广泛应用，形成了产业规模。2014 年，天梭 K1 完成了金融、电力、公安、交通等 12 个行业市场的应用突破；此外，浪潮主导成立了国产主机系统产业联盟，成员从最初的 16 家发展到 58 家，覆盖了芯片、整机、软件等各个产业环节，建立了一条完整的国产高端计算机产业链，推动了整个计算机产业的发展。浪潮集团“高端容错计算机”，在战略必争的信息化核心装备领域取得了历史性突破，为实施国产化替代工程提供了自主技术的支撑，对于保障国家重要行业运营安全、摆脱国外控制具有重大战略意义。

在量子信息领域，2015 年度国家自然科学奖一等奖为“多光子纠缠及干涉度量”项目。该项目长期从事量子力学基础问题实验检验，对光量子操纵方法进行了深入、系统的研究，系统地发展了多光子纠缠操纵技术，并创新性地应用于量子通信、量子计算、量子精密测量等多个研究方向，将量子保密通信技术真正带入实际应用。目前，以该项目组为主要建设单位的远距离量子通信骨干网“京沪干线”项目正在建设之中，将建设连接北京、上海，贯穿济南、合肥等地的广域光纤量子通信网络，预计 2016 年下半年建成。

2015 年，“硅衬底高光效 GaN 基蓝色发光二极管项目”获得国家技术发明奖一等奖，该项目发明了一条新的半导体照明技术路线，也就是硅衬底 LED 技术路线，具有完整的自主知识产权，冲破了国外的专利束缚，产品在市场上形成独特的优势，有力地提升了我国 LED 技术在国际上的地位。该项目经过 3000 多次实验，发明了在材料生长和芯片制造过程中克服巨大张应力的方法、结构和工艺技术，在国际上率先研制成功高内量子效率硅衬底蓝光 LED 外延材料和高取光效率高可靠性单面出光蓝光 LED 芯片，并率先实现了产业化，获授权发明专利 68 项，其中美国发明专利 19 项。由该项目成果创建了硅衬底 LED 芯片制造、器件封装和产品应用企业，推出了 30 多种产品，形成了硅衬底 LED 上中下游产业链，产品在国内外通用照明和特种照明中推广应用。

我国首次对 2009 年甲型 H1N1 流感（以下简称“甲流”）大流行有效防控及集成创新性研究项目的成果，获得了 2014 年度国家科技进步奖一等奖。该项研究由传染病科技重大专项等 10 多项课题承担，中国疾病预防控制中心等 27 家单位完成，主要完成人 46 名，项目采用“举国体制协同创新”的新思路，取得了 8 项世界第一的研究成果，对我国和全球的疫情控制做出了巨大贡献。首先，在国务院领导下，建立了由卫生部牵头、各部委参与的联防联控机制。以机制创新促进科技创新，以科技创新支撑疫情防控，使我国在人类历史上首次实现了对流感大流行的有效干预和控制。其次，在国际上首先成功研制了诊断试剂，获得了发明专利，并被世界卫生组织采纳，推广全球。还为 13 个发展中国家和地区提供了试剂和技术，协助他们防控“甲流”。第三，首次证明基本传播系数的假说是正确的：在基本传播系数 $R0 < 1.8$ 的流行早期，通过医学隔离传染源，就可以有效避免人口集中的大城市出现流行高峰。第四，精确揭示了甲流的临床特征及影响因素，建立国际上最大的甲流临床数据库，被国际所公认。第五，第一次通过现代循证医学方法确证传统中药汤剂治疗甲流安全有效，成为中医药防控传染病走向世界的里程碑。第六，在国际上首先研发成功甲流疫苗，为全球疫苗生产和使用提供了重要的科学依据。第七，首次证明甲流疫苗与格林巴利综合征（GBS）没有关系。第八，首次成功解析了该新甲流病毒 HA 蛋白的晶体结构，创新性基础研究解决了防控中疫苗有效性的基础科学问题。该项目有益于流感的有效防控，对保障人民健康、社会稳定和经济发展具有重大的意义。

中医药是我国独特的卫生资源，也是重要的民族产业，在经济社会发展全局中具有重要意义。历史原因和中药本身的复杂性制约着中药品种做大做强。围绕做大做强中成药品种的重大需求，促进中药产业向科技型、高效型和节约型转变，天津中医药大学张伯礼院士课题组率先提出了中成药二次开发研究策略，经历理论创新、技术突破及推广应用，构建了中成药临床准确定位、药效物质整体系统辨析、网络药理学、工艺品质调优和数字化全程质控等 5 大核心技术体系，形成了中成药二次开发模式，有力推动了中药产业技术升级换代，使中药大品种不断涌现。该项目从解决中成药品种个性化难题起步，聚焦于突破中成药二次开发共性关键核心技术，开辟了中药制药技术升级路径，研究成果无缝转化，对中药产业提质增效发挥了引领支撑作用。该项目完成的 32 个中成药品种二次开发，销售额过亿元品种由 3 个增加到 12 个，项目技术已在全国 19 个省市推广，应用于近百家中药企业。通过推广实施中药二次开发战略，培育了中药大品种群，提高了中药行业集中度，过亿元中药品种增长了3倍，年累计销售额达1200亿元。中药二次开发引领了中药产业创新发展方向，推动了中药产业技术升级换代，对保障我国医改成功，促进生物医药产业发展，将起到重大推动作用，产生了重大经济效益和社会效益。该项目获得2014年度国家科学技术进步奖一等奖。

中海油组织国内多家单位、历时近6年完成的“超深水半潜式钻井平台研发与应用”项目被授予2014年度国家科学技术进步奖特等奖。这是中国首座自主设计建造的超深水半潜式钻井平台。2006年项目启动、2008年开工建造、2010年建成出坞下水、2012年正式开钻，2014年在南海北部深水区陵水测试获得高产油气流——这是中国海域自营深水勘探的首个重大油气发现。中国由此成为继美国、挪威之后世界上第三个具备超深水半潜式钻井平台设计、建造、调试、使用一体化综合能力的国家。经过努力，他们研发出针对中国南海环境条件的钻井平台新船型，首次建立了基于海洋环境与钻井工况耦合作用下的隔水管理论分析方法和实验技术，首次采用了本质安全型防喷器控制系统，建立了超深水半潜式钻井平台总装建造和配套技术体系，还首次实现DP3动力定位与锚泊定位的双定位系统优化设计，实现平台工作水深3000米、钻井深度10000米、可变载荷9000吨，在此之前，中国海洋石油工业勘探开发的海上油田水深普遍小于300米。该项目实现了从浅水到超深水的历史性跨越，对维护国家领海权益、实现深海资源开发、开启中国深海时代具有重大意义。

中国科学院大连化学物理研究所刘中民团队完成的“甲醇制取低碳烯烃”项目获得2014年度国家技术发明奖一等奖。他们通过攻克与催化剂和工艺技术相关的一系列科学难题，取得技术突破，掌握了煤制烯烃的关键核心技术甲醇制烯烃（DMTO），授权发明专利共达63项，国内34项。2010年，我国利用DMTO技术建成了世界首套甲醇制烯烃工业化装置，也是我国煤制烯烃国家示范项目（神华包头），装置规模为每年180万吨甲醇生产60万吨烯烃。2014年，DMTO工业装置进入开工的高潮期，全年已有5套工业装置相继投产运行，分别是延长靖边、中煤榆林、华夏宝丰、山东神达，以及蒲城能化（第二代技术）等工业装置，新增烯烃产能280万吨/年，新增经济效益超过60亿元。已投产的7套DMTO装置的烯烃总产能已经达到400万吨/年烯烃，带动了我国甲醇战略型新兴产业的快速形成。煤制烯烃相对成本低，污染小，利润巨大，在我国“缺油少气富煤”的大背景下，长远来看，煤代油制烯烃将会成为趋势；DMTO技术为连接煤化工与石油化工、实施石油替代攻略、保障能源安全提供了重要技术途径，指明战略发展方向。

黄磷生产过程中产生的大量尾气，一氧化碳含量高达85%～95%，是净化难度最大的复杂有毒有害工业废气之一，已困扰世界黄磷行业100多年。荣获2014年国家技术发明奖二等奖的黄磷尾气催化净化技术与应用项目成功破解了这一难题。该项目由昆明理工大学、云南民族大学、四川省川投化学工业集团有限公司和湖北华烁科技股份有限公司等单位联合承担。项目组历经15年的持续系统研发，在复杂有毒有害工业废气净化关键技术和设备研发中取得了突破。该项目首创了强还原气氛下的多杂质低温微氧同步催化氧化技术、催化剂的微波活化再生和磷硫分段回收溶剂再生技术、有机硫、氰催化水解—氧化协同深度净化技术和两种新型干法深度净化技术等，净化尾气废气，从而达到环境保护的目的。为尽快实现项目成果的工业化应用，项目组还开发出 6 大系列催化新材料以及 10 类黄磷尾气催化净化特种装备，建立了多种复杂有毒有害工业废气深度净化工艺设计软件包，可为各行业提供从工程设计施工、关键材料与设备到技术服务的完整解决方案，目前国内采用该项目成果已建成黄磷尾气净化与利用装置 33 套，在煤化工等行业建成净化装置 14 套。按黄磷产能计，已占有净化市场 21.5% 的份额，覆盖全国黄磷产能的 40.6% 以上，累计净化黄磷尾气 39.4 亿立方米，折合节约标煤 168.4 万吨，减排二氧化碳 113 万吨，累计新增产值 23.9 亿元。

有色冶炼含砷固废污染防治和安全处置，一直是我国有色金属和环境保护行业的重大难题。传统的治理与利用工艺片面追求有价金属回收，忽视砷污染防控，不仅资源利用率低，而且全过程砷流向失控、二次污染严重，迫切需要技术创新。《重金属污染综合防治“十二五”规划》明确将砷污染物列为重点防控对象，含砷固废治理与安全处置已成为我国环保领域和有色金属行业的重要任务。由中南大学为主的研究团队完成的项目——有色冶炼含砷固废治理与清洁利用关键技术，立足国家砷污染防治重大战略需求，以铜、铅、锑等冶炼砷污染物防治与利用为目标，围绕含砷固废高效治理、有价金属清洁回收等关键技术，开发了系列新工艺和成套装备。该项目实现了重大创新：建立了冶炼过程砷分配行为的量化分析方法，研发了冶炼主要工序砷污染物分布的数值仿真技术，开发了冶炼有害元素（砷）污染动态评价系统，为有色冶炼含砷固废污染监管与防治提供技术支撑；设计并合成选择性脱砷剂，发明砷与有价金属强化分离新工艺，研发高压富氧高效脱砷装置，选择性脱砷率达 97.42%，为含砷固废深度利用提供技术保障；开发了机械力化学解毒——胶凝固砷新工艺，高砷废液沉砷稳砷处置新方法等固砷新技术；率先创新脱砷后物料梯级深度回收锑、铋等多金属新工艺，发明砷碱渣深度分离与锑碱回收新工艺。该项目在我国大型铜、铅、锑有色冶炼企业大规模推广应用。近 3 年，累计清洁利用含砷固废约 16 万吨，安全处置砷约 1.2 万吨，有价金属回收实现新增产值约 46.76 亿元，利税 3.49 亿元。

化学机械抛光（CMP）被认为是目前获得超光滑无损伤表面的最有效和最实用的平坦化工艺方法，是超大规模集成电路制造中不可或缺的关键技术之一。CMP 是化学腐蚀和机械研磨的组合技术，它借助纳米粒子的机械研磨与抛光液的化学腐蚀来完成晶片表面的平坦化。清华大学雒建斌、路新春团队针对集成电路铜互连布线和新型阻挡层的 CMP 过程中的润滑状态、摩擦化学行为和化学机械协同作用下的材料去除机理等关键问题开展了系统研究。研制出 CMP 过程中纳米颗粒运动观测系统，提出了纳米颗粒与表面的作用机制，基于腐蚀磨损机理提出了 CMP 材料去除的数学模型，从摩擦化学的角度研究了铜在双氧水抛光液中的材料去除机理，研究了新型阻挡层钌在 CMP 过程中的摩擦化学行为，制备了粗糙度 Ra 为 0.041 nm 的超光滑表面。该团队在超低压力 CMP 试验设备和应用装备研发方面已达到世界先进水平。2015 年 8 月，第一台 12 英寸化学机械抛光机“Universal 300”交付中芯国际，进入大型生产线，用于再生晶圆抛光。

（五）学科间交叉融合孕育创新

多学科交叉融合是创新的源泉。学科的交叉与融合往往是创新的前沿领域，导致科学上的重大发现和新兴学科的产生。当前，很多学科致力于培育多学科交叉融合的意识，探索多学科交叉融合的有效途径，激发创新活力，提高创新质量，全面提升创新能力。

生物医学交叉学科在前沿领域不断探索，不断深化。北京大学第一医院影像科王霄英教授、北京大学人民医院骨科周殿阁研究团队以及北京大学生物医学跨学科研究中心张珏研究小组密切合作，创新性地研发出一种新型柔性线圈——“柔性排线天线 FFCA”，国际磁共振领域著名学术期刊 *NMR in Biomedicine* 刊登了这项合作成果。为磁共振射频线圈设计成像以及下肢无创灌注功能成像提供了一个崭新的思路。清华大学交叉信息学院积极响应国家发展需要，立足科学研究前沿，围绕理论计算机、安全密码学、计算复杂性和量子网络等科研领域，承担国家重大项目。在量子计算研究领域，首次在常温固态系统中实现了抗噪的几何量子计算，成果发表在 *Nature* 上。截至 2014 年年底，交叉信息院计算机研究组已在领域前四名的顶级国际会议上发表 30 篇论文，在密码学领域三大会议上发表 18 篇论文，成果与世界排名前 10 的一流高校相匹敌。

前沿交叉学科通过探索科研与管理机制创新、推动基础条件建设、招聘和引进优秀科研人才、组织学术交流与研究项目申请等工作，有力地促进了学科的体制建设、学科建设和队伍建设。在前沿交叉学科研究院的框架下，各研究以各自已有的条件为基础，面向科学技术发展和国家社会需求，组织多学科的研究力量开展前沿性问题的研究和科学技术攻关，获得了各类跨学科研究项目的支持，并已经取得了若干重要的研究成果。

北京航空航天大学于 2012 年成立国际交叉科学研究院。其打破传统院系设置与学科划分局限，瞄准未来科技发展趋势，探索构建以重大科学问题为牵引，以学科交叉和人才汇聚双轮驱动的前沿科学研究新模式。优先布局空天力学、信息科学与技术、先进材料与微纳制造、新能源与环境科学、生命科学与现代医学 5 大研究领域，加强优势领域建设，拓展关键学科方向。2015 年该学院以国际一流学术期刊论文为代表的一批学术成果集中涌现。基于二维层状过渡金属二硫化物包裹材料的高性能锂 – 硫电池正极设计，该工作能够克服传统以碳材料为基础的电极设计所带来的缺陷，同时表明了层状硫化物材料是具有应用前景的能够获取高效锂 – 硫电池的电极材料黏结体。对表面浸润性可以控制微生物胞外电流传递行为的研究，加深了对细菌 / 电极的界面之间相互作用的认识，而且为设计制备高效生物电装置提供了全新的启示。

为探索符合数学特点和发展规律的资助方式，适应数学研究的特殊需求，提升中国数学创新能力，国家自然科学基金委员会于 2014 年开设了数学天元基金“促进学科交叉融合平台建设项目”，当年受理申请并批准资助 9 项，2015 年度此项目持续展开。“促进学科交叉融合平台建设项目”以构建交流平台、合作平台与研究平台为主旨，针对若干数学交叉领域或专题，通过学术活动凝聚国内相关研究队伍，深化国内外多领域科学家紧密合作，促进数学与其他学科、数学各分支间的交叉融合，造就在国际上有影响的学科方向。项目围绕基础数学的前沿领域与问题驱动的应用数学重要方向，自选数学交叉领域或专题，以依托单位固定人员与访问人员相结合的方式，组织国内外专家开展形式多样的学术活动，促进实质性的合作研究，凝练科学问题，形成优势方向，推动学科发展，同时注重培养青年学术骨干，引导年轻人进入学科前沿，从而提升我国该领域或专题的整体研究水平。

空间科学领域，2014 年通过嫦娥五号试验器的飞行试验，我国验证了跳跃式返回再入关键技术，获取了月球探测高速再入返回地 球的相关轨道设计、气动、热防护、制导导航与控制等关键技术数据，对此前的研究、分析、设计、制造等工作进行检验，为 2017 年发射的嫦娥五号月球采样返回器奠定了重要基础。

现代大地测量学与地球科学、空间科学和信息科学等多学科交叉，不断拓展了大地测量的学科内涵与外延。随着卫星导航定位技术的迅猛发展，尤其我国北斗导航系统的广泛应用，极大地推动了大地测量与导航领域的快速发展。2015 年 7 月 25 日，第 18、19 颗北斗导航卫星发射成功，并首次实现星间链路，标志着我国成功验证了全球导航卫星星座自主运行核心技术，为建立全球卫星导航系统迈进一大步。

针对我国作物生产面临的产需矛盾加剧，资源环境紧缺，生产效率偏低的生产问题，我国科学家进行了长期的高产高效和绿色发展的作物生产理论与技术研究。2012—2014 年作物高产高效栽培研究领域获国家科技进步奖 7 项，取得了新的重要研究进展。以 3 大作物、4 大区域为研究对象，开展了不同模式的产量效率和环境代价同步研究，提出了“以更低的环境代价获得更高的作物产量”，研究结果在 *Nature* 上发表，为作物如何在高产的同时实现资源高效利用，环境友好提供了模板。

2014 年 4 月，经过 4 年跨学科协同创新，中国领先于世界，首次研制出了 2000 年和 2010 年两个年份 30m 分辨率的全球地表覆盖数据产品，并构建了全球首个高分辨率地表覆盖信息服务平台。以“多源影像最优化处理、参考资料服务化整合、覆盖类型精细化提取、产品质量多元化检核”为主线，解决了高质量影像的全球优化覆盖、相同地物具有不同光谱反射曲线或者不同地物具有相同光谱反射曲线的现象、数据产品质量控制等诸多问题；依据全球地表覆盖制图对多源、多分辨率遥感影像的需求，研发几何纠正与配准、缺失数据处理、辐射重建等一组处理模型与方法，用于纠正遥感影像在获取和处理过程中产生的误差；研发专用的网络化检核系统，具有错误信息的空间化标报、发布 / 订阅、时空匹配等功能，用于支持多用户协同的检查信息和修改结果的在线汇聚、有序传递。海量影像优化处理、精细化信息提取、工程化产品质量控制、网络化信息集成服务等科技创新，将 2000 年和 2010 年两个基准年的全球 30m 地表覆盖数据产品空间分辨率提高了 1 个数量级，总体分类精度达到 80%以上。

（六）学科平台建设更加完善

1. 硬设施：国家实验室成为学科发展的中心

国际科技的发展经验和我国的科技发展历程都证明，国家实验室已经成为推进学科发展的中心和引领原始创新的基地。建设国家实验室是促进我国国家创新体系建设的重要措施。建设体量较大、学科综合交叉的国家实验室，以破解战略性瓶颈为导向，组织重大科研问题研究，是提升国家核心竞争力和原创能力的必要形式和原动力。国家实验室的建设，同时也是深化科技体制改革和加强基础研究稳定支持的重要手段，以国家目标和科技重大需求为导向，进一步推进资源配置、人事和评价制度、跨领域交叉机制等方面的综合性改革，从制度上保障科学、技术和工程的有机结合，为实施创新驱动发展战略提供新模式、创造新经验。

我国目前已形成由国家实验室、院校重点实验室、企业国家重点实验室、军民共建国家重点实验室、港澳伙伴国家重点实验室、省部共建国家重点实验室培育基地组成的国家重点实验室体系。

国家重点实验室长期实行稳定支持政策，近年来实现突破性增长，2000—2005 年每年为 1.3 亿元，2006 年为 2.2 亿元。2008 年 3 月，科技部和财政部联合宣布设立国家重点实验室专项经费，国家越来越重视国家重点实验室建设工作。截至 2013 年底，正在运行的试点国家实验室 6 个，依托院校建设的国家重点实验室 259 个，依托企业建设的国家重点实验室 99 个，军民共建国家重点实验室 14 个，港澳地区国家重点实验室伙伴实验室 18个，省部共建国家重点实验室 7 个，省部共建国家重点实验室培育基地 100 个。2013 年，国家重点实验室专项经费安排 26.91 亿元。

2015 年 8 月，青岛海洋科学与技术国家实验室正式启动（以下简称“海洋国家实验室”）。该实验室围绕国家海洋发展战略，以重大科研任务汇聚创新力量，以先进科研条件夯实创新平台，以网络化布局组织协同创新，以优质科研服务提升创新效率，依托青岛、服务全国、面向世界建设国际一流的综合性海洋科学研究中心和开放式协同创新平台，提升我国海洋科学与技术自主创新能力，引领我国海洋科学与技术发展。作为我国首个国家级海洋科技创新平台，实验室将克服科技条件和数据等资源重复建设、分散浪费、难以共享等体制弊端，在协同创新中大幅提高国家海洋科技核心竞争力。2015 年，该实验室与俄罗斯最大海洋科研机构希尔绍夫海洋研究所建立合作关系。目前，青岛海洋科学与技术国家实验室已与美国伍兹霍尔研究所、斯克利普斯海洋研究所等世界一流海洋科研机构建立联系，还与英国国家海洋科研中心签订了合作协议，并将以此次合作作为链接全球海洋科技合作网络的重要一环，提升海洋国家实验室的国际知名度与科研影响力。

2015 年 5 月，清华信息科学与技术国家实验室通过教育部组织的总结验收。该实验室依托清华大学建设，实行理事会决策和主任负责制，在前期 3 个国家重点实验室的基础上，集中清华信息学科群优势力量，历经 10 余年，不断探索和创新，在海量智能信息处理、下一代互联网、宽带通信、微电子和光电子器件、复杂网络系统控制与优化、软件理论与系统以及生物信息学等交叉前沿领域方面取得了一批重要成果，为我国科技发展以及社会进步做出了重要贡献。2015 年，在创新驱动发展以及国家科技体制改革的大背景下，科技部启动了首批筹建的国家实验室验收工作，标志着清华信息科学与技术国家实验室将迎来历史性的发展阶段。

2015 年 8 月，企业国家重点实验室评审工作已经完成。将新建第三批企业国家重点实验室 75 个，分布在生物医药、农业生物技术、高性能复合材料、智能电网、电子核心基础等多个领域。

国家实验室积极开展基础研究、竞争前高技术研究和社会公益研究，积极承担国家重大科研任务，产生具有原始创新和自主知识产权的重大科研成果，为经济建设、社会发展和国家安全提供科技支撑，对相关行业的技术进步做出突出贡献。

2. 软环境：学术期刊和学科组织促进学科发展

学术期刊是科学技术工作的一个重要组成部分，既是科技工作者学术生命的一种体现，又是科学技术发展的历史记载。学术期刊的战略作用体现在传播科学技术知识，造就科学技术人才队伍，促进创新科技的诞生，解决科学技术难题，提供新的科学技术方法等方面。此外，学术期刊由于较全面地跟踪了某一学科的发展趋势，紧密结合我国经济建设中的重大项目发表了一些新理论方法观点等，及时为政府部门政府决策提供科学依据，是一种潜在生产力，促进技术转化为现实生产力，推动我国的经济发展。

为促进我国科技期刊国际化发展，提升英文科技期刊国际影响力与核心竞争能力，中国科协联合财政部、教育部、国家新闻出版广电总局、中国科学院、中国工程院等部门，自 2013 年起组织实施中国科技期刊国际影响力提升计划。此计划是国内迄今为止对英文科技期刊资助力度最大、覆盖面最广、影响力最深远的专项支持项目，旨在提升中国英文科技期刊国际影响力和整体学术水平，促进优秀科研成果的对外传播与交流。中国科技期刊国际影响力提升计划设 A、B、C、D 共 4 类支持项目。A 类项目支持 6 种英文科技期刊，每刊每年 200 万元；B 类项目支持 30 种英文科技期刊，每刊每年 100 万元；C 类项目支持 30 种英文科技期刊，每刊每年 50 万元；A、B、C 类项目连续支持 3 年。D 类项目支持 8 种创办英文科技期刊，每刊每年 50 万元，为一次性支持。A 类项目的目标要求是：在 SCI、EI、MedLine 等国际知名检索系统期刊相对学科排名有进一步提升，冲击世界一流英文科技期刊；B 类项目的目标要求是：在 SCI、EI、MedLine 等国际知名检索系统的期刊学科排名有较大幅度提升，成为国际高水平英文科技期刊；C 类项目的目标要求是：学术引证指标快速提升，成为国际化英文科技期刊；D 类项目的目标要求是：大幅度提升期刊学术引证指标，建立科学规范的编辑出版运行机制，提升管理效能，尽快进入 SCI 等国际知名检索系统，成为国际化科技期刊。2015 年，开展 D 类项目新创办英文期刊的申报评审。

自 2012 年以来中文国际影响力 TOP 10% 期刊的国际总被引频次连续 3 年大幅度增

长，其中，科技期刊均同比增幅 18%，人文社科期刊同比增幅高达 25%；2014 年国际影响力 TOP 10% 期刊中，未被 Web of Science 收录的 200 种中文科技期刊的总被引频次高于其收录的 1014 种期刊，114 种中文社科期刊的总被引频次高于其收录的 76 种期刊。科技类 TOP 5% 期刊的总被引频次已经达到 SCI 数据库中的中等期刊的水平。2013 年，我国共有 4021 种科技期刊被引用过至少 1 次，被引文献为 278235 篇，总被引频次为 467851 次。

在中国最具国际影响力学术期刊中，*Cell Research* 和清华大学的 *Nano Research*、中科院上海生命科学研究院的 *Molecular Plant*、中国药理学会的 *Acta Pharmacologica Sinica*、中科院的 *Chinese Science Bulletin* 位列前 5。在前 10 名中，除了第 10 名是中英双语期刊外，其他 9 种都是英文期刊。

学科组织以繁荣学术、学科发展、行业发展服务为宗旨和目的，统筹规划和监督管理学科的全面发展。例如，积极组织学术交流活动，为广大学术研究者提供一个交流的机会和平台，传播学术新观点和新技术，促进学科发展以及人才培养等方面起到积极的作用。

据不完全统计，2014 年中国科协 200 个全国学会在科技奖励、科技评价、决策咨询等领域开展了 379 项工作。近 20 个省、区、市 100 多个学会广泛开展了承接政府转移职能工作，涉及科技奖励、科技评价、人才评价、标准和技术规范制定、决策咨询等。江苏省委省政府会同省科协，专门召开学会有序承接政府转移职能工作会议，部署开展有关工作。吉林省科协受省人力资源和社会保障厅委托，承担全省轻工、化工、机械、电子、纺织、医药工程专业的专业技术人员职称评审工作，已评定 1100 人，并实现零投诉。浙江省科协所属 40 个省级学会承担 84 项政府转移职能，11 个设区市科协所属 114 个学会承接 188 项政府转移职能，社会反响良好。

学科组织还开展形式多样的学术服务活动，整合产学研用各方资源，推动学术成果为经济平稳较快发展提供支持。2014 年 10 月，以“湖泊保护与生态文明建设”为主题举办了第四届中国湖泊论坛，200 余名专家学者开展了跨学科、跨行业、综合性的深入交流和研讨，论坛辑录了 92 篇论文，出版了《湖泊保护与生态文明建设——第四届中国湖泊论坛论文集》。2014 年 12 月，以“山地城镇开发建设与经济发展”为主题，举办了第三届山地城镇可持续发展专家论坛，250 位专家学者为促进山地城镇化健康发展献计献策，论坛录用论文 60 篇，出版了《山地城镇可持续发展——山地城镇开发建设与经济发展》。2013 年第二届山地城镇可持续发展专家论坛形成的专家建议得到张高丽副总理批示。

2015 年 7 月，中共中央办公厅、国务院办公厅印发了《中国科协所属学会有序承接政府转移职能扩大试点工作实施方案》，并发出通知，要求各地区各部门结合实际认真贯彻落实。按照深化改革的有关政策规定，科技评估、工程技术领域职业资格认定、技术标准研制、国家科技奖励推荐等工作，适合由学会承担的，可整体或部分交由学会承担。政府部门取消部分职能后，积极引导有关学会采取有别于政府部门审批的方式，加强对服务行为的规范，发挥自律作用；政府部门有关职能中涉及专业性、技术性、社会化的部分公共服务事项，适合由社会力量承担的，可通过政府购买服务等形式委托学会承担。推动学会承接政府转移职能工作的常态化、规范化和制度化，能够进一步激活学会活力，逐步形成好学会增多、强学会更强的整体格局，建设一流现代科技社团。

（七）学科队伍不断壮大

1. 学科队伍规模不断扩大

扩大 R&D 人员队伍规模是实现我国科技发展规划目标的前提条件。近年我国 R&D 活动人员的数量和质量均有很大的提高，R&D 人员总量保持高速增长趋势。按全时当量统计，2014 年我国 R&D 人员总量为 371.1 万人年，比上年增加 17.8 万人年，增幅为 5.04%。R&D 研究人员总量为 148.4 万人年，比上年增加 8.0 万人年，增幅为 5.7%。

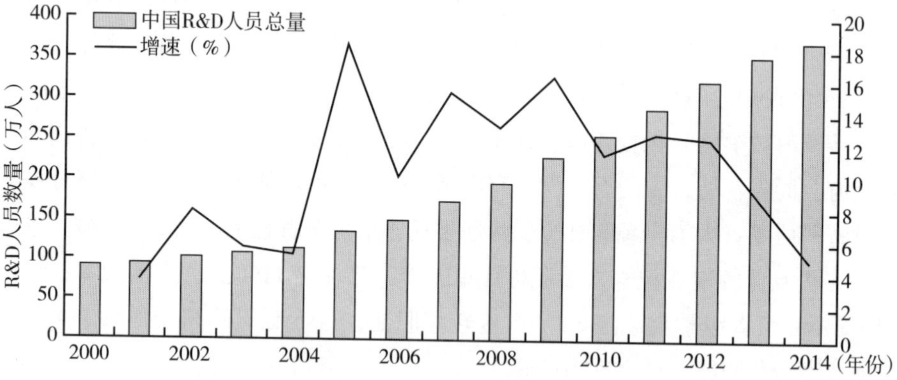

图 11　中国 R&D 人员总量变化趋势（2000—2014）

数据来源《中国统计年鉴 2015》

发达国家中，美国研发队伍规模最大。根据 41 个主要国家和地区的统计（其科技投入合计占全球的 99% 以上），中国 R&D 研究人员全时当量数占全球总量的比重从 2009 年的 18.4% 上升到 2013 年的 21.3%，美国的比重则从 20% 下降到 18% 左右。

我国每万名就业人员的 R&D 人员数从 2010 年的 32.6 人年 / 万人上升到 2013 年的 45.9 人年 / 万人，提前 2 年达到并超过“十二五”规划目标（43 人年 / 万人）。但每万名就业人员的 R&D 研究人员数增长相对较慢，从 2010 年的 15.4 人年 / 万人上升到 2013 年的 19.3 人年 / 万人。

从横向的国际比较看，我国研发人力投入强度指标在国际上仍处于落后水平。2013 年我国每万名就业人员的 R&D 人员在表 1 所列的各个国家中仅高于土耳其、阿根廷、南非和墨西哥等发展中国家。芬兰、德国、韩国和法国等国家的万名就业人员 R&D 人员数量仍然是中国的 3 倍以上。2013 年我国每万名就业人员 R&D 研究人员在表 2 所列的国家排名中倒数第 3，发达国家这一指标值普遍是中国的 4 倍以上。

表 2　主要国家的 R&D 人员指标

国　家	年份	R&D 人员（万人年）	每万名就业人员的 R&D 人员数（人年 / 万人）	年份	R&D 研究人员（万人年）	每万名就业人员的 R&D 研究人员数（人年 / 万人）
中　国	2013	353.3	45.9	2013	148.4	19.3
芬　兰	2012	5.4	213.0	2012	4.0	159.5
韩　国	2012	39.6	160.4	2013	32.2	128.4
日　本	2013	86.6	133.5	2012	66.0	101.9
法　国	2012	40.2	148.7	2012	24.9	92.1
美　国				2011	125.3	88.1
加拿大	2012	22.4	125.4	2012	15.7	87.7
英　国	2013	36.2	120.9	2013	25.9	86.6
德　国	2013	59.1	140.7	2013	35.2	83.8
希　腊	2013	4.2	108.5	2013	2.8	71.4
俄罗斯	2013	82.7	115.8	2013	44.1	61.7
匈牙利	2013	3.8	93.3	2013	2.5	61.2
意大利	2013	25.3	104.0	2013	11.8	48.5
土耳其	2013	11.3	44.3	2013	8.9	34.9
阿根廷	2012	7.2	41.1	2012	5.2	29.5
南　非	2012	305	24.3	2012	2.1	14.8
墨西哥	2007	7.0	16.5	2011	4.6	9.8

数据来源：OECD，Main Science and Technology Indicators，January 2015

近两年，我国推动人才的举措力度不断增加。例如，中国科协举办的“青年人才托举工程”是创新型项目，引导学会及早发现、重点扶持、加快培养年龄在 30 岁左右，有较大发展潜力的“小人物”，鼓励青年人才开展创新性工作的激情与活力。依托学会的“小同行”优势和学会的专业认可度，做好特定年龄段青年科技人才托举工作，优先支持着重培养重点学科和新兴交叉学科领域亟需成长的青年人才，充分考虑学科领域需求和学会的差异性。按照青年人才托举工程的宗旨、目标、任务，引导学会创新本学科领域的青年人才托举方案、评价方式和资金管理办法等，探讨青年人才托举可推广、可复制、可示范的工作模式与工作路径。鼓励学会充分发挥主动性和创造力，着力提升服务青年科技人才职业成长的能力。

2. 学科队伍结构不断优化

目前我国已经初步形成了老、中、青科研人员构成的人才梯队，特别是青年学术带头人迅速成长，人才断层问题基本解决。为解决我国对高层次人才需求的问题，我国政府出台了许多相关政策吸引海外人才回国服务，并取得了一定的成效。

据教育部数据，到 2014 年年底，全国各类高等教育在学总规模达到 3559 万人，高等教育毛入学率达到 37.5%。全国共有普通高等学校和成人高等学校 2824 所，比上年增加 36 所。全国共有研究生培养机构 788 个，其中，普通高校 571 个、科研机构 217 个。研究生招生 62.13 万人，比上年增加 0.99 万人，增长 1.63%，其中，博士生招生 7.26 万人，硕士生招生 54.87 万人。在学研究生 184.77 万人，比上年增加 5.37 万人，增长 3.00%，其中，在学博士生 31.27 万人，在学硕士生 153.50 万人。毕业研究生 53.59 万人，比上年增加 2.22 万人，增长 4.33%，其中，毕业博士生 5.37 万人，毕业硕士生 48.22 万人。普通高等教育本专科共招生 721.40 万人，比上年增加 21.57 万人，增长 3.08%；在校生 2547.70 万人，比上年增加 79.63 万人，增长 3.23%；毕业生 659.37 万人，比上年增加 20.65 万人，增长 3.23%。

根据教育统计年鉴数据，2013 年分学科研究生情况如表 3，研究生毕业生总数为 53626 人，其中，博士为 53139 人，占总研究生毕业生数的 10.34%。其中，理学占总数的 9.73%、工学占总数的 34.35%、农学占 3.4%、医学占 11.4%。

表 3　分学科研究生情况　（单位：人）

学科	毕业生数量	博士	硕士	招生数量	博士	硕士	在校学生	博士	硕士
总计	513626	53139	460487	611381	70462	540919	1793953	298283	1495670
理学	49992	10396	39596	60202	14158	46044	183997	52683	131314
工学	176436	18331	158105	217338	26588	190750	648218	122475	525743
农学	17464	2435	15029	23388	3092	20296	63778	12570	51208
医学	58550	8228	50322	66525	9090	57435	196621	32422	164199

数据来源《中国科技统计年鉴 2014》。

2015 年 8 月，中科院公布的院士增选候选人有 157 人，其中数学物理学部 23 人、化学部 25 人、生命科学和医学学部 30 人、地学部 29 人、信息技术科学部 20 人、技术科学部 30 人，年龄最大的 74 岁，最年轻的 43 岁。

高等学校 R&D 人员的受教育程度较高。2013 年，高等学校 R&D 人员中博士毕业人员占 25.1%，高出研究机构 9.7 个百分点；硕士毕业人员占 37.4%，高出研究机构约 6.3 百分点。

2013 年，研究机构 R&D 人员中具有博士学位的人员有 6.3 万人，比上年增长 11.3%，占 R&D 人员的比重达到 15.4%，比上年提高了 0.8 个百分点；具有硕士学位的人员有 12.7 万人，增长 11.1%，占 R&D 人员的比重达到 31.1%，比上年提高了 1.6 个百分点。2013 年，研究机构 R&D 人员中具有博士、硕士学位的比例分别为 15.4% 和 31.1%，比 2005 年分别提高了 8.9 个百分点和 13.0 个百分点，比例提高了接近 1 倍。2013 年，具有博士、硕士学位的人员合计有 19.0 万人，占 R&D 人员的比重已达到 46.5%，研发人员的学历素质已有大幅度提升，这有利于创新能力的提高、产出高水平的科研成果。

3. 人才流动速度与规模保持增长

经济全球化的深入发展加强了国家间的合作与交流，科技人才跨国流动的速度与规模将继续保持增长态势，在近两年，我国仍将是科技人才的输出大国。

教育部统计，2014 年，中国各类出国留学人员总数达到 459800 人，其中学成回国留学人员 364800 人，比 2013 年增加了 11300 人，增长 3.19%。与此同时，我国引进人才工作也取得了一定成绩。据人力资源与社会保障部的统计公报显示，作为我国人才资源的重要组成部分，留学回国人才已经并将继续为推动我国现代化建设发挥重要作用。

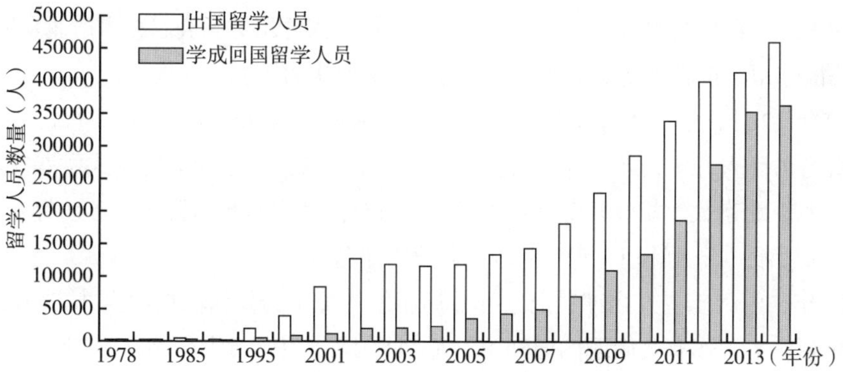

图 12 1978—2014 年留学人员情况

在从事科技行业中，科技人才数量规模保持增长。

2014 年，政府研究机构中从事 R&D 活动的人员为 42.3 万人，比上年增加 1.4 万人，增长 3.4%；按实际工作时间计算的 R&D 人员全时当量为 37.4 万人年，比上年增加 1.0 万人年，增长 2.74%。"十二五"时期的前 3 年，按人头计算的 R&D 人员年均增长 6.2%，比"十一五"下降了 1 个百分点；按实际工作时间计算的 R&D 人员全时当量年均增长 7.5%，比"十一五"上升了 1.1 个百分点。

2014 年，高等学校 R&D 人员全时当量为 33.5 万人年，比上年增长 3.08%。高等学校 R&D 人员占全国 R&D 人员的比重从 2004 年的 18.4% 持续下降到 2014 年的 9.02%。全国科学研究（包括基础研究和应用研究）人员全时当量中，高等学校占 49.4%，高出研究机构 18.6 个百分点。高等学校 R&D 经费 898.1 亿元，比上年增长 4.61%。

2013 年全国共有科普人员 197.82 万人，比上年增加 1.04%；全国每万人口拥有科普人员 14.54 人，比上年增加 0.08 人。科普专职人员 24.23 万人，占科普人员总数的 12.25%。科普兼职人员 173.59 万人，比上年增加 0.92 万人，占科普人员总数的 87.75%。全国科普兼职人员共投入工作量 274.02 万人月，比上年增加 5.93%；科普兼职人员人均投入工作量为 1.58 个月，比上年增加 0.08 个月。

2013 年，我国企业有 R&D 人员 337.6 万人，比上年增长 10.6%；其中女性 R&D 人员 69.8 万人，占 20.7%。按实际工作时间计算的 R&D 人员全时当量为 249.4 万人年，比上年增长 11.0%；其中 R&D 研究人员的全时当量为 81.5 万人年，占 32.7%。

4. 一流人才引入力度加大

在国家重点创新项目、重点学科和重点实验室、中央企业和国有商业金融机构、以高新技术产业开发区为主的各类园区等，引进并有重点地支持一批海外高层次人才回国创新创业。

2008 年 12 月，中央实施引进海外高层次人才的“千人计划”，围绕国家发展战略目标，用 5 到 10 年时间，在国家重点创新项目、重点学科和重点实验室、中央企业和金融机构、以高新技术产业开发区为主的各类园区等，有重点的引进并支持一批海外高层次人才回国（来华）创新创业。截至 2014 年 5 月底，“千人计划”已分十批引进 4180 余名海外高层次人才，在科技创新、技术突破、学科建设、人才培养和高新技术产业发展等方面发挥了积极作用，正成为创新型国家建设的一支重要生力军。

2010 年 12 月，中央人才工作协调小组决定实施“青年千人计划”项目，大力引进一批有潜力的优秀青年人才，为今后 10 ~ 20 年中国科技、产业的跨越式发展提供支撑。2015 年 5 月，北京大学胡又凡等 661 人、北京百分点信息科技有限公司苏萌等 64 人，分别入选第十一批“千人计划”青年人才、创业人才名单。

2015 年，中组部、人社部、国家外专局印发《关于为外籍高层次人才来华提供签证及居留便利备案工作有关问题的通知》，将“回国（来华）定居工作专家项目”“北京市海外人才聚集工程”等 55 项省部级以上开展的海外高层次人才引进计划，纳入第一批全国重点海外高层次人才引进计划备案。今后由上述计划引进的海外高层次人才均可比照国家“千人计划”专家办理人才签证、居留和来华定居等手续，享受出入境便利和相关工作生活待遇。该《通知》涉及的 55 项省部级人才计划备案包括：7 家部委开展的 17 项人才计划、21 个省区市的 25 项人才计划、12 个省会城市和计划单列市的 12 项人才计划和 1 家中央企业的 1 项人才计划。

各地方通过设立留学人员资助计划，吸引更多的海外智力进入地方研究中，特别是引进国家急需的国际顶尖人才。

2015 年 5 月，济南高新区高层次人才引进计划正式命名为济南高新区“海右人才计划”，诚邀海内外的高层次人才来高新区创新创业发展。截至 2015 年 5 月，高新区累计引进国家“千人计划”人才 29 人，山东省“泰山学者”56 人，济南市“5150”人才 276 人，为全区经济发展、转型升级作出了重要贡献。为进一步延揽全球高端人才，提升区域竞争实力，济南高新区相继出台了《济南高新区高层次人才扶持计划实施办法》《济南高新区高层次人才创新创业专项资金管理办法》《关于对海内外高层次人才创新创业给予扶持的意见》等一系列文件，将引才和引智相结合，面向全球重点引进 100 名以上能推动高新技术产业发展的高层次创新创业人才。由此也构建了国家、省、市、区四位一体的人才扶持体系。对于入选济南高新区“海右人才计划”的人才，可给予创新创业团队最高 500

万元、创业人才最高 100 万元、创新人才最高 50 万元的扶持资金，同时还可以享受减免办公场所租金、融资贴息和专家公寓实物配租等扶持。鼓励、引导符合条件的人才申报更高层次的人才计划，入选后给予相应的资金配套扶持，充分激发各类人才的创造活力。截至 2015 年 5 月，高新区人才引进计划累计引进 317 名高层次人才。

2015 年 5 月，河南省人民政府办公厅下发通知实施高层次科技人才引进工程，加大海内外高层次科技人才引进力度。这是河南实施引进海外高层次人才“百人计划”之后，坚持人才为先，大力吸引集聚高层次科技人才，加快实施创新驱动发展战略的重大举措。该工程旨在聚焦国家粮食生产核心区、中原经济区和郑州航空港经济综合实验区三大国家战略规划和河南经济社会发展重大技术需求，围绕加快自主创新体系建设、促进创新驱动发展，积极引进一批急需紧缺的具有国内先进水平或在国内得到广泛认可的高层次科技人才及创新型科技团队，加快提升河南科技创新能力。到 2020 年，引进 2000 名以上具有国内一流水平的高层次科技创新人才、创业人才及其服务人才，200 个以上高层次产业技术创新研发及成果产业化团队、创新创业服务团队。该工程在省级以上重点实验室、工程（技术）研究中心、工业公共技术研究设计中心、工程实验室、产业技术研究院等创新平台，可根据引才需要设立首席科学家、特聘专家等特设工作岗位。省级首席科学家、特聘专家由省政府聘任并提供津贴。

（八）学科的国际合作与交流成果显著

1. 国家留学基金委资助国际交流人数增加

为了实施国家科教兴国和人才强国战略，加快高层次人才培养，政府采用了一系列措施鼓励各个学科的国际交流与合作，国家留学基金委资助人数不断增加。国家公派出国留学旨在培养一大批具有国际视野，通晓国际规则，能够参与国际事务和竞争的国际化人才，服务国家教育、科技、经济和社会发展。2015 年，国家留学基金计划选拔并资助各类出国留学人员 25000 名，比 2014 年（21350 名）增加 17.37%。2014 年、2015 年国家留学基金委留学基金计划资助人数的具体情况，见表 4。

表 4　2014 年、2015 年国家留学基金委留学基金计划资助人数　（单位：人）

项　目	2014	2015
国家公派高级研究学者及访问学者（含博士后）项目	2800	3200
博士生导师短期出国交流项目		500
国家建设高水平大学公派研究生项目	7000	8000
国家公派硕士研究生项目	350	600
优秀本科生国际交流项目	3000	3400
青年骨干教师出国研修项目	3000	3000
西部地区人才培养特别项目及地方合作项目	1900	2100
与行业部门合作项目	800	600

续表

项　目	2014	2015
国外合作项目	1250	1650
专门人才培养项目	1250	
艺术类人才培养计划		300
总　数	21350	25000

2. 学科的国际合作取得显著成效

国际合作论文的增长表明我国科学正在于世界科学快速融合。此外，我国科学家作为主要成员参与国际合作论文的比例也在迅速提高。SCI 数据库统计，2014 年收录的中国论文中，国际合作产生的论文为 6.5 万篇，比 2013 年增加了 9372 篇，增长了 16.7%。国际合著论文占我国发表论文总数的 24.7%。2014 年中国作者为第一作者的国际合著论文共计 44415 篇，占我国全部国际合著论文的 67.9%，合作伙伴涉及 144 个国家（地区）；其他国家作者为第一作者、我国作者参与工作的国际合著论文为 21033 篇，合作伙伴涉及 105 个国家（地区）。

表 5 为 2014—2015 年，我国作为第一作者的国际合著论文较多的 6 个学科领域。

表 5　我国作者作为第一作者的国际合著论文数较多的 6 个学科

学　科	论文数量（篇）	占本学科论文比例（%）
化学	5563	12.46
生物学	5238	18.46
临床医学	5053	13.88
物理学	4347	14.75
材料科学	2799	14.61
地学	2712	28.86

根据 SCI 对国际科技论文学科分布的统计数据，在 2014 年度发表 SCI 论文较多的 6 个学科中，化学有 5563 篇，临床医学有 5053 篇，物理学有 4347 篇，生物学有 5238 篇，材料科学有 2799 篇，地学有 2712 篇。这意味着化学、临床医学等 6 个学科是当前世界各国学者开展科学研究的主要领域。

不仅在论文的合作上，在一些重要学科领域的联合攻关上，合作成果也较为显著。

2015 年 4 月，在中科院等离子体所和合肥科烨公司共同努力配合之下，由等离子体所承担的德国马普等离子体物理研究所 ASDEX 装置两套新型离子回旋加热（ICRF）天线的装配工作在 ASDEX 装置上圆满完成，并通过了德方严格的质量检验。这是等离子体所工程团队走出国门，开始为德国等发达国家的科研装置提供总装工程服务，标志着等离子体所工程队伍跃上了一个新台阶。

2015 年 3 月，韩国原子能研究所 Yongjoo Rhee、Sungmo Nam 和 Jaemin Han 3 位研究

人员利用神光Ⅱ装置和第九路探针光开展激光等离子体实验，实验进展顺利，获得预期结果。至此，为期 3 年的中韩惯性约束聚变能源先期关键技术研究项目的物理实验圆满结束。本合作得到中韩两国科技部大力支持，基于稳定运行的神光Ⅱ激光装置，开展了高密度等离子体的诊断实验。项目历时 3 年，中韩双方共进行了 3 次联合物理研究，每次实验为期 2 周以上，并取得了一系列具有创新性的成果。

3. 参与国际“大科学”合作

“大科学”研究一般来说是具有投资强度大、多学科交叉、实验设备复杂、研究目标宏大等特点的研究活动。“大科学”工程是科学技术高度发展的综合体现，是显示各国科技实力的重要标志。

近两年，通过与国际热核聚变实验堆（ITER）计划、国际综合大洋钻探计划、全球对地观测系统等一系列大科学计划，我国与美、欧、日、俄等主要科技大国开展平等合作，为参与制定国际标准、解决全球性重大问题作出了应有贡献。陆续建立起来的 5 个国家级国际创新园、33 个国家级国际联合研究中心、222 个国际科技合作基地，成为中国开展国际科技合作的重要平台。随着综合国力和科技实力的增强，中国已具备参与国际大科学和“大科学”合作的能力。

2015 年，根据国家自然科学基金委员会（NSFC）与英国自然环境研究理事会（NERC）双边合作协议，双方将共同资助中英重大国际合作研究计划，促进两国科学家的创新研究与合作。此重大国际合作研究计划由 4 项重大国际合作项目组成（2 项以土壤科学和 2 项以水科学为核心科学问题的重大国际合作研究项目）。该计划是未来多国合作框架下的国际地球关键带科学研究计划的一部分。

但值得注意的是，在世界“大科学”研究领域，以中国科研人员为第一作者的国际论文数量仍然较少，在中国科研人员参加的所有论文中的占比依然偏低。根据 SCI 数据，2014 年我国发表的论文中，作者数大于 1000、合作机构数大于 150 个的论文共有 161 篇。作者数超过 100 人且合作机构数量大于 30 个的论文共计 411 篇，涉及的学科有：高能物理、天文与天体物理、仪器仪表、气象和大气科学、生命科学和基础医学等。其中，中国机构作为第一作者的论文 29 篇，参与合作的国家（地区）有：美国、意大利、俄罗斯、德国、日本、土耳其、韩国、巴基斯坦、瑞典、荷兰、印度、澳大利亚等。在这 29 篇论文上署名的中国机构共 81 个，55 个是高等学校、10 个研究机构和 2 个公司企业。总体来看，在“大科学”的研究领域中，以中国科研人员为第一作者的国际论文数量有增加，但占所有论文的比例仍较低。

三、问题及挑战

在全面总结学科进展的同时，我们也不能忽视学科发展存在的一些问题。这些问题将制约，甚至严重影响学科的发展。

（一）对基础学科重视不够

技术类项目有确定的指标，但基础研究往往周期长、难度大、风险高。以希格斯粒子为例，这一设想提出 10 多年都没什么反响，近年来有实验开始验证它的存在，由此才成为国际前沿研究热点，但距最初的研究已有 50 多年。

然而，目前对基础学科的发展重视不够，没有真正认识到基础研究的重要性。

1. 基础研究环境存在很多不足

基础研究原始性创新需要肥沃的土壤，只有在经费充足、学术交流氛围活跃、学术成果能获得公正评价的环境下，科研人员才会创造出原创性的科研成果。我国当前的科研环境还有很多不足之处。

首先，基础研究经费严重不足。基础研究经费占 R&D 总投入比例偏低，投入结构和资助机制不甚合理，投入主要靠中央财政，地方、企业投入比重较低。据统计，我国基础研究总投入中，企业投入仅占 1.6%，美国、欧盟等发达国家的企业投入占到基础研究投入的 20%，韩国更高。此外，投入的区域结构不合理，超过 40% 的国家重点实验室都集中在东部地区，中西部虽有国家在政策布局上的支持，基础研究发展仍相对落后。

其次，基础研究人才结构不合理。我国基础研究正面临着严重的人才危机，人才危机的一个重要方面是人才结构的不合理。一是研究队伍梯队结构不合理，研究中的帅才少，缺乏有战略眼光、有领导才干、能站在国际前沿组织一批科学家进行团队研究的战略科学家；二是在一个研究机构里，研究人员与专业技术辅助人员的结构不合理，缺少大量专业技术辅助人员，科研工作效率不高；三是一些基础学科后备人才资源不足；四是优秀人才流失严重。

第三，人才流动困难。人才流动是科研单位保持创新能力的重要因素。由于我国尚未建立一个合理流动的机制，管理体制和社会保障还存在一些缺陷，再加上一些机构的自我保护意识，我国科研单位的人才流动存在很大的困难。

最后，科研工作评价系统有缺陷。要公正地分配和高效地使用科技资源，充分发挥激励机制的作用，就必须建立客观、准确、公正的评价机制，才能实现优胜劣汰，增强科学研究的活力。我国当前的科研评价制度存在很多缺陷，如评价工作不能针对不同类型的研究工作予以分类评价，评价指标体系设计缺乏科学性、客观性和可行性；评价工作不够规范，鼓励公平公开竞争的评价机制尚未完善；评价工作的原则和导向有待调整，在大力推进原始性创新、勇攀高峰，鼓励学术上百家争鸣、百花齐放方面做得还不够，使研究工作开展缺乏必要的良好氛围。在项目申请方面，非主流、与学术权威观点相左、学科创新研究很难获得资助；在成果评价方面，重成果数量，轻成果质量、急功近利、急于求成的现象比较严重，一些具有原创性、战略性的研究成果不能获得应有的评价。

2. 缺乏重大原创性科研成果

我国许多基础研究还是跟踪性的，有些甚至是低水平重复。自从 20 世纪 80 年代涌现了人工合成牛胰岛素、杂交水稻等一批重量级科技成果后，我国基础研究很少产生具有重大科学价值并得到国内外自然科学界公认的重大科学发现，即很少产生前人尚未发现或者尚未阐明、具有重大科学价值、得到国内外自然科学界公认的发现。

3. 科研成果国际影响力不强

国际上普遍以各国高水平科学论文发表状况作为衡量基础研究科研活动的产出状况、科技实力和水平的重要标志之一。我国在国际权威刊物上发表的论文与发达国家相比差距十分明显，以 *Science* 和 *Nature* 为例，美国哈佛大学每年稳定地在 *Science* 和 *Nature* 上发表 100 余篇论文，其中第一作者论文为五六十篇，而我国所有大学每年发表在 *Science* 和 *Nature* 上的论文近约为数篇至十几篇。

（二）公众理解科学程度不够

面对现代科学技术的发展，应该通过较强的科学传播手段，促进公众理解科学，从而为科学研究和学科建设创造良好的社会环境。但是，近年来，由于这方面的不足，造成了围绕科学成果和技术创新的很多争议，给科学研究和学科建设带来了很多负面影响。

科学争议的爆发，与科学发展对社会、道德和宗教不断增加的影响、环境价值与技术发展之间的张力、公众对新兴技术可能造成的环境与健康伤害的疑虑等密切相关。

例如在转基因问题上，尽管长期以来主流科学界与各国监管部门都认为目前经过商业化审批的转基因品种对人体健康与环境造成的风险并不比传统作物更大，但围绕着转基因的争论也从未停止，有时还会因为个别事件而突然升温。转基因由科学问题向社会问题的社会化渐变，是涉及经济、文化以及政治等多种因素作用的结果。具体而言，对转基因的争议、质疑以及不信任，在文化层面是其与中国文化传统中“天”“地”“人”为中心的和谐观念的冲突；在技术层面是对改变人类生存环境的技术的不信任；在管理上表现为对政府监管能力认同的缺失。事实上，作为社会问题的转基因远不只是专业人士的事，因为这不仅是实验室的技术性问题，它的商业化推广将极大地改变公众的日常生活，种植者、消费者都是受影响的人，都会关心转基因，都有资格提出意见，无论怎样，首要的是知情权。对此，在转基因争议的传播中，有媒体提出转基因问题在社会上存在广泛争议，靠几位生物技术方面的专家发表权威意见，恐怕难以令人信服，公众理解科学十分必要。

另一个引起广泛争议的例子就是 PX 项目引发的社会争议。作为一种化学基础原料，PX 几乎渗透到了人类的衣食住行用等各个方面，具有极其广泛的用途。除了可直接用作颜料、油漆稀释剂和工业溶剂外，我们经常接触的胶囊、塑料瓶和绝缘包装材料，化纤服装的纺织面料聚酯纤维等都离不开这种原料。作为产业链的重要一环，PX 成为化工领域的一个重要角色。有资料显示，从 20 世纪 90 年代起，全球对 PX 的需求量便呈持续增长趋势。中国 2010 年已开始成为世界最大的 PX 生产和消费国，产能占全球 20% 左右，但由于国内 PX 产量不足，每年需要从日韩等外国企业高价进口。从科学上看，尽管本身毒性很小，但 PX 生产过程中有苯、乙酸等有毒危险副产物的产生，在贮存运输 PX 过程中如果发生泄漏会造成严重的污染事故。对某个地方来说，政府是否上马类似 PX 类的化工项目，必须借助于权威科学专家，通过严谨可信的环评报告，主动告知普通公众该项目对环境和公共安全是否有影响、有多大影响、怎样预防以及事故发生后的治理等事项，做到有理、有据，科学、可信。同时，分析 PX 项目所引发的环保事件，我们发现该事件本质上还是一个信息公开、公众民主权利保障问题。

（三）科技成果转化难

科技成果的表现形式多样，可以是论文、专利、技术方案、样品样机等等；转化的形式也多种多样，除了技术转让等显性转化方式外，科技成果也会伴随着产学研合作、人员流动、创办企业等各种形式向企业和社会扩散。一项科技成果从概念提出到研究、实验、形成技术方案、应用到工艺生产、直至形成产品、进入市场，是科技活动、经济活动相互衔接的复杂过程，也是市场选择和接受的过程。

成果转化难以成为制约我国科技创新步伐的症结之一。来自科技部的统计显示，目前全国 5100 家大专院校和科研院所，每年完成科研成果 3 万项，但其中能转化并批量生产的仅有 20% 左右，形成产业规模的仅有 5%，这与发达国家高达 70%—80% 的成果转化率相去甚远。目前，我国粮油加工技术进步贡献率为 35%，与发达国家普遍 70% 以上的水平相比有较大差距。

创新人才激励机制不完善，是造成创新成果转化利用不足的重要原因。人才创新创业积极性不高，一个重要原因就是激励不够，其劳动价值和成果收益得不到有效体现。要提高科技成果转化率，必须要提高创新主体“收益率”。比如，科研团队无法获得成果的处置权和使用权。目前，高校和科研院所专业技术人员所掌握的科技发明成果 90% 上都属于职务发明。但按照法律规定，职务发明申请专利的权利在其单位，而科研人员获得的奖励、报酬等“回报”，标准相对都比较低。创新人才的“遮遮掩掩”，也与人才流动机制不顺畅有关。事业、企业之间社保未并轨、在职离岗创业政策不清晰、双向流动路径不顺畅等因素，使他们顾虑重重。

人们呼吁鼓励国有企业通过股权奖励、分红等方式激励科技、管理人才，但根据有关条例，国有企业（含股权）无偿划转范围不含个人，即不允许国企对个人实施股权奖励。此外，对国企的考核内容侧重于财务指标和国资保值增值，国企经营者收入来源为工资薪金，基本不包括与创新业绩挂钩的股权期权等长期激励工具。

在经费使用方面，一直以来也存在“重物质投入、轻智力投入”的倾向。例如在上海，自然科学领域的科研经费直接用于人力资源成本经费的最高比例也不过 25%。一些事业单位基础科研人才的绩效工资水平也比较低。许多高校和科研院所都有搞副业的“地下科技工作者”，但因为没有知识产权，许多技术不敢喊价，常以三五万元贱卖给企业。教师创业和持股更是遮遮掩掩，比如以亲戚名义办公司等。

（四）学科划分存在一定局限性

学科是一种范式，随着科学技术的发展，范式也会发生改变。重大科学问题和社会需求往往会孕育新学科的诞生，同时，社会的重大需求使知识被不断重新条理化，一系列新的学科因为人类对自然社会认识的加深而产生，然而，目前我国的学科制度的设计还跟不上社会发展的要求，不能很好地满足学科多样性发展的需求。我们所要面临和解决的自然界和人类社会的各类问题大多是多个学科的、全面综合性的。然而，学科的划分导致的领地观念，不利于不同学科的研究人员联合起来研究一些多学科问题。

此外，由于学科的划分，其中人员的学术态度和思维方式也会形成定势，形成所谓的学科文化，而由于学科的划分，会形成各式各样的学科文化，不同学科之间的研究人员一起研究时，就可能面临一定的学术沟通障碍，因为他们对于彼此的学科文化都不适应，对于相应学科专业领域的知识并不了解，这必然会对多学科交叉的研究和发展造成负面的影响。例如，一些物理和化学的学者研究生命科学的问题向生物类的杂志投稿，常常会被拒绝，然后不得不仍然发到物理或化学的杂志上，这显然对学术发展是不利的。

另外，关于自然科学和人文社会科学的划分存在一定问题。马克思特别强调，自然科学与社会科学的分化有受历史制约的暂时性，并且预言："自然科学将包括关于人的科学；同样，关于人的科学将包括自然科学；这将是一门科学。"从这个意义上说，任何学科分类方案都带有一定的荒谬成分。20 世纪 50 年代末，英国的斯诺（C. P. Snow）在剑桥发表了题为《两种文化和科学革命》的著名演讲，引起强烈反响。他认为，在我们这个时代存在两种文化，一种是人文知识所代表的人文文化，另一种是科学家所代表的科学文化。两者之间有很深的鸿沟，很难沟通。这种分裂和对立，对整个社会来说是一种很大的损失。

我国高校跨学科知识团队发展深受学科划分的影响。近年来，教育部进行管理制度的改革，将专业设置权下放，支持高校根据社会需求自主设置部分专业。科技部也大力推动跨学科研究，在重大科学研究计划中倡导面向国家战略需求多学科联合攻关，各级各类跨学科研究中心、实验室、协同创新中心纷纷成立。但在宏观制度设计上，出台的多是引导性的政策，属于"宏观拉动"，缺乏严格的、系统的规范要求。同时，在学校层面的微观制度设计中，由于跨学科研究的特性要求与目前主流的科层建制差距很大，建立在传统的"校—院—系"科层组织体系上的政策设计一般被要求服务或适应于组织，而学院、学系、专业与学科相对应，学科边界划分明显，学院与学院合作甚少，与跨学科研究的"横跨"要求差异较大，使得微观的跨学科研究制度设计处于无经验可循的境地。

四、学科发展的启示与建议

通过对以上学科发展情况的总结，尤其是对科学研究和学科建设中存在的问题的分析，我们今后应该从以下几个方面入手，不断提高科学研究和学科建设的水平。

（一）提升基础学科地位，加强基础学科建设

基础学科上的突破性进展不仅对本门科学有承先启后、继往开来的作用，而且可能引起广泛的技术革命和技术革新，开创生产大发展的前景。

1. 做好中长期规划

在“十三五”规划中重视基础研究在未来的 5 年的发展，从全局做好总体规划。自然科学基金、国家重大科技专项、国家重点研发项目、基地和人才专项、技术创新和引导专项基金等多个平台形成一个有机的整体，为基础研究提供平台。

国家应重视基础学科的建设，充分肯定这些学科研究人员的工作价值，并提供相匹配的经济待遇和研究条件，避免短浅的功利主义思想影响，让毕业生在基础学科也可以看到良好的发展前景，从而增强从事基础学科理论研究的积极性。另外，国家应严格控制基础学科的招生人数，在调查了解理论研究实际需要的基础上设定基础学科招生人数，避免盲目扩招的现象，为高校建设发展基础学科提供经费及配套设备上的保障，让有志于从事基础学科研究的学生能够专心于本专业的学习，引导高校基础学科人才培养向精英化、专家化方向发展。

2. 增加经费投入

增加对科技活动总经费、R&D 经费、基础性研究经费的投入，提高其比例构成。从调节手段看，这取决于制订合理而科学的科技政策。

进一步深化科技体制的改革，扩大科技经费渠道。一方面，将大部分应用研究和开发研究放开，刺激、鼓励、引导企业增加对这两类研究的投入，而把国家财政拨款主要用于基础性研究。另一方面，对基础性研究的资助也应区别情况，对那些具有比较明显应用背景的应用基础研究项目或课题，可以放到大中型企业的科研机构中，以便缩小战线，腾出更多的资金去资助那些应用背景不很明确但却具有广泛影响的基础研究。

3. 统一梳理人才计划

统一疏理人才计划，对运行比较好的项目应该进一步加强支持。培养基础学科人才，应当按照人才的成长规律科学地建立起创新人才培养的有效模式，提供良好的培养模式、培养机制和外在环境。扶植和支持拔尖人才的培养，尽可能创造良好的学习、工作和研究条件，同时，对已经做出高水平研究成果的基础性研究人才，要大力宣传，提高他们在国内和国际的知名度。这有助于激励和吸引青年人才。

对基础性研究人员制订特殊的倾斜政策，切实解决他们待遇偏低、奖金较少等实际问题，减少他们同应用、开发人员之间在实际收入上的差距，同时仍需强调从事基础性研究的人员的奉献和“人梯”精神，激发他们对探索研究工作本身的直接兴趣。稳定基础性研究人才队伍，吸引国外留学人员回国效力。为避免青年人才进一步外流，对国内基础学科人员的待遇也应有所提高。

重视对青年科技人才的培养、使用，要敢于给他们压担子，为他们创造更多的实践机会，让他们在实践中发展、成熟起来。在学术问题上要进一步打破论资排辈现象。加强国

际间科学合作，进一步扩大我国科学界同国外科学界的联系，积极参加国际学术会议和各种国际学术活动，使国际学术讲坛更多地听到我国科学家的声音。

4. 完善学术评价制度和体制

要尊重规律，切合实际，推进学术评价体系的深化改革。我国基础研究队伍是从比较低的水平发展起来而且比较复杂的体系，评价也不能一刀切，要建立适合不同发展阶段的演进型的评价体系。建立主观和客观相结合评价体系，主观就是依赖专家，客观就是一些客观的数据。客观量化的指标的选取要有覆盖度，要能准确反映中国的发展水平且不断自然演进。另外成果的评价要处理好中间评价和终极评价之间的关系。

（二）构建人才发展制度环境，完善科技人才市场化机制

实施创新驱动发展战略要始终把人摆在最突出、最优先的位置，构建让各类人才创新智慧、创业活力充分迸发的发展环境。要以全球视野、国际标准和一流眼光谋划和推动科技人才工作，构建与国际接轨、具有中国特色、符合市场经济规律的科技人才制度体系，在完善创新生态系统、集聚顶尖人才资源、培养原始创新能力、扫除人才体制机制羁绊上取得更大突破、更上一层楼，形成激发各类人才创造活力的人才制度优势，让各类科技人才都有施展才华的广阔自由天地。

回顾我国科技体制改革的历程，国家在不同时期针对不同问题制定了一系列促进科技成果转化的政策，从科研机构减拨事业费、培育技术市场、技术开发类院所转制，到股权激励、产学研合作、科技与金融结合等，科技成果转化的政策内容不断丰富。随着科研机构分类改革逐步深入、企业日益成为技术创新主体，科技成果转化的条件和环境发生了很大变化，要充分认识创新驱动发展和市场经济新形势下科技成果转化的新特点，建立符合科技活动规律和市场经济规律的科技成果转化机制，根据转化中不同主体和不同环节的不同需求制定相应的政策措施。

1. 确立人才在国家科技发展战略中“重中之重”的地位

大力扭转科技人才工作在科技系统中挂不上号、摆不上位，保障不足的局面，切实改变在科技投入上扭转“人物倒置”“重物轻人”的普遍倾向，确立在科技工作中人才优先发展的战略布局。

2. 推动人才评价机制改革，发挥人才评价指挥棒的作用

进一步结合职业类别、专业类型和地方特点制定评价标准，明确评价导向，适时、适度完善调整，注重评价结果运用，切实通过评价杠杆来明确人才发展方向。要以从事专业性工作的实际水平和创新能力为依据，形成体现专业技术人员成长规律和职业特点的专业人员评价标准。实施人才分层分类评价，建立适应基础研究、应用研究、产业化开发等不同人才特点的评价体系，基础研究人才评价对接国际，应用研究人才评价对接市场，产业化开发人才评价对接效益。推动人才评价的多元化、社会化。建立形成包括社会专业机构评价、中介组织评价、学会社团评价、市场评价和政府评价在内的多元化人才评价方式，

提高人才评价的社会化、专业化、公开性和公正性。

3. 完善创新成果收益分配政策

提高事业单位科技成果入股或转让所得收益用于奖励成果完成人或转化人员的比例，科技奖励不纳入单位工资总额基数。对担任党政领导职务的科技人员从事或兼职转化推广科技成果，放宽身份限制。改革完善各类科技、人才项目经费预算方式，适度扩大经费自主支配权，调整项目经费支出结构，增加科技人员绩效支出比例，进一步简化各类科技、人才项目经费使用及报销流程。构建科技人才、经营管理人才市场化薪酬机制。以市场薪酬为主要参照，科技人才工资结构，打破绩效工资总额限制，为科技人才提供公平有竞争力的报酬。推动岗位津贴和考核奖励制度相结合，建立科技骨干人才双向协议工资制和项目工资制。

4. 进一步完善政府人才管理制度

推动人才管理部门简政放权，建立负面清单制度，进一步减少和规范人才评价、流动等环节中的行政审批事项。充分调动和发挥各类学会、协会和社会组织的力量，承担起管理、推动各类专业人才职业发展的职责。切实落实用人单位自主权，加快取消高校、科研院所的行政级别，减少对高校、科研院所人才招聘、岗位设置、岗位总量、结构比例、工资总额、绩效总额等方面的计划控制，逐步弱化并取消编制管理。建立“单位自主用人、人员自主择业、政府宏观指导”的人事管理制度。实现高校和科研机构“按需设岗，竞争择优，自主聘用”，建立与现代科研院所、现代大学制度和公共医疗卫生制度相适应的人才管理体制。进一步整合国家科技人才工程计划体系。明确、理顺各地各系统科技人才支持计划项目的功能、定位，解决各类人才工程项目过多、过滥，重复资助、集中少数、效率不足的问题，形成全国上下衔接、系统有序的国家人才工程支持体系，有力支持各领域、各层次科技人才梯队建设。进一步放宽使用国外高端人才智力的范围。鼓励高等院校、科研机构吸引国外层次人才，增加外籍科研人员比例，允许国外高端人才担任重大项目主持人或首席科学家。在安全保障前提下，设立国家科技计划、国家自然科学基金等专项项目对外国人才开放制度，吸引全球人才广泛参与、平等竞争。推动国际间政府、工商界、产业界、教育界、学术界广泛交流、合作，构建跨国界人才开发体系。

5. 完善市场化机制

在人才流动上，现阶段，行政和制度上的约束不再是人才流动的主要障碍，但真正能流动起来，在适当的岗位上人尽其才的还仅限于少部分高层次人才，人才流动的市场机制仍难以作用于大量水平有限、位于科学分层金字塔底端的科研人员。

在薪酬制度上，要建立高效、有序的科研人员薪酬体系，市场定价可能是大势所趋。典型代表是美国大学的市场化薪酬体系，在兼顾外部劳动力市场和组织内部职位之间的公平性的基础上，美国大学的市场化薪酬制度成为各国科研人员薪酬制度效法和改革的方向。

此外，由于现行科研机构和高校多属于“体制内”的事业单位，在社会保障和福利制度等方面与“体制外”的单位并不对等。现阶段，我们的人事制度改革并没有从根本上动摇深层次的制度，体制内外的壁垒仍然牢固存在，科技人才的市场机制很难健全。

（三）鼓励公众参与科技发展和应用，稳定社会知识生产关系

科技自身的发展和社会应用项目的大规模开展，都需要社会普通公众的广泛参与。涉及社会群体利益的公共决策，特别是有重大影响项目的决策，必须遵循严格的科学民主程序。决策前积极创设相关专家、普通公众、企业和政府有关部门参与的协商环境和平台，通过社会层面普通公众的讨论、争论和辩论，通过企业、政府和社会公众之间的民主协商，通过各利益攸关方的充分“博弈”，找到政府与社会公共利益的最佳平衡点，实现经济发展与生态环境保护、科学高效决策和公众民主权利保障的多赢。

重构新闻记者与科学家之间关系，关键是提升双方的素养，重建基于公众责任与利益框架内的合作与信任关系和文化，从而形成稳定的社会知识生产体系，促进大众媒介的知识再生产。

（四）协调科技政策与经济政策，共同推进科技成果转化

科技成果转化一直是我国科技体制改革和科技创新政策的重点，其目标就是要将科学技术转化为现实生产力，使科学技术服务于经济社会发展。

科技成果转化能否成功，受技术、资金、管理、市场等多种因素影响，是一个需要科技界、经济界共同参与的复杂工程，需要科技政策、经济政策的协调配套。

当前，我国正进入实施创新驱动发展战略、建设创新型国家的攻坚时期，应把科技成果转化工作放在重要位置，要进一步理清发展思路，提高科技成果转化率。

1. 准确把握不同主体在科技成果转化中的功能定位，调动各方面力量共同参与和支持科技成果转化

高校、科研机构是科技成果的重要源泉，企业是科技成果转化的主体，两类主体在科技成果转化的“最先一公里”和“最后一公里”中各自担当着主要角色。为保障和释放高校和科研机构的活力，国家要持续支持高校和科研机构的科学研究，明确高校和科研机构服务于经济社会的义务，支持高校和科研机构建立知识产权管理和技术转移工作体系。对于企业，科技成果转化既可以是自身的技术创新，也可以是对高校和科研机构等科技成果的承接和再开发，因此，激发企业的创新动力至关重要，国家要通过营造市场环境，引导企业愿意创新，愿意采用新技术，能创新，能应用转化科技成果。此外，企业家和投资者在科技成果转化中起着关键作用，要引导和支持形成一批有眼光、有胆识、善于发现、勇于投资新技术的企业家和投资者。

2. 加强对科技成果转化的公共服务和政策支持

科技成果转化过程的前端如工业化开发、小试、中试等具有因需要技术设施投入而风险大的特点，可以探索行业内企业和院校合作共建平台、建立民间非营利技术服务平台等多种途径，政府通过研发资助、购买服务等方式予以支持。大力发展天使投资和科技银行，解决科技成果转化“最先一公里”的资金问题；发挥金融机构和资本市场在成果转化

和产业化“最后一公里”的资金支持作用。用好政府采购这一政策工具，以首购、订购、优先采购等方式支持创新产品进入市场。全面推动高校、科研机构、国家科技计划等公共研究科技成果的信息发布，建立科技成果向企业和社会发布的渠道。完善产学研合作的利益机制，畅通高校、科研机构与企业之间科技人员合作和交流的渠道。落实科技人员股权激励政策，完善技术转让税收优惠和风险投资的税收优惠政策。

3. 要实现三个主要的转变

一是要以改革科研项目管理体制为突破口，推动技术创新向以市场需求导向型为主转变。目前，我国财政支持的科技成果转化率不高，重要原因是许多成果研发不是以市场为导向，而是以发表论文、评职称或以完成科研项目为导向的，由此造成每年产生很多科研成果，但难以转化为现实生产力。针对这种情况，要提高科技成果转化率，提高财政科技资金投入效率，应将过去供给型导向为主的支持技术创新方式倒过来，除基础研究、前沿性和战略性研究科研项目外，绝大多数直接面向产业化应用技术研发项目来源，要改为由企业提出需求并招标，高等院院校和科研单位通过竞标、政府给予配套支持的方式。在实施环节，对技术创新类科技计划，要建立企业牵头承担、产学研结合的方式。

二是以强化知识产权保护和完善专利交易制度为抓手，推动高等院校、科研单位的科研成果产业化方式向以技术转移、许可为主转变。改革开放以来，为弥补财政科研资金拨款不足，我国许多科研院所、高等院校纷纷创办企业推进科技成果产业化，这对促进科技与经济结合发生了积极作用。但要看到，高等学校、科研院所自办企业搞科技成果产业化，是我国科技体制由计划经济向市场经济转型过程中的阶段性产物，现在，随着我国财政科研经费的大幅增加，这种方式必须改变。要切实加强对知识产权的法律保护力度，建立健全与市场经济相适应的技术专利拍卖、使用许可付费和以技术要素参股分红等制度，保护自主知识产权成果创造者、所有者的正当权益。要加快下放科技成果使用、处置和收益权，提高科研人员成果转化收益比例，加大科研人员股权激励力度。要结合科研院所分类改革和国家创新体系建设，建立高等学校和科研院所技术转移机制。

三是以完善相关经济政策和金融服务为重点，促使科技成果转化向以经济手段和市场化融资为主转变。要发挥市场机制的决定性作用，建立和完善有利于科技成果转化、产业化的财政、税收、政府采购等激励、扶持政策体系。大力推进金融创新，建立多层次、多渠道的投融资体系和风险资本市场，重点是引导天使投资和风险投资发展，推进股票发行向注册制转变。

第二章

相关学科进展与趋势

第一节　化　学

一、引言

化学是研究物质组成、性能和转化的科学。化学与人类社会发展密切相关，与人类日常生活密不可分。随着人类社会快速发展和生活条件不断改善的需求增加，化学不仅在本学科，而且在生命科学、材料科学等领域也发挥越来越重要的作用。近两年来，中国化学工作者一如既往继续在化学及与化学相关领域做出重要学术贡献，突出地表现在发表学术论文的数量和质量显著提高。中国化学家在国际纯化学社会中已经形成了一个巨大群体，成为国际化学期刊学术论文发表作者的重要组成部分，同时也正在为解决人类社会面临的重大问题和中国社会经济发展做出应有的贡献。2015 年，屠呦呦研究员获得了诺贝尔医学与生理学奖，标志着中国天然产物化学研究工作得到国际社会的肯定。此外，中国的化学教育也取得了显著成就，近年来一直源源不断地为中国和全球培养各类优秀的化学专门人才。

二、本学科近年来研究进展

（一）有机化学

有机化学是化学科学的重要分支学科。近两年来中国有机化学家在 *Nature* 杂志发表学术论文 1 篇，*Nature* 子刊发表学术论文 18 篇。在国际一流学术期刊 *Journal of the American Chemical Society* 和 *Angewandte Chemie International Edition* 发表学术论文 500 篇以上，比前两年增长 32%。

碳氢官能团化是近年来有机化学的热点研究领域之一。余金权、戴辉雄等以 N- 甲氧基甲酰胺为导向基团，采用零价钯与空气反应原地生成具有催化活性的二价钯物种的方式，巧妙地避免了杂环中强配位原子对碳 - 氢键活化的导向作用，抑制了杂环邻位的碳 - 氢官能团化，使得碳 - 氢键活化和官能团化能够高选择性地发生在其他位置，实现了杂环化合物碳 - 氢键官能团化新突破，打破了碳 - 氢键活化中传统的选择性规律。该工作以“突

破杂环导向碳 – 氢官能团化的局限性”为题在 *Nature* 杂志上发表。与此同时，一些与国民经济密切相关的研究工作近年来取得了突破性进展。在资源化学研究领域，田伟生等用双氧水代替铬酐氧化降解甾体皂甙元的研究成果在生产企业落地，不仅实现了以黄鸣龙为代表的中国三代化学家的夙愿，解决了长达半个世纪困扰中国甾体药物工业生产的最大环境污染问题，也通过“变废为宝”，使甾体皂甙元氧化降解的废弃物成为宝贵的手性试剂和手性合成原料。

（二）物理化学

1. 化学动力学

中国学者在化学反应过渡态的结构和动力学机制方面的研究一直走在国际前列。杨学明等在对 F+HD（v=1）反应中首次观测到化学反应中只有通过反应物分子振动激发才能进入的共振态，从而证明振动激发不仅可以提供反应能量而且可以开启新的反应通道。他们在 Cl+HD（v=1）→ DCl+H 反应中首次发现因化学键“软化”而产生反应共振态的机制，说明反应共振态在反应物振动激发态反应中很可能是一个普遍现象。周鸣飞等在气相条件下成功制备四氧化铱正离子并测量了红外解离光谱，首次通过实验确定了该元素 +9 价态的存在。唐紫超等从理论和实验上验证了甲烷在硅化物晶格限域的单铁中心催化剂上活化脱氢偶联反应的“自由基机理”。

2. 电化学

近 3 年来中国化学家在电化学的方法和原理、化学电源、光电化学以及实际应用等方面都取得了突破性的进展。万立骏等发展了一种在分子水平直接研究电子给体 – 受体之间电子转移的原位电化学 STM 方法。陈胜利等发展了用纳微电极研究石墨烯等二维材料单纳米片的电化学新方法。詹东平等发展了基于外场调制的多种电化学微纳加工方法，可广泛应用于金属、半导体、绝缘体等材料的微纳制造。孙世刚等研制出高活性 Fe/N/C 非铂氧还原电催化剂，燃料电池功率密度可达 1W/cm^2。郭玉国等提出利用三维纳米集流体引导金属锂在三维电极内部的均匀沉积与溶解，成功实现了金属锂枝晶的控制。陈军等提出“还原 – 转晶”新策略，可制备高活性的尖晶石锰基复合氧化物的电催化材料。北大先行科技产业有限公司、杉杉[①]和厦门钨业股份有限公司等正极材料生产商突破钴酸锂高电压相变问题，目前已稳定生产 4.35V 和 4.4V 产品，全电池容量可达到 180mAh/g。王鹏等制备出系列新型“强分子内电荷转移型”苝基给受体有机染料，基于这类染料初步制作的器件在 AM 1.5G 条件下效率已经高达 12.5%。蒋青等实现了无酶葡萄糖高灵敏检测。陶农建等建立了单个纳米粒子电化学氧化等离子光谱成像的新方法。

3. 催化

催化是为能源转换、材料和化学品生产、环境保护以及药物合成等从多应用领域提

① 湖南杉杉新材料有限公司。

供核心关键技术的学科。在多相催化基础方面，包信和等在他们早期已提出的碳纳米管与活性纳米粒子“协同限域催化”概念的基础上，通过理论与实验相结合，研究了碳纳米管的限域效应对一系列过渡金属（Fe、FeCo、RhMn、Ru 等）电子结构及其催化性能调变作用的规律和本质，进一步提出了“限域能”概念，用于预测限域对催化反应性能的调变作用。包信和等还发现了“甲烷直接高效转化制乙烯”新催化过程，实现无氧条件下甲烷的高效选择活化直接生产乙烯、芳烃和氢气等高值化学品。与天然气（间接）转化的传统路线相比，这项新发现无需经历高耗能的合成气制备（造气）过程，而且反应过程本身没有碳和氢的损失、碳原子利用效率达到 100%。

4. 光化学

光化学是研究处于电子激发态的原子和分子的结构及其物理和化学性质的科学。利用可见光活化惰性化学键为有机光化学的发展提供了新的机遇和挑战，吴骊珠等首次提出了一类高效、原子经济性和环境友好的新型光反应——交叉偶联放氢反应。通过直接光敏活化两种不同 C—H 键生成交叉偶联的新 C—C 键，并将脱除的质子直接转化为 H_2 放出。借鉴光合生物光能吸收、传递、转换的高效机理，设计合成稳定、高效的人工模拟系统，实现太阳能的高效转换和利用是人类利用太阳能的重要目标。张纯喜等首次成功合成了不对称新型 Mn_4Ca 簇合物，它对研究自然界光系统 II 水裂解中心的结构和水裂解机理有重要的参考价值。李灿等首次将自然光合作用酶 PSII 和人工半导体纳米光催化剂自组装构建了太阳能光催化全分解水杂化体系，实现了太阳光下的全分解水反应。发光材料的制备及其在荧光传感、光动力治疗等方面的应用研究是光化学中十分重要的研究内容之一。樊江莉等设计合成了基于“增强型 PET”的超灵敏次氯酸荧光探针，唐波等发展了选择性检测超氧阴离子的新型荧光探针，田禾等通过自组装构建了基于能量转移机制的比值法硫化氢探针。杨国强等利用 ATP 诱导水溶性芳基硼化物聚集发光增强，成功实现了活细胞内 ATP 的分布与浓度检测。

5. 生物物理化学

在生物物理化学研究领域，葛颢等结合随机数学模型和单分子酶动力学实验技术，成功揭示了细菌内转录随机爆发现象的分子机理，提出了单细胞表型间的跃迁速率新理论，定量刻画了基因的活跃程度对单细胞不同表型间跃迁速率的影响。高毅勤等发展了针对各种场合的基于温度积分增强抽样方法和 QM/MM 模拟程序，极大地提升了利用理论和模拟方法获得生物体系的结构、热力学和动力学信息的能力。王宏达等利用多种原位单分子技术对有核组织细胞膜进行详细解析，提出哺乳动物有核细胞膜的整体结构模型。

（三）分析化学

分析化学是与人类的日常生活紧密联系的化学学科分支，其发展与人类社会的发展、各相关学科的发展密切相关。近年来，中国分析化学相关领域的研究队伍不断扩大，研究水平不断提高，在生物分析和传感领域的研究始终保持强劲的发展势头，在生物活体分析、蛋白质组分离分析方法、基于功能性核酸的生物分析、微流控分析、纳米分析等领域的研究不断发展。近两年中国的分析化学工作者在国际分析化学领域的核心期刊、*Analytical Chemistry* 上共发表学术论文 720 余篇，超过了发表论文总数的 7%，是前两年发表论文数量的 1.6 倍，仅次于美国。单篇被引用次数,2013 和 2014 年分别为 6.96 和 0.88 次，超过美国的 4.29 和 0.64 次，位居各国之首。

基于功能性核酸的分析方法是近年来的研究热点。杨秀荣等基于核酸适配体分子构象变化实时测量其与靶分子相互作用中的构象变化以及动力学参数，开发出检测包括凝血酶、银离子和半胱氨酸的 DPI 生物传感分析方法。体内成像一直是疾病的诊断、治疗以及药物疗效评价等的重要方法，聂宗秀发展了一种通用、免标记的直接质谱成像方法，发现并利用碳纳米材料在紫外激光解吸电离过程中产生的固有碳负离子簇（C2 ~ C10）指纹信号，克服了传统质谱方法无法直接检测纳米材料的难题。活体分析由于能够提供生命活动过程中的重要信息，毛兰群等近年来开发了基于微流控芯片的在线电化学检测体系，与活体微透析系统联用，实现了对脑缺血活体小鼠脑中葡萄糖、乳酸和抗坏血酸的连续监测，具有优良的选择性和稳定性。

（四）高分子化学

2013 年至今，中国化学家在高分子领域的重要期刊 *Macromolecules*、*Biomacromolecules* 和 *Soft Matter* 上发表文章篇数排名第 2 位，在其他核心期刊排名第 1 位。在 *Journal of the American Chemical Society*、*Angewandte Chemie International Edition* 和 *Advanced Materials*、*Nature Communications* 期刊分别发表论文 148、150、190 和 58 篇。在综述期刊 *Accounts of Chemical Research*、*Chemical Review*、*Chemical Society Review* 上发表综述文章分别为 44、11 和 58 篇。

针对二氧化碳基聚碳酸酯存在耐热稳定性差等难题，吕小兵等通过发展高立构规整性催化剂，实现了二氧化碳与各种环氧烷烃的立体选择性交替共聚合，发现促使聚碳酸酯结晶的新途径，创制了 20 余种高结晶性二氧化碳基聚碳酸酯立体复合物。安立佳等发展了一整套 Brown 动力学模拟和分析方法，系统研究了启动剪切下缠结高分子流体链构型、缠结演化和应力 - 应变响应。发现了应力过冲的分子机理，提出了剪切抑制解缠结的概念，为缠结高分子非线性流变学新理论框架的建立提供了新观点。曹镛等发展了系列新型的水醇溶性共轭聚合物界面材料及其界面修饰方法，发现通过调控器件界面间的偶极作用及掺杂可以大幅提高电子的注入或收集，实现了国际上首个喷墨打印阴极的高分子彩色显示屏，获得了效率超过 10% 的高效聚合物太阳电池器件。

（五）核化学与放射化学

核化学与放射化学是核科学和工程不可或缺的组成部分。中国学者近年来取得了如下研究成果：建立裂变产物与载体熔盐分离新流程，合成出新型高效次锕系核素吸附剂和海水提铀材料，开发多种特效的应用于癌症治疗和判定显影放射性药物和放射性显像剂，建

立了石墨 - 有机电解质体系中锂同位素分离方法等。其研究成果对于国防建设、核能发展、核技术应用和环境保护治理等方面具有重要支撑作用。

（六）交叉及其他学科

1. 晶体化学

晶体化学是一个多学科交叉和融合的学术领域。卜显和等利用混合配体策略，设计合成了第一例具有双层八面体的金属 - 有机骨架材料；将尺寸匹配的辅助配体与 MOF 孔道中配位不饱和金属相作用，起到封堵作用从而将客体分子封装于 MOF 孔道中，为设计合成基于 MOF 的胶囊材料提供一种新思路。王恩波等设计合成了系列基于多酸的催化剂，并在可见光驱动的水氧化反应中具有良好的催化效果，为设计该类催化剂提供了良好的思路

2. 流变学

流变学是研究物质流动和变形的一门交叉学科。近年来，中国流变学家取得了许多重要进展，如郑强等提出了大浓度跨度、不同结构高分子纳米复合材料“流变两相模型”；解孝林课题组系统研究了光聚合物复合体系光聚合流变学，提出了“光引发阻聚剂”的新概念，发现复合体系相分离程度与凝胶化时间 / 黏度比符合指数关系，实现了 3D 全彩色图像高效存储。

三、本学科国内外研究进展比较

中国化学会首次与爱思唯尔有限公司（Elsevier）合作，对 2010—2014 年中国和国际化学学科科技论文进行了定量对比分析，比较准确地分析和反映了中国化学学科近年的发展状况及其在国际化学的地位和国际影响力的变化。整体呈现如下特点：

（1）论文发表数量呈指数增长。2014 年中国化学发表论文数为 62177 篇，占世界化学类论文总数的 27.4%，表明中国已经成为名副其实的化学论文发表大国。

（2）论文质量迅速提升。中国化学发表的全球前 1% 和前 10% 高被引文献发文量均呈现快速增长状态，2014 年中国化学发表的全球前 1% 和前 10% 高被引文献发文量世界第一，表明中国化学在热点和前沿领域研究正处于国际领先水平。

（3）中国化学近 5 年发文质量指标均高于世界平均水平，其中电化学表现突出，发文质量位居全球第一。

四、本学科发展趋势和展望

在国际上纯化学学科开始衰退之时，中国化学研究领域乘势而上，研究队伍迅速壮大，学术性研究成果层出不穷，化学学科论文的数量和质量已经将中国化学学科带进世界一流水平。无论如何，中国能够引领世界化学学科的研究领域和方向尚在期待之中。中国

众多化学研究成果如何为中国化学、化工企业的转型以及化工产品的清洁和高效生产服务确实需要认真思考。化学产生于人类对物质资源的利用过程之中，人类一定能利用化学知识更加精准地利用资源。资源化学，在分子水平上合理、高效利用各类物质资源应该受到中国化学家的重视。中国大陆第一个自然科学诺贝尔奖能否为中国化学家带来冷静的思考，为中国化学学科发展带来新机遇，是中国全体化学工作者应该关注的问题。

第二节　空间科学

一、引言

空间科学是以航天器为主要平台，研究发生在日地空间、行星际空间乃至整个宇宙空间的物理、天文、化学以及生命等自然现象及其规律的科学。空间科学研究宇宙的过去、现在和未来，进行从宏观天体到极端条件下原子与分子基本规律的探索，从根本上揭示客观世界规律，是当代自然科学的重要前沿学科。空间科学作为与重大科技突破和人类生存发展密切相关、能够引领密集技术创新的前沿交叉学科，在国家发展中发挥着越来越重要的作用，成为世界强国高度重视和争相支持的重要学科领域。空间科学可基本划分为空间物理、空间天文、太阳物理、空间探测、行星科学、空间遥感、微重力科学和宇宙生物学等多个分支领域。

二、本学科主要研究进展

（一）空间物理

空间物理将日球层作为一个系统，主要研究发生在地球空间、日地空间和行星际空间的物理现象，研究对象包括太阳、行星际空间、地球和行星的大气层、电离层、磁层，以及它们之间的相互作用和因果关系。当前空间物理学研究日益突出对日地系统整体联系过程的研究，太阳活动—行星际空间扰动—地球空间暴—地球全球变化—人类活动的链锁变化过程成为日地关系研究的主要方向。

近年来，我国空间物理机理研究开始站在国际前沿，建模与预报能力有了长足的进步，空间物理领域的国际合作也开始实现从跟踪、参与到自主、引领转变的发展新阶段。在过去5年里，空间天文观测技术和研究方法取得了显著进展，硬X射线调制望远镜和暗物质粒子探测卫星都已经转入正样阶段，多个背景型号项目在关键技术攻关方面进展很大，为“十三五”我国空间天文的发展提供了强有力的支撑。

（二）空间天文

空间天文借助航天器，在高层大气和大气外层空间区域进行天文观测和天体物理研究的学科。由于摆脱了地球大气层的影响，并且可以实现多个卫星编队的长基线观测，空间天文学的观测谱段可以覆盖从射电、红外、光学、紫外到X射线、伽马射线的整个电磁波段，因而可以进行高灵敏度、高时间精度和高空间分辨能力的观测。通过发射上天的空间天文卫星，人类已经在红外、紫外、X射线、伽马射线等电磁波波段发现了大批新的天体，对恒星、太阳系外行星、黑洞、中子星、宇宙伽马射线暴、星系、星系团以及宇宙微波辐射等各种天体现象进行了精细的观测研究，获得了黑洞存在、宇宙加速膨胀的证据等重要科学发现，对人类认识宇宙以及天体的起源和演化并验证和发展基本物理规律做出了突出贡献。

我国天文学科领域在2009—2013年共计产出研究论文59513篇，5年累计论文量增幅11.14%，年均论文量增幅2.13%。中国也是天文论文数量增长最快的国家，中国在这期间发表3274篇第一作者论文，占国际论文总数的5.5%，世界排名第4位。按照IAU会员数作为参考，中国天文学家的人均论文产出高于世界平均水平。中国的论文产出已经超过日本，成为亚洲国家中在天文学科领域论文数量第一位的国家。

（三）空间探测

太阳系探测将探测器运行的主引力场作为界定深空探测的依据，凡是探测器以地球以外天体为主引力场的空间探测称为深空探测。通过深空探测，可以更好地认识自然界的发展规律，理解自然现象对人类社会的影响，防御来自太阳系和宇宙的威胁，为人类开发利用太空资源提供知识和技术储备。研究行星的起源和演化、行星的运行状态，研究对象包括太阳系内除太阳和地球之外的所有天体。借助于飞行器，人类已经在不同程度上对太阳系众多行星进行过探测，包括月球、火星、水星、金星、巨行星及其卫星、小行星和彗星。目前，人类的飞行器正飞往遥远的库珀带。

探测带来了很多惊人的发现，如月球陨石坑中的水冰、火星上近期水流的痕迹、木卫二的地下海洋、土卫二上的喷泉等。2012年12月13日16:30，我国嫦娥二号卫星在距地球约700万km远的深空成功飞越4179号小行星图塔蒂斯并获取高质量的光学图像，揭示了该小行星的物理特性、表面特征、内部结构以及可能的起源等新的结果。

（四）行星科学

我国月球与行星科学领域经过近50年的发展已经取得了长足的进步。随着19次、22

次以及30次南极科学考察的顺利进行，我国共回收了陨石样品11000余块，使我国一跃成为世界上拥有陨石最多的国家之一（仅次于日本和美国），为我国月球与行星科学的发展奠定了物质基础。另一方面，随着我国人造卫星和载人航天事业的发展壮大，我国在地球以及近地空间的探测也取得了丰硕的成果。我国空间探测是从月球探测开始的，沿用循序渐进、分步实施、不断跨越的发展思路，从2004年起，我国开始实施月球探测工程，即“嫦娥工程”，到2020年前完成“绕、落、回”3个阶段。我国嫦娥三号探测器于2013年12月14日顺利软着陆于月球，它由着陆器和巡视器（玉兔号月球车）组成，使我国成为在第2轮月球探测浪潮中第1个实现探测器登陆月球的国家，必将为我国后续深空探测计划的实施奠定技术基础。2014年通过嫦娥五号试验器的飞行试验，我国验证了跳跃式返回再入关键技术，获取了月球探测高速再入返回地球的相关轨道设计、气动、热防护、制导导航与控制等关键技术数据，对此前的研究、分析、设计、制造等工作进行检验，为计划2017年发射的嫦娥五号月球采样返回器奠定了重要基础。

（五）空间遥感

高分辨率对地观测系统和包括大气、海洋、陆地和环境与灾害监测卫星组成的对地观测卫星系统中，遥感在我国也是主要的信息获取手段之一。遥感可分为光学遥感和空间遥感。

几十年来，我国光学遥感技术发展迅速，目前已经具备空间科学探测等各类有效载荷的设计、制造、试验和应用能力，载荷品类不断丰富，功能和性能不断提升。“十二五”期间，在高分重大专项的驱动下，我国有效载荷发展跨上新的台阶，遥感载荷进入亚米级分辨时代。我国空间微波遥感技术与应用发展取得了突破性进展，特别是海洋二号卫星多种微波遥感探测有效载荷的发展和应用、风云三号多种微波遥感探测与成像有效载荷的发展和应用、风云三号微波湿度计数据进入欧洲中期天气预报数据同化系统、嫦娥一号/二号微波探测仪在国际上首次获取全月微波遥感图像、环境一号C星合成孔径雷达的发射和应用、在国际上首次实现的兼容GPS和北斗导航卫星的微波频段掩星探测的实现和大量有效数据的获取、地球静止轨道大气微波探测成像技术研究取得重要突破，标志我国空间微波遥感已经全面从技术突破走向应用，微波遥感技术的水平和能力已经开始接近和达到国际先进水平，并且在一些方向上从模仿跟踪向自主创新和引领发展。

我国开展了静止轨道大气微波探测技术的研究，创造性地提出了阵列旋转实现基线与可视度函数采样覆盖的方案及其成像方法，在国际上首次成功研制了地球静止轨道大气微波探测仪（GIMS）全尺寸样机，并开展成像试验，为地球静止轨道微波探测的实现走出重要的一步，也得到国际同行的广泛认可。

（六）微重力科学

微重力科学主要研究微重力环境中物质运动的规律、重力变化对运动规律影响。在微重力环境中，由于地球重力效应引起的浮力、沉淀、压力梯度等过程基本消失，可以开展很多在地面上难于开展的基本物理规律研究和空间科学实验，以揭示因重力存在而被掩盖的物质运动规律。微重力科学主要包括微重力流体物理、微重力燃烧科学、空间材料科学和空间基础物理等。微重力流体物理主要研究空间微重力环境下流体物质特性和动力学与热力学过程中的基本规律；微重力燃烧科学研究微重力条件下火灾预防、探测和扑灭的基本规律，深入探索燃烧过程中基本规律和特性；空间材料科学研究受重力影响的材料（凝聚态体系）相变、晶体生长与材料形成等过程，以及空间环境作用下材料的行为特性等。近 10 年来，我国科学家利用返回式卫星完成了一批微重力科学的空间实验，取得了一批好成果，使我国成为具备自主空间科学实验能力的少数几个国家之一。

载人航天工程发展了涉及材料科学、流体物理等领域六类通用型实验装置，提高了我国空间微重力实验硬件设备的水平。在国家“863”计划的支持下，我国建成了地上高度 116 m、地下深度 8 m 的落塔短时微重力实验研究设施，成为国际上少数拥有百米以上落塔的国家。利用探空火箭开展微重力与空间生命科学实验的计划也在筹划之中。国际合作也是我国开展微重力研究的途径之一，我国分别利用俄罗斯“光子号”返回式卫星和国际空间站开展了半导体材料生长、流体物理空间实验等研究。

在微重力流体物理领域、在微重力燃烧科学领域、空间材料科学领域、空间基础物理包括：空间超高精度时频技术及其应用，我国铯原子喷泉钟的不确定度已实现 3×10^{-15}，研制了拟于空间实验室运行的高精度原子钟——冷原子束铷钟原理样机；已成功研究和应用双向卫星时间频率传递技术进行原子钟比对和对导航及通信卫星精密测定轨；卫星激光单向测距和星地时间比对技术已达到了应用水平。

参加了欧洲 ACES 计划研究工作，以及欧洲应用地面原子钟进行精细结构常数变化的测量研究。我国的长期时频系统建设、卫星导航系统建设以及空间射电天文发展，为开展空间站时频技术研究奠定了良好的人才和技术基础。完成了空间冷铷原子钟原理样机的研制，在理论方面，国内多家单位开展了 BEC 相关的理论工作，取得了一大批可喜的理论成果。提出了建立超冷原子物理实验平台这一空间微重力基础物理实验的研究项目。

伴随着我国载人航天和探月工程的稳步推进以及国家安全的发展需要，空间材料包括空间结构材料、功能材料以及结构 - 功能一体化材料等的研究和应用取得了重大进展。结构—功能一体化材料兼具结构和功能两方面或多方面特性，正受到透波天线罩集承载、防热、透波、抗烧蚀于一体，满足微波窗口的应用需求。

我国空间材料科学研究在碳 / 碳（C/C）、抗氧化 C/C、碳 / 碳化硅（C/SiC），改性 C/C 和 C/SiC 等方面均开展了大量工作，相关产品已应用于航天航空等多个领域。中国科学院金属研究所近年来在复合材料快速制备工艺方面取得重大突破，发明了快速化学气相渗技术，大幅度缩短了 C/C、C/SiC 复合材料制备周期，降低了制备低成本；在防热复合材料的结构构筑方面，设计出三明治结构材料、夹层结构材料等多种结构形式，满足了不同应用环境的需求。2013 年 6 月，由国防科技大学研制的纳米气凝胶高温隔热材料工程样件顺利通过相关单位的地面模拟考核，各项性能满足型号指标要求，具有优异的隔热保温和加工性能，可适应强振动、大过载等使用工况，解决了我国载人舱内有害气体处理装置的高温隔热保温关键技术难题。这也是我国气凝胶高温隔热材料首次应用于载人航天领域。

（七）空间生命科学

空间生命科学借助航天技术提供的实验平台，研究在宇宙空间特殊环境因素（如微重力、宇宙辐射、真空、温变、磁变等）作用下的生命活动现象、过程及其规律，探索地外生命及人类在地外空间的生存表现和能力，研究生命起源、演化与基本规律。空间生命科学的研究领域包括空间基础生物学、空间生物技术、空间医学 / 生理学基础以及生命起源和地外生命探索等。我国空间生命科学近年来明显转向以空间基础生物学与生物技术研究为主，进一步拓展与加强地外生命科学探索。2011 年开始，先后论证、启动了一批包括“基因芯片技术在地外生命信号探索中的应用研究”“行星科学实验室轨道地外生命实验箱方案设计”“空间细胞生物力学工程技术平台研究”“无人航天器的微生物监控技术研究”“地球生命对空间环境适应与响应机制实验方案研究”等空间生命科学预研项目。

中国科学院力学研究所主持的“973”专项“微重力影响细胞生命活力的力学—生物学耦合规律研究”，项目针对航天员健康和空间生命生态支持系统等重大需求，以重力环境对地球生物演化的作用及其规律和空间环境对生命体生理稳态的影响规律及其机理等为科学背景，建立地基综合研究平台，在细胞这一生命体基本单元层面研究（微）重力影响生命活动的力—生物学耦合规律，促进形成空间生命科学研究的新概念、新思路和新方法。

三、本学科发展趋势和展望

外层空间是人类共同的财富，探索外层空间是人类不懈的追求。当前，世界空间活动呈现蓬勃发展的景象，主要空间国家 / 组织相继制定或调整航天发展战略、发展规划和发展目标。近年来，国际上新的空间规划相继发布，科学合作更加全面广泛，卫星计划任务陆续实施，科学成果与发现不断涌现。经过 50 年的发展，我国空间科学研究也已具备了一定的基础，在学科领域设置、科研队伍培养、基础设施建设等方面取得了长足进展，形成了良好的发展基础。

当今，虽然国际空间科学发展形势发生了一些改变，但探索宇宙奥秘、拓展人类活动的疆域以及开发利用宇宙资源仍将是人类永恒的事业。目前我国空间科学正面临新的发展机遇期，抓住机遇、圆满实现已立项科学卫星任务目标，并在此基础上规划中国空间科学的美好未来，需要全国的科学家、工程技术人员和各级管理部门的共同努力。随着我国综合国力的持续增强，随着国家对空间科学的重视和长期稳定支持，我们有理由相信，中国科学家将为人类认识宇宙、探索太空作出重大贡献。

第三节　海洋科学

一、引言

海洋占地球表面积的71%，占地球总水量的97%。海洋不仅具有极为丰富的矿产资源、生物资源和广袤的空间资源，而且与全球变化和人类生存、发展息息相关。

海洋科学是研究海洋的自然现象、变化规律，与大气圈、岩石圈、生物圈相互作用，以及开发、利用、保护海洋有关的知识体系。

我国是濒临太平洋的海洋大国，海洋对我国国家安全和经济发展极其有重要作用。2012年，中国共产党第十八次全国代表大会确定了我国要“建设海洋强国”的宏伟战略目标。

我国的海洋科学工作者在“建设海洋强国”的指引下，围绕相关规划、计划和中心任务开展海洋调查研究工作，在基础研究、高科技创新等方面都取得了重要进展。

二、本学科的近年来研究进展

我国海洋科学技术研究发生了重要变化：首先科研成果和发明专利有明显增加，其次科技论文在国外发表的数量明显增多，显示着我国海洋科学研究水平明显提高。

（一）海洋科研平台建设

2012年4月18日，在国家发展和改革委员会协调下，组建了由多个单位调查船构成的国家海洋调查船队，改善了调查船只的装备，提高了调查能力；我国海洋科技创新团队自2009年以来迅速发展，到2015年已形成20支国家级海洋科技创新团队；建立了一个国家级实验室（青岛海洋科学与技术国家实验室）、15个国家重点实验室、86个省部级重点实验室；完善了大洋样品馆、新建了海洋微生物菌种资源库、海洋药源生物种质资源库；2013年改造升级了75个岸基海洋站，新建29个长期验潮站，完成海啸预警观测网一期15个宽带地震台建设；新建了昆仑站（2009年）和泰山站（2013年）两个极地考察站；发射了海洋2号卫星；以及完成了海上浮标、潜标布设等。

（二）海洋科学考察、调查和海洋矿产资源勘探

2009—2015 年，我国先后完成 12 个航次大洋调查、6 次南极考察、3 次北极考察、“我国近海海洋综合调查与评价”专项（简称“908”专项）；16 个标准幅 1∶1 000 000 海洋区域地质调查、1 个标准幅 1∶250 000 海洋区域地质调查，海洋油气资源和天然气水合物调查以及海砂及相关资源调查，重点海岸带环境地质、渤黄海海洋动力环境和生态环境综合调查等众多项目。

（三）海洋科学研究

1. 物理海洋学

近年来，我国对西太平洋环流动力过程及其气候效应开展了众多研究工作。这些研究工作，在西太平洋主流系、西太暖池三维结构及其变异规律和动力机制、西太暖池主流系与周围海域之间物质能量交换、西太暖池对东亚气候的影响机制等方面取得了原创性成果，显著提升了我国深海大洋环流动力学和气候可预报性的研究水平。通过南海及印度尼西亚海域等印太交汇海域的调查研究，发现太平洋深层水越过巴士海峡常年流入南海，且其背景流速远大于开阔大洋的深海背景流速；提出南海是太平洋、印度洋贯穿流重要科学论点；同时研究了南海环流对季风及黑潮入侵的响应特征，特别是提出了南海贯穿流与印度尼西亚贯穿流的互动，并对其变异特征进行了机制解析。在印度洋深海域的物理海洋研究方面，提出了亚洲夏季风最早在孟加拉湾爆发的概念模型，并通过观测资料验证了孟加拉湾中北部海湾及赤道印度洋大气季节内振荡事件在孟加拉湾夏季爆发时的重要作用，为亚洲夏季风爆发预测提供了具体观测指标。

2. 海洋化学

在中国海海洋化学研究方面；除了对我国近海海洋化学环境基本特征和变化规律进行研究外，还首次进行了大气化学和放射化学的调查研究。在生物地球化学方面重点探讨了东黄海生源要素埋藏的关键过程及其组成与结构演变的沉积记录和河口区海洋生物地球化学特征。

3. 海洋生物学、海洋生态学

在海洋生物学、生态学方面，主要在海洋桡足类滞育生物学研究、纤毛类的细胞发育模式建立与系统演化的研究、深海大洋极端环境下的生物多样性和生态学的研究等诸方面取得了明显成绩。

在储碳机制方面，我国开展了陆架海碳收支调控机理、生态效应及变化趋势的研究，在碳的源汇格局及其调控过程、生物泵结构、陆架上升流形成机理、海洋酸化生态效应等方面取得了重要创新成果，提出了“微型生物碳泵（MCP）”新概念和理论框架。

较深入地研究了我国黄、东海生源硫的生产、分布、迁移转化与环境效应。同时开展了过去 60 年来我国陆架海洋生态环境记录、演变规律及演变原因的研究。

在我国近海藻华（赤潮）灾害研究方面建立了藻华长期演变机制的概念模型，并提出了藻华防范的对策建议。

在西沙群岛珊瑚礁生态恢复与特色生物资源增殖的关键技术与示范研究取得明显成绩。

另外，我国在深海大洋的热液环境等极端环境下的生物学和生态学研究方面也做了较多工作。

4. 海洋地质学

除了完成“908”专项等调查研究外，同时比较深入地研究了南海的形成时代、构造特征、油气资源的潜力等诸多方面问题。同时随着大洋科考的不断深入，对洋中脊、大洋多金属结核、多金属结壳及热液矿床形成机制的研究都取得较好的成绩，并为我国争取了三种类型四个区块的海底矿产优先勘探开发权。

5. 河口海岸学

在河口海岸学研究方面，取得的主要成果有：我国典型海岸带近 50 年演变过程及生态环境的变化主要是人类活动的结果；对苏北南黄海辐射沙脊研究有了新的认识；提出了新的潮汐河口分类方法等。

6. 区域海洋学

出版了总结中华人民共和国成立以来海洋调查研究成果的 8 卷本《中国区域海洋学》和以“908 专项”调查成果为基础的由 27 部专著组成的《中国近海海洋》系列著作等。

7. 极地研究

在极地研究方面也取得了显著成绩，如“南极冰架崩解数据和南极洲蓝冰分布图”、“格罗夫山核心考察区冰下地形测绘”、“晚全新世东西南极岛的企鹅种群数量动态记录及对比研究”以及“南极磷虾虾龄的研究”等研究都取得较好成绩。

（四）海洋技术与装备

我国海洋技术与装备研究，得到国家科技支撑计划、“973”计划、“863”计划及国家自然科学基金的大力支持，取得了显著成绩。

1. 海洋观测技术

2011 年 8 月 16 日我国成功发射了海洋二号（HY-2）卫星，这是我国发射的第一颗海洋动力环境卫星，它具有全天候、全天时、全球探测能力，主要使命是监测和调查海洋环境，为海洋防灾减灾、海洋权益维护、海洋资源开发、海洋环境保护、海洋科学研究和国防建设服务。

近几年我国海洋调查观测技术研究也取得了显著成果，OSMAR071 型高频地波雷达、C-Argo、海底观测网核心部件——接驳盒及输能通信技术、海底原位化学和动力环境监测技术、观测网的标准和网络集成等核心技术以及水体放射性快速监测仪等为代表的海洋调查观测技术都取得自主创新及世界水平的研究成果。

2. 海底探测、油气勘探与开发技术

我国海底探测及矿产资源开发技术，近年来得到迅速发展，其中以深水半潜式钻井平台（“海洋石油 981”）为代表的油气钻探技术，“海牛号”深海 60m 多用途钻机、深水高分辨率浅地层探测技术、海洋天然气综合探测技术、热液样品保压取样器技术等勘测观测技都具有世界水平，至于以“蛟龙号”7000m 载人深潜器为代表的深海运载观测设备、深海脐带缆技术等均达到世界先进水平并获得自主创新知识产权的成果。

3. 海洋工程技术

海洋工程结构物防腐技术的研究，特别是在“海洋钢结构浪花溅飞区腐蚀控制技术”及“深海环境通用清洁防污涂层的研究”方面取得重要成果。另外，“1500 m 水深海底管道 S 型铺设技术”的成功，对我国深水管道铺设技术具有里程碑意义。

4. 海洋生物技术

我国的生物技术近几年取得很大进步，在天然产物和药物开发研究方面：我国出版了《中华海洋本草》大型海洋药物领域志书，对推动我国海洋药物学发展有重要意义；我国海洋药物研究起步虽然较晚，但已发现 3000 多个海洋小分子新活性物质，300 多个糖类化合物，在国际天然产物化合物库中占有重要位置；在海洋药物方面有 20 余种针对肿瘤、心脑血管病、代谢性疾病、感染性疾病和神经退行性疾病等的候选药正在开展成药评价和临床前研究。海洋生物制品发展迅猛，部分酶制剂在开发和应用关键技术方面取得重大突破。“氨基寡糖”等已实现产业化。

在海洋生物全基因组测序和精细图谱构建方面取得了突出的成绩，在世界上完成的 12 种海洋生物全基因组解析中，中国科学家完成了 5 种，且多为经济物种。在其他深海特殊环境下生物基因研究也取得了很大成绩。

深海生物的保真技术及取样技术也有了新的进展。

近几年针对鱼类虹彩病等疾病进行了研究；对检疫技术、免疫技术进行了研究并取得了研究成果，如“对虾和海参高效免疫增强剂的研究”就取得较明显效益。

养殖技术在珍珠贝、牡蛎、对虾、扇贝、海带、裙带菜育种方面开展了研究并取得了成绩。

5. 海水资源开发利用技术

在海水淡化装置、海水综合利用新工艺以及海水冷却循环技术等方面取得了重要进展，海水淡化成本已降至 5 元 / 吨。

6. 海洋可再生能源开发利用技术

潮汐发电我国水平较高，目前正改造扩建江厦潮汐电站。波浪发电建了几处试验性电站。

7. 海洋环境预报预警技术

在海洋环境预报技术方面先后提出了“新型浪潮流耦合海洋环境数值预报系统”和“全球海面典型环境要素数值预报模式”等预报方法，并实际中做过验证，取得较好的预报效果。

8. 海洋信息技术

海洋信息技术主要是创建了中国数字海洋信息基础框架，首次建立了国内海洋领域的标准统一、技术可靠、内容全面、信息丰富的数据库；构建了我国第一个基于球体的数字海洋三维可视化平台、开发了大数字海洋综合管理信息服务系统和应用系统。

三、国内外海洋科学研究进展比较

近几年我国海洋科学技术取得了重要进展，但仍有差距，特别在海洋技术方面与世界发达国家相比，差距较大。

我国海洋调查船只太少，仅为美国的 1/10；海洋观测站密度小，特别是海底和大洋观测站太少；如 Argo，现全球有 3600 个，我国只有 196 个；海底观测网仅开始做试验性研究；国家级海洋科学和技术实验室 2015 年 7 月才开始运转，尚缺乏运作和管理经验等。

在海洋科学基础理论研究方面，我国取得了一些重要进展，提出了一些新概念、新认识，但和世界海洋研究水平相比，仍有一定差距。总的来说，创新能力尚不足，登上世界科学舞台的科学家人数太少，做跟踪研究的仍占多数。

虽然我国海洋技术研究，在某些方面已处于世界先进水平或世界领先水平，但是，我国海洋技术研究总体水平仍然落后，并已影响到了我国海洋科学基础研究。主要表现在海洋探测设备核心部件自主程度低，探测装备体系不健全，可靠性差；大型观测基础设施建设落后，深海探测能力差距较大；海底观测网处于起步探索阶段；深海通用设备和专用设备自主核心技术不多等。

四、我国海洋科学发展趋势与展望

（一）未来 5 年我国对海洋科学技术的战略要求

（1）保卫国家海洋权益和建设海上丝绸之路的需要。

（2）储备国家战略资源的需要。

（3）发展国家海洋产业经济的需要。

（4）建设海洋生态文明的需要。

（二）重点战略方向

以建设海洋强国战略为目标，争取在深水、绿色、安全海洋的海洋科学基础研究和高技术取得突破，有力推进海洋权益维护、海洋生态文明建设和海洋经济可持续发展。

（1）继续深入进行深海大洋的调查研究。

（2）加强南海过程研究。

（3）进一步深入研究我国管辖海域的生态修复和渔业资源恢复的理论与技术。

（4）继续加强海陆相互作用和海岸带监测管理的研究。

（5）加强对极端条件下和“深部生物圈（暗生物圈）”生命过程及资源研究。

（6）加速进行海洋观测、调查、勘探及海洋开发核心技术和重要装备的研究。

（7）加快海洋信息网建设，实现海洋信息共享。

（三）发展策略

（1）做好顶层设计，制定好“十三五”和中长期海洋科学技术发展规划。

（2）集中力量进行海洋观测、调查、勘探和开发利用核心技术与装备的研发。

（3）继续加强海洋科学技术研究平台建设，充分发挥已有科研平台作用。

（4）加强国际合作，采取合作调查、合作研究、合办国际会议、合办出版物、加强人才交流培养等合作手段，提高我国海洋科学技术水平和国际地位。

（5）继续加大国家对海洋科学技术研究的支持力度。

第四节　心 理 学

一、引言

心理学研究涉及感知觉、注意、记忆、思维、想象、情绪情感、心理健康以及人际和社会关系等许多不同的层次和方面。借助于脑科学的手段，人们可以记录和观察与特定心理过程相对应的生物学过程、特别是神经系统的活动过程。由于不同的神经元、神经结构、脑区、脑神经环路或神经网络存在着信息加工功能上的分化，研究者还可以通过分析与某个特定的心理过程相关联的神经活动，进一步解析这一过程的组成要素以及产生机理，从而加深对心理现象本质的理解。

二、本学科近年的研究进展

过去的几年，在脑科学的背景之下，推动心理学探索的驱动因素大致包括以下几类：

第一，脑科学研究技术和研究手段的进步。这主要涉及新的神经影像计算方法的开发和应用。我国学者在静息态功能磁共振影像计算、人脑连接组学以及神经反馈与神经解码方面的进展为研究语言、学习记忆以及认知老化提供了全新的指标。第二，大数据研究范式的出现使人们能够从一个更加宏观、更加全面的角度去看待和分析脑认知过程。有别于传统实验和认知心理学研究中理论或假设驱动的“钓鱼式”研究（即在有先行理论驱动的情况下设定有针对性的实验方案来检验关键假设），大数据研究范式采用“撒网式”的全方位数据采集方式，并在数据驱动下提出和界定新的科学问题。第三，实验研究范式上的创新。这类工作实际上是在传统的认知心理学或认知科学的框架和方法论基础上，采用新的实验研究设计思路，再加上新的认知神经科学技术方法，解决关于感知觉、注意、记忆、思维和问题解决等领域的经典问题。第四，在特定研究领域的系统集成创新。比如，采用认知神经科学方法对社会文化领域的问题进行研究，在很大程度上改观了我国在传统的实验社会心理学研究方面的弱势，使心理学家可以直接采用国际最前沿的脑科学和基因科学方法研究和阐明文化和社会心理学领域中的基本问题。

就基本的理论假设和研究框架而言，绝大部分有关基础认知和情绪过程的研究仍在已确立的心理学或认知神经科学理论假设之下进行。但借助于脑科学以及认知科学的手段方法，研究者能够以更加精微的方式研究一些基本问题。在注意研究领域，M. Posner 关于注意网络的学说仍在有关研究中被广泛地采用。但借助于脑成像特别是具有精确时间分辨率的脑电技术，人类注意的一些精细的亚类被实验地分离出来。在记忆研究领域，L. Squire 和 E. Tulving 等所提出多重记忆系统的理论框架仍然在记忆研究中发挥着重要的作用，但对于一些通过传统的行为学手段难以有效分离的影响因素，比如记忆的编码、提取中知觉熟悉性和流畅性的影响，采用脑科学的方法有可能使探索走向深入。

与上述在传统的认知心理学领域内所开展的更加深入或更加细致的研究和探索不同，一些具有更高的整合层次和应用价值的研究课题也受到了我国心理学者较多的关注。虽然以往关于注意和意识的研究大多集中在视觉领域，但其他一些在生物进化历程中具有重要价值的感知觉（比如嗅觉）过程也开始受到关注和深入的研究，而来自不同感觉通道的信息的整合问题以及跨模态信息加工的课题也成为近期研究所关注的焦点。

从实验数据采集的角度来看，大数据的研究范式带来了大量的新实验证据。这些证据从个体差异的角度揭示了特定的认知能力与脑神经结构之间的相互关系。例如，大数据研究发现个体的创造性成绩与双侧背部扣带、喙部扣带和辅助运动区的灰质体积呈负相关，而功能连接分析也揭示了创造性成绩和认知灵活性均与背部扣带和内侧额上回的功能连接强度呈负相关，且创造性成绩还受个体认知灵活性与背部扣带－额叶的功能连接强度的影响。上述证据为创造性思维的认知去抑制假说提供了脑科学依据。

脑科学不仅为传统心理学研究提供神经科学的实证研究方法，更可为研究先天基因和后天环境之间的相互关系架设中间桥梁，这一点对于发展心理学来全面了解人类毕生发展历程中的心理、认知和行为的物质基础尤为关键。已有 MRI 研究发现：大脑皮层厚度随年龄和脑区动态变化，在婴幼儿和儿童期厚度增大，之后逐渐变薄。但各个区域达到峰值的速度和时间并不一致，视觉、听觉等初级运动和感觉皮质率先达到峰值，前额叶、扣带皮层最晚达到峰值。且变化轨迹更为复杂，如，背外侧前额叶的变薄过程会持续到青壮年，顶叶厚度下降的百分比最大，其次是内侧额叶、额上皮层，扣带和枕叶；随年龄增长厚度变薄，体积变小；而随年龄增长厚度变薄，表面积变大；白质纤维束完整性从童年开始不断增加，到 40 岁左右达到峰值，此后呈现下降趋势。初级感觉脑区表现出最迅速的发展，而高级加工脑区，如前额叶皮层，表现出较慢的发展；胼胝体各组成部分也呈现出不同的发展模式。作为支撑额叶区域半球间传输的膝部，相比支持后部感觉运动脑区传输的尾部，其白质完整性增加的速度相对更慢。这些阶段性的脑结构与形态的发展变化，与相应的认知功能发展呈现出密切相关模式，一方面为“心理、认知和行为的发展”提供了脑科学证据，另一方面也显示出了在认知神经科学领域中对“人脑毕生发展研究”的迫切性。

人脑毕生发展的连接组学机制成为认知神经科学领域核心科学问题之一，为从全局不同尺度上研究人脑结构功能提供了网络科学方法。特别值得强调的是，对于人脑功能的研究，静息态功能磁共振成像（rfMRI）因其简便的实验设计、丰富的计算方法、可靠的重测信度而非常适用于毕生发展的各个年龄阶段的脑功能研究，逐步被应用于人脑功能毕生发展研究中去；基于白质纤维的各种 MRI 技术，结合连接组学方法也为这些脑功能毕生发展研究提供结构的基础；最后，基于经验数据的实验研究将逐步揭示影响人脑毕生发展的关键因素，将这些因素模型化，将最终建立人脑连接组毕生发展的数学物理模型，揭示人脑毕生发展的连接组学机制。

在社会认知心理学领域，自我（Self）和共情（Empathy）是研究者们普遍关注的两个重要的心理现象。而近年来，不公平感（Unfairness）及其对人类决策行为的影响受到越来越多的关注。在自我研究方面，自我参照加工和中线结构激活之间的关系仍是一大基点。Liu Y 等 2013 年研究得到自我参照加工神经相关的催产素效应；而周爱保等 2012 年进而将自我参照效应扩展到由代词确定的虚拟所有权关系上。对附带自我加工的神经机制研究发现，对消极信息的附带自我加工依赖于左侧脑岛（Insula），对中性信息的附带自我加工依赖于 MPFC；此外，当个体加工与自我有关的冲突性刺激时，壳核和脑岛的激活更大。由于不同文化可能产生不同的自我概念及自我结构，因此自我加工神经机制的文化差异是一个重要的研究生长点。如中国人的自我参照加工和母亲参照加工均激活了内侧前额叶皮层，但西方被试仅在前一任务中表现出内侧前额叶皮层的激活。在进行自我判断加工时，丹麦被试比中国被试激活更大的 MPFC；而在进行自我相关的社会特质判断时，中国被试比丹麦被试激活了更大的颞顶交接处（TPJ）。在共情研究领域，情感共情涉及的脑区有前脑岛（AI）和前扣带回（ACC）网络和镜像神经系统（MSN）。从相关的元分析可以发现，有关镜像神经系统在共情中的具体作用有待进一步研究。而在认知共情中，汇聚的证据表明腹内侧前额叶（vmPFC）所扮演的重要角色。国内共情研究新的亮点，表现在对社会痛（如社会排斥）共情的脑机制进行了探索性研究。此外，国内研究者对共情的调节也较为关注，如神经肽催宫素对种族偏见的调节的神经反应；死亡率提醒减少中扣带回在共情时的激活；认知共情对句子理解中的语用限制加工调节；金钱奖励及观看恐怖视频对痛共情神经反应的调制等。不公平感对决策行为的影响及相应脑机制是近期的研究热点。多数相关研究使用了最后通牒任务（Ultimatum Game，UG）或其变式，并发现前脑岛、前扣带回 / 中扣带回前侧、背外侧前额叶等脑区共同构成的不公平感脑网络近期大量研究集中探索了社会情境对不公平感及决策的影响，其中涌现出较多来自国内研究者的优秀成果。Wu 等 2011 年利用 ERP 技术揭示了社会比较影响被试做 UG 任务时的脑电反应。Guo 等 2013 年研究发现在损失条件下，拒绝比接受有更多的左侧背外侧前额叶，两侧前侧脑岛，前扣带回和背侧纹状体的激活。Luo 等 2014 年发现高焦虑个体更易拒绝，且面对不平等分配时有更大的反馈相关负波。Wu 等则通过引入计算模型，发现在损失条件下，公平感与腹侧纹状体的正性相关减少，而与背外侧前额叶的负性相关增加。其他如金钱奖励、同伴参照点、自我贡献率等因素对不公平脑网络的调制作用也分别得到了讨论。对自我、共情及不公平感的神经机制的研究，在未来仍然需要结合新的实验范式，综合多种研究技术，并结合大脑功能可塑性，对拟回答的科学问题进行拓展，如：自我与他人差别的神经机制及其跨文化差异、躯体感觉皮层在共情中的作用、先天进化机制和后天教育对不公平感和道德判断的影响及其神经机制等。

目前神经影像技术可以分为两类：结构影像和功能影像。结构影像主要用于检测人脑灰质体积、密度、厚度等形态学特征以及白质纤维束走向、密度、长度、白质结构的完整性等特征；而功能影像主要用于检测大脑内部自发或诱发的神经元活动或者葡萄糖代谢等。鉴于国内学科起步晚，硬件条件不成熟，目前我国在结构影像学方面的原创新技术寥寥无几。

在神经影像计算方法方面取得了重要进展：①结构和功能成像数据分析，我国科学家在静息态功能磁共振影像计算方法方面的研究与国外知名团队的研究水平相当；②结构和功能脑网络方法学，近几年来，活体人脑网络的结构和功能连接模式（即人脑连接组学）已经成为神经科学领域的研究热点，我国在该领域也取得了一系列的研究成果。

神经反馈与神经解码是指通过实时反馈大脑活动信息及解码大脑活动，实现对大脑活动的自主调节以及对视觉刺激信息的重构。近几年，北京师范大学姚力研究组围绕神经反馈与神经解码开展了系列研究，主要成果包括以下方面：①神经反馈与解码的方法学研究；②神经反馈与解码在认知功能改善中的应用。

国内在神经影像处理与分析的集成化影像处理平台的研发和推广上已建立了良好的基础，开发了多个有影响力的技术平台，包括在国际上有名的功能和结构数据处理工具包、网络构建工具包以及可视化软件，并向教育和研究机构提供免费下载和使用。

第五节　环境科学技术（大气环境）

一、引言

“十二五”以来，我国经济发展形势和环境保护问题发生了显著的变化，推动环境科技呈现出一系列新的发展方向和态势。作为环境学科的核心内容之一，大气环境科学技术学科近年来取得了长足的发展，学科研究范围从自然科学、工程与技术科学不断向与社会学融合的跨学科领域拓展；研究重点从支撑污染物总量控制逐步向全面支撑环境质量改善转变；研究手段从传统方法向大力发展交叉学科促进技术创新转变，现代信息技术、生物技术、新能源技术、新材料和先进制造技术等的融合发展为大气环境科学技术创新创造了新的机遇。在国家“863”计划、科技支撑计划、自然科学基金、“973”计划等科技项目支持下，我国大气环境科学技术学科各研究领域取得显著进展，通过加强原始创新、集成创新和引进消化吸收再创新，突破了一批关键核心技术，推广示范了一批先进适用的技术和产品，部分成果实现了产业化应用；先进技术成果的转化应用推广，有力推动了重点行业大气污染物减排，也为京津冀、长三角、珠三角等重点城市与区域的大气污染防治实践提供了关键科技支撑。在大气环境科学技术学科相关科研成果的支持下，区域大气污染联防联控逐步推进，圆满完成了 APEC 峰会、纪念抗日战争胜利 70 周年暨世界反法西斯战争胜利 70 周年的“9·3”阅兵、第二届世界互联网大会等重大活动空气质量保障工作，为我国大气污染防治积累了宝贵经验。初步构建了具备国际竞争力的大气环保技术装备供应体系，部分关键共性技术达到国际先进水平，为我国实施大气环保装备“走出去”战略提供了有力支持。

二、本学科近几年研究进展

（一）大气污染的来源成因和传输规律

大气环境基础研究主要包括现有污染源的排放特征、大气污染的成因机理、大气污染与环境健康效应、污染控制措施与效果等，并对污染物控制减排的政策制定、环境—经济效应综合评价做出前瞻性预测，为更多污染物的更深层次控制提供指导性意见。近年来，我国研究者通过外场观测、实验室模拟和数值模型等方法对大气环境的物理过程、化学过程等进行了多角度多层次的研究，其中关注的主要问题包括：大气复合污染的来源研究、大气环境的氧化过程和污染成因以及大气污染的传输输送等。污染源清单是大气污染科学研究和管理决策均亟需的关键信息，针对我国社会经济快速变化的特点，国内研究者构建了适宜我国的大气污染源清单编制技术方法，并已广泛地应用于空气污染、气象、能源和控制决策等方面。针对光化学污染及其导致的臭氧超标情况，深入研究了大气氧化过程尤其是大气氧化性，主要包括光化学烟雾、灰霾问题及酸沉降等多种污染研究；其中氢氯自由基（OH）的外场观测研究取得了丰硕的成果，针对 OH 自由基、HONO 的闭合研究提出了多种新的理论假设；针对颗粒物的闭合研究，采用颗粒物光学性质的闭合实验方法，基本掌握了大气能见度下降的关键因素，并成功实现了微米级颗粒物化学组分实测，发现了污染大气条件下新粒子生成的新特征。大气污染物的传输领域研究则在一定程度上揭示了区域性污染的特征和成因，为有效管控提供了科学依据。

（二）大气污染的健康效应

暴露评价是环境管理工作、健康风险评估和流行病学研究的基础。《中国人群暴露参数手册》的发布为我国开展进一步的大气污染暴露评价工作提供了第一手的基础数据；土地利用回归模型和卫星遥感等先进暴露评价技术的逐步引入为我国科研工作者实现高时空分辨率的大气污染模拟提供了新的发展方向。

毒理学以实验室研究为基础，探究大气污染健康危害的致病机制。近年来我国开展了大量的体外实验和体内实验，观察了大气污染物染毒后对机体及组织的损害作用，如在呼吸系统方面研究发现了 $PM_{2.5}$ 与几个相关炎症因子的关系，揭示了 $PM_{2.5}$ 造成肺部炎性反应的分子机制和免疫反应机制。

流行病学研究能直接回答空气污染暴露与人体健康的关系，提供最直接的大气污染危害性的科学依据。从研究方法来看，近年来，以时间序列和病例交叉研究为代表的“新型”生态学研究、固定群组追踪研究、回顾性队列研究和干预研究在我国得到了进一步开展；从研究范围来看，从单个城市研究逐步发展到多个城市的协同研究，从而有效地避免了发表偏倚的问题，使得研究结果更具说服力。研究还发现颗粒物是我国最主要的一种大气污染物，其来源、成分和粒径谱等特征复杂，对健康的影响存在差异。

（三）大气环境监测技术

近年来，我国大气环境监测技术研究在国家和地方强劲的科技需求推动下，取得了显著进展。大气环境监测单项技术已取得重要突破，初步形成了满足常规监测业务需求的技术体系。我国先后研发的 $PM_{2.5}$、O_3、VOCs 等污染物监测技术和设备，基本满足了城市空气质量自动监测等需求，有效支撑了我国“十二五”空气质量新标准的实施；研发的部分高端科研仪器如气溶胶雷达、单颗粒气溶胶飞行时间质谱仪等已开始得到应用。

常规环境检测技术稳步发展，在气态污染物在线监测技术方面，建立了差分吸收光谱法 SO_2、NO_2 等气体在线监测标准，完善了标定技术体系；在污染源在线监测领域，通过不断进行技术升级提高了现有污染源监测仪器性能，推动了现有技术向超低排放领域应用发展，发展了多平台的大气环境遥感监测技术；在地基遥感方面，地基激光雷达在硬件设备和算法上的改进提高了气溶胶成分的探测精度、进一步降低了探测盲区，并在沙尘暴、灰霾探测中得到了应用；在机载遥感方面，研发了机载激光雷达、机载差分吸收光谱仪和机载多角度偏振辐射计，已在天津、唐山地区进行了飞行试验；在星载遥感监测方面，研发了大气痕量气体差分吸收光谱仪、大气主要温室气体监测仪以及大气气溶胶多角度偏振探测仪，可实现航空平台上对污染气体、温室气体以及气溶胶颗粒物分布的遥感监测。同时，突破了多项大气环境应急监测技术，自主研发的傅里叶变换红外光谱扫描成像遥测系统可用于大气环境应急监测的定性和定量分析。

（四）重点污染源大气污染治理技术

当前，我国主要大气污染物排放已远超环境承载容量，多种污染物同时以高浓度存在，形成过程相互影响，频发灰霾等区域性环境污染问题。在国家“863”计划等科研任务支持下，“十二五”期间大气污染治理技术研发方面取得了显著进展，有力支撑了重点行业主要大气污染物的总量减排控制。

工业源大气污染治理领域，在颗粒物治理技术方面，近年来主要在颗粒物凝并长大动力学机理研究、基于强化细颗粒脱除的静电 / 布袋增效技术研究，以及多场协同作用下颗粒物高效控制新技术开发等方面取得了重大进展；硫氧化物治理技术方面，近年来主要在湿法烟气脱硫、半干法脱硫，以及污染物资源化利用等方面取得了重大进展，针对 SO_3 的排放控制研究逐步受到重视；氮氧化物（NO_x）治理技术方面，近年来在高效低氮燃烧技术、烟气脱硝系统喷氨混合、流场优化以及 SCR 催化剂配方设计、催化剂再生处置等多项基础研究和关键技术上取得了重要进展；汞等重金属治理技术方面，近年来我国以汞为代表的重金属污染物排放控制技术取得长足发展，在重金属吸附机理及吸附剂改性、Hg^0 的强化氧化等基础研究方面取得突破，基于常规污染物控制设备的重金属协同控制技术已成功实现工程应用；挥发性有机污染物（VOCs）治理技术方面，近年来我国 VOCs 控制理论不断发展，VOCs 控制正向从源头控制到末端治理的全工艺流程治理转变，以吸附技术、催化燃烧技术、生物技术、低温等离子体技术及组合技术为代表的 VOCs 控制技术得到进一步发展。

移动源大气污染治理领域，近年来，移动源大气污染防治在控制传统 CO 和 HC 等单一污染物的基础上，进一步强化了对低温 HC 污染物的去除，对 NO_x 以及碳烟颗粒的协同控制；核心技术路线正逐步向适应我国油品和实际路况的高效机内净化以及后处理控制技术的精细化、集成化、系统化发展；针对多种处理技术耦合的研究也已逐步开展；船舶、工程机械等非道路移动源污染排放控制技术领域尚处于初级阶段。

面源及室内空气污染净化技术领域，在面源大气污染控制技术方面，近年来我国主要在煤改气及天然气锅炉低氮燃烧、生物质炉灶利用、餐饮业油烟分解、路面扬尘净化、农畜业氨排放控制等方面取得了一定进展；室内空气污染物净化技术方面，近年来我国主要在室内空气中的挥发性有机污染物、超细颗粒物以及有毒有害微生物防治方面取得显著进展。

（五）空气质量管理决策支撑技术

近年来，我国大气污染特征发生了显著变化，大气环境质量总体上进入了以多污染物共存、多污染源叠加、多尺度关联、多过程耦合、多介质影响为特征的复合型大气污染阶段。然而我国大气污染的规模、严重性和复杂程度在世界上少有先例，这一问题的控制和管理也没有成熟的经验可以借鉴。面对国家重大需求，大气复合污染防治理论逐步形成与实施，旨在发展出一套综合排放控制规划方案，构建相应的复合污染控制法规和管理体系，通过多部门、多污染物协同控制，解决 $PM_{2.5}$、O_3、酸沉降和温室气体排放等多个大气环境问题。大气复合污染控制战略的实施需要强有力的技术支撑，包括多尺度高分辨率动态排放清单技术、天地空相结合的立体观测技术、大气污染预报预警与过程分析技术、大气污染多维效应综合评估技术、大气污染控制成本效益分析和决策支持技术等。

大气污染源排放清单技术方面，国内学者以北京奥运会、上海世博会、广州亚运会为契机进行了较为系统的排放源清单研究，取得了具有国际影响力的重要成果。基于现场测试，初步建立了基于工艺和控制技术的中国大气污染源排放因子库；开发了具有自主知识产权的多尺度高分辨率排放源模式，建立了在线排放清单计算和网格化处理技术平台；建立了集成不确定性分析、卫星遥感、地面观测、模型模拟的排放清单多维校验技术；针对京津冀、长三角、珠三角等重点区域，利用“自下而上”的方法，开发了高精度本地化排放清单，大大提高了重点区域排放清单的时空分辨率。

大气污染预报预警与过程分析技术方面，开展了大气污染监测、预警预报与数据共享技术研发与示范。CMAQ、CAM_x 以及 NAQPMS 等三代空气质量模型在全国和重点城市得到了快速发展和大量应用；NAQPMS 嵌套网格空气质量预报模式系统在郑州、北京、上海等城市得到了应用；国内 30 多个城市开展了 $PM_{2.5}$ 来源解析工作，主要采用 CMB 和 PMF 等受体模型方法。

大气环境规划与决策支持技术方面，针对重点地区大气污染联防联控需求，我国开展了空气质量精细化管理支撑技术与示范、空气质量管理决策支持系统等研究，在大气污染多维效应综合评估技术和大气污染控制成本效益分析技术方面都取得了较大进步。采用自主研发的响应表面模型（ERSM）建立了长三角地区 $PM_{2.5}$ 及其组分浓度与多区域、多部门、多污染物排放量之间的非线性响应关系；国内外联合研发的中国空气污染控制成本效益与达标评估系统（ABaCAS）已在北京、上海、广州等城市的空气污染研究与规划管理中得到应用，并为重点区域大气污染防治“十二五”规划的制定提供了技术支持；基于 CAM_x 空气质量模型的颗粒物来源追踪技术（PSAT）定量模拟了全国 $PM_{2.5}$ 的跨区域输送规律，为区域大气污染控制提供了重要决策支撑。

（六）典型成果的集成示范应用

“十二五”期间，我国大气质量综合管理制度不断创新，出台新版《中华人民共和国大气污染防治法》；陆续颁布了一系列配套的法规标准，新修订的《环境空气质量标准》（GB 3095—2012）开始推行空气质量指数（AQI）；出台了一系列经济金融相关的政策法规，具体包括脱硫脱硝经济政策、油品升级税费政策、排污交易相关政策、PPP 相关政策等；即将实施大气污染防治重点专项，旨在构建具有我国特色的大气污染精细认知—高效治理—科学监管贯通的区域雾霾防治技术体系和管理决策支撑体系。区域联防联控协调机制和管理模式逐步建立，以京津冀地区为例，基于研究分析结果以及奥运会空气质量保障行动提供的成功案例，京津冀等多个省市正逐步推进地区一体化，通过统一规划、统一治理、统一监管保障空气质量。此外，近年来几次重大空气质量保障行动的经验表明，由于燃煤电厂、工业锅炉、道路扬尘排放等污染源的有效控制，一次污染物排放明显下降，空气质量均有较明显的改善。

（七）清洁空气产业发展

随着我国环境保护和资源节约相关法规、政策、标准的建立健全，环境监管力度的不断加大及环保投融资主体不断多元化，驱动我国节能环保产业总体快速发展，目前已形成门类相对齐全的产品体系，拥有了一批较为成熟的常规环保技术装备，基本能够满足国内市场需求，一批环境友好型污染防治关键零部件和材料的研制取得突破，产业服务能力进一步增强、服务内容进一步完善、服务质量进一步提高。据环保部发布的《新常态下环境保护对经济的影响分析》测算，《大气污染防治行动计划》的实施将拉动我国 GDP 增长 1.94 万亿元，增加就业 196 万人。

（八）大气环境学科建设

近年来环境科学与工程专业的教育教学已逐渐成熟稳定，并跨专业地构成了学科网络。国家环境保护重点实验室和工程技术中心发展迅速，“十二五”期间重点实验室通过验收 8 个，批准建设 17 个；工程技术中心通过验收 7 个，批准建设 19 个。调研学术期刊显示学科扩散指标上升，表明环境科学技术与其他学科的交融程度在提升，跨学科研究在不断增加。此外，据不完全统计，大气环境科学技术领域获奖项目在环境总领域中占有较大比例，表明近年间有较大一批优质成果问世，大气环境科学技术稳定发展。

三、本学科国内外研究进展比较

我国大气环境科学技术在过去5年间研究进展较快，发表的SCI论文数量占国际总体比例逐年上升，在技术研发领域也取得不少突破，但由于起步较晚等原因，整体上与世界先进国家仍存在差距，主要体现在：①在颗粒物灰霾成因、氮氧化物对大气复合污染贡献、臭氧及自由基化学等基础研究重点领域存在一定差距，尤其是关于详细反应机理的研究较少；②在大气污染暴露评价、毒理学研究的技术和方法上存在差距，大气污染流行病学研究数量虽然较多但高质量研究较少；③在大气环境监测技术及设备研究方面仍处于落后阶段，虽已突破一批关键技术，也自主研发出一批具有国际竞争力的大气污染监测设备，但仍有不少核心部件依赖进口；④在工业源、面源及室内空气等污染治理技术等方面虽然取得了不少突破，在燃煤电厂超低排放、满足国Ⅳ标准柴油车污染控制、工业窑炉污染物高效控制等关键技术取得了长足发展，但在满足国Ⅵ标准的机动车污染控制、满足Tier Ⅲ排放标准的船舶污染控制、非电行业污染物深度治理等方面仍有待发展；⑤在排放清单研究领域已达到或接近国际先进水平，但在部分前沿研究方向上仍与发达国家存在差距，在大气污染防治规划研究方面已处于世界前列，但与最先进的美国还有一定差距，而在大气污染控制成本效益分析技术研究方面还存在较大差距。

第六节　系统科学与系统工程

一、引言

系统科学是研究系统的结构与功能关系、演化和调控规律的科学，系统工程是系统科学面向应用的方法体系。随着社会经济及科学技术的快速发展，系统科学与系统工程学科已经渗透到各行各业，在日常生产及社会活动发挥重大影响，在我国的社会发展、经济建设、循环经济、节约型社会、工业信息化等方面发挥着不可替代的重要作用。

在学科发展发面，系统科学是教育部公布的一级学科，下有系统理论、系统分析与集成两个二级学科。全国共有40个系统科学一级学科研究生学位授予单位，17个系统理论二级学科研究生学位授予单位，23 个系统分析与集成二级学科研究生学位授予单位。此外，国内部分重点高校开设了系统科学专业或相关研究方向，例如北京师范大学于 2013 年成立了系统科学学院，该院建立起了一个系统科学研究方向的本、硕、博一体化的教学体系，在复杂系统基本理论和复杂系统控制与优化方面形成了一批重要的研究成果。四川大学、中国人民大学、山东大学等高校也开设了非线性系统分析与控制、系统分析与集成等重要研究方向。系统工程是教育部公布的控制科学与工程下属的一个二级学科，全国共有 98 个控制科学与工程学科一级学科研究生学位授予单位，67 个系统工程二级学科研究生学位授予单位。

系统科学与系统工程领域的省部级重点实验室共有 7 个，包括：管理、决策与信息系统重点实验室、中国科学院系统控制重点实验室（北京）、系统生物工程教育部重点实验室（天津）、冶金工业过程系统科学湖北省重点实验室（湖北省）、中国科学院复杂系统与智能科学重点实验、中国科学院系统生物学重点实验室（上海生命科学研究院）、西安交通大学机械制造系统工程国家重点实验室。省部级研究院有 9 个，分别为：中国船舶工业系统工程研究院、中国科学院数学与系统科学研究院、中国航天系统科学与工程研究院、重庆当代系统科学研究院、上海系统科学研究院、上海交通大学系统生物医学研究院、江汉大学系统生物学研究院、北京师范大学全球变化与地球系统科学研究院、北京实现者社会系统工程研究院。

在推动和促进系统科学与系统工程学科建设方面，中国系统工程学会鼓励系统科学与工程的不断创新，促进系统工程在各领域中推出创新性理论成果和创造性应用成果，促进系统科学与工程在我国国民经济建设和社会进步中的应用。中国系统工程学会每 4 年召开 1 次会员代表大会，每 2 年召开 1 次学术会议并出版论文集，主题涵盖科学决策与系统工程、发展战略与系统工程、和谐发展与系统工程等。截至 2015 年，学会已成功组织了十八届全国性学术年会。学会设有工作委员会 6 个，专业委员会 19 个。全国大部分省、市、自治区成立了系统工程学会。目前，全国已有31个省市自治区成立了系统工程学会。此外，自 2012 年起，系统工程学会设立“系统科学与系统工程终身成就奖”、“系统科学与系统工程理论奖”和“系统科学与系统工程应用奖”，奖励在系统科学与系统工程领域做出重大贡献、在系统科学与系统工程领域的理论方面做出的创新性成果以及在系统科学与系统工程领域做出的产生显著社会效益或经济效益的应用成果的个人。

学术期刊主要是反映系统科学和系统工程学科的学术水平，信息量大，利用率高，受到了广大系统科学和系统工程科技工作者普遍重视。全国系统科学和系统工程学科相关的学术期刊有 20 多种，包括:《军事运筹与系统工程》《信息与控制》《控制与决策》《系统工程》《系统仿真学报》《控制理论与应用》《系统工程理方法应用》《系统科学与数学》《运筹与管理》《预测》、*Journal of Financial Engineering* 等。其中学会主办的就有 8 种期刊:《系统工程理论与实践》《模糊系统与数学》《交通运输系统工程与信息学报》《系统工程学报》《系统科学与系统工程学报》（英文版）、《系统工程与电子技术》（中文版）、《系统工程与电子技术》（英文版）、《系统科学与信息学报》（英文版）。据统计，2010—2015 年，在《系统科学与系统工程学报（英文版）》期刊所发表论文中与各类系统相关的研究论文共计 38 篇；《交通运输系统工程与信息》期刊所发表论文中与交通相关的各类系统的研究论文共计 72 篇；《系统工程理论与实践》期刊所发表论文中与各类系统相关的研究论文共计 216 篇；《系统工程学报》期刊所发表论文中与各类系统相关的研究论文共计 45 篇。

二、本学科近几年研究进展

近几年，在刘源张、汪应洛、方福康、王众托、于景元等一批领军学者的带领下，系统科学与系统工程学科取得了长足的进步，在系统科学系统工程理论与方法、宏观经济管理、大型工程管理、复杂产品开发工程管理、城市交通管理、能源资源管理，以及灾害管理、应急物流、低碳经济等领域都取得了一系列重要成果，获得了国家自然科学奖、国家科技进步奖、复旦管理学杰出贡献奖、系统科学与系统工程终身成就奖，以及一大批省部级奖励，推动了我国系统领域科学事业蓬勃发展。代表性成果如下所述。

（一）基础理论

狄增如指出，系统科学在科学研究方法论的层面上要求我们从还原论走向系统论，其关注的核心科学问题是复杂系统的涌现性。复杂系统的涌现性通常是指系统通过个体之间的非线性相互作用，可以在宏观层次上出现新的时空结构和功能。通过对各个领域复杂系统宏观涌现行为的研究，归纳总结出具有普适性的一般规律，是认识系统复杂性的基本途径。而复杂网络作为刻画系统相互作用的基本工具，是构建系统模型、研究系统性质和功能的基础。

（二）社会经济系统

中国科学院数学与系统科学研究院汪寿阳研究员团队多年来致力于经济预警预测相关理论、模型、方法研究，以及经济预测预警与政策模拟仿真平台建设，取得了重大的进展：①提出了以文本挖掘、经济计量、人工智能相结合为核心的 TEI@I 方法论，将传统统计数据、异质数据和互联网大数据综合应用于经济预测预警，提高了预警预测精度。②针对中国经济的特征，开发了互联网经济舆情指数方法，解决了关键字选择和混频数据建模等问题。③建立了中国宏观经济监测预警体系和世界主要经济体的监测预警平台和政策模拟分析平台，实现了数据共享、高性能分析计算、智能建模、可视化决策支持等功能。开发的系统应用于人民银行总行及分支机构、国家发改委、国家外汇管理局、商务部、银监会等重要经济决策部门；同时每年向中央政府提交政策研究报告 30 余篇，共有 60 余篇获得了国家领导人的重要批示，取得了显著的社会效益。

（三）教育系统工程

许晓东领衔的“全国高校教学基本状态数据库系统研究及其在新建院校中的应用”研

究，针对长期存在对高校教学状态和质量缺乏常态化监控机制以及对新建院校办学质量缺少有效监测方法的问题，提出了要建设高校“教学状态数据库”及其为高校、政府和公众服务的建设目标，在“教学状态数据库”指标体系、“教学状态数据库”顶层设计、数据采集系统、教学评估管理信息系统、数据挖掘与分析系统五个方面开展了具体的研究工作，并将研究成果在新建院校中进行了广泛应用，从而较好地发挥了教学状态监测和质量保障的支持作用。该项目成果于 2014 年获得国家教学成果奖二等奖，其组成部分——“教学状态数据库”基本内涵被写入了《教育部关于普通高等学校本科教学工作评估的意见》(教高［2011］9 号）和《教育部关于全面提高高等教育质量的若干意见》(教高［2012］4 号）中。可以预见，本项目成果将在我国高等教育质量保障体系建设中日益显现出重要价值。

（四）工程管理系统

杨善林院士及其团队，以轿车整车开发工程管理为背景，系统研究了复杂产品开发工程管理理论与方法，构建了面向需求和创新驱动的由动态决策功能体系、方法体系和技术体系构成的复杂产品开发工程管理的动态决策理论体系，设计了“系统分解、分级优化、动态控制、协同推进”的管理模式和“静 – 动”结合的优化调度方法，提出了轿车整车开发工程管理中的资源调度方法和基于事件的动态调度策略以及供应商的动态选择方法和协同过程管理方法，研发了轿车整车自主开发系统平台、流程优化与工程管理系统，形成了具有自主知识产权轿车的整车开发过程控制与管理技术，为发展我国具有自主知识产权轿车的整车开发工程管理理论、方法和技术做出了重大贡献。该成果成功运用于奇瑞汽车公司多系列车型的整车开发，并获国家科技进步奖二等奖。杨善林院士在上述工作的基础上，进行了系统的理论总结与升华，撰写出版了题为《复杂产品开发工程管理理论与方法》的专著，得到了著名同行学者的高度评价。

（五）复杂金融经济系统

张维基于复杂金融系统研究发展了计算实验金融方法，通过“自底向上”的微观建模方法，探索了复杂金融系统的运行规律与演化特性，拓展了传统经典金融理论的研究。该方法将金融市场视为包含多个异质主体的系统，应用信息技术来模拟实际金融市场，在既定的市场结构下，通过市场微观层次 Agent 的行为来揭示市场动态特新及其成因。相比传统方法在金融市场异象、市场微观结构、行为金融学以及交易机制设计等领域中，具有更大的优势和适应性，为复杂金融经济系统提供了一套全新的方法论工具。

（六）系统控制

高小山针对数字化设计制造与数控系统核心问题，基于混合计算的误差可控算法、微分差分方程求解的符合算法以及有限域理论与算法，解决了数字化设计制造和数控系统中的若干关键理论与算法问题，并以此为基础开发了国际先进的数字化设计制造与数控系统核心功能模块，为高速、高精数字化设计制造与数控系统的商业开发提供支撑。郭雷院士开启了“反馈机制的最大能力与局限”的定量研究，并针对几类典型非线性不确定系统，首次发现并证明了反馈机制最大能力的“临界值”或“不可能性定理”等一系列根本性结果，对定量理解人类和机器中普遍存在的反馈行为的最大能力，以及智能反馈设计中的根本性局限具有重要科学意义。

（七）军事系统工程

作战实验是军事系统工程最具代表性的前沿领域，近年来作战实验理论、技术与方法，作战实验体系及作战实验室建设，作战实验数据建设等领域取得了长足的发展与进步，作战评估理论与方法、基于信息系统的军事能力建设研究等领域也取得了突出研究成果。外军优于我军的研究成果主要集中在净评估方法研究、战略评估系统研究与开发、国防系统分析、信息交换模型研究与开发、分布式作战实验环境研究与开发、联合作战指挥控制系统研究与开发。未来军事系统工程将在六个领域取得突破性发展：作战实验方法、建模与仿真、指挥信息系统工程、装备系统工程、空天武器装备体系研究、体系与体系工程。

（八）林业系统工程

陆元昌应用系统科学的原理设计了适应中国国情的近自然森林经营理论架构、技术体系和实施工艺，提出一个具有中国特色的、完整的多功能近自然森林经营技术体系。其理论和技术在中国林科院热带林业实验中心等多的实验区得到应用，权威性的 *Science* 杂志对这个体系和应用做了报道；之后在全国 15 个森林经营样板基地逐步推广应用，自 2013 年开始以此为基础开展了全国森林抚育经营国家工程项目的应用培训，并开发了森林经营工艺层面的技术指南——《森林抚育规程解读》。这个成果是在“与森林自然生态机理相容、社会经济可行和林学技术可操作”等三个基本要求下集成的一套近自然森林抚育经营的完整技术，把多功能森林经营的目标、近自然森林经营的技术落实到林分作业的工艺技术层面，支持了以每年近 60 亿元人民币补贴额度的“全国森林抚育经营工程”的全面实施。多年的实践证明是适应我国林业向多功能可持续经营方向发展的实用技术，也适合向其他国家和地区推广应用。

三、本学科发展趋势和展望

经过系统科学与系统工程科技工作者的长期不懈努力，中国系统科学和系统工程学科已经取得了很大发展，从工程系统走向了社会系统，提炼出了开放的复杂巨系统理论和处理这种系统的方法论，即以人为主、人机结合，从定性到定量的综合集成法，在宏观经济、大型工程、城市交通、清洁能源以及灾害管理、应急物流、低碳经济等领域都取得了一系列重要成果。

未来，经济全球化和社会信息化进程的加快，社会、自然、经济系统的复杂化程度将越来越大，研究问题的非线性、复杂性程度将越来越高。同时，在互联网大数据时代，大数据驱动为系统科学与系统工程学科的发展提供一种新的着力点，系统科学与系统工程学科本身所具有的交叉性、综合性、整体性的特征将得到更好的释放，其研究方法将呈现出技术化、综合化的发展趋势。同时，学科交叉趋势也日趋明显。新一轮科技和产业革命的方向不会仅仅依赖于一两类学科或某种单一技术，而是多学科、多技术领域的高度交叉和深度融合。在这个时代背景下，系统科学与系统工程学科与其他学科的相互交叉渗透将更加深入，也将增添新的生命力和新的学科增长点。当前我国已进入全面建成小康社会的关键时期，经济发展进入新常态，创新驱动发展战略既是一个国家战略，也是一项系统工程。系统科学与系统工程学科要保持源源不断的动力和旺盛的生命力，必须以服务国家重大战略需求为牵引，以国际学科发展前沿为导向，发挥多学科交叉的优势，瞄准制约社会和经济发展的重大瓶颈，聚焦解决国家重大实践问题，培养学科创新人才，推动整个学科的发展迈上一个新台阶。

随着科学技术与现代社会的复杂化发展，系统科学和系统工程将越来越显现出其强大的生命力和重大的科学价值，成为推进我国社会主义现代化建设事业全面、协调、可持续发展的强大理论武器，成为全人类的宝贵财富。

第七节　实验动物学

一、引言

通过实地调研、会议研讨、问卷调查和资料查阅，阐明了实验动物科学技术在生命科学、医学等研究中的战略地位；分析了国内外实验动物科学技术发展现状和中国的未来需求。在此基础上，形成了中国实验动物学科发展报告。

实验动物学是多个学科和领域交叉形成的一个学科，包括实验动物品种、模式动物、疾病模型等实验动物资源的开发、研制、质保，实验动物供应、分析技术、法律法规和管理体系建设等。实验动物科学技术是生命科学、医学创新研究的重要组成部分和可持续发展的重要支撑，是“创新型国家”的战略资源之一，对保障人类健康、食品安全、生物安全等也都具有重要的战略意义。

当前，药品、食品安全成为人民群众关注的焦点问题，影响人民群众对政府满意度。中国科学成果的国际认可度较低，影响中国创新型国家建设，影响科技大国形象。究其原因，实验动物科学技术与产业发展水平是主要瓶颈之一。除此之外，实验动物科学技术与产业还直接影响生物医药、人口健康、动物种业等行业科技进步和产业发展，直接影响食品安全、生物安全、生物恐怖、疫病预防治疗等防控能力提升。这也是发达国家将实验动物作为国家战略资源的主要原因。

中国建立了包括实验动物法律法规、标准等在内的管理体系，初步形成了科学研究、生产供应、质量保障和人才培养体系。动物模型制作技术和分析方法不断创新，建成了10余个国际水平的实验动物技术平台。年产超百万只实验动物的机构有5家，一些药物安全评价机构和实验动物研究机构的实验动物分析专业化和集成化初具规模，实验动物相关产品和动物实验与临床前评价已经实现了产业化。从业人员已达30万人，拥有实验动物品种30多个，品系2000个，成为生产和使用大国。

二、本学科主要研究进展

中国在大型实验动物基因组靶向修饰和疾病动物模型研究方面处于世界领先水平。革命性基因工程新技术ZFNs、TALENs、CRISPR/Cas三大利器大大改变了科研人员在实验动物中研究基因功能的方式，助力于实验动物资源研发。中国科学家们已经研制出了绿色荧光转基因猕猴、转基因克隆猪、世界首只经过基因靶向修饰的食蟹猴和基因敲除犬模型，还运用TALENs技术同时实现猕猴和食蟹猴2个物种的基因靶向修饰。食蟹猴靶向基因修饰研究成果发表在*Cell*上，并很快引起科学界和全球媒体的关注。*Nature*杂志将这一研究成果称为人类疾病模型研究向前发展的里程碑。中国是首例转基因鱼的诞生地，中国科学家们首次在斑马鱼中建立了可以遗传的TALEN和CRISPR/Cas9基因敲除技术平台。国内不少高校和科研机构已经掌握了基因工程技术，并广泛应用于实验动物领域。

基因工程动物使功能基因组学研究迅速发展，使生物反应器和人工改造动物成为可能，成为揭示生命本质和了解病理机制的重要途径。基因组编辑技术在动植物品种改良中的应用将推动生物育种产业，从而推动粮食、畜牧业创新发展。中国基于模式生物（从线虫、果蝇到小鼠、大鼠）基因组学而发展起来的各种组学研究取得重要进展。疾病动物模型在传染病防治中发挥重要作用。同时，新药研发与新药临床前评价对实验动物倚重增加。

疾病动物模型是进行传染病致病机制研究、药物疫苗评价不可缺少的资源。2003年SARS爆发之初，由于缺乏动物模型，严重限制了SARS防控体系的建立，给人民健康带来重大损失。为解决重大传染病的动物模型资源匮乏的问题，中国科学家们通过自行创制、引进和共享，建立了重大传染病研究的动物模型资源以及应对新发再发传染病的储备性动物资源。在国际上率先进行了传染病动物模型资源集成，实现了动物模型从 SARS 时期的滞后，到 H7N9 时期的快速应急，再到 MERS 时期的前瞻性储备，并首次完成了传染病动物模型信息库的建立，根本上扭转了中国传染病动物模型资源匮乏的被动局面。首次实现了动物模型的标准化，建立了传染病疫苗和药物的临床前规范化评价体系，是中国医药产品的国际通行证，支撑了国家传染病防控体系建立。首次提出拓展成药新功能的设想，建立了动物模型快速筛选药物的方法，并在 SARS、H1N1、H7N9、MERS 等疫情爆发时发挥应急作用，解决了无药可用的局面，支撑了国家传染病药物储备库的建立，缩短了临床救治时间。

三、本学科国内外主要研究进展比较

中国实验动物科学技术发展水平与欧美等发达国家有较大的差距，主要体现在实验动物管理、资源、质量和供应、人才等 4 个方面。中国以政府管理为主，而发达国家更注重行业自律。中国实验动物资源的贫乏主要表现在物种资源、基因工程实验动物资源和疾病动物模型资源等 3 个方面。中国在实验动物质量控制方面相对落后，虽建立了全国性的检测网络，但检测试剂不统一，行业和实验动物饲养者自律性不高。中国实验动物生产量仅次于美国，但在资源种类、动物质量和技术服务水平等方面差距很大。在实验动物产业方面，基因工程动物资源的限制，已成为中国创新研究的瓶颈。缺乏长远的发展规划、稳定的经费资助和资源维持体系。从业人员在职业培训方面专业教育水平低、规模小，继续教育机会少，技能培训不完善，高水平人才教育缺乏，资质认证体系不完善。中国实验动物科学技术的发展已经远远落后于发达国家，制约了中国在生命科学、医药和农业等领域成为创新型国家和世界科技强国，必需加快发展的步伐。

美、欧、日等发达国家和相关组织分别制定出台了相应的实验动物标准、准则和法规，并设立了相应机构以规范实验动物的生产和应用，促进了实验动物产业化的发展，实现了实验动物生产供应商品化、质量管理标准化、检测试剂成品化。实验动物分析已经实现专业化、集成化和商业化，形成了技术齐全的分析中心。服务范围拓展到模型制作、饲养管理、动物寄养、检测技术、基因服务、诊断试剂等各种相关的服务。欧美等发达国家的实验动物品种达 200 多个、品系 26000 多个，产业已经完成规模化进程并且正在占领发展中国家的市场，少数几个企业占据全球近 80% 的实验动物市场份额。实验动物从业人员实行分类分级管理，职业培训以管理人员、兽医、技术人员为重点，一般由高等院校和社会团体承担。

中国实验动物科学技术经过 30 多年发展，取得了瞩目的成绩，但也面临严峻和尴尬的局面：实验动物种源被欧美国家控制，中国实验动物资源 95% 以上无自主知识产权，品种品系数量不及美国的 1/10，实验动物资源研制能力远远落后于美国，部分关键技术缺乏。总体上，中国实验动物资源建设落后美国 30 年，实验动物科学技术整体水平落后 50 年。由于知识产权的限制、科技竞争及市场垄断考虑，欧美国家已经禁止向中国出口实验动物种源及特定用途的实验动物产品；与此同时，国外企业却大举进军中国市场，调研期间，中国超过 1/3 的常规实验动物市场已经被国外企业控制。因此，随时可能发生自有实验动物种质资源濒危、国际种质资源全面垄断及实验动物安全供给的危机。未来 10 ~ 20 年是中国实验动物科学技术与产业的重要战略转型期，在需求刚性增长、国际资源限制、质量要求日益提升的巨大压力下，中国实验动物科学技术与产业必须依靠科技进步，加快发展方式的转变，走独立自主之路，走可持续发展之路。

美国 Charles-River 公司已经兼并中国最大的实验动物公司维通利华，还收购了江苏无锡提供动物实验技术合同服务（CRO）的药明康德公司。欧美实验动物企业对中国实验动物市场的兼并战已经开始。长此以往，中国产业将无自主实验动物资源、技术落后、市场份额被挤占，成为欧美国家的附庸。

四、本学科发展趋势和展望

中国实验动物科学发展还存在一些问题，包括实验动物资源严重匮乏，难以满足科研需求；实验动物标准化程度不高，有待加强研究力度；实验动物管理力度不够，要加强行业管理；缺乏实验动物科学发展长远规划；实验动物及其相关产品市场化程度低，规模化程度不足；从业人员缺乏专业教育，学历教育有待加强；国家财政性投入严重不足，课题设置不能满足学科发展和发挥学科使命的需求；实验动物技术平台分散，多重复建设，缺乏全国性布局；实验动物科学需要建立大型数据库，实现信息资源共享。

实验动物科学技术是建设创新型国家的重要基础条件，是国家知识创新工程的重要组成部分，是提升国家科技创新能力的必备条件。由于实验动物科学技术是多个学科可持续发展不可或缺的条件，应该列入优先发展领域。改变实验动物资源建设受制于人的局面，实施“以我为主、立足国内、科技支撑、适度进口、集约共享”的发展战略。“以我为主”是指实验动物资源建设应以中国具有自主知识产权的实验动物资源为主。“立足国内”是指参照美国、欧盟的发展模式，立足中国国情，建立具有中国特色的发展模式。“科技支撑”是指实验动物科学技术和产业发展应该以对建设创新型国家等重大目标提供科技支撑为目标。“适度进口”是指对于国外有独特用途的实验动物物种和品系适度进口。“集约共享”是指建立实验动物资源集约共享的机制，避免低水平重复和资源闲置的局面。

实验动物学的发展一方面与生命科学、医药等学科需求相适应，不断地积累实验动物和疾病动物模型资源，一方面由于实验动物模型研制技术和分析技术的进步而推动生命科学、医药等学科发展。在实验动物产业方面，由于实验动物分析技术的高科技化，多种实验动物分析技术集成的专业机构已经出现，而实验动物生产也向高质量、品种齐全、技术全面的规模化发展。在未来 5 ~ 10 年，中国实验动物科学发展重点领域包括：实验动物资源丰富化、疾病动物模型评价规范化和实验动物临床医院建设、实验动物技术平台建设、比较医学创新研究、海量实验动物数据资源存储和共享、基因工程技术、动物模型分析技术、模式动物和各种组学研究等。大片段转基因技术、ZFN 技术、TALEN 技术、转座子技术的相继成熟，CRISPR/Cas9 基因敲除技术在哺乳类动物上的应用，人类细胞、非人灵长类、经济动物、斑马鱼等都可以使用基因工程技术加以修饰，极大地推动了生命科学创新研究。

比较医学是对不同物种的疾病发生、发展进行比较，从而了解人类疾病的发生、发展的规律，用于诊断、治疗、病理、生理、药理、毒理和新药创制等研究的一门综合性科学。在人类疾病动物模型资源扩展的基础上，将建立对人类疾病动物模型进行从整体到分子水平的分析手段，并产生大量的比较医学成果，包括数字化实验病理、动物行为学分析研究、传染病疾病模型研究和比较代谢组学研究等多方面的成果。需要一个平台对这些研究成果进行归纳、整理和共享，以便高效利用人类疾病动物模型研究成果。

中国实验动物科学的发展目标是通过加强资源建设、管理和质量保证体系、国际资源共享体系、自主资源研制和创新能力、种子基地、高质量实验动物供应链等方面的建设，为实现中国创新驱动发展战略目标提供科技支撑。主要包括以下方面：①形成完善的实验动物资源、技术和设施共享体系；②建立疾病动物模型评价标准体系和实验动物临床医院；③整合学科人才和优势资源，重点提高科技创新能力；④完善实验动物质量保障体系，提高实验动物质量；⑤完善实验动物法制化建设，建立完善的实验动物标准体系；⑥积极转化政府职能，加强实验动物行业管理职能；⑦建立全国统一教育和培训体系，加快从业人员资质认定；⑧推动实验动物及相关产品的产业化和规模化进程；⑨积极研究实验动物福利与替代技术，推动具体应用。

为解决生物医药科技创新等影响国计民生的重大战略问题，保障实现中国全面建成小康社会，应将实验动物科学技术作为重大战略资源进行系统部署，优先纳入国民经济和科学技术发展规划和国家重点学科建设。力争经过 10 ~ 20 年的努力，全面达到欧美发达国家总体水平。在实验动物资源建设、学科建设、标准化、规模化等方面达到美国当前水平，在基因修饰动物等领域达到国际领先水平，占领未来战争、经济发展、科技强国的“制高点”，提供国际水平的支撑条件。

中国实验动物学会成为国家首批团体标准试点单位，今后两年内将制定 50 项团体标准，团体标准的实施将有力推动实验动物行业发展。今后应加强人才队伍、管理和质量保证体系、国际资源共享体系、自主资源研制和创新能力、种子基地、高质量实验动物供应链等 6 个方面的建设，保障未来 10 ~ 20 年实验动物资源翻两番、大鼠和猪等基因工程研究国际领先、形成国际水平龙头企业。理顺现有的实验动物管理体系，建立基层自律为基础的管理体制等战略目标的实现，为中国未来 20 年生命科学、医学、药学、农业等领域的“自主创新、重点跨越、支撑发展、引领未来”提供相应的条件支撑。

第八节　神经外科学

一、引言

神经外科学（Neurosurgery）属外科学的分支，是以手术为主要治疗手段，研究脑、脊髓和周围神经系统疾病发病机制，探索新的诊断和治疗方法的学科。神经外科学的范畴包括神经系统先天性发育异常、损伤、感染、肿瘤、血管病变和遗传代谢障碍等疾病。

（一）百年神经外科学历史

神经外科学是伴随对脑神经生理及功能定位认识的不断深入，逐步形成的一门独立临床专业学科。20 世纪初期经典神经外科学（Classical Neurosurgery）诞生，直至 20 世纪 50 年代经历显微神经外科学（Microneurosurgery）阶段，步入当今微创神经外科学（Minimally Invasive Neurosurgery）时代，展现了技术进步驱动神经外科学发展历程。

（二）中国神经外科发展历史

1. 新中国成立前

20 世纪 30 年代，北京协和医院神经外科由关颂韬（1896—1980）襄教授（Associate Professor）主持；1932 年在中华医学杂志英文版发表中国第一篇神经外科关于三叉神经痛治疗的专业论文。1934 年，赵以成（1908—1974）医师自北京协和医学院毕业后在外科任职，因成绩优异荣获洛克菲勒基金会选派，于 1938 年赴加拿大蒙特利尔神经病学研究院，师从 Penfield 学习神经外科。

2. 新中国成立初期

新中国成立后，中央卫生部做出两个决定：① 1951 年开始派年轻医生到苏联学习神经外科；②天津医学院市立总医院组建脑系，承办“全国第一届脑外科进修班”，为中国建立神经外科专科起到重要作用。

二、本学科近年的最新研究进展

（一）颅脑外伤

中华医学会神经外科分会参加卫计委医政司编写的《临床路径》中包括颅脑创伤病人救治路径，已经在全国医院临床推广。中国神经外科医师协会神经创伤专业委员会、中华神经外科学会神经创伤专业组和中华创伤学会神经创伤专业组积极组织专家认真吸取美国重型颅脑创伤救治指南的经验，结合中国颅脑创伤病因、伤情及救治条件特征，逐步形成了操作性强的中国颅脑创伤救治指南。我们先后制订发布了第一版《中国颅脑创伤外科手术指南》（《中华神经外科杂志》，2009），规范了我国颅脑创伤病人外科手术指证、手术时机和手术方法；《中国颅脑创伤病人脑保护药物治疗指南》（《中华神经外科杂志》，2008），以指导我国神经外科医生证确使用脑保护药物治疗颅脑创伤病人，减轻脑功能障碍、促进脑功能恢复、减少不良反应、提高治疗效果，减轻医疗负担。《中国颅脑创伤颅内压监测专家共识》（《中华神经外科杂志》，2012），明确了颅内压监测技术的适应证、方法和禁忌证；《颅脑创伤去骨瓣减压中国专家共识》（《中华神经外科杂志》，2013），明确了去骨瓣的适应证、方法和禁忌证；《颅脑创伤脑积水诊治中国专家共识》（《中华神经外科杂志》，2014），提出了外伤性脑积水诊断标准、手术指证和方法、并发症防治等。颅脑创伤相关多个指南及专家共识的制定和发布，极大提高了我国颅脑创伤救治技术和方法的规范化和科学性，通过中华神经外科学会、中华创伤学会和中国神经外科医师协会等组织的各类学术会议和国家级继续教育学习班的积极推广，逐步成为广大基层神经外科医师的临床指南。

（二）血管神经外科

1. 脑出血

“十二五”国家科技支撑计划“出血性卒中病因学评价与微创治疗技术研究”着重探讨各种术式治疗脑出血的疗效。该研究是一项随机、平行分组、对照的多中心临床研究，其目的是考察三组治疗技术：神经导航下显微神经外科治疗技术、神经内镜微创治疗技术及 CT 立体定向骨孔直视下（改良微创椎颅术）血肿碎吸术治疗技术治疗高血压性脑出血的有效性和安全性，检验三种治疗方案的优劣，优化高血压性脑出血安全及有效的治疗方案。该研究正在进行中，初步结果显示手术治疗可降低严重颅内高压患者的死亡率；该研究结果还需要大样本 RCT 验证。

2. 动脉瘤和脑血管畸形

传统上在空间上将高端放射科设备与手术室分开，对术后需要影像学复查 AVMs 患者来说一直是个障碍。2012 年 9 月哈佛大学附属 BWH 医院和国家影像引导治疗中心（National Center for Image Guided Therapy）建立了多种先进影像引导手术室（Advanced Multi-Modality Image Guided OR，AMIGO），又称杂交手术室（Hybrid OR），AMIGO 手术室集磁共振室、血管造影、PET/CT及操作室一体，可以实现多种影像数据融合实时导航提高手术准确度和安全性，并降低重返手术室再次手术的概率。现在杂交手术室已经在以天坛医院为代表的国内个别神经外科带头医院得到了开展。

（三）胶质瘤

传统的单纯依赖显微镜、术前影像学资料、解剖学知识的手术模式已经不能满足精准切除胶质瘤的需要，各种新技术的出现正逐渐引领神经外科手术的一场变革。神经导航技术已经在全世界和国内较多医院推广，可以帮助医生更准确地对病灶定位，防止术中迷失方向。但是，神经导航主要依赖术前的影像学资料，术中的脑移位乃至手术操作均会影响其准确性，因此，术中超声多普勒以及术中MRI近年来也逐渐兴起，以弥补导航技术的不足。术中超声多普勒对于低级别胶质瘤的定位效果较好，而高级别胶质瘤往往伴有水肿或出血坏死，从而限制了其应用。相比之下，术中MRI能显著提高胶质瘤尤其是非强化部分的切除程度，目前被认为是胶质瘤定位的金标准，但是其耗时耗钱，短期内较难推广和普及。近年来，术中荧光在高级别胶质瘤手术中的应用逐渐增多，它可以为主刀医生提供肿瘤切除程度的实时反馈，更为客观地提示手术终点。目前最为常用的术中荧光为5-ALA。一项纳入了11例GBM患者的前瞻性随机对照研究显示，5-ALA对肿瘤和异常组织的阳性预测值分别为0.95、0.99，灵敏度和特异度分别为0.75、0.71，其他一些研究也证实5-ALA可以较好地区分正常脑组织和肿瘤组织，相较传统方法显著提高了肿瘤切除程度，从而改善患者预后。而这些研究也同时发现，使用5-ALA的患者尽管切除了更多肿瘤，其术后神经功能障碍的发生并未增多。较为遗憾的是，截至目前，5-ALA尚未得到我国相关机构的批准，使得其在国内的应用受到限制。国内多家医院已经尝试将黄荧光应用于胶质瘤手术中，具体效果及经验尚待后续报道。

对于涉及功能区的胶质瘤，通过各种先进技术探索和保护脑功能是今后的趋势。当前唤醒脑手术发展较为迅猛，直接皮层刺激（DCS）、神经电生理检测、脑磁图等可用于定位运动区、语言区，被认为是胶质瘤手术保留相关功能的金标准。目前针对原有唤醒状态下神经电刺激技术定位准确率不高、定位时间过长的问题，国内以北京天坛医院和广州军区广州总医院为代表，已建立了基于静息和任务模式的术前多模态脑功能区初定位技术和基于任务模式的术中唤醒状态下神经电刺激精准定位技术，显著提高了功能区定位准确率，使定位时间缩短29%。语言功能区是关系到患者生活质量的重要因素。基于神经损伤后可塑性修复的特性，针对语言功能区脑胶质瘤制订了择机分期切除手术策略，即对于该部分患者，提出“I期安全切除—术后语言功能重塑—II期完全切除”的分期切除策略，既实现了肿瘤全切，又保留了患者语言功能。联合以上技术创建了适合中国人的脑胶质瘤精准手术技术体系，实施功能区脑胶质瘤手术448例，肿瘤全切除率达到67%，术后长期功能障碍率降至3.8%，达到国际先进水平，并主持制定《唤醒状态下切除脑功能区胶质瘤手术技术指南》，规范了该类患者的安全切除手术方法和技术。

（四）学会对学科发展的贡献

1. 专科医师培养

中国神经外科专科医师培训与欧美等国家不同，实施的住院医师规范化培训设置有其自身的优点和缺点。2013 年 12 月 3 日，根据国家卫生和计划生育委员会科技教育司的安排，建议神经外科作为二级学科开展住院医师规范化培训，提交了“神经外科住院医师规范化培训”，主要参考美国神经外科学会制定的神经外科住院医师培训计划，培训时限为 6 年，分为 2 个阶段。

2. 科普工作

出版了科普读物《颅脑外伤防治指导》和《走进“人体司令部”轻松面对脑肿瘤》等科普读物。

3. 承办政府委托的工作

2010 年制定国家临床重点专科神经外科评估试点评分标准，2011 年组织评审重点学科，全国 77 家医院申报重点神经外科。

三、本学科发展的国内外对比

（一）21 世纪微创神经科学

微创神经外科学理念（Concept of Minimally Invasive Neurosurgery）在诊断和治疗神经外科疾患时以最小的创伤操作，最大限度地保护、恢复脑神经功能，减少医源性损伤。由脑解剖定位系统和脑功能监测系统组成的微创神经外科技术平台，改变传统颅脑手术模式。

（二）中国微创神经外科学进展

1996 年 3 月，刘承基创办《中国微侵袭神经外科杂志》，将微创神经外科学理念引进国内。2009 年“颅脑手术中脑认知功能保护的微创神经外科学基础研究与临床应用”和周良辅医师“建立外科新技术治疗颅内难治部位的病变”分别获得国家科学技术进步奖二等奖。

2009 年，华山医院、301 医院和天津总医院等医院还先后引进术中磁共振。21 世纪中国微创神经外科学已跨入国际先进行列。

（三）国内神经外科现状

1. 国内神经外科基本状况

目前中国县一级医院已经建立独立的神经外科病房，配备 CT 和神经外科手术设备，有些县医院还配备了 MR，完全具备诊断治疗颅脑损伤和脑出血等神经外科常见病的条件。

省级医院设有神经外科专科，胜任颅脑肿瘤、脑血管病、脊髓脊柱、功能神经外科等疾患诊治。2011 年原卫生部组织评审，全国 77 家医院申报重点神经外科。据不完全统计，中国拥有 13000 余名神经外科医师。

颅脑外伤外科治疗是神经外科主要临床工作，中国县级医院完全可以胜任颅脑损伤的救治。

血管神经外科。中国脑出血外科治疗已在全国普及。完成了“九五”期间国家科技攻关项目“颅内巨大动脉瘤巨大动静脉畸形外科治疗深入研究”，“十五”期间国家科技攻关项目“脑卒中规范化外科治疗技术推广”，“十一五”科技部支撑项目“脑卒中外科综合治疗技术体系研究”等多个国家级的神经外科研究项目。赵继宗在 2009 年 5 月美国神经外科大会所作的“2464 例高血压脑出血的外科治疗”报告，获国际论文摘要奖。近 10 年，血管内介入治疗颅内硬脑膜动静脉瘘、夹层动脉瘤、颈动脉海绵窦漏、脑血管畸形等在国内得到普及发展。

国内三级甲等医院可以完成各类颅脑肿瘤手术。与国际同步，开展神经分子病理指导下的脑胶质瘤个体化以化学、放射、基因治疗、靶向等胶质瘤综合治疗。

神经功能神经外科。以 DBS 为代表的神经调控技术是当前国际上最活跃的领域。天坛医院与清华大学合作开发国产脑起搏器已经完成治疗帕金森氏病临床试验，取得了预期效果。2012 年，获得国家教育部和发展改革委员会批准“神经调控技术国家工作实验室”。

脊髓脊柱神经外科。中国大多脊柱疾患病人多在骨科接受治疗，近年神经外科采用显微外科及神经内镜技术开展脊柱疾患手术。后颅窝小骨窗减压合并自体筋膜枕大池重建术治疗 Chiari 畸形临床效果满意，达到国际领先水平。

2. 国内神经外科存在的问题

缺乏原始创新和前瞻性临床研究。多数临床研究是在引进国外新设备技术基础上对中国庞大病例的回顾性总结，成为国外医疗器材、试剂、模型动物大市场。不善于发现临床研究问题，以研究生为主体的基础研究多是国外新发现的验证或重复。虽然国内拥有丰富的神经性疾病临床资源，但是缺乏在国际神经外科领域话语权。

中国沿海与西部地区神经外科发展不平衡。西部地区三级医院的条件与沿海地区差异不大，完全可以满足临床需要，主要问题是缺乏神经外科专业人才，形成医疗水平的差距。

中国神经外科指南和共识尚缺乏循证医学的理念和方法，神经外科诊疗指南推广还需进一步普及。

四、本学科发展趋势及展望

（一）神经外科学发展新契机——脑科学研究

神经外科学发展史证明，神经外科学发展依赖于基础科学、脑认知发现和技术进步，脑科学研究将是推动神经外科前行的源动力。

人类大脑是自然界最复杂的系统之一。2013 年美国和欧盟相继启动“通过推动创新型神经技术开展大脑研究”和“人类大脑计划”。脑研究计划是继国际人类基因组计划完成后，更具有挑战性的计划，中国的脑研究计划也在积极蕴量中，将成为神经外科发展新的机遇。

（二）神经外科发展必由之路——转化研究

随着前沿技术快速发展，人类基因组序列的解码、二代测序技术的普及以及诸如蛋白组学和表观基因组学等分子生物技术的发展，生物医学研究正发生深刻变化。中国在神经元发育分子机制，视觉感知机制，胶质细胞新功能，学习记忆等神经、精神重大疾病相关环路可塑性，脑静息态成像，DBS 技术和脑机接口等方面取得了一批国际先进水平的成果，这些成果的转化使临床神经科学将面临诞生 5 个新研究领域。

（1）大规模、标准化研究队列和中国脑重大疾病遗传信息、资源数据库和 ips 细胞库，为脑疾病的早期诊断和干预提供新策略。

（2）针对幼年脑发育性疾病、老年退行性疾病等疾病的脑成像图谱，研究活体脑成像新技术和重大脑疾病影像标志物。

（3）颅脑损伤大数据开发研究，为国家行业及公众服务提供信息。

（4）利用 3D 打印技术建立脑血管病和脑肿瘤的 3D 模型。

（5）脑机接口研究，为中风、脊髓及肢体神经损伤、肌萎缩侧索硬化（渐冻人）及其他神经肌肉退化病人的康复开发新途径。

（三）神经外科学创新发展新体制求索

1. 创新临床神经科学体系

创新建立 5 个临床神经科学中心：

以急诊、外科、骨科、理疗康复科等科室为基础，整合神经创伤急救与康复中心。

以癫痫、帕金森、老年痴呆、神经变性疾病为基础，整合功能神经内、外科、神经心理和精神科组成神经功能障碍疾患中心。

以影像多模态技术的杂交手术室（Hybrid OR）整合脑血管病开颅手术、血管内介入治疗脑血管病和重症监护，推进与心血管内、外科合作，实现“脑心同治”。

以神经病、生理和神经外科、放射治疗、化疗一体化治疗，组建胶质瘤等常见神经肿瘤中心。

以呼吸科、耳科、神经内科、心理和认知学科组建睡眠障碍中心。

2. 国家神经系统疾病临床医学研究中心

国家神经性疾病临床医学研究中心为推进临床神经科学（神经内、外科）创新发展提供了契机。2014 年 1 月，“国家神经系统疾病临床医学研究中心”在北京天坛医院建立，根据中华人民共和国科学技术部、国家卫生和计划生育委员会和总后勤卫生部 3 部委要求临床医学研究中心应“加强医学科学创新体系建设，提升临床研究能力，打造一批临床医学与转化研究的高地，以新的组织模式和运行机制加快推进疾病防治技术发展”。

总之，抓住脑研究契机，探索创新神经外科学体制，以脑健康相关的感知运动、情感情绪和学习记忆神经环路的结构与功能解析为基础；以建立神经外科研究数据平台、开发神经外科新技术和脑重大疾病机制研究为重要内容；开展跨学科、跨单位、多学科的系统研究，开创中国神经外科学发展新局面。

第九节 机械工程（摩擦学）

一、引言

摩擦学是一门与机械表面界面科学密切相关的学科，它主要研究相互运动表面之间的摩擦、磨损和润滑规律及其控制技术。统计资料显示，在人类生产生活与各种生物体运动过程中，摩擦消耗掉全世界 1/3 的一次能源，磨损致使大约 60% 的机器零部件失效，而且 50% 以上的机械装备恶性事故都起源于润滑失效和过度磨损。中国已经成为制造大国，但远不是制造强国，在生产与制造过程中对资源和能源的浪费严重，应用先进摩擦与润滑技术实现能源与资源节约的潜力巨大。此外，机械摩擦学行为对各种工业领域的重要装备功能和服役过程中的安全性与可靠性都有重要影响。随着我国制造强国的建设，制造业、航空航天、地面交通运输、能源、海洋、生物与仿生等不同工业领域返回了大量对摩擦学技术的迫切需求。本研究报告主要概述了近 5 年我国在摩擦、磨损与润滑基础理论研究以及在不同工业领域应用中取得的创新性和突破性研究进展，通过将国内外研究进展进行对比，对今后摩擦学基础理论和应用技术的研究趋势进行了展望。

二、本学科近年来研究进展

（一）摩擦学基础理论研究进展

摩擦学基础理论是摩擦学工业应用实践的重要基础与理论支撑。我国研究人员在摩擦学基础研究方面开展了大量研究，并取得若干重要研究成果。

在摩擦机理及控制方面，通过计算体系势能起伏和任意滑移路径上的滑动能垒，获得了二维材料层间剪切强度，通过实验验证了在厘米以上尺度以及大气环境下双壁碳纳米管管壁之间的超润滑现象；研制了具有强韧化、低摩擦特性以及低环境敏感性集一体的碳基多元复合薄膜，阐释了无定型碳薄膜的超低摩擦现象；通过外加电磁场强度控制微纳表面之间的力作用强度，或者对固体表面修饰或无机 / 有机复合将一些响应性官能团引入固体表面或基体之中构筑各种各样响应性表面，调控得到不同的边界润滑状态和摩擦系数。

在润滑理论及液体超滑研究方面，开发出高速摩擦润滑测试系统，可实现最高线速度 100 m/s 下的摩擦力测试（摩擦系数分辨率：0.002）以及最高线速度 42m/s 下的润滑膜厚精确测量，将拉曼光谱技术和膜厚测试仪相结合实现了纳米级油膜分子结构观测；在弹流润滑研究中发现了热黏度楔产生的中央油膜凹陷及膜厚随载荷增加而增加的现象，提出界面滑移导致中央油膜下凹；发现并揭示了基于磷酸体系、生物液体、酸与多羟基醇混合溶液的超滑规律和机理。

在磨损基础研究方面，研制了多环境和多功能的微观磨损实验平台，实现了单晶硅表面的原子层状去除，初步揭示了单晶硅的摩擦化学磨损机制；研制了一系列微动磨损、疲劳试验装置，揭示了不同材料复合微动的运行行为和损伤机理，探索了复合微动磨损条件下的疲劳裂纹萌生和扩展行为。

（二）工业摩擦学研究进展

随着制造技术向“精密、高效、智能、复合、绿色”等方向快速发展，与之相关的摩擦学基础理论和应用技术也取得了重要进展。在切削加工中，机械加工刀具表面处理技术、准干式切削技术、水蒸气冷却润滑技术得到了较大发展。在超精表面制造方面，采用浴法抛光技术和纳米柔性刷抛光技术对熔石英和金属 Cu 进行抛光，都成功获得了纳米级的超光滑表面。利用材料压电效应，在零件表面制备了既具有耐磨损、抗疲劳性能，又具有压电传感性能的复合涂层，可望实现对材料表面裂纹萌生、扩展和材料去除行为的动态捕捉。

随着我国高铁技术的发展，我国在轮轨系统、弓网系统、制动系统和紧配合连接的关键铁路摩擦学问题研究方面取得较大进展。建立了高速轮轨瞬态滚动接触力学模型、高速轮轨黏着三维计算模型，利用大型轮轨模拟试验机系统，获得了污染物、列车速度、轮轨表面粗糙度以及轴重等参数对轮轨黏着特性的影响曲线，优化了轮轨增黏措施；掌握了我国高铁钢轨波磨的特征和演变规律，揭示了其形成机理。建立了满足 500 km/h 速度等级的高速列车车内外声源识别系统，测试掌握了我国高速列车的噪声源和频谱特征，发现我国高速列车车外噪声主要来自轮轨噪声。

在航空航天与空间摩擦学方面，将基于热固性聚酰亚胺的自润滑复合材料应用于发动机耐高温组合式蓄能密封圈中，实现了长期 300℃下良好的气密封效果；研制了 2 ~ 3 种重载低速自润滑衬垫的动承载能力、静极限载荷以及耐磨寿命均已达到美标 81820 要求，其中一种衬垫的动承载能力已经达到400MPa，为美标要求的1.5倍；研发出三种耐磨寿命达到500 ~ 600h、满足美标81819要求的高速轻载自润滑衬垫；研制出一种动承载能力达到186 ~ 250MPa、使用温度最高达到240℃的耐高温自润滑衬垫；研制了引入氟、氯等元素改性的硅油空间液体润滑剂和基于极高的热稳定性和蒸发损失性能的离子液体空间润滑剂。

能源生产的高效化、智能化，对该领域机械装备的设计、运行等方面提出了高要求和新要求，摩擦学知识和新技术的应用对于能源装备的正常高效运行至关重要。国内研究人员加强了石油钻采装备摩擦学行为基础研究，通过建立新的失效机理和模型、新材料新工艺，获得了一系列提高石油钻采设备运行寿命与可靠性的摩擦学新成果、新技术；对于核主泵机械密封开展了大量摩擦学研究；开发了系列化的风电设备专用润滑油脂产品及其评价应用技术。

海洋摩擦学是为应对海洋资源开发以及海上运输、军事活动等需要而发展起来的新兴的研究领域。我国大量探讨了使用不同表面纹理微结构等措施提升船舶柴油机缸套－活塞环等关键摩擦副的摩擦学性能，用表面结构仿生配合化学表面改性制备具有防污性能的功能表面；针对海洋交变载荷、海水腐蚀等作用下的平台结构及设备疲劳损伤开展了大量研究；通过以高性能的工程塑料部分替代金属部件，避免金属间的直接配副，在一定程度上缓解了海水液压系统摩擦部件的损伤程度。

在生物摩擦学方面，发现了人牙釉质的微摩擦磨损行为的各向异性，牙釉质里面微量的水分和有机物产生的自我保护机制，提出了理想修复材料的抗磨性能与天然牙固有磨损量匹配一致为最佳的设计思路。在仿生摩擦学方面对生物系统的减摩、抗黏附、增摩、抗磨损及高效润滑机理和仿生结构与器件开展了大量研究，研制了仿壁虎脚黏脱附可控的夹持机构，制备出最大减阻率达到8.25%的仿鲨鱼表面，仿蜣螂体表的非光滑表面和体表电位变化，设计出新的电渗模面，制造的犁壁和推土板取得显著减黏附效果。

三、本学科国内外研究进展比较

现在中国有包括清华大学摩擦学国家重点实验室、中国科学院兰州化学物理研究所固体润滑国家重点实验室、装甲兵工程学院再制造技术国家重点实验室和特种表面保护材料及应用技术国家重点实验室4个国家重点实验室在内的超过80家的摩擦学研究单位，超过600人的专业摩擦学研究队伍，其中院士8人、长江学者9人、国家杰出青年16人。我国摩擦学研究工作者所取得的研究成果获得了国外同行的广泛认可，中国摩擦学研究人员获得若干重要的国际学术奖励，例如，温诗铸院士和薛群基院士分别获得了2015年和2012年的国际摩擦学金奖，雒建斌院士获得2013年美国STLE国际奖；有多名学者担任摩擦学国际学术期刊的主编、副主编和编委；第六届（四年一届）国际摩擦学大会将于2017年在北京召开。

国内对摩擦学基础和应用基础研究的支持主要来自国家自然科学基金委员会、科学技术部、工业和信息化部和企业。摩擦学研究队伍的建设和基础研究的开展主要得到国家自然科学基金委员会的资助，近 5 年每年能获得总额 3000 万 ~ 5000 万元不等的青年科学基金和其他基金项目的资助，从而在关于摩擦的起源与微纳尺度的能量耗散与摩擦控制、超滑、先进空间润滑材料等基础研究和部分应用研究方面取得不少在本领域具有重要意义的研究成果，与国外差距较小。

但是我国在摩擦学应用研究方面与国外差距较大。文献检索表明，摩擦学研究论文主要都集中在经济发达的国家，如美国、日本、德国等，或发展中国家中的制造大国或地区，如中国、印度、中国台湾等。国外摩擦学研究除了高校外，其国家实验室、研究所和工业界还有大量研究人员进行摩擦学研究。在大规模国际摩擦学会议交流中，国外企业研究人员也积极参与，非常重视摩擦学基础理论与实验技术方法的发展。国外企业广泛开展了与高校和专门研究机构的合作，从而在一些关键摩擦学零部件或者材料方面长期保持了领先地位。但是相比之下，中国企业开展或者资助的摩擦学研究非常有限。从而在一些国家重大需求中，一些与摩擦相关的基础零部件严重影响了重要装备的整机性能，我国在这些基础零部件的设计与制造方面与国外相比有较大差距，亟需解决。

四、本学科发展趋势及展望

（一）摩擦学基础理论发展趋势

1. 摩擦机理研究

摩擦现象是摩擦副材料及界面的跨尺度特性共同决定的，微观分子、原子尺度的接触和作用需要与宏观材料的力学特性结合，摩擦机理的全面揭示需要建立跨尺度物理模型，系统全面揭示宏观摩擦学现象与微观原子、分子尺度的表面界面作用的联系，对润滑分子与机械表面界面的相互作用规律、各种沉积膜和吸附膜在固体表面的构型和构性关系、纳米薄膜在固体间隙约束下的结构相变和流变行为、分子润滑膜的剪切强度和界面滑移等规律及定量研究与描述。

2. 磨损机理研究

微观磨损研究是在原子、分子尺度揭示摩擦过程中表面相互作用、物理化学变化及损伤，旨在实现材料的可控剥离甚至无磨损的摩擦。对微观磨损机理研究的主要方向是材料的原子级低损伤去除的理论与实验研究。

3. 先进润滑材料

在合成高性能润滑剂的研发过程中，通过探讨分子结构与产品性能之间的关系规律，指导分子结构的设计，改进制备工艺，严格控制产品性能。此外，固 - 液复合润滑代替单一的液体润滑或固体润滑、高性能固体润滑薄膜技术，都是先进润滑材料的重要发展方向。

（二）行业摩擦学发展趋势

1. 制造领域摩擦学

未来的制造业将是信息技术与制造技术深度融合，生产加工和服务同步发展的产业，并不断向精密化、智能化、绿色化、服务化等方向发展。“智能制造”会促进摩擦状态监测技术和在线智能自修复技术的发展，“精密制造”技术对微 / 纳摩擦学提出更高要求，“绿色制造”的发展必须在制造过程中关注摩擦磨损造成的能源消耗和材料损耗，以及废水、废渣和噪声等环境污染。

2. 地面交通运输领域摩擦学

随着我国地面交通基础设置的迅速发展，目前我国汽车和铁路运输方面的摩擦学研究还未能与这种高速发展相适应。汽车摩擦学研究应加强应用基础和技术开发。铁路摩擦学研究需支撑高速、重载和城轨铁路的安全运行与维护。具体包括：极端服役工况下的多场耦合作用材料损伤行为和机理研究；运载装备中的各种机械连接，如螺栓连接、铆接等复杂结构的失效及防护方法；摩擦学系统的状态检测方法和技术研究，提高舒适性、安全性与可靠性。

3. 航空航天领域摩擦学

航空航天工业的发展对运载工具的可重复使用和应用型卫星的超长寿命对润滑材料的发展提出了更高要求，超长寿命、高可靠性和超低摩擦的润滑材料已经成为航空航天摩擦学的重点研究内容和目标。迫切需要大尺寸空间、超高真空、高低温、射线辐照等空间环境模拟实验装置；液体润滑剂是未来航空航天用润滑材料的研究方向之一，地基实验与空间运动部件实际润滑效果及寿命的相关性，以及建立空间润滑材料与技术的实验和使用规范也需要研究。

4. 能源领域摩擦学

能源装备中的高载、高温、高固体颗粒、腐蚀环境等使得工件的磨损较一般工况严重，表面强化与减摩耐磨技术仍然有待继续发展。核电等能源装备中轴承、密封等摩擦副的润滑失效分析和设计非常复杂，需深入考虑润滑表面形貌、界面相变、空化以及表面材料高温特性等因素的影响。煤炭、风电等大型能源装备中轴承、齿轮等摩擦副的重载、变温等苛刻工况和高湿、高盐、高颗粒污染等使用环境的影响值得研究。

5. 海洋摩擦学

海洋运输船舶、潜艇 / 潜器、水下机器人、海底采矿装备、海底油气开发设备、海洋结构物等相关设施都在高盐、高压、低温、腐蚀以及生物污损等多元苛刻海洋环境的服役性能受到极大关注，其摩擦学问题越来越突出，应重点考虑：建立新型多元苛刻海洋环境模拟试验平台，对在海洋特殊环境条件下关键部件的摩擦磨损机理和特性、海洋装备的摩擦性能进行评估，综合海洋水文学、海洋气象学、海洋物理学、海洋化学以及海洋生物学等相关学科，应用和推广基于可监测性设计理论的海洋装备实时状态监测、自修复等技术。

6. 生物与仿生摩擦学

硬体人工关节材料中，采用表面接枝改性等实现超低摩擦、磨损性能，探讨磨损微粒毒副作用的药物抑制机理，以及阐明金属纳米磨屑的腐蚀机制是未来重要的发展方向。牙齿摩擦学应强化人体天然牙结构与摩擦学性能的构性关系、牙齿的损伤与自我修复机制及仿生设计。皮肤摩擦特性的研究有待揭示不同皮肤层的各向异性力学性能及其对摩擦行为的影响。具有增摩、高黏附和易脱附特性的新型仿生材料的研究与应用，也是未来的发展趋势。

第十节　农业工程

一、引言

加强农业工程学科建设，创新农业工程科技是贯彻落实创新驱动发展战略的需要，对建设创新型国家具有重要意义。本报告基于新常态下农业农村科技发展对农业工程的根本要求，以农业工程学科发展进展与趋势研究为主线，综合采用文献分析、统计描述与战略前瞻等方法，对 2011—2015 年农业工程学科发展状况进行了全面调查分析，在比较国内外研究进展基础上，对农业工程学科的发展趋势、亮点及热点进行展望，最后提出了加快推动农业工程学科发展的措施建议，从而进一步促进农业工程科技更好地服务于“三农”，支撑农业可持续发展和国家创新驱动战略的实现。

二、2011—2015 年农业工程学科发展状况

“十二五”期间，中国农业工程学科主动迎接抓住新一轮科技革命和产业变革的重大机遇，其学科建设与发展适应了中国农业科技创新和经济社会发展的需要，取得了较大成就。

（一）学科队伍建设

随着农业工程学科影响力度的加大，基本建成了以农业机械化、农业电气化与信息化工程、农业水利工程、农业建筑环境与农村能源工程等为主的农业工程学科体系。目前已

经具备了一定的规模，拥有一级学科国家重点学科 1 个，二级学科国家重点学科 5 个，二级学科国家重点学科培育点 2 个。初步构筑了一支由院士、长江学者、求是学者、国家千人计划入选者、“863”计划首席专家、教育部新世纪优秀人才、农业科研杰出人才等为带头人，一大批优秀中青年专家为骨干的学术梯队。

（二）科技创新水平

1. 科技成果再创佳绩

2011—2015 年，农业工程学科立足“三农”领域，扎实推进科技成果转化落地，鼓励产学研结合，各学科方向取得了显著成就，获得了一批国家级奖项。2011—2015 年，本学科共获得各类国家级科技成果和教学成果奖励 40 项，其中国家自然科学奖 1 项，国家技术发明奖 4 项，国家科技进步奖一等奖 1 项，国家科技进步奖二等奖 25 项、国家教学成果奖 9 项（表 1 和表 2）。

表 1　2011—2015 年农业工程学科主要科研成果获奖情况

年度	获奖名称	获奖等级
2011 年	玉米籽实与秸秆收获关键技术装备	国家科学技术进步奖二等奖
	土壤作物信息采集与肥水精量实施关键技术及装备	国家科学技术进步奖二等奖
	节水滴灌技术创新工程	国家科学技术进步奖二等奖
	嗜热真菌耐热木聚糖酶的产业化关键技术及应用	国家科学技术进步奖二等奖
	农产品高值化挤压加工与装备关键技术研究及应用	国家科学技术进步奖二等奖
2012 年	都市型现代农业高效用水原理与集成技术研究	国家科学技术进步奖二等奖
	畜禽粪便沼气处理清洁发展机制方法学和技术开发与应用	国家科学技术进步奖二等奖
	果蔬食品的高品质干燥关键技术研究及应用	国家科学技术进步奖二等奖
2013 年	油菜联合收割机关键技术与装备	国家技术发明奖二等奖
	干旱内陆河流域考虑生态的水资源配置理论与调控技术及其应用	国家科学技术进步奖二等奖
	秸秆成型燃料高效清洁生产与燃烧关键技术装备	国家科学技术进步奖二等奖
	农业废弃物成型燃料清洁生产技术与整套设备	国家科学技术进步奖二等奖
	苹果贮藏保鲜与综合加工关键技术研究及应用	国家科学技术进步奖二等奖
	保护性耕作技术	国家科学技术进步奖二等奖
	仿生耦合多功能表面构建原理与关键技术	国家技术发明奖二等奖
	黄土区土壤 - 植物系统水动力学与调控机制	国家自然科学奖二等奖
2014 年	滴灌水肥一体化专用肥料及配套技术研发与应用	国家科学技术进步奖二等奖
	流域水循环演变机理与水资源高效利用	国家科学技术进步奖一等奖
	辣椒天然产物高值化提取分离关键技术与产业化	国家科学技术进步奖二等奖
	房间空气调节器节能关键技术研究及产业化	国家科学技术进步奖二等奖
	高耐性酵母关键技术研究与产业化	国家科学技术进步奖二等奖
	新型香精制备与香气品质控制关键技术及应用	国家科学技术进步奖二等奖
	筒子纱数字化自动染色成套技术与装备	国家科学技术进步奖二等奖
	基于干法活化的食用油脱色吸附材料开发与应用	国家技术发明奖二等奖
	高效能棉纺精梳关键技术及其产业化应用	国家科学技术进步奖二等奖
	新型熔喷非织造材料的关键制备技术及其产业化	国家科学技术进步奖二等奖

续表

年度	获奖名称	获奖等级
2015 年	花生收获机械化关键技术与装备	国家技术发明奖二等奖
	精量滴灌关键技术与产品研发及应用	国家科学技术进步奖二等奖
	新型低能耗多功能节水灌溉装备关键技术研究与应用	国家科学技术进步奖二等奖
	植物 - 环境信息快速感知与物联网实时监控技术及装备	国家科学技术进步奖二等奖
	农林废弃物清洁热解气化多联产关键技术与装备	国家科学技术进步奖二等奖

表 2　2011—2015 年国家优秀教学成果

级　别	获奖名称
国家教学成果奖一等奖	以生为本 多元融合——依托紧密型团队的农业工程研究生培养的探索与实践
	食品学科创新实践链式教育人才培养模式研究
国家教学成果奖二等奖	契合社会发展需要的食品质量与安全专业人才培养体系构建与实践
	以产业发展为导向的农业工程类专业建设研究与实践
	构建“四元一体”教学平台，培养食品科学与工程类专业人才的创新与实践
	特色专业建设与提升——粮油食品类专业工程能力培养模式改革与实践
	契合社会发展需要的食品质量与安全专业人才培养体系构建与实践
	食品科学与工程专业创新人才培养体系的构建与实践
	具有水产品特色的食品科学与工程

2. 科研经费及国际合作项目再创新高

2011—2015 年，农业工程学科新增国际合作项目 23 项，新增科研经费 6402 万元，主要集中在农作物机械化装备研发、农业生物环境与农村能源可持续利用、智能分拣、处理与检测系统研制、农产品加工工艺及装备等方面。新增国家级科研项目 379 项，科研经费达到 18 亿元（表 3）。

表 3　2011—2015 年新增课题科研经费情况

课题种类	新增课题（项）	新增科研经费（万元）
国际合作课题	23	6402
国家“973”计划项目	3	825
国家星火计划项目	2	335
国家“863”计划课题	32	50323.8
国家科技支撑计划课题	60	70716.35
国家重大科技专项	5	12249
国家自然科学基金优秀青年项目	2	200
国家自然科学基金重点项目	16	2915
国家自然科学基金杰出青年基金项目	2	400
国家自然科学基金面上项目	158	6571.8
国家自然科学基金创新研究群体项目	1	600
国家农业科技成果转化项目	22	2680
国家现代农业产业体系建设项目	6	2100

续表

课题种类	新增课题数（项）	新增科研经费（万元）
农业部、水利部公益性行业科研专项项目	46	38921
其他 / 亚非国家杰出青年科学家来华工作计划	1	15
合 计	379	184228.95

3. 学科人才培养

目前，中国农业工程学科已形成了中专、大专、本科、硕士、博士、博士后等多层次的人才培养体系。据不完全统计，截至 2015 年 7 月，2011—2015 年已毕业博士生 1171 人，比 2006—2010 年增加 462 人；已出站博士后 245 人。共获全国百篇优秀博士论文 7 篇，全国优秀博士论文提名奖 4 篇。还有一批省级优秀博士、硕士学位论文和一大批校级优秀论文。

4. 平台条件建设

2011—2015 年，农业工程学科坚持“先进适用、资源共享、公共平台”的平台条件建设原则，截至目前，农业工程学科拥有国家重点实验室 3 个，国家工程实验室 5 个，国家工程技术研究中心 19 个，此外还有一批省部级重点实验室、研究中心和重要基地。其中，2011—2015 年新建了 1 个国家重点实验室，3 个教育部重点实验室，3 个国家工程技术研究中心，1 个国家级工程实践教育中心，31 个省部委重点实验室，2 个省、部、委工程研究（技术）中心（表 4）。

表 4 2011—2015 年新增学科平台基地情况

类 别	数量（个）	类 别	数量（个）
国家重点实验室	1	国家工程研究（技术）中心	3
国家工程实验室	1	省、部、委工程研究（技术）中心	8
教育部重点实验室	3	教育部教育基地	1
农业部重点实验室	26	国家级工程实践教育中心	1
国土资源部重点实验室	2	省级教育基地	3
其他部委重点实验室	3	其他重要基地	12
省级重点实验室	6	国土资源部野外科学观测研究基地	6

5. 学术交流合作

经过多年的研究工作积累，中国农业工程学科继续在国内外学术交流与合作方面发挥积极作用，国际合作机构成立、国内外学术会议承办、国际合作协议签订、国内专家到外兼任客座教授等学术交流合作活动的开展，均使得中国农业工程学科在国内外影响力不断加大，国际地位得到进一步提升，社会关注度不断提高。2011—2015 年，中国农业工程学科领域新成立国际合作机构 4 所，其中 2 所为农业电气化与信息化工程学科，1 所为农业生物环境与农村能源工程学科。据不完全统计，2011—2015 年农业工程学科主办国际学术会议40个，累计参加会议人数高达8339人次，比2006—2010年规模增加3767人次，其中外方代表1389人次。

6. 学术出版成果

（1）学术著作、教材。据不完全统计，2011—2015年农业工程学科学术共出版图书217部，其中农业电气化与信息化工程学科数量最高，达到68部，占全部出版成果数量的31.34%；其次为农业水土工程、农业机械工程，分别为59部、52部，分别占27.19%、23.96%。

（2）论文发表、发明专利。据不完全统计，2011—2015年农业工程学科在SCI和EI收录期刊及一级学报上发表学术论文23000余篇。其中SCI收录6000余篇、EI收录8000余篇、其他以及学报论文4000余篇、授权发明专利2000余件，分别比2005—2010年增加500.40%、160.33%、0.13%、195.96%（表5）。

表5 2011—2015年农业工程学科学术出版成果、发明专利情况

年　度	学术著作、教材（部）	SCI收录论文（篇）	EI收录论文（篇）	其他一级学报论文（篇）	获得授权的发明专利（项）
2011	68	1825	2479	1060	561
2012	67	1602	2042	1118	683
2013	42	1646	2149	1114	850
2014	22	660	1390	621	541
2015	19	542	700	862	292
2011—2015	217	6285	8760	4775	2927
2005—2010	—	1256	3365	4781	989
比2005—2010年增加（%）	—	500.40	160.33	−0.13	195.96

（3）刊物出版。目前农业工程学科已形成了覆盖学科领域广、国际数据库收录多、学术影响力大的一批学术刊物。《农业工程学报》《农业机械学报》《仿生工程学报》（*Journal of Bionic Engineering*，JBE）、《国际农业与生物工程学报》（*International Journal of Agricultural and Biological Engineering*，IJABE）、《国际农业与生物工程学会会刊》（*CIGR Journal*）及《排灌机械工程学报》等刊物已成为农业工程学科国内外学术交流的重要平台。

三、本学科发展的亮点、热点

随着世界经济的发展和工业化进程的加快，各国的传统农业都在向现代农业转变，农业工程学科有了长远的发展，尤其伴随第四次工业革命，农业工程学科不断呈现新的亮点，农业工程集成、农业智能化及机械装备、农业生物系统工程、农业生物质的资源化利用等将成为新的热点问题。

（一）世界农业工程的发展趋势及前沿

1. 智能化成为继机械化、电气化、自动化之后的新热点

新一代信息技术发展和无线传输、无线充电等技术实用化，为实现从人与人、人与物、物与物、人与服务互联向“互联网+”发展提供丰富高效的工具与平台，当前及今后一段较长的时期，生物感知、精准农业、自动控制将成为世界工程的研究热点，以遥感技术、作物模拟模型、农业机器人、农田作业智能技术装备等为主要研究方向的农业电气化与信息化工程和农业机械化工程将得到长足发展。

2. 农业生物系统工程将承载农业科技革命的重要内容

自 20 世纪 80 年代以来，全球性资源、生态与环境问题日益成为各国关注热点。资源环境约束、全球气候变化、能源短缺与农产品需求刚性的矛盾促进了以生物修复技术、转基因技术、生物制种、农业生物质能源等为主要研究方向的农业生物环境工程、农村能源工程等学科发展。生物技术，农业、能源与环境等应用将实现新的突破。

3. 农业工程集成创新特点日益凸显

农业生产的复杂性及市场需求的多样性也促进了农业工程集成创新的发展，伴随科技的迅速发展，以多学科、多技术领域的高度交叉和深度融合为主要特点的农业 / 生物系统工程在生物时代将更突出，生物工程技术将成为未来农业工程学科的未来发展方向。

（二）中国农业工程学科发展亮点

1. 农业机械化工程学科

针对农业产业瓶颈问题，以解放劳动生产力、提高劳动效率和促进农业全程机械化为主要特点、亮点的农业机械工程学科得到快速发展，小麦、水稻、玉米、大豆、马铃薯等主要粮食作物耕种收机械化装备持续稳定发展，在精细农业关键技术、农业先进传感技术、微电网运行与控制技术、村镇低碳节能发配电工程以及农业农村信息化技术等领域，部分研究成果已处于国际先进水平。

2. 农业生物与环境工程

针对农业生产粗放问题，以提升资源利用率为主要特点的农业生物环境工程在植物工厂生产技术与配套控制装备、畜禽新型健康养殖工艺与技术、工业化循环水养殖技术等方面取得重大进展，为提高中国农业现代化与智能化水平，推进农业生产的工程化、规模化、标准化和信息化提供了技术保障。

3. 农村能源工程

针对能源短缺问题，以能源资源化为目标的农村能源工程在农林废弃物清洁热解、清洁能源生产、生物质能源成型工艺与设备等方面取得较大进展，有力促进了中国农村能源产业化的发展。

4. 农业电气化与信息化工程

针对农业风险不确定、农村电力不足等问题，以转变农业发展方式为主线的农业电气化与信息化工程开展了包括生物信息感知、智能操作及智能化加工等方向的一批重大研究项目，在精细农业、农业先进传感技术、微电网运行与控制、村镇低碳节能发配电工程以及农业农村信息化等方面取得重大进展，促进了农业可持续发展。

5. 农产品加工工程

针对农产品产业链短、价值低、易损耗等问题，以确保食品质量安全、提高农产品附加值、减少农产品流通损耗为主要目标的农产品加工及储藏工程攻克了膜分离技术、食品冷杀菌、高效分离与干燥、食品包装与检测等一批农产品深加工关键技术难题，开发了大豆分子蛋白、浓缩苹果汁等一批在国内外市场具有较大潜力和较高市场占有率的名牌产品，实现了中国农产品加工的营养、安全、高效、节能。

6. 农业水土工程

针对农业水资源紧张、水利基础设施薄弱等问题，高效节水灌溉、农业高效用水、生态灌区建设、水资源配置等关键科学问题成为农业水土工程学科的研究重点、热点问题，土壤 – 植物 – 大气连续体（SPAC）水分传输与利用过程定量表征研究得到国际关注，作物生命需水信息与过程控制理论与技术有所突破，大田作物高效用水理论研究的总体水平进入国际前列，这些重点进展及关键技术突破有力推动了中国农业水利化发展。

7. 土地利用工程

针对土地细碎化、耕地质量下降、土壤有机质含量低下等问题，以土地开发整理、高标准农田建设、土地整理信息化技术应用、土地复垦工程技术等为研究热点的土地利用工程学在工程技术革新与综合评价方面发展迅速，尤其在高标准农田建设、土地复垦工程技术、城乡统筹与节约集约用地理论等方面取得重大突破，有效推动了中国土地利用工程事业的发展。

8. 农业系统工程

针对农业规划不合理、研究方法单一、农业农村经济复杂性等问题，以研究内容多层次性、研究方法多样化和模型群体化为特点的农业系统工程学科在农业总体规划、农业区划理论、农作物生产规范化、农业数学模型仿真、现代农业产业工程集成技术等方面研究取得较大进展，为农业农村经济社会发展战略提供了决策依据。

四、本学科发展趋势及展望

（一）农业工程学科趋势与重点

针对当前农业资源要素支撑紧绷、农业环境问题恶化、农业比较效益低下等问题，农业工程科技在提升资源利用率、构筑质量安全长效机制、转变农业经营方式等方面的作用日益凸显。今后较长一段时间内，农业工程学科将以适应现代农业与美丽乡村建设工程科技需求为导向，以转变农业发展方式为主线，重点围绕保障“三安”、提高“三率”等农业重大工程技术问题，在农业全面机械化、农业全程信息化、农业高效节水、农业/生物系统集成、农村能源资源化、土地利用科学化、农产品加工标准化等方向发展（图1、表6）。

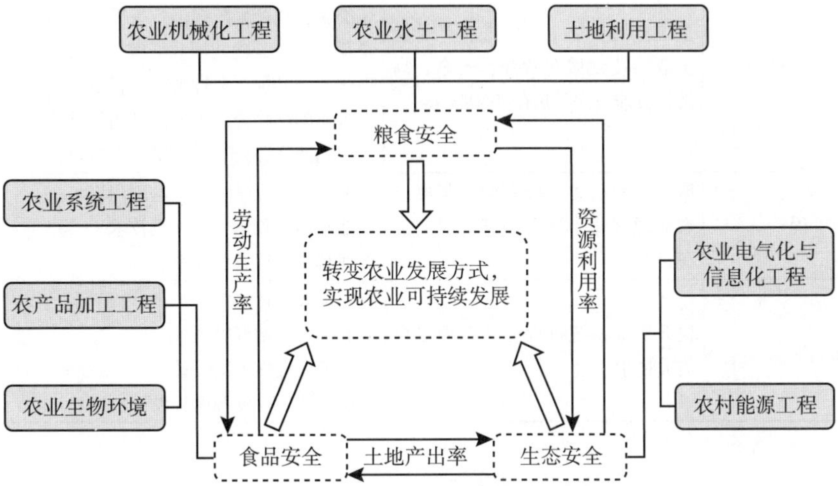

图1 农业工程发展战略框架

表6 农业工程学科发展趋势与重点

学 科	发展方向	发展重点
农业机械化工程	资源节约型、生产高效型的农机装备制造技术	资源节约型农业机械 无人机\农业航空植保 适于农业机械作业的新型栽培模式 秸秆还田与耕地质量提升技术与装备
农业水土工程	提高农业水土资源可持续利用的水土工程技术	现代农业与生态节水技术 作物高效用水和优化配水的新理论和关键技术 农业面源污染的形成、演化和控制理论 农业水利信息技术关键平台与信息化管理体系 防洪除涝技术体系和土壤盐碱化防控治理体系
农业生物环境工程	更加重视农业生物本身的特性，促进生产过程智能化与精准化的生物环境技术	智能LED植物工厂 动物健康与福利以及产品安全 密闭式等全新生产方式与系统构建 设施园艺物联网 水产工程装备技术
农村能源工程	开发农村新型能源、实现能源资源化、促进能源产业和循环经济发展的工程技术	生物质资源开放及其能源转化技术的开发利用 农村清洁能源生产 太阳能、风能和地热能的开发利用
农业电气化与自动化、信息化	推进传统产业技术升级，全面提升中国农业农村现代化水平的农业电气化与自动化、信息化关键技术集成	农村电力与新能源发电 先进传感器与智能控制技术 精细农业技术与系统集成 低成本农业与农村信息服务 农业大数据、遥感与遥测、农业无人机技术 食品供应链信息管理与质量追溯

续表

学　科	发展方向	发展重点
农产品加工工程	重视产地初加工、促进农产品加工业科技领域向营养、安全、高效、节能方向发展的工程技术	粮食产地烘储减损关键技术与装备 薯类主食化产地减损增效关键技术与装备 果蔬产地商品化处理减损增效关键技术与装备 现代农产品加工关键技术与智能化装备 纤维质副产物全组分分离利用关键技术与装备 蛋白副产物综合利用关键技术与装备
土地利用工程	深挖土地潜力，统筹城乡与促进农业现代化、社会经济发展的工程技术	土地利用工程学科核心基础理论 土地利用工程信息化关键技术 土地利用工程教育体系
农业系统工程	提升农业系统过程科学管理综合集成技术	农业决策支持系统 农业生产技术专家系统 农业工程设施方案设计 农业系统工程资源库建设

（二）对策措施

为解决当前中国农业工程学科存在的人才培养落后于科学研究、学科间发展不平衡、学科研究方向分散、应用研究与科技成果转化较慢、标准 / 规范 / 适用性技术方案科技产出较少等问题，一要加快促进多学科交叉融合，增强自主创新能力；二要进一步加强国际间交流合作，增强学科的国际竞争力；三要凝练学科研究方向，发挥优势，突出重点，彰显特色；四要增强政策扶持力度，促进学科跨越式发展。

第十一节　动力与电气工程

一、引言

电能是维系现代人类文明的基础，作为动力与电气工程学科的主要研究领域，电能的产生、传输、分配与使用是能源领域最为重要的分支之一。

中国建设和运行着世界上规模最大、增速最快、先进技术广泛应用、运行特性复杂的电力系统，从而整体上带动了我国动力与电气工程学科的发展。过去 5 年间，我国在特高压输电及装备、发电装备制造与煤炭高效清洁燃烧、特大电网调度运行与安全控制等多个方面取得了领先于世界的科技成就；在风力发电设备、柔性直流输电技术、新一代核电技术等方面实现了自主创新和技术突破。部分标志性成果经历了由“中国制造”到“中国创造”的转变过程。

本学科发展报告的定位是面向电力工业的行业技术进步与技术发展进行回顾、总结、思考并提出建议。报告对我国动力与电气工程学科过去 5 年的主要科技进展进行梳理与总结，并结合重大战略需求对学科未来发展趋势进行判断，提出进一步推动学科更好更快发展的建议。

二、本学科最新研究进展

从电能的生产环节来看，坚持发展非化石能源与化石能源高效清洁利用并举是实现我国绿色低碳战略的重要途径。我国固有的资源禀赋决定了未来较长一段时间内煤炭仍将是主要的一次能源形式，是我国的基础能源。因此高效清洁发电技术和电力环保技术仍将成为节能减排、缓解环境压力的关键一环。同时，还必须大力发展可再生能源发电，发展核能发电，以保证实现 2020 年我国非化石能源占一次能源消费比重 15% 的目标。

从电能的传输环节来看，我国能源资源与用电需求分布特点决定了大规模、远距离输电仍是满足我国能源资源大范围优化配置的首要任务。“十二五”期间，随着特高压大容量交直流输电工程的推进，对电力系统输电装备、先进输电技术、大电网安全运行与协调控制技术等提出了更高要求。

智能配用电系统是智能电网的最主要特征之一，通过在电网能量链终端综合运用先进信息与控制技术，为用户提供多样化的优质用电服务需求，节能降耗，提高能效，并支撑各种分布式新能源、微网、储能、电动汽车等新元素的可靠接入。

大容量电力电子技术贯穿发电、输电、配用电各环节，在过去 5 年取得了重要进步，在发电侧的新能源并网、输电侧的直流技术与柔性交流输电技术、配用电侧的直流配网技术与先进节能技术等方面都有重要应用。

（一）高效清洁发电技术

在提高燃煤机组热效率方面，我国已建成投产的 600 MW 级和 1000 MW 超超临界机组共计 120 台以上，煤电机组中超（超）临界机组比重已达 35.5%，600℃超超临界机组台数居世界首位，机组发电效率可超过 45%。泰州二期工程是现今国内首台世界最大的二次再热五缸四排汽汽轮机组，额定参数达到 31 MPa/600℃ /610℃ /610℃。在褐煤和准东煤高效清洁利用方面也取得了进步，开展了大量的褐煤预干燥及水回收技术暨煤中取水发电技术研究工作。2014 年，世界首台 600 MW 超临界循环流化床锅炉在我国运行成功。整体煤气化联合循环发电技术（IGCC）也取得重要进展，于 2012 年在天津建成了 250 MW IGCC 示范电站。

在清洁能源发电技术方面，燃气轮机联合循环（NGCC）和分布式发电技术具有高效、清洁、低污染、启停灵活、自动化程度高等优点，“十二五”期间，我国在燃气轮机设计、高温部件制造、低污染稳定燃烧、热通道部件修复和分布式能源系统集成优化等技术方面取得了显著成绩，组织建设了国内首个太阳能热与燃煤电站互补发电示范电站。在强化节能降耗方面，新建机组设计中注重提高蒸汽参数，采用热电联供以及烟气余热利用系统（低压省煤器）等措施提高机组循环效率。在高效清洁发电技术不断发展的同时，我国发电装备也不断向高参数、大容量、高效及低排放方向发展，锅炉、汽轮机制造技术近年来取得长足进步，某些方面已达到国际先进水平。

随着历次火电厂大气污染物排放标准修订，倒逼我国电力环保技术持续发展，推进了我国火电厂烟气污染控制技术进步及相关产业的更新升级，逐步形成了：以低氮燃烧技术与选择性催化还原（Selective Catalytic Reduction，SCR）烟气脱硝为主的 NO_x 控制技术格局；以各类高效电除尘器、袋式除尘器和电袋复合除尘器为主的烟尘控制技术格局；以石灰石－石膏湿法为主，海水法、烟气循环流化床法、氨法等为辅的脱硫技术格局；以湿式电除尘器为主的多污染物协同控制并实现超低排放的技术格局。

（二）可再生能源发电技术

我国风电发展迅猛，2014 年底，我国风电累计装机达到 11476 万 kW，居世界首位。同时，风电也是我国乃至世界上增长最快的发电形式，已成为我国第三大电源。在风力发电机组整机和部件设计制造方面，实现了整机百千瓦级向兆瓦级跨越。风电机组整机及零部件国产化率达到 85% 以上，风电装备企业在全球十大整机制造商占据 4 席。我国目前是世界上唯一开展大规模风电基地（装机容量超过 1000 万 kW）建设的国家，面临的大规模风电并网和消纳难题是世界级的，也因此带动了风功率预测、低压穿越、电压控制、有功调度等一系列关键技术的快速进步。

截至 2014 年底，我国太阳能电池产量连续位居世界第一，商业化晶体硅电池效率逐渐提高，薄膜电池的生产技术方面也取得重要进展；研制了 MW 级光伏逆变器、光伏发电功率预测系统等关键设备。2014 年我国光伏新增装机容量 13 GW，居世界第一。累计装机容量达到 32.9 GW，居世界第二。装机容量 5 年内增长了 100 倍，是全球光伏发电安装容量增长最快的国家。我国已形成一个包括太阳能电池 / 组件和光伏系统应用、专用设备制造等比较完善的光伏产业链。

此外，在光热发电、生物质发电、海洋可再生能源、地热发电等新兴可再生能源领域也开展了前期研究与示范工程建设。

（三）核能发电技术

拥有完全自主知识产权、满足三代核电安全性能要求的我国核电自主品牌“华龙一号”已于 2015 年 5 月 7 日在福建福清核电厂正式开工建设。CAP1400 已经通过了中国核安全监管部门的核安全审评。在先进核能系统方面，中国积极推动快堆、高温气冷堆、浮动堆、热核聚变装置等研发，中国实验快堆于 2011 年 7 月并网发电，高温气冷堆示范工程于 2012 年底开工建设，热核聚变装置、小堆和浮动堆研发也取得了积极进展。

截至 2014 年底，我国运行核电机组 21 台，装机容量 1902 万 kW，在建核电机组 27 台，装机容量 2953 万 kW，是世界上在建机组数量最多的国家。但核电装机占我国电力总装机的比重不到 2%，远远低于全世界 15% 的平均水平。

（四）输电技术及系统

目前我国已有 3 项 1000kV 交流特高压工程和 6 项 ±800kV 直流特高压工程投入商业运行，在交直流特高压建设与运行经验方面领先于世界。

在特高压交流输电技术研究方面，解决了过电压与绝缘配合、潜供电流、无功补偿、雷电防护、外绝缘及电晕特性、系统调试等多项关键技术难题，并在首个特高压同塔双回工程商业化运行、首个特高压串补装置投运等多个方面实现了突破。在特高压直流输电技术研究方面，我国在 ±1100kV 特高压直流输电工程研究和建设领域走在世界前列。

在电压源换流直流输电技术研究方面，2013 年底，世界首个多端柔性直流输电示范工程——南澳岛 200MW/±160 kV 三端柔性直流输电示范工程投运；2014 年，浙江舟山 400 MW/±200 kV 五端柔性直流输电示范工程正式投运。2015 年 11 月，世界第一个采用真双极接线方案，±320kV/1000 MW 厦门电压源换流直流输电工程带电，所采用的设备已全部实现国产化。在灵活交流输电技术研究方面，大容量 STATCOM、750kV 可控高抗、短路电流限制器等研发与应用达到了国际领先水平，已基本掌握了可控串补的关键和核心技术，TCSC 成套技术与装备实现出口。南方电网 500kV 东莞变电站 ±200Mvar STATCOM 工程投运，在若干关键指标上填补了国际空白。

在电网调度控制技术方面，形成了可全面支撑电网调控业务、标准统一的一体化支撑平台。特大电网一体化调度控制系统（D5000）成功建成，能全面支撑实时工况全网共享，调度控制多级协调，重大事故协同处理和大规模可再生能源的有效消纳。D5000 已推广到国家电网所有省级以上调控中心以及多个地级调控中心。截至 2015 年上半年，我国建设的智能变电站已达 2000 多座，已经建立了智能变电站技术标准体系。

在交直流电力系统仿真计算技术研究方面，开发完成大规模交直流电力系统电磁暂态、机电暂态和中长期动态过程统一的多时间尺度全过程仿真软件与实时仿真装置 ADPSS。在交直流电力系统保护与控制技术研究方面，研究了超 / 特高压交流系统、新能源接入系统和微电网方面的故障特征及对电网保护的影响，开展了基于 WAMS 信息的广域协调控制和多 FACTS 协调优化控制技术研究，提出了智能变电站层次化保护控制体系。

（五）输变电装备及技术

“十二五”期间，我国 1000kV 交流特高压新型设备研制取得重大进展，国际上首次研制成功双柱式 1000MVA、单台 1500MVA，以及局部解体和全部解体式单相 1500MVA 特高压，彻底解决了大件运输条件对于特高压变压器的限制；±800kV 平波电抗器，1000kV 串联补偿成套装置、罐式 CVT、线路避雷器、空心复合绝缘子及 GIS 复合套管，1250mm^2 大截面导线、550 ~ 1000kN 大吨位绝缘子等国际一流产品先后投入运行或通过鉴定；实现了 1100kV/6300 A 额定开断短路电流 63kA 断路器、±800kV 换流变压器等关键产品的国产化；自主研发成功的 1000kV/200 MVA 可控高抗样机，±800kV 线路避雷器样机、1000kV 交流油 –SF6 套管样机、±800kV 换流变压器阀侧套管样机等产品达到国际领先或先进水平，具备了工程应用条件。

高压、超高压电力设备取得显著技术进步。自主研发的 110 ~ 500kV 智能变压器、±400kV 换流变压器、10.5kV/1.25MVA 高温超导变压器、110 kV/240 MVA 高压并联电容器、±400kV 直流 SF6 气体绝缘穿墙套管、126 ~ 363kV 集成式智能隔离断路器、24kV/25 kA/160kA 大容量 SF6 发电机断路器、500kV 交联聚乙烯电缆、±160 ~ ±320kV 直流电缆、±500kV 直流线路避雷器等国际先进水平的产品先后研制成功并投入安全运行。具有国际领先水平的 ±200kV 直流断路器成套装置样机研制成功，为更高电压等级直流电网构建奠定了基础。

（六）智能配用电技术

我国目前已经基本实现配电智能终端的国产化，技术水平也由最早用于监控的配电远动装置发展到基于光纤以太网通信技术的分布式智能终端设备。通过分布式电源接入环境下的配电自动化及配电网自愈系统研究，有效解决了分布式能源大量接入配电网带来的控制保护、运行问题。基于新一代智能电网调度控制系统基础平台（D5000 平台）的配网智能调度控制系统也已经开始了示范应用。

“十二五”期间，我国建设或建成的微电网示范工程已达数十个，研究目标与验证的关键技术各有侧重，边远地区示范工程主要解决缺电问题，海岛微电网示范项目主要解决独立自主供电问题，城市地区主要解决节能减排和可再生能源高效利用问题。

高级测量体系（AMI）是实现电力用户与电力企业双向信息流通的基础。2013 年底，中国各行业累计安装了 3.7 亿只智能电表，2015 年，有望突破 5 亿大关，这一数字全球领先。电动汽车是我国重点发展的战略性领域，我国在杭州、青岛、北京、天津、重庆等多个城市开展了电动汽车充换电设施示范工程。结合传统营销业务体系，已在有序用电、可中断负荷响应等负荷控制技术方面开展了需求侧响应技术研究。

智能小区、智能楼宇和智能园区的建设是智能用电模式的集中实践。我国先后在河北、北京、上海和重庆四省市开展了智能楼宇和小区试点工程建设，在甘肃白银、山东东营和江苏南京开展了智能园区建设试点，在天津泰达经济技术开发区开展并完成中国首个智能电网需求响应项目。

（七）大容量电力电子技术

电力电子技术使用功率半导体器件，通过信息流对能量流的精确控制实现电能的有效变换和传输，在电气节能、新能源发电、电力牵引、智能电网以及军工装备等应用领域取得了高速发展。

绝缘栅双极型晶体管（Insulated Gate Bipolar Transistor，IGBT）是目前自动控制和功率变换的关键核心部件。2011 年，中国北车永济电机公司发布了 11 类处于国际领先水平的 IGBT 产品，成为世界上第 4 个、国内第 1 个能封装 6500 V 以上大功率 IGBT 产品的企业。2014 年，世界第 2 条、中国首条 8 英寸 IGBT 专业芯片生产线正式投产，中国南车成为国内唯一自主掌握 IGBT 芯片设计 - 芯片制造 - 模块封装 - 系统应用完整产业链的企业。

2014 年，中国科学院物理研究所、北京凝聚态物理国家实验室与北京天科合达蓝光半导体有限公司合作，成功研制出 6 英寸碳化硅（SiC）单晶衬底，标志着我国在 SiC 单晶生长研发工作已经达到国际先进水平，为 SiC 基电子器件的国产化提供了材料基础。氮化镓（GaN）是另一种有前途的第三代宽禁带半导体材料。我国企业已经推出了 6 寸 GaN 外延材料和 2000V 高电压开关器件，在大面积 GaN 外延材料生长和器件设计制造技术上走在了世界前沿，并形成了自主的知识产权。北大方正微电子有限公司已经成为世界上第 1 个 6 寸 GaN 基功率器件代工厂。

我国学者从电磁能量变换、瞬态换流回路以及系统可靠性的新视角提出了一整套大容量电力电子变换系统电磁瞬态分析方法。基于相关理论先后研制了 650 ~ 5000 kW/6 kV 高压大容量多电平变换频器、15 ~ 315 kW/400 V 系列低压高性能牵引变换器，以及 3 ~ 500 kW/400 V 系列高性能光伏并网逆变器。

我国国产高压大容量变频器的性价比和可靠性不断提高，目前市场份额已经超过国外同类产品。在超大功率变频调速应用方面已居国际领先地位，先进的电压源型装置目前世界上只有西门子和荣信掌握了 30 MVA 以上技术，荣信研制的基于 IEGT 的大功率高压变频器，功率可达 32 MVA/10 kV，已经在我国南水北调工程应用。

在高铁牵引变流器技术方面，中国两大高速列车制造商——南车与北车都掌握了自主核心技术，并积极开展了电力电子牵引变压器与永磁同步电机驱动技术的研究。在船舶电力推进技术方面，海军工程大学研制的十五相推进电机变频驱动系统取得重要进展。

三、本学科发展趋势及展望

“十三五”期间，面对国际能源供需格局和能源发展的新局面和新趋势，我国动力与电气工程学科的发展需要服务于中国能源发展的总体战略，增强能源自主保障能力，优化能源结构，促进科技创新，推进能源消费革命、能源供给革命、能源技术革命与能源体制革命。

电能生产环节的重中之重是优化能源结构，化石能源的低碳、清洁、高效开发利用和新能源技术开发利用技术是能源生产领域技术研发的重点，要在风能、太阳能、小水电等可再生能源的开发利用技术，非常规油气资源开发利用技术，煤炭清洁高效利用技术和碳捕捉技术，新一代核能利用技术及制氢技术等方面取得重大突破。应重点关注高效低成本太阳能光热、光伏发电技术，海上风力发电技术，700℃超超临界发电关键技术，燃气轮机装备制造技术，燃煤发电 CO_2 减排及利用技术，微型燃机冷热电联供发电技术及装备，1000 MW 高性能大容量水电机组技术和大型先进核电技术及装备 8 项关键技术。

电能传输环节需要适应世界能源发展格局转变，充分发挥电网在能源远距离输送和大规模可再生能源消纳方面的重要作用。为了支撑远距离大容量输电和大规模消纳新能源，迫切需要在特高压交 / 直流输电技术及装备、直流电网关键技术及装备、全球能源互联网技术、多可再生能源基地直流组网技术、大电网调度运行与控制技术等方面取得新的突破。应重点关注全球能源互联网战略规划技术，± 1100kV 特高压直流输电技术，特大电网安全稳定运行和控制技术，能源互联网及综合能源电力系统关键技术，大规模风光电力的并网消纳技术，新型直流输配电网关键技术及装备和灵活交流输电技术及装备 7 项关键技术。

在电能配用环节，需要积极推进电能替代，显著降低单位 GDP 能耗，进一步完善需求侧响应和用户互动，支撑高渗透率分布式光伏接入。重点关注含高比例分布式可再生能源的主动配网及微网技术、结合能源互联网的用户互动技术、智能用电与节能技术、电力市场等关键技术。

此外，相关基础支撑技术的进步对本学科的发展与进步将有重要的推动作用，在新一代大功率电力电子器件技术及其应用，高性能电工材料、石墨烯及超导等新材料，大容量储能技术和信息物理融合技术及其安全性等方面需要给予重点关注。

在全面技术进步的基础上，建设安全、低碳、清洁、高效的新一代能源系统，将成为我国能源和电力领域的技术需求与未来趋势，为各种一次、二次能源的生产、传输、使用、存储和转换提供先进装备和可靠网络。可预见的是，未来 5 ~ 10 年是我国动力与电气工程学科发展的重要战略机遇期，总体趋势是低碳化和提高能源利用效率，焦点是新能源和可再生能源，关键是电能替代，基础平台是智能电网和能源互联网，目标是支撑我国的能源生产革命、能源消费革命、能源体制革命与能源技术革命，确保国家能源供应安全。

第十二节　计算机科学技术

一、引言

当前，信息技术已经深刻影响着人类的生产方式、认知方式和社会生活方式，成为推动经济增长和知识传播应用的重要引擎，以及惠及大众与社会发展的基本技术途径。作为信息科学中最活跃、发展最迅速、影响最广泛的学科之一的计算机科学与技术，其发展对提升工业技术水平、创新产业形态、推动经济社会发展发挥了巨大作用，促进了传统产业革新、现代服务业兴起等各个领域的重大变革，为国民经济发展提供了强大的推动力，并深刻影响着社会经济生活的运行。计算机科学技术及其应用水平已经成为衡量一个国家综合竞争力的重要标志。

进入21世纪以来，党和政府十分重视信息技术的发展，自2006年起，相继发布了《国家中长期科学和技术发展规划纲要（2006—2020年）》（国发［2005］44号），《国家信息化发展战略（2006—2020年）》（中办发［2006］11号）、《进一步鼓励软件产业和集成电路产业发展的若干政策》《"十二五"国家战略性新兴产业发展规划》。这些纲要和规划为我国信息技术的发展提出了明确的目标和任务。

在"十五"、"十一五"期间信息技术取得的成果的基础上，"十二五"期间，我国进一步加大了对重大技术系统或战略产品的支持力度，培育出若干战略性新兴产业或增长点，延拓信息技术应用的深度和广度，支持现代服务业发展，促进产业结构的调整，并面向构建更高速、更有效、更智能、更安全、可持续的信息技术未来世界，力求在前沿领域寻求基础性突破，并充分关注推动当前信息技术发展热点的原创性突破，以占领未来产业发展的制高点。

二、本学科近几年研究进展

近年来，我国在构建信息通信网络、实现信息器件和重大信息基础设施的变革性升级换代、发展数据知识化产业、以信息技术提升传统产业和实现低成本信息化、建设国家信息安全系统等方面取得了一系列突破性进展，标志性成果突出，关键技术研发水平提升明显，对产业发展的超前引领与带动作用显著增强，前沿技术探索成果丰硕，为我国信息技术和产业的可持续发展奠定了坚定的技术基石。其中，代表性进展可以按计算机系统结构、网络基础设施和相关技术、计算机软件和理论、智能感知和人机交互等 4 个方面组织。

（一）计算机系统结构

在计算机系统结构和高性能计算方面，在国家的持续支持下，我国在计算机体系结构方面取得了长足进步，从芯片研发、存储技术，到高端计算机和服务器系统等不同方面都取得骄人的成果，特别是高性能计算方面取得了 TOP500 四连冠的战绩，中国的体系结构研究和产业开始引起世人的注目。

在自主 CPU 的研发方面的进展主要包括，中国科学院计算技术研究所的“龙芯”、国家高性能集成电路（上海）设计中心的“申威”、国防科技大学的“飞腾”、北京大学的“众志”等自主研发的 CPU。同时，在传统芯片技术取得进展的基础上，我国学者开始了对新型芯片的研究。比如，机器学习芯片的研制取得突破，中国科学院计算技术研究所研制的寒武纪 1 号，采用人工神经网络架构的机器学习运算装置，通过高效的分块处理和访存优化，能高效处理任意规模、任意深度的神经网络，以不到传统处理器 1/10 的面积和功耗达到了 100 倍以上的神经网络处理速度，性能功耗比提升了 1000 倍。在机器学习芯片研究方面挺进国际前沿地位，相关研究论文获计算机系统结构领域最重要的会议之一——ASPLOS 最佳论文奖。同时，国内多所大学与相关研究所在类脑计算芯片研究方面，也已经做了大量前期的预研工作，为攻克类脑计算系统难关奠定了基础。

片上网络和多核处理器是未来微电子商用化的一个重要趋势和方向，我国在这方面的研究也取得进展，研究结果相继发表在 ISCA、HPCA、*IEEE Transactions on Computers* 等顶级会议和期刊上，研制出一些原型验证芯片。

在高端容错计算机和服务器的研制方面，自浪潮 2010 年 8 月研发出我国首台具有自主知识产权的高端容错计算机——浪潮天梭 K1 系统之后，得到全国范围重点行业的广泛应用，形成了产业规模。2014 年，天梭 K1 完成了金融、电力、公安、交通等 12 个行业市场的应用突破。根据全球权威调查公司 IDC 发布的数据，浪潮在高端 Unix 服务器市场的份额已经达到 12%。2014 年 11 月，曙光公司推出基于国产“龙芯 3B”处理器的全自主可控可信计算服务器，实现基于龙芯的整个产业链贯通。龙芯 3B 处理器采用 28 纳米工艺制造，拥有 11 亿个晶体管，在设计的复杂度上与国际主流相近，这也是我国第一个超过 10 亿个晶体管的产品。

（二）网络基础设施和相关技术

在网络基础设施和互联网产业领域，以互联网为代表的计算机网络在我国经历了从无到有、全面建设、掌握关键技术、攻克核心设备、争取技术创新的蓬勃发展历程。培养了一批遍布全国各地高校和院所的计算机网络研究队伍，建立了以中国教育和科研网（CERNET）和中国科技网（CSTNET）为主体的网络应用和试验研究平台，2013 年底，CERNET 骨干网络带宽全面升级到 100Gps。

基于互联网的应用不断涌现，呈现出互联网产业的蓝图。2014 年，BAT（百度、阿里巴巴、腾讯）的骄人业绩展现出了中国作为网络大国的实力和能量。其中，阿里巴巴成为全球企业间（B2B）电子商务最好的品牌之一，其平台已经是目前全球最大网上交易市场和商务交流社区之一。腾讯旗下的微信也已成为全球移动互联网举足轻重的即时通信工具。百度则成为全球最大的中文搜索引擎。

（三）计算机软件和理论

在计算机软件和理论方面，我国近年来在算法及算法复杂性方面取得了很大的进步，多位国际著名专家（包括图灵奖得主）先后回国工作或在国内建立实验室，大大加强了国内理论方向与国际的交流，同时培养了一大批优秀的青年学者，在世界范围产生了重要的影响力。比如，针对 NP 难问题的难解算例构造与实用求解技术方面，我国研究者在 SAT 竞赛和相关的 MAX-SAT 竞赛等活动中取得了佳绩，在顶点覆盖等 NP 难问题的求解上取得了国际领先的成果，所构造的随机算例被广泛应用于算法研究和各种国际算法竞赛。

形式化方法一直是我国软件理论研究方向的强项。近年来研究工作重点在推进形式化方法进入工业级系统实践，比如，对中国铁路控制系统 CTCS-3 的建模和模型层面的验证；对汽车操作系统内核的安全性进行了验证，完成源代码和二进制代码级别上的验证与分析；针对嵌入式软件的分析与验证、软件模型检测等问题开展研究，研制了形式验证工具，并用于轨道交通领域的嵌入式系统；等等。

国产操作系统一直是中国软件行业为之努力的方向，市场上也出现过诸如中标麒麟、中科红旗、中科方德、凝思、拓林思等国产操作系统。2014 年 10 月，操作系统国产化替换正在推动，并预期在 2020 年有比较显著的阶段性成果。

网构软件是由我国学者在综合互联网环境下软件开发、运行和应用的特征总结提出一种全新的软件范型，经过 10 余年的研究，其理念已经在国内外软件学术界和产业界产生了较大的影响，面向网构软件的中间件技术理念与框架被 IBM 全球技术展望战略报告采用；网构软件被写入著名开源组织 OW2 的云计算项目“CloudWare Initiative”的研发日程；*IEEE Computer* 发表了网构软件的综述性文章；*IEEE Software* 也组织出版了以网构软件为主题的专刊。与 ACM SigSoft 合作举办的“亚太网构软件技术研讨会”已连续成功举办了 7 届，吸引了来自美国、欧洲、澳大利亚、日本、意大利和韩国等多国学者的参与。

（四）智能感知和人机交互

在智能感知与人机交互领域，我国学者近年来侧重于制定中国 AVS 标准，以掌握自主知识产权并形成完整产业链，解决我国数字音视频产业核心技术受制于人的困局。AVS标准在我国率先建立了“专利池”管理机制，每台终端产品只收1元，大幅降低了标准的实施成本，同时也撼动了国际标准高额专利收费的格局，明显拉低了国际视频行业的专利授权费用，为新技术的采纳推广创造了更多机会。2014年，我国有自主知识产权的音视频标准AVS，已经正式落户中央电视台。在产业化方面，AVS产业联盟企业研制了多套AVS清晰度编码器和高清晰度编码器，以及面向移动设备的编码器，设计开发了多款AVS标准清晰度和高清晰度芯片，支持和推动了我国芯片企业开发并批量销售AVS芯片，还带动海外数字视频解码芯片领域的企业开发并销售AVS芯片；应用推广方面，AVS标准已经在国内外20多个城市得到规模化应用。

计算机图形学和多媒体技术得到了国家科技部等的大力支持。在可视媒体的认知特征和认知计算，可视媒体的结构分析和语义分析，基于内容的可视媒体安全和网络可视媒体安全，网络可视媒体的交互和融合，以及网络可视媒体的高效搜索和服务等方面，我国学者的研究已形成了自己的特色，并取得了有国际影响的成果。

机器学习自20世纪50年代提出后就备受科技界的关注，在过去的几年里，这个研究方向继续得到广泛关注。除了在传统机器学习理论和技术领域上的不多发展，深度学习近年来受到工业界的热捧，百度公司在2013年成立了深度学习研究院，被相关媒体报道为，燃起了一把新的火苗，必将点燃中国移动互联网的生机。

三、本学科发展趋势及展望

总结国内外计算机科学和技术学科的发展，近年来的发展呈现出如下趋势：处理器多核化和新型处理器的出现；硬件资源虚拟化和管理功能可编程；支持新型计算模型的系统软件；软件开发的敏捷化和群智化；软件系统自适应性和智能化；虚拟现实走向实际应用。

可以预计，未来几年，计算机科学与技术的发展对信息技术变革将起到重要的作用，比如，使能人机相互感知的智能传感和控制技术，催生大数据科学的大数据存储、分析和可视化，突破TCP/IP协议局限性的未来互联网技术，促使信息技术渗透方式和应用模式发生变革的物联网和云计算的兴起，等等。计算机科学与技术研究和应用的新特点将体现在：基于大数据分析和处理的社会和科学现象发现；感知/决策/控制一体化使能的人－机－物融合计算；移动互联和云计算架构下的按需服务；以及基于脑认知的类脑计算机和类人机器人脑机接口等。

第十三节 测绘科学与技术

一、引言

当前，在国家“加强基础测绘，监测地理国情，强化公共服务，壮大地信产业，维护国家安全，建设测绘强国”总体战略目标的引领下，中国测绘已由生产型测绘向服务型测绘转变；由事业型测绘向管理型测绘转变；由主要依靠政府推动发展向依靠政府和市场两种力量推动发展转变；由单一地图及地理信息数据服务向网络化综合性的地理信息服务转变。测绘与地理信息的内涵开始转型升级，从传统的测绘技术条件下的数据生产型测绘，转型升级到信息服务型测绘与地理信息；从计划经济时代沿袭的传统测绘体制转型升级到适应社会主义市场经济的测绘与地理信息体制机制。传统的测绘学逐渐演变为包括全球导航卫星系统、航天航空遥感、地理信息系统、网络与通信等多种科技手段的一门新兴学科——地球空间信息科学。2014—2015 年，我国测绘与地理信息学科发展迅猛，新观点、新理论、新方法、新技术不断涌现，测绘重大专项若干关键技术取得众多突破，主要进展集中在测绘学科最新理论与技术研究和测绘学科技术的重大应用与服务两个方面。

二、测绘学科最新理论与技术研究进展

（一）大地测量与卫星导航定位

现代大地测量学与地球科学、空间科学和信息科学等多学科交叉，不断拓展了大地测量的学科内涵与外延。随着卫星导航定位技术的迅猛发展，尤其我国北斗导航系统的广泛应用，极大地推动了大地测量与导航领域的快速发展。

1. 北斗全球卫星导航系统

2015 年 7 月 25 日，第 18、19 颗北斗导航卫星发射成功，并首次实现星间链路，标志着我国成功验证了全球导航卫星星座自主运行核心技术，为建立全球卫星导航系统迈进一大步。目前该系统能够为亚太地区的绝大多数用户提供 10 米左右的单点定位精度，测

速精度优于 0.2m/s，精密相对定位精度达厘米级，单向授时精度为 50ns，双向授时精度为 20ns，同时提供 120 个汉字 / 次的短报文通信服务。

2. 大地基准与参考框架维护

国家现代测绘基准体系基础设施建设，2014 年已完成 1135 个 GNSS 大地控制点的观测、32745.1km 一等水准观测、10585 个水准点上重力观测和 40 点次绝对重力观测；同时，还组织汇交了全国 31 个省市自建基准站、基准工程站、927 基准站、陆态网络基准站的观测数据，并进行了全国联合网解算和整体平差，获得了全国统一空间基准下的高精度、地心坐标成果。当前，我国现代大地测量基准体系已逐渐具备高精度、涵盖全部陆海国土、三维、动态的能力。

2000 国家大地坐标系下的国家级测绘成果已于 2013 年对外发布使用。现已建立了全面、精确、稳定可靠的中国大陆 1°×1°格网和分布均匀的速度场模型。在此格网速度场数值模型基础上，按行政区划将格网速度场模型嵌入到软件中，已免费下发到 22 个省（市、自治区）用于 GNSS 坐标成果的转换。目前，2000 国家大地坐标系在国土资源部、水利部、中国地质调查局、交通部、中国气象局、住房与城乡建设部等部门得到了推广应用。

3. 大地测量数据处理

大地测量数据处理方面，在基础理论扩展、新方法扩展、先验信息利用、粗差探测、不适定问题及动态测量数据处理 6 个领域均取得了长足进展，尤其是在复数域测量平差和整体最小二乘等领域有显著的突破。

4. 大地测量地球物理反演

在这一学科领域的研究进展主要表现在高频 GNSS 数据、InSAR 时序数据、地表三维形变数据等高精度处理理论及算法，地壳水平运动与地球外部重力场变化的数学模型以及其他多种大地测量地球物理反演模型的建立。

（二）重力测量与地球重力场

1. 航空重力测量与卫星重力测量

近年来，我国航空重力测量从测量设备引入、自主应用系统研制、试验以及工程应用方面得到了较快发展，我国自主研制成功的 CHAGS 系统已在我国部分陆海交界处开展航空重力测量生产作业，弥补我国陆海交界区域的重力空白。在航空重力矢量测量数据处理方面，INS/GPS 组合数据处理、航空矢量重力测量中的高频误差处理、航空矢量重力测量数据的向下延拓和航空矢量重力测量确定大地水准面的研究等方面取得若干进展。

我国在重力卫星 CHAMP、GRACE 和 GOCE 发射后已发布了几十个全球重力场模型，在理论模型的改进、更高精度和更完善的卫星重力模型、地面重力数据全球覆盖生成方法、卫星测高观测数据的精密处理新技术，以及超大规模计算技术的开发等方面，都有新的改进和突破。

2. 新一代似大地水准面精化模型

GNSS 测定的大地高结合高精度大地水准面模型可以快速获得精密海拔高程。新的中国陆地新的重力似大地水准面 CNGG2011 模型，是利用全国重力数据、7′.5 × 7′.5SRTM 数值地面模型资料和卫星测高资料反演的格网海洋重力数据依据 Stokes–Helmert 理论和方法解算得到，目前，2′ × 2′陆地重力似大地水准面 CNGG2013 已初步成型。与 GNSS 水准比较，全国的平均精度由原来的 ±12.6cm 提高到 ±10.9cm，特别是青藏地区的精度显著提高，从 ±21.9cm 提高到 ±15.6cm。采用“局部地形影响 + 模型重力场”组合移去恢复法计算得到的重力似大地水准面经 GNSS 水准外部检核，实现了 13 个省市在厘米级精度上无缝衔接。

（三）摄影测量与航天测绘

近年来，随着航天航空遥感技术、计算机技术、网络通信技术和信息技术的飞速发展，在摄影测量与遥感学科领域出现了多种传感器和遥感平台，并逐渐成熟，测绘遥感数据获取的能力不断增强，航空航天遥感正朝着“多源”（多传感器、多平台、多角度）和“高分辨率”（高空间分辨率、高光谱分辨率、高时相分辨率、高辐射分辨率）方向发展，形成了以多源、高分辨率为特征的高效、多样、快速的空天地一体化数据获取手段。测绘遥感的应用分析正在由定性转向定量。近两年摄影测量与遥感专业技术进展主要体现在高分辨率遥感技术、高光谱遥感技术、合成孔径雷达技术以及激光雷达技术等方面的取得的成果。

1. 高分辨率遥感

面向对象分析成为当前高分辨率遥感图像的主流分析方法，图像分割研究中多尺度分割算法的创新、分割参数优化与分割尺度选择等成为热点问题，目前研究消除或剥离几何配准、光照差异、成像角度、阴影差异等因素对高分辨率遥感图像变化检测的影响取得若干研究成果。

2. 高光谱遥感

目前高光谱影像处理研究主要集中在特征挖掘、分类、混合像元分解、目标识别、参数反演、高性能计算等方面，高光谱遥感定量参数地表反演的统计模型研究取得明显的进展，此外，高光谱数据与其他数据的融合得到成功应用。

3. 合成孔径雷达（SAR）

当前 DInSAR 的研究和应用逐步转向地震、火山、滑坡和冰流以及矿产开采等引发的地表显著形变的监测，并出现了分孔径干涉和基于 SAR 强度信息的像素偏移量估计技术及与 DInSAR 进行结合反演地表三维形变的技术。近年来，将合成孔径的原理引入到三维空间的层析 SAR 技术逐渐兴起。

4. 激光雷达（LiDAR）

激光雷达的进展主要表现在大气探测、植被提取、地貌重建等方面，例如通过激光后向散射信号提取自然风化断层陡坡信息，重建断层历史，利用 LiDAR 生成的高精度 DEM 结合斜导数方法生成坡度等信息表征地貌特征，用来分析地形，进行山崩、泥石流制图，改善地表流动模型等。

5. 自动化遥感测绘

自动化遥感数据处理是指从多源异构航空航天遥感数据经过精准几何、辐射处理到空间信息及地学知识转化的全过程。目前，针对多源、异构遥感数据的快速自动化处理在以下关键技术有所进展：高性能遥感数据集群与协同处理技术；高分辨率航空航天光学遥感数据处理技术；合成孔径雷达数据处理技术；激光雷达数据处理技术；智能化遥感数据解译技术。

（四）地图制图与地理信息工程

近年来这一学科领域的研究主要集中在现代地图学理论、数字地图制图与地理信息系统、移动地图与互联网地图等方面相关理论和技术进展。

1. 现代地图学与地理信息科学

随着信息时代的到来，地图学提出了数字地图的新概念，地图与地图学的内涵得到了拓展，出现了全息位置地图、智慧地图和新媒体地图等衍生新地图概念。

2. 数字地图制图与制图综合技术

数字地图制图技术目前正朝着以地理空间数据库驱动的制图模式发展，采用先进的数据库驱动制图技术和方法，实现了地理信息数据与制图数据的统一存储、集成管理和同步更新。制图综合的新方法层出不穷，如多尺度可视化策略、线要素化简单算法、谷地弯曲识别及结构化方法等。

3. 地理信息系统

当前的进展主要表现在空间数据感知、获取与集成，时空数据组织与管理的研究，而且集中在时空模型构建，空间关系查询、索引和处理，空间拓扑构建和拓扑检查。有关地理表达与可视化方面的研究集中于自动制图与矢量数据可视化，三维建模可视化，经济社会事件可视化等方面。

4. 地理信息基础框架建设与服务关键技术

地理信息基础框架建设与服务关键技术获得突破。基础地理信息数据库实现了规模化动态更新，制定和形成了一系列的技术方案与标准规范，研发了相应的生产和管理软件系统，建立了一套适用于规模化动态更新工程的技术体系，构建了基础地理信息的要素级多时态数据库模型，实现了 3 个尺度、4 种类型、多个现势性版本的国家基础地理信息集成建库和在线服务。

5. 移动地图与网络地图服务

随着网络地图应用的普及和新媒体地图的发展，产生了智慧地图（或称智能地图）、公众参与地图、全息地图等地图新概念，形成了混搭地图、众包地图、个性化地图等在线地图服务的新模式，探索了面向地图的多模态人机交互模式，包括语音、手写、手势、表情感知等。导航地图也从单一的导航平台到综合信息服务平台和社交平台转变，使地图适用范围更加广泛。

（五）工程测量与变形监测

空间定位技术、激光技术、无线通信技术和计算机技术等新技术的发展与应用，极大地促进了工程测量技术的进步，使工程测量面貌发生了深刻变化，涌现了三维激光扫描仪、智能全站仪、全站扫描仪、磁悬浮陀螺仪、地质雷达、无人机、InSAR 等先进技术和装备。同时针对体量大、结构复杂、空间变化不规则和精度要求高等工程技术难题展开深入研究，在理论、方法和应用上取得了重大进展。

1. 工程控制测量

全球导航卫星系统（GNSS）已成为布设工程控制网的主要技术方法，将 GNSS 和全站仪相结合，快速建立工程控制网，形成了根据工程特点灵活建网的技术体系。在高程控制方面，提出了精密三角高程测量系统、GNSS 和大地水准面精化模型代替高精度水准测量的理论与方法，解决大范围、长距离和跨海精密高程传递问题。

2. 三维测量技术

在三维测量特征提取的研究中，针对点云数据散乱的特点，提出了不同的特征线提取方法；在表面重建方面，快速成型技术得到了广泛的应用；在建模软件方面，将激光雷达和摄影测量有机结合，开展了数据融合技术、精细三维重建算法和海量数据管理方法等关键技术的研究，获得许多突破性成果；在海量精细空间数据管理方面，设计并实现了点云、数字影像、深度图像等数据存储，提出了多级混合二、三维一体化空间索引技术。

3. 移动测量技术

已成功研发出多个移动道路测量系统，多传感器集成与同步控制方法、基于惯性补偿的平整度测量算法、时间同步、空间同步等问题得到解决，形成了多传感器一体化、数据一体化、功能一体化的新兴测绘装备，并向多波谱段成像方向发展，全景影像制作技术、图像模糊化处理技术已经取得阶段性成果。

4. 变形监测技术

以计算机技术、网络技术、电子测量技术、传感器技术、通信技术相集成的变形监测系统发展迅速，基本取代了传统的变形监测方法，变形监测已进入了自动化、智能化和信息化时代阶段。在几何学、物理学、计算机仿真学等多学科、多领域的融合、渗透下，正向一体化、自动化、数字化、智能化方向发展。

5. 大型特种工程测量技术

提出了适用于月面环境的无高精度控制点的立体图像条带网定位方法；综合利用 GNSS、声呐和倾斜仪测量技术，研发了深水碎石基床铺设测控系统、外海长距离沉管浮运测控系统和深水测量塔法沉管安装测控系统等沉管施工测控系统；运用全站仪、激光扫描、数字工业摄影测量等多种测量技术，解决了 65m 射电望远镜设计、制造、安装、校准全过程的测量难题。

6. 矿山与地下工程测量技术

矿山测量以空间信息学和系统工程理论为基础，综合运用测绘遥感、地球物理、物联网等手段，观测并感知矿山全生命周期、矿区全方位对象的几何、物性及其空间关系变化，处理并解决矿产资源保护、矿山开发优化、生产环境安全、开采沉陷控制、矿区生态修复等科学与技术难题。当前矿山测量正冲破传统认识，朝着由简单到复杂、由单一向多元化、由手工到半手工作业向数字化、自动化、智慧化方向迅速迈进。近年来的进展主要集中在矿区地表沉陷监测及控制、数字矿山空间信息集成建模、地表火灾综合监测、矿地统筹的矿区塌陷地生态修复集成技术等方面。

在地下工程测量技术方面，热红外遥感技术和超导量子干涉器 SQUID 进行管线探测技术得到发展，利用无人机搭载热红外成像仪探测长距离输油管道，研制完成了超导地磁图仪，可应用于地下管线、道路空洞和采空区探测，桥梁、山体和堤坝监测，以及古文化遗址勘测。

（六）海洋与江河湖泊测绘

近年来海洋与江河湖泊测绘在海底地形地貌测量、机载海洋测绘、海岛礁陆海一体化测绘、海洋重磁测量、电子海图和数字海洋地理信息 6 个技术领域取得较大进展。

1. 海底地形地貌测量

研制了浅水高分辨率多波束硬件和软件系统，对机载激光水深测量技术进行深入研究，突破了船载高精度一体化测深技术的瓶颈，发展了以 AUV/ROV 为平台的海底地形地貌测量技术，初步形成了从星载、机载、船载到潜载的“立体”海底地形地貌信息观测系统。

2. 陆海一体化测绘技术

在垂直基准面确定及转换方面，开展了陆海大地水准面拼接、海洋无缝垂直基准面构建、高程基准面与深度基准面转换、基于卫星测高数据提取潮汐参数和构建潮汐模型、基于重力位差实现跨海高程基准传递的理论与方法研究。

3. 机载海洋测绘技术

在机载重力测量方面，通过引进集成，形成了航空重力测量生产作业能力，完成了我国部分海区的航空重力测量；在空三测量方面，提出了一种海岸带水边线等高约束条件控制下的光束法区域网空三测量方法；在机载 LiDAR 测量方面，开展了 DEM 数据获取和 4D 产品快速制作等应用研究。

4. 船载海洋重磁测量技术

在船载重力测量方面，形成了引进、吸收和应用多型号国外设备，研发验证国产设备的态势。数据处理方面实现了数据采集与处理自动化与智能化、重力仪性能评价标准化和指标化，数据处理规范化。

磁力测量方面，开展了南海海底地磁日变站布放选址方法研究，构建了一种阵列式海洋磁力测量系统，实现了地磁经纬仪、陀螺经纬仪、天文观测和GNSS高精度定位与定向等多系统一体化集成应用，提出了完整的地磁三分量测量技术流程，建立了地磁测量数据处理模型。

5. 电子海图技术

提出了电子海图云服务概念和海图集合云存储策略，建立了空间索引模型，提出了全球电子海图的云可视化服务方案。开展了中国海区e-航海原型系统技术架构研究，完成了技术架构和工程建设可行性研究。

6. 数字海洋地理信息技术

在数字海洋地理信息数据建设中，进行了体系结构设计及系统电子海图空间数据库设计，建立了电子海图空间数据库的数据模型；在数字海洋地理信息应用方面，研发了集成数据管理与查询、处理与分析和可视化于一体的南海海洋信息集成服务系统。

（七）空天地海一体化测绘

空天地海一体化测绘体系是由陆地测量车、海上测量船、中低空的遥感测绘平台、航天测绘卫星以及地下测量机器人等共同构成的一体化的信息化测量技术。目前，这一体系已经有了重要突破，航天测绘、航空测绘与地面测绘相结合，构成中国的对地观测体系，实现全球范围的地理空间信息的获取，再通过整合地下测量机器人5个方面技术，形成了空间、空中、地面、海洋、地下五位一体的测绘技术。

三、测绘学科技术的重大应用与服务

（一）地理国情普查与监测

截至2015年6月30日，我国陆地国土范围内的地表自然和人文地理要素数据采集工作已经全面完成，这些要素包括耕地、园地、林地草地、房屋建筑、道路、构筑物、荒漠与裸露地表、水域地理单元及地形等12个大类58个二级类、135个三级类的数据。随后，全国地理国情普查将正式进入第二阶段，进行普查信息的整理、汇总、统计分析，并最终形成普查报告，发布普查结果。在开展第一次全国地理国情普查工作的同时，按照“边普查、边监测、边应用”要求，同步开展了地理国情监测关键技术研究和应用试点工作。

（二）不动产测绘

随着国家《不动产统一登记暂行条例》的出台以及现代测绘技术、新型测绘仪器和测绘手段的不断发展，包含在不动产范畴的地籍测量和房产测绘从理论到实践发生了较大的变化。当前，3S 现代测绘技术在土地信息获取、处理、评价、可视化、建模及信息系统建设等方面应用日趋广泛。房产测绘方面，房屋面积的量测已由手持测距仪全面替代钢（皮）尺，并开发了集“几何面积计算，分摊模型建立，属性数据入库”于一体的专业软件，制定了“绘图，计算，生成报告”一站式解决方案。

（三）智慧城市的时空信息基础设施建设

智慧城市建设中，类似数字城市中地理空间框架具有时空特点，发展为时空信息框架。其核心内容包括时空信息数据库和时空信息云平台。基础地理信息数据库上升为时空信息数据库，地理信息公共平台上升为时空信息云平台。具体表现为“空间基准”提升为“时空基准”，“二维地理信息 + 三维可视化表达”提升为“统一时空基准的四维地理信息”，“静态数据 + 周期性的更新”提升为“实时获取 + 动态更新”，“有限服务”提升为“泛在服务”，“事后分析 + 辅助决策”提升为“实时分析 + 实时决策”。

（四）地理空间信息数据资源建设与升级

我国实施了“国家西部 1 : 5 万地形图空白区测图工程”，5 年时间里，在我国西部的广大区域内，圆满完成了 1 : 5 万地形图空白区测图任务。当前，我国已实现了全国 1 : 5 万基础地理信息的全面覆盖和动态更新，研究出成熟的更新理论方法和成套工程技术，建成了覆盖我国陆地国土精度最高、规模最大、时效性强的国家基础地理信息数据体系，形成全国“一张基础图”；全国省级 1 : 1 万基础地理信息数据库建设与更新全面开展，到 2014 年底，全国已有近 50% 陆地国土面积实现省级 1 : 1 万基础地理信息（含地形图）的覆盖，1 : 1 万地形数据（DLG）覆盖全国 43.8% 面积；1 : 1 万数字高程模型数据（DEM）覆盖全国 40.1% 面积；1 : 1 万正射影像数据（DOM）覆盖全国 40.3% 面积。

（五）海岛礁测绘

我国测绘学科行业的重大工程项目陆海基准的统一与海岛礁测绘，已完成了海域大地水准面精化与陆海拼接，初步建成与我国陆地现行测绘基准一致的高精度海岛（礁）平面、高程 / 深度和重力基准。在全面摸清我国海岛（礁）数量、位置和分布的基础上，采用航空航天遥感技术对我国海域面积大于 500m^2 的约 6400 个海岛（礁）进行了准确定位。

（六）全球 30m 地表覆盖信息产品

2014 年 4 月，经过 4 年跨学科协同创新，中国领先于世界，首次研制出了 2000 年和 2010 年两个年份 30m 分辨率的全球地表覆盖信息产品 GlobeLand30，并构建了全球首个高分辨率地表覆盖信息服务平台，将 2000 年和 2010 年两个基准年的全球 30m 地表覆盖数据产品空间分辨率提高了 1 个数量级，总体分类精度达到 83%以上。

（七）全球环境变化与自然灾害预测预警

以 GPS 为代表的“GNSS 空间大地测量技术”的迅速发展和广泛应用，可以对各种规模尺度的构造运动和地壳形变进行高精度、高密度、高效率和全天候的实时化观测，为地震相关领域的地球动力学研究和构造运动学解析提供了革命性的技术手段。在应急测绘与防灾减灾方面，突破了测绘基准建立和空间信息快速获取关键技术，通过集成似大地水准面精化、精密单点定位、新一代数字摄影测量等技术，建立了应急测绘集成技术体系和测绘信息应急服务系统，为抗震救灾和灾区快速重建提供了可靠的快速测绘技术服务与保障。

（八）空间科学的应用

在天文地球动力学研究领域，首次提出大天区统一平差 CCD 观测的处理方法，发展和逐步完善了新一代 VLBI 技术规范，面向我国载人航天、月球探测、火星计划等国家重大深空探测工程，突破现有的 VLBI、SVLBI、ΔDOR、SBI 和 X 射线脉冲星技术的理论和方法，形成了从月球探测器到火星探测器、从地面测量到自主定位系统的一整套 VLBI 探测器定位技术和深空大地测量理论体系。

（九）位置服务

目前，我国有关位置服务，主要是发展北斗二代系统的应用。我国已经建成了 100 个以上 CORS 站点，均具备北斗信号接收和数据产生的能力，可以实时传输数据流，作为国家增强系统的主要基础设施。自北斗二号系统正式投入运行以来，国家设立了 42 个行业和区域重大专项应用示范工程，在城市应急、精确的地理信息服务、智慧城市、精准农业、气象预报和防灾减灾等方面得到了广泛应用与推广。当前室内定位技术的发展是研究新的定位技术以及多种技术结合的混合定位方法。

（十）“天地图”地理信息公共服务平台

“天地图”地理信息公共服务平台网站经过近两年的建设及省市级节点不断接入，天地图数据资源更加丰富、服务能力明显提高，成为目前中国区域内数据资源最全的地理信息服务网站。“天地图”2014 版本正式上线，具有功能更全、技术更优、性能更稳、运行更快等亮点。在原有基础上，完成了国内地图矢量数据的全面更新，国外矢量数据由原来的 2 ~ 10 级丰富提升到 14 级，首次发布全球海底地形晕渲地图，更新全球陆地地形晕渲效果，发布了维文、蒙文地名注记图层。

四、本学科发展趋势及展望

当前测绘地理信息的科技手段与应用已从传统的测量制图转变为包含 3S 技术、信息与网络、通信等多种手段的地理空间信息科学。近年来，与移动互联网、云计算、大数据物联网、人工智能等高新技术加速融合的趋势继续加强，新应用、新业务继续加速出现，“大众化”趋势更为明显。测绘地理信息生产服务实现了高度网络化、信息化、智能化和社会化，按需、灵活、泛在的测绘地理信息服务正在全面实现。

第十四节　航空科学技术

一、引言

2015 年 3 月 5 日，李克强总理在政府工作报告中提出了要实施“中国制造 2025”，坚持创新驱动、智能转型、强化基础、绿色发展，加快从制造大国转向制造强国。航空作为“中国制造 2025”中明确指出需要重点发展的十大领域之一，迎来了新的机遇。2014—2015 年，我国航空科学技术蓬勃发展，众多航空新产品的研制取得了重要进展，按照中国科学技术协会的总体部署和我会关于航空科学技术学科发展研究工作的安排，本期研究是第二轮第二期，将以浮空器、航空材料、管理科学、航空发动机、航空维修工程、航空可靠性工程、旋翼飞行器及其系统、无人飞行器及其系统为主要研究领域。通过对这些领域的新进展、新成果、新见解、新观点、新方法、新技术及时总结并与国际先进水平进行比较研究，分析航空科学技术学科发展动态、总趋势及前沿热点；对照国家经济社会发展战略需求，分析我国航空科学技术发展前景，提出重点研究方向的建议。

二、本学科近年来的最新研究进展

（一）飞机、无人机和直升机技术方面

近几年，军用飞机方面，我国的 YX 大型运输机、歼 -20 飞机、歼 -31 飞机持续试飞，飞豹、歼十、歼十一、轰六等原有机型持续改进，换装了新一代的武器和机载设备，作战能力得到进一步提高；民用飞机方面，最大的进展是 ARJ21-700 飞机，在试飞 6 年之后取得了飞机型号合格证。其次，C919 飞机研制工作由详细设计阶段转入全面试制阶段、MA700 涡桨支线飞机开始研制、当今世界最大的 AG600 水陆两栖民用飞机大

部件下架。

我国军用无人机研究起步较早，无人机的设计、制造等环节早期基本上是由几所大学承担，产品也以靶机、校射、近程侦察等用途为主。近年来，以中航工业为代表的国家骨干企业介入研发、生产无人机，飞机起飞重量、任务载荷和任务半径等指标大幅提高，任务能力也扩展至中远程侦察监视、电子对抗、对地攻击等领域。与此同时，我国无人机的控制技术也取得了较大进步，基于高速数据链的遥驾方式得到了较广泛的应用，部分先进无人机型号已逐步具备了初级的自主化水平。随着新型无人机型号的增加和用途的拓展，组合导航技术、卫星中继数据链技术、传感器技术、信息对抗技术等方面也都取得了不俗的成绩，这些成就标志着我国无人机技术体系已逐步完善，现代化、信息化水平也有了显著提高。

2013 年 12 月直-20 成功首飞，填补国内 10 吨级中型通用直升机型号空白，也改变了中国中型直升机依赖国外的不利局面，预示着其将成为我国未来通用直升机装备的主力，从而真正为中国陆军“插上翅膀”，并有可能发展成舰载机等型号。

（二）航空复合材料

以碳纤维复合材料为代表的先进复合材料因其具有高比强度、高比模量、可设计性强、耐腐蚀、抗疲劳、易于整体成型等优异的综合性能，首先在航空、航天领域获得广泛应用，进而向其他领域迅速扩展。飞行器结构复合材料化已成为常态，例如波音 787 复合材料使用量为 50%、空客 A350XWB 复合材料用量达到 52%，复合材料显示出取代铝合金成为大型民用客机结构主体材料的趋势，战斗机、轰炸机、运输机、直升机、无人机、通用航空飞机以及航天飞行器中的导弹、火箭、卫星等也均大量采用复合材料结构，甚至出现全复合材料结构。复合材料用量和应用水平成为衡量飞行器先进性的重要标志之一。目前，复合材料技术在我国航空航天领域也受到高度重视，复合材料与发动机、机载共同被列为我国大飞机研制的三大关键技术。近年来，我国在树脂基复合材料、金属基复合材料、陶瓷基复合材料和碳 / 碳复合材料方面加大了研究力度。在树脂体系研究方面，我国基本形成了自主研制的环氧树脂、双马来酰亚胺树脂体系。碳纤维研究方面，我国已全面启动千吨级 T800 碳纤维生产线的建设工作。复合材料成型技术方面，我国主要研究了预浸料 / 热压罐制造技术，具备热熔法预浸料生产线、蜂窝生产线、各种规格的热压罐和复合材料加工装配条件及配套技术，已经为各种飞机制造了大量的复合材料部件，并有一定的批生产能力。

（三）航空维修技术

航空维修是指组织人力、物力和财力，应用各种技术、工艺保证航空装备或民用飞机得到及时、恰当和经济的维护和修理，保持或恢复其规定技术状态所进行的一系列管理和技术活动。在民航领域，航空维修的业务活动分为“工程”和“维修”两部分。“工程”

指支持维修工作需要的设计、分析和技术支持，其实质为一个包含维修信息反馈一起构成的管理控制系统；“维修”是指维修工作的具体实施。我国与欧美在民航领域是接轨的，管理和运营方式基本一致。在军用领域，世界各国则略有差异。按照美空军条例 AFR66-14 规定，美国军机航空维修分为两部分：“一是技术性部分，即维修工程；二是生产部分，即维修生产”。

近几年，国内军事航空维修领域，围绕提高维修效率、提升保障效益、增强维修验证能力等方面开展了大量卓有成效的工作，总体上可以归纳为 4 个方面，包括维修保障体制改革逐步展开，主动监控维修方式不断拓展，维修训练方式方法不断完善，维修考核验证技术取得突破。

（四）空气动力学方面

近年来，对昆虫飞行的空气动力学开展了深入研究，所开展的“昆虫飞行的空气动力学和飞行力学”项目研究获得了 2013 年国家自然科学奖二等奖、2012 年教育部自然科学奖一等奖。在流动控制技术研究方面，提出了一种高效零质量射流激励信号，可以在不改变射流质量流量的前提下有效提高合成射流激励器的效率，并在静止环境和圆柱绕流实验中对该高效零质量射流激励器进行了验证。在非定常空气动力学研究方面，针对新一代战斗机普遍采用的非常规布局形式，对其在大迎角下呈现的机翼摇滚运动现象进行了研究。在高超声速空气动力学布局设计方面，针对不同高超声速飞行器布局需求，提出了密切曲面乘波体设计方法、前体 / 进气道一体化设计的马赫面切割方法、被动乘波设计方法等高超声速飞行器气动布局设计方法。

在复杂流动气动力数值模拟方面，发展了多个基于混合网格及分区并行计算方法的 N-S 方程求解技术，含多种湍流模型、多组元化学反应模型、空间离散格式、时间推进格式。

（五）航空发动机材料方面

我国航空发动机材料体系日趋成熟，采用了许多新材料和新工艺以保证实现发动机的总体要求和结构设计，材料体系综合考虑了材料的先进性、继承性、合理性和经济性。

1. 变形高温合金

近年来，我国已开始研制更高使用温度的高性能变形高温合金和新型的热加工工艺，并开展了大尺寸盘件的研制工作。

2. 先进铸造高温合金技术

近年来，我国铸造高温合金从材料研制到制件制备技术都获得了巨大进步，如单晶高温合金叶片精密铸造技术，国内已在陶瓷型芯制备、蜡模制备、型壳制备、叶片单晶生长及晶体取向控制等关键技术方面取得了巨大突破。为我国高推重比发动机和高功重比发动机的研制奠定了良好的技术基础。

3. 粉末高温合金技术

近年来，我国粉末高温合金材料技术获得了巨大进步和发展，在一代高强型粉末高温合金 FGH95、FGH97 的基础上，研制出 750℃二代损伤容限型粉末高温合金 FGH96。同时开展了粉末合金盘件制备技术研究，突破了一系列关键技术，保障了我国粉末高温合金盘件组织、性能的稳定性和完整性。粉末高温合金及其制备技术呈现体系化发展。

4. 钛合金

钛合金是航空发动机风扇、压气机部位的重要材料。近年来，我国在高温钛合金方面重点发展了 600℃钛合金、600℃以上 Ti-Al 系金属间化合物及承温能力更高、密度更小的钛基 / 钛铝基复合材料。

5. 轴承、齿轮钢

航空先进轴承齿轮钢主要应用领域包括航空发动机主轴轴承、中央传动齿轮和附件传动齿轮，直升机传动系统齿轮、轴承、行星齿轮 - 轴承，以及直升机升力系统自润滑关节轴承等。近几年，我国研制成功了耐温 350℃二代轴承齿轮钢 13Cr4Ni4Mo4V，已突破了合金超纯净化冶金技术、构件的表面完整性制造技术等关键技术，技术指标达到国外标准。

6. 涂层技术

发动机涂层材料是指覆盖于发动机制件表面的一类极其重要的功能材料，主要起防护、隔热和特殊功能等作用。热障涂层（Thermal Barrier Coatings，TBCs）技术在航空发动机上的成功应用，将使高温合金能够承受更高的环境温度，从而提高涡轮前燃气进口温度，提高发动机推重比，同时大幅度提高发动机寿命、可靠性，降低油耗，显著改善动力性能。

目前，国内利用射频磁控溅射技术在叶片上制备出了柱状晶结构热障涂层；开展了 EB-PVD 制备热障涂层工艺研究，制备出了单晶叶片用涂层，技术水平达到国际先进。采用真空电弧镀技术制备出了 MCrAlX 系列涂层，其中 HY1 涂层、HY3 涂层在 1100℃条件下具有优良的抗氧化性能。为了提高燃气轮机的效率，我国正在开展新一代超高温高隔热长寿命热障涂层技术研究，突破了涂层制备等多个关键技术，取得了阶段性成果，技术指标达到国际先进水平。对于复杂内腔表面铝化物涂层，国内掌握了涂层制备工艺，复杂空心叶片内腔单铝涂层实现了 100% 的覆盖能力，空心叶片内腔涂层抗氧化性能达到完全抗氧化级。

三、本学科国内外研究进展对比

从世界航空技术发展趋势来看，近两年来，在研飞机进展很快，同时，诸多航空新技术、新概念更加广为人知。在军用飞机领域，作战飞机继续向更隐身、更快的方向发展，运输机更加强调新技术的应用和军民结合。在民用飞机领域，舒适性、环保性始终是民机发展的不懈追求，超音速民机研究项目日益增加，与此同时连续发生的空难使得民机安全性再次成为国际瞩目的焦点。在无人机领域，无人机的自主化水平不断提高，对复杂任务环境的适应能力不断增强，无人作战飞机型号研制已被欧美多国提上日程，新能源无人机和高超音速无人机作为无人机发展的重要方向受到了各国的广泛重视。

军用飞机领域。战斗机方面，美国 F-35 系列战斗机进展很快，在 2014 年完成了空空导弹和多种精确制导炸弹的发射测试科目，空军的 F-35A 预期完成了第一个作战中队装备，陆战队的 F-35B 不出意外将在 2015 年底前后实现初始作战能力；俄罗斯 T-50 战斗机在试飞中遇到较多困难，在 2014 年再次发生右发动机起火事件。美国空海军第六代战斗机概念征集取得一定成果，波音、洛・马等公司先后提出多种概念方案，对高隐身、高超音速、高敏捷性等方向展开全面探索，根据目前已披露的消息，美国空军和海军对第六代战斗机的需求可能存在较大差别。轰炸机方面，美国新一代轰炸机项目严格保密，据说即将启动方案招标；俄罗斯放弃了多年来热论的超音速轰炸机方案，改为研制具有隐身性能的亚音速轰炸机。运输机方面，除了我国 YX 大型运输机继续推进试飞外，日本 C-2 运输机也在持续试飞，欧洲多国联合研制的 A-400M 运输机已开始向法国、英国等国空军逐步交付，巴西的 C-390 中型运输机在 2014 年底完成了首飞，成为国际军用运输机格局中的新生力量。

民用飞机领域。波音公司和空客公司在大型民用飞机领域继续激烈竞争，波音 777X 和 A350XWB、波音 737MAX 和 A320NEO 等互为对手，连续斩获高额订单；波音 787 开创的一系列民用飞机舒适性、经济性标准成为各民机制造商共同的追赶目标；日本 MRJ 支线客机首飞时间再次延后，被推迟至 2015 年第三季度；俄罗斯 MS-21 客机计划在 2015 年开始总装；我国 ARJ-21 支线客机已经取得适航证，C919 干线客机多个部件下架并即将开始总装，AG600 大型两栖飞机首架中机身通过适航检查。在现有民机技术基础上，欧美各国继续开展更高飞行效率、更加环保、更加安静的民机研究，其中美国在 X-48C 翼身融合布局客机技术验证机试飞完成后，有望发展一种更大尺寸 BWB 验证机。超音速民机成为民机发展的新高地，美国已开展了多项超音速巡航客机研究计划，Spike Aerospace 公司提出了 S-152 超音速公务机方案，最多可搭载 18 名乘客，飞行速度为 1.6 马赫，从洛杉矶飞往伦敦只需 5 小时。欧洲正在与日本联合开展一项名为“未来高速运输关键技术”（HIKARI）的科研计划，研究和发展高超声速商用飞机技术。

无人机领域。无人作战飞机相关技术不断突破，其发展得到了各国的极大重视。美国的 X-47B 验证机继完成舰上起飞和自主着舰后，在 2015 年 4 月完成了空中加油对接试验，其实用型号 UCLASS 的战技指标在 2014 年完成了多轮修改，标志着高自主性无人机的实战化已为期不远。英国“雷神”无人机在 2013 年底至 2014 年的试飞中取得重大进展，并且“雷神”项目和法国主导的多国合作“神经元”项目可能合并，成为实用化的欧洲无人作战飞机的基础。随着各国对环保的更加重视，燃料电池无人机、太阳能无人机等新能源无人机的实用化渐露曙光。从未来技术发展的角度出发，高超音速飞行器日渐成为未来军用无人机发展的重要方向。继 X-51A 碳氢燃料超燃冲压发动机验证机和 HTV-2 大气层外高超音速滑翔飞行器取得重大进展后，美国洛·马公司再次披露了飞行速度达到 6 马赫的 SR-72 高超音速飞机，《航空周刊》在报道中称该机将是一架集情报、监视和侦察与打击等诸多功能于一体的无人机。

与欧美先进国家相比，我国的隐身战斗机、大型运输机、大型客机、无人作战飞机和长航时无人机等实现了从无到有的跨越。尽管如此，我国的航空技术水平尚处在追赶世界先进水平的途中，相较于各类飞机技术发展的新方向、新趋势，我国航空科学技术仍有很大发展空间，需要尽早部署针对性的研究发展计划。但是，几年来，我国在航空领域努力取得的技术进步令人鼓舞，让国人看到了我国航空事业的希望。

四、本学科发展趋势和展望

近年来，我国在有人机的新机型研制方面已经取得了有目共睹的进步，YX 大型运输机、歼-20 飞机、歼-31 飞机体现了我国在军用飞机方面的成就和航空强国的决心；ARJ21-700 终获适航证、C919 展开详细设计、宽体飞机提上日程也展示了我国在民机研发方面的意志和决心。在无人机领域，“利剑”隐身无人攻击机验证机成功首飞，使我国成为世界上第三个试飞大型隐身无人攻击机的国家，继美国、以色列之后，我国也实现了高空长航时大型无人机的首飞。尽管如此，我国的军民用航空和美国、欧洲的差距还是较大，和俄罗斯仍有一定的距离。仍处在量变积累、提升技术阶段。

展望未来，军用飞机方面，随着民用无人机的高速发展，军用主战飞机的无人化指日可待，美国 X-47B 已经完成了舰上起降和自主空中加油，主战飞机的隐身无人化趋势会不可避免地到来。我国主战飞机无人化仍处在起步阶段，因此，迫切需要以无人机的实践带动技术进步，带来技术突破。同时，重视超音速无人机的研发，速度和隐身从来都是技术发展的两个方向，2014 年，美国声称，随着其他国家隐身技术和反隐身技术的发展，美国逐渐在隐身技术方面丧失了“战略优势”。正因如此，美国国防部高级研究计划局建议美国政府将高超音速飞行器作为一种新型隐身技术进行研究。因此，超音速布局研究仍将可以作为未来的主要研发方向之一。

民用飞机方面，要想超越必须两条腿走路，一方面是继续沿着欧美的路子进行大飞机的研发，完成单通道、双通道甚至更大型飞机的研制，打下坚实的基础；另一方面，必须重视新型布局的研发，亚音速新型布局和超音速布局是未来的两个发展方向，而且，从近期技术发展来看，新型亚音速布局飞机和超音速客机的投入航线比我们想象的要快得多，所以，及时布局，抢得先机。这样，未来一旦新型布局突破，我们就有超越的机会，至少和欧美并驾齐驱。

发动机已经成为我国航空发展的“瓶颈”，面对问题，尊重科学，努力前行才是我们的正确选择。

第十五节　兵器科学技术（装甲兵器技术）

一、引言

装甲兵器是指各种用于地面突击与反突击作战的集强大火力、快速机动力、综合防护力和信息力于一体的武器系统。装甲兵器研制具有典型的技术密集型特征，是陆军核心技术的应用者，也是陆军核心技术的引领者。目前，我国装甲兵器正在从自主研制向自主创新发展。99 式主战坦克是我国首次自主研制成功具有自主知识产权的第三代主战坦克，是我国主站坦克跨入世界先进水平的标志。回顾我国装甲兵器的发展历史，总结我国装甲兵器的发展现状，找出我国装甲兵器的技术差距，展望我国装甲兵器技术的发展趋势，提出加强我国装甲兵器技术学科建设的措施和建议，推动我国装甲兵器技术学科的持续发展。

二、本学科近年的研究进展

（一）装甲兵器总体技术

近 10 年来，工程技术领域新设计方法和手段不断涌现，促使装甲兵器传统的结构设计、强度分析、性能分析、试验等均发生诸多新的变化。装甲兵器产品设计开始由静态设计向安全寿命设计的动态设计方法转变，由效验型设计向预测型设计转变，现代设计理论和方法已成为装甲兵器及各分系统提高性能和可靠性的前提条件，也是产品由粗放型设计向精细化设计转变的重要基础。装甲兵器总体设计技术利用现代设计理论和方法，逐步建立各类数据库、专家知识库、设计规范、设计方法、设计准则、试验规范和工艺规范，形成规范的现代设计体系和虚拟试验体系，实现了由“经验设计”向“预测和创新设计”转变。在数字化设计技术、仿真分析技术、试验验证条件等方面，均跨入了世界先进行列，具备了基于自顶向下的整车数字化样机的设计能力以及异地数字化协同设计能力。在一些新型装甲兵器设计过程中，通过全系统虚拟装配等设计技术，大幅提升装甲兵器的研发能力，提高了研发效率，缩短了型号研发周期。

以第三代主战坦克研制成功为标志，我国装甲兵器总体技术跨入世界先进行列。但与国外相比，在体系化论证技术、数字化并行设计技术、基础数据库建设等方面，在装甲装备乘员作业能力负荷评价体系和方法研究方面，在整车电磁环境特性分析、电磁兼容一体化仿真和优化设计、电磁兼容软件工程化等方面与国外相比还有差距。为此需要加强基础理论研究、进一步提高数字化设计能力，同时也需要不断创新产品研制的组织模式。

（二）装甲兵器推进技术

装甲车辆推进技术是研究装甲车辆动力的产生、传递、能量转换、行驶原理与理论的多学科综合技术（或系统工程学科）。推进系统的功用是产生动力，实现战术机动性和战役机动性。推进系统主要由动力传动装置（主要包括动力、传动和辅助系统）和行动系统等组成。

推进系统技术是装甲车辆装甲的核心技术，也是制约其发展的“瓶颈”技术之一，对提高装甲车辆机动能力具有决定性的作用，对综合作战效能具有重大影响。

近几年来，西方国家为适应国防战略和军事转型的需要，对高机动性武器平台提出了迫切需求，均积极发展能满足轻量化、高机动、快速部署武器平台需求的高紧凑型推进系统。因而促使了装甲车辆推进系统技术迅猛发展，对军事理论和装甲车辆的未来发展产生了深远的影响。

我陆军装甲车辆推进系统经过多年努力，技术水平有了大幅度的提升，已跨入自主研发阶段，但受设计技术、加工制造技术、研发条件与能力等因素的制约，在集成化程度、功率密度、传递效率、性能匹配、一体化控制等方面仍与国外先进水平存在一定差距。为此，必须夯实专业基础、创新设计理念、转变设计思路和突破关键技术，才能提高推进系统总体技术水平，缩短差距，实现推进系统自主、快速、可持续发展。

（三）装甲兵器武器技术

武器系统是装甲兵器的重要组成部分，集光学、机械、电子、液压于一体，是多学科高度交叉与融合的复杂系统。武器系统的总体设计过程是一个多目标、多参数、多方案的优化、匹配、评价与决策的过程，通过主要武器、辅助武器、自动装弹机和武器控制等系统的优化匹配，实现迅速、准确地发现、瞄准和摧毁目标的目的。一般由主要武器、辅助武器、自动装弹机、火力控制系统和弹药组成。

国内目前对武器系统总体优化与匹配、火力、火控、自动装填、遥控武器站及弹药等关键技术分别开展研究工作。通过与国外技术发展情况进行对比，我国装甲兵器的武器系统主要战术技术性能达到了国外同期装备的先进水平，但在火炮轻量化、低后坐力、武器控制自动化、弹药智能化等方面与国外技术仍存在较大差距。

未来武器系统将以无人化、信息化、提高火力系统威力及打击能力、优化任务流程及遥控武器站技术等方面进行深入的研究。重点发展无人炮塔或顶置的武器系统、多元化弹药和多功能武器，充分利用平台资源提升武器打击能力，提高武器高机动条件下精确打击能力，实现多波谱、远程化、信息化的目标探测、感知和瞄准，采用遥控形式、配置多样化的小口径遥控武器站，采用装弹机并研发新一代战车炮，提升装甲兵器的武器系统综合作战效能。

（四）装甲兵器防护技术

装甲兵器防护系统技术指装甲车辆上用于保护乘员和装备免受或降低反坦克武器损伤，实现避免被探测、避免被击中、避免被击穿、避免被毁伤功能的所有技术的总称，具体包括综合防护总体技术、隐身防护、主动防护、装甲防护、二次效应防护及核生化三防等 6 大技术领域。从装甲兵器防护技术领域的组成与内涵出发，综述国内该技术领域的发展现状、国内外技术差距、发展趋势与对策，并对装甲兵器防护技术领域的未来做出展望。

近年来，装甲兵器防护系统技术取得了长足进步，突破了一系列制约防护系统发展的瓶颈技术，主动防护、装甲防护、二次效应防护等技术接近国际领先水平，多项研究成果在型号项目上得到应用，提升了装甲兵器防护系统的综合性能。但在防护系统体系设计、系统集成、工程化应用、材料制备工艺等方面与国外还有一定的差距。

（五）装甲兵器车辆综合电子技术

装甲兵器车辆综合电子系统是实现装甲兵器数字化、信息化的主要途径和技术手段，是装甲装备信息化建设的核心，也是衡量装甲装备信息化水平的主体标准和根本标志。其基于先进的电力、电子、自动控制、计算机、网络通信等技术和手段所构建的车辆综合电子系统，通过信息采集、传输、融合处理、显示和执行驱动的网络化、实时化与智能化，完成车辆机动控制、侦察探测、火力打击、指挥控制与战场管理等功能的综合化和一体化，从而实现以信息力配增火力、机动力、防护力和生存力，达到提升装甲兵器综合作战效能的目的。从车辆综合电子系统总体技术和车辆信息通信、信息处理及显控、嵌入式软件、车辆感知、机电管理等各单项技术发展，描述本领域国内外技术发展现状，分析差距，提出本领域发展趋势和发展对策。

近年来，我国已经完成了数据总线、车载计算机、综合显示等专项技术研究，车辆综合电子已经应用于第三代装甲兵器。与国外相比，我国在体系结构方面还采用分布式、松散耦合的信息处理网络，设备通用化程度有待提高；在软件体系方面，还没有形成通用化集成软件平台。

（六）装甲兵器基础技术

装甲兵器基础技术是指支撑装甲兵器装备更新换代的材料技术、设计技术、工艺制造技术、试验测试技术等，既是装甲兵器性能提升的重要保证，也是支撑装甲兵器设计、制造、试验手段、方法提升的关键技术。

我国装甲兵器基础技术领域近年来在材料、设计、工艺制造、试验测试等方面取得一系列重大成果。金属材料方面，装甲钢和装甲铝合金基本系列化并得到广泛应用，其中身管用钢、动力系统、传动系统、行动系统材料方面取得重大进展，满足了新装备研发、生产的需求。非金属材料方面，纤维抗弹复合装甲材料、内衬装甲材料、陶瓷复合装甲材料等已经成功应用于装甲防护，其中纤维增强树脂基复合材料已成为坦克装甲车辆轻量化的重要措施之一，并已达到国际先进水平。先进设计技术方面，三维模型的多厂所协同设计技术全面应用于装甲车辆产品研发，极大地提升了研发效率和质量；在多学科综合优化设计技术、基于知识工程的智能设计技术等领域也取得较大进展。工艺制造技术方面，数字化工艺制造技术取得了较快发展，可实现型号装配工艺的验证与优化，减少实物模装工作量30%以上。此外，精密高效加工、精密成形、特种加工等技术领域均有关键技术突破。试验测试技术方面，针对装甲兵器车内空间狭小、工作环境恶劣的嵌入式集成测试技术取得重要突破。

我国装甲兵器基础技术经过数十年的不断发展和创新，取得了巨大的进步，并且某些技术已经达到世界先进水平，但整体来讲同世界先进水平还有较大差距，仍处在提升技术、缩小差距的阶段。

三、本学科发展趋势和展望

（一）加强信息化建设，具备体系化、网络化作战能力

装甲兵器信息化建设已成为各国陆军武器装备现代化建设的重点领域，通过信息化建设，旨在提升装甲兵器的体系化、网络化作战能力。通过发展车辆综合电子系统、定位导航系统、车际信息交互系统、自动化作战管理系统等，装甲兵器可融入战场信息网络，共享态势感知信息，执行协同火力打击命令，实现与其他军种部队的联合作战能力。

（二）减轻自身重量，提高远程部署和战役机动能力

21世纪以来，对装甲兵器的全域机动和快速部署能力提出了更高要求。通过装甲兵器轻量化设计，拓展装甲兵器的地域适用环境，提高在负责战场的快速机动性和生存能力。通过装甲兵器轻量化设计，可以满足公路、铁路、空中运输等投送要求，提高装甲兵器的远程部署能力。

（三）提高火力性能，增大射程并具备超视距精确打击能力

提高火力性能，进一步增大射程和杀伤力是发展装甲兵器的共同要求。装甲兵器的火力射程将突破2000m的传统要求，向8000m距离的射程发展。装甲兵器作战中，视距内依靠自身观察装置搜索目标，视距外可借助其他空中或地面平台指示目标，通过自寻的弹药实现视距和超视距的精确打击能力。

（四）强化防护系统，具备对新一代反坦克武器的防护能力

面对新一代反坦克武器的威胁，除了改进装甲兵器的结构布置和外形设计外，采用主动防护系统、电磁装甲、车辆信号控制技术、隐身吸波涂料、毫米波敌我识别、来袭弹药报警、假目标发生器等新技术，提升装甲兵器的综合防护能力。

第十六节　稀土科学技术

一、引言

稀土元素因其自身独特的电子结构而赋予其优异的电、光、磁、热性能，可以与其他的材料形成性能各异、品种繁多的新型功能材料，并大幅度地提高其他产品的性能和质量，从而被世界各国视为战略性资源。在中央和各级政府的持续支持下，全国稀土科技和产业界经过近 60 年的共同努力，中国稀土工业已实现了从资源大国到生产大国的第一次跨越，成为世界上稀土产品产量与消费量最多的国家，在国际稀土贸易中的份额占 95% 以上。稀土产业是中国的优势产业。伴随着稀土产业的发展，稀土科学技术得到了长足的进步，部分技术已达到或超过世界先进水平，引领着相关行业或产业的进步。

为了全面了解和掌握稀土科学技术学科发展最新进展，在中国科学技术协会组织领导下，中国稀土学会承担了“2014—2015 年稀土科学技术学科发展”研究及报告的撰写工作。本学科发展报告旨在回顾、总结和科学评价近年来中国稀土科学技术学科的重要发展和成果，着重介绍中国学者在稀土冶炼分离技术、稀土永磁材料、特种稀土磁性材料、稀土催化材料、稀土储氢材料、稀土发光材料、稀土超导材料、稀土晶体材料、稀土在钢铁及有色金属中的应用、稀土助剂、稀土玻璃、稀土陶瓷材料等方面所获得的重要成果和进展，与国际相关领域发展水平的比较，以及对本学科发展的趋势及展望。

二、本学科近年来最新研究进展

目前，中国稀土冶炼分离能力达到 400000t-REO/a 以上，稀土年产量为 100000t-REO

左右，占世界总产量的 90% 以上，其中 80% 左右的稀土产品在国内应用。稀土冶炼分离技术主要有湿法和火法。在湿法冶金领域，丰富和发展了复杂体系串级萃取理论及其应用，解决了复杂体系联动萃取最小萃取量计算方法，建立多组分体系杂质梯度解析方法，通过极限条件下取消进料级组成假设，得到了多组分复杂分离体系的最小萃取量与最小洗涤量公式；开发成功萃取法制备超高纯稀土氧化物新技术，实现了稀土杂质与非稀土杂质的有效控制。针对稀土分离过程存在的氨氮废水污染问题，利用酸性磷类萃取剂协同萃取技术、萃取过程酸平衡技术、稀土浓度梯度调控技术等，成功开发了“非皂化萃取分离稀土新工艺”。在火法冶炼分离技术方面，开展了超高纯稀土金属制备技术研究并取得重大突破，丰富和完善了工程化的稀土金属提纯手段；通过集成创新开发出 3 套超高纯稀土金属高效制备和提纯工艺技术，设计开发了多台（套）超高真空和高真空的稀土金属提纯装备，获得 10 多种绝对纯度大于 4N 的超高纯稀土金属。

稀土永磁材料已成为中国稀土应用领域中发展最快和最大的产业，在高性能烧结磁体永磁材料的产业化关键技术突破方面取得了多项核心自主知识产权，产品的部分性能达到世界先进水平。针对千吨级高性能钕铁硼生产线中存在的共性问题，高性能烧结钕铁硼突破了“双合金”、细粉制备、“速凝工艺 + 双（永磁）主相”、自动成型、连续烧结、低氧工艺、晶界扩散、表面防护等关键工艺技术，使中国高性能烧结钕铁硼永磁材料的产业化水平基本与日本、德国相当，处于国际先进水平。发明了“钕铁硼晶界组织重构及低成本高性能磁体生产关键技术”。通过“稀土永磁产业技术升级与集成创新”项目的实施，在高性能磁性机理和新型 Ce 永磁材料探索方面取得突破。“热压稀土永磁体规模化制备关键技术”成功解决了热变形磁体的均匀性和开裂问题，大幅度提高了磁体的磁能积以及制备效率。利用一种以“自上而下”方式将微米级的颗粒破碎至纳米颗粒的新制备技术，在优化的制备工艺下，制备的纳米片材料兼具强磁各向异性和高矫顽力，显示出优异的永磁特性。在稀土永磁回收利用技术方面，回收方案的选择取决于磁体的组分和杂质的含量水平。

磁热效应是磁性材料的内禀性能，通过磁场与磁次晶格的耦合而感生。近些年来全球发现的几类室温区巨磁热材料大大推动了室温磁制冷技术的发展。在已发现的几类新型室温磁制冷材料中，$La(Fe, Si)_{13}$ 基化合物由于原材料价格低廉、无毒、易制备、对原材料纯度要求不高等特点受到人们更多关注，被国际同行公认为是最具应用前景的室温区磁制冷材料。$La(Fe,Si)_{13}$ 基化合物的相变性质、制冷温区随组分宽温区可调（50 ~ 450 K），多数组分的熵变幅度大幅超过 Gd。对于稀土微波磁性材料，研究团队阐述了描述磁性材料高频磁性的双各向异性模型，并指出：双各向异性模型可以指导开发在高频下具有高磁导率的新型磁性材料，例如平面型稀土–3d 金属间化合物。新型稀土超磁致伸缩材料以其高磁致伸缩性能、转换效率高、响应速度快等优点而广受关注。稀土超磁致伸缩薄膜材料是采用闪蒸、粒子束溅射、直流溅射、射频磁控溅射等方法在基片上进行镀膜，主要用于开发微型功能材料器件。

目前催化裂化技术的发展趋势有催化裂化新工艺的开发，针对不同原料油开发裂化产品的精细化控制技术以满足市场多变、灵活的需要，高效、低污染物排放的裂化技术等；以及与此相对应的多组元催化剂的设计与制备工艺、新型基质材料和助剂的制备和工业应用等。催化燃烧技术具有高效、无二次污染、使用范围宽等特点，不仅在天然气发电、工业窑炉等方面有广阔的应用前景，同时也是工业源挥发性有机物最有效的净化技术，高性能的催化剂是其关键，稀土氧化物可作为载体或者助剂，发挥着不可替代的重要作用。

稀土储氢材料：开展了基于固体与分子经验电子理论、密度泛函理论的第一性原理的研究；支持向量回归与粒子群优化算法结合构建数学模型，研究各种元素组分对合金电化学特性的影响；模拟研究合金的氢化 / 脱氢动力学；通过高分辨同步加速器粉末 X 射线和中子衍射研究合金及其氢化物 / 氘化物。

在稀土发光材料学科领域内的新技术成果、新制备工艺及新应用领域方面获得较快的发展。在稀土发光材料的基础研究方面，针对稀土功能材料的结构复杂多变、合成控制难等问题，充分利用纳米材料表界面相对于体相材料活性高、易于受配位作用影响和调变，发展了基于配位化学作用准确控制功能纳米晶结构、性质和组装的方法。

Y-Ba-Cu-O（YBCO）超导体是人们发现的第一个临界温度超过液氮温度的氧化物超导体。YBCO 在所有高温超导材料中结构单一，易于获得结晶良好的单相薄膜，其临界转变温度达 92K，临界电流密度（Jc）在 $10^6A/cm^2$ 以上，特别是 YBCO 薄膜具有优异的微波性能，在液氮温度、10 GHz 下，其微波表面电阻（Rs）比 Cu 低 2 个数量级。

稀土元素在人工晶体材料中的应用日益广泛和重要。特别是在光功能材料，如激光晶体、闪烁晶体、电光晶体、磁光晶体、非线性光学晶体以及复合光功能晶体中，稀土元素的作用十分显著，已成为新型激光晶体和闪烁晶体中不可或缺的元素。稀土激光晶体和稀土闪烁晶体显示出无与伦比的优越性，新型晶体的出现正有力地推动着相关行业的发展。

中国稀土在钢铁及有色金属中的应用处于世界前列，为中国的航天发展、国民经济和社会发展做出了应有的贡献，为增强中国的综合国力发挥了积极作用。近年来，随着对铸铁材料高性能化、高可靠性的追求，稀土已经成为生产高品质铸铁不可或缺的元素，特别是在大型、复杂、特殊铸件的生产中。

稀土助剂无论是基础研究还是应用开发研究均取得很大发展，已在聚氯乙烯多功能助剂、合成橡胶防老剂、聚丙烯 β 晶成核剂、聚酰胺纤维纺织助剂等领域获得了成功应用。

近 10 年是稀土玻璃应用技术研究的高速发展时期，无色光学玻璃、有色玻璃以及其他稀土元素在玻璃中的掺杂应用，在品种开发、性能指标、制备工艺、应用领域等方面均有了极大提高。

稀土在陶瓷中的应用本质上源于稀土元素的金属性、离子性、4f 电子衍生的光学和磁学性能，这 4 种基本属性是贯穿稀土陶瓷材料发展的主线。与稀土有关的透明陶瓷主要有稀土倍半氧化物和石榴石结构，前者有 Y_2O_3、Lu_2O_3，而后者主要是 $Y_3Al_5O_{12}$ 和 $Lu_3Al_5O_{12}$

及其各种混合金属元素乃至掺杂的衍生物。当前已经商业化以及正在大量研究的稀土基透明陶瓷都是立方晶系为主。

三、本学科国内外研究进展比较

稀土由于其不可替代性，受到世界的广泛关注，特别是近几年来，中国政府对稀土行业进行整顿和管控，稀土价格大幅度提升，国际上掀起了稀土资源开发热潮，停产的国外企业纷纷恢复或扩大生产，并启动一大批稀土资源勘探、开采项目。中国在稀土化合物材料制备领域的研究有所加强，在绿色合成技术方面取得较大进展，形成多项绿色合成的核心专利。目前与国外发达国家的主要差距体现在材料的基础研究和创新能力、规模化稳定合成工艺、生产装备和应用性能测试等方面，一是关键化合物材料的原始配方专利主要由国外掌握；二是高端稀土化合物材料制备工艺和设备控制水平低，产品批量稳定差。

中国在“十二五”期间，通过采用组织调控技术，优化生产工艺，改变了过去单纯靠成分调控磁体性能的技术方法，进而提高了磁体的矫顽力、温度特性等主要磁性能，制备出综合磁性能（$(BH)_{max}$（MGOe）$+Hcj$（kOe）$\geqslant 75$ 的高性能钕铁硼磁体（实验室水平），达到国际领先水平。最近，又开发出双或多（永磁）主相技术，它不同于传统的双（或多）合金液相烧结技术，拓展了永磁材料的制备方法。

国内虽然在新型磁制冷材料体系开发上几乎与国外研究同步，尤其是低温磁制冷材料处于国际领先地位，但过去几年在磁制冷材料加工方向上认识不足、起步较晚、差距明显、与材料物理和器件配合度不够，在一定程度上造成了国内磁制冷领域的整体滞后。

总体来看，国产裂化催化剂在使用性能上已达到国外同类催化剂的水平，但由于国外环保法规较严格并有较长的历史，因此在环保型裂化催化剂品种的开发方面国外占有明显优势。

国内外规模型企业的传统 $LaNi_5$ 储氢合金的生产技术、工艺水平和产品性能没有明显的差距。国内电动汽车动力电池用储氢合金粉的某些性能还有待改进，低自放电镍氢电池用 La–Mg–Ni 系储氢合金仍处于开发试验阶段。国外储氢合金技术的领先之处主要在于通过快速冷凝熔炼铸造工艺及热处理工艺控制相结构均一稳定性，通过合金粉后期表面处理得到低内阻、高活性表面的储氢合金负极材料。

在新型显示技术——有机电致发光（OLED）的两大技术体系中，低分子 OLED 技术为日本掌握，而高分子的 PLEDLG 手机的所谓 OEL 就是这个体系，技术及专利则由英国的科技公司 CDT 掌握，两者相比 PLED 产品的彩色化上仍有困难。低分子 OLED 则较易彩色化，目前三星等公司已经将其应用在手机等小型显示领域。中国也积极开展相关研究，华南理工大学曹镛院士带领的科研团队通过多年技术攻关，已拥有一系列自主知识产权及相关生产制造工艺技术，在国内处于领先水平，目前已经在积极推动 OLED 关键技术自主创新及产业化工作，努力占据下一代平板显示技术的制高点。

中国多种激光晶体均实现了产品化，基于提拉法的中、小尺寸的 Nd：YAG 晶体和

Nd : YVO_4 晶体更是实现了规模化生产。在新型激光晶体材料研发领域，开展了稀土掺杂碱土氟化物激光晶体的结构设计与性能调控，形成了以 Yb，Na : CaF_2，Nd，Y : CaF_2 和 Nd，Y : SrF_2 为代表的新型激光晶体，并在国内外重点大型激光工程中得到了应用。

以综合改善强韧性为目标的稀土高强度钢方面，中国关于稀土在钢中的作用机理研究取得了很大成绩，如稀土在钢液中的物理化学行为、存在形式，特别是晶界偏聚特征，稀土在钢中的微合金化作用等，达到国际先进水平。中国最先开发了 PVC 稀土热稳定剂，由于具有无毒、高效、多功能、价格适宜等优点，适用于软、硬质及透明与不透明的 PVC 制品，近年来已成为国内热稳定剂行业研究和发展的主流热点之一。在稀土光学玻璃这个领域中，国内研究方向和研究水平与国际水平已经十分接近，专利申请量、科技成果和市场份额等差距在迅速缩小。在稀土陶瓷领域，国内高等院校与研究所在基础研究方面取得了很大的进步，达到了国际领先水平，在各专业期刊上发表的学术论文数量和质量不断增长，但是在成品化和实用化方面仍然与国外存在着差距。

四、本学科发展趋势和展望

资源与环境问题是制约稀土行业发展的重大难题，提高稀土资源综合利用率、减少环境污染仍是中国稀土工业未来发展的永恒目标。本领域的重点将是利用在稀土冶炼分离领域中的优势地位，重点研发经济型的稀土资源高效清洁冶炼分离技术，注重从源头减少消耗和三废排放，化工原料和水资源的循环利用，实现污染物近零排放。

提高自主创新能力，重视知识产权保护，从稀土磁性材料制备的速凝工艺、低氧控制工艺、微结构调控工艺、低重稀土工艺、高丰度稀土平衡利用工艺，以及相应的合金熔炼、破碎制粉及取向成型装备、成套检测及加工设备、新材料开发及产业应用等方面有计划地建立知识产权整体战略布局。

发展磁、力、电等多场制冷和耦合热效应研究，从多物理场下磁畴、相界面、晶界等尺度研究相变形核和长大机理。开展多激励条件下磁热材料的绝热温变动力学研究。从电子结构、应变层畸变能、体积效应、外延参数调控等方面理解和控制滞后。加强磁制冷材料粉末冶金研究，尤其是金属基复合材料和聚合物粘接等特殊工艺。积极开展适合磁热材料成型的新技术研究。

需要进一步明确在复杂反应条件下，稀土对催化活性中心的修饰和调控机理，针对应用过程，充分发挥稀土的催化作用，开发多组分复合的、多种功能集成的催化剂体系，促进稀土催化材料和相关领域的技术创新和技术进步，并积极开拓稀土催化材料的应用领域。

稀土储氢材料是重要的能源储运和转换新材料，也是中国高丰度 La、Ce 稀土资源的主要应用领域之一。因此，继续推进稀土储氢材料的研究开发工作、提升技术水平、拓宽应用范围，对于促进中国能源结构的合理调整和资源平衡高效利用具有重要的现实意义。

高效的有机或无机紫外 EL 材料，可作为某些新技术发展的源头。新的高效荧光体将会出现新进展，使这些器件性能发展到新水平。

稀土闪烁晶体的发展趋势是：稀土卤化物闪烁晶体与稀土氧化物闪烁晶体并驾齐驱向前发展；材料的结构正从单晶块体材料向多晶、薄膜、阵列和闪烁纤维方向发展；所探测的射线种类也从伽马射线和 X 射线扩展到对中子、质子和其他多种粒子共存的混合场探测；核医学和安全检测等新兴民用技术将取代高能物理成为驱动闪烁晶体材料发展的主要推动力。

稀土作为特殊的炉外精炼剂，在特种钢生产中有重要作用。高质量、成分稳定的铁水的熔炼、检测和控制技术、先进稳定的球化技术、蠕化和孕育技术是基础保障条件，应大力加强研究和配备。

发光透明陶瓷既是当前国内外瞩目的先进材料，也是今后高新稀土陶瓷材料的发展方向之一，比如激光透明陶瓷是发展固体激光器以及大功率激光光源 / 武器的关键，而闪烁透明陶瓷同安检反恐、医疗诊断和高能物理等应用密切相关。

第十七节 核科学技术

一、引言

核科学技术始于 20 世纪前半叶，是一门自然科学与技术科学相交叉的综合学科，它包括核物理、核化学与放射化学、裂变堆工程技术、粒子加速器、核聚变工程技术与等离子体物理学、核燃料与工艺技术、乏燃料后处理技术、核安全、辐射防护技术、放射性废物处理与处置技术、核设施退役、核技术应用等。

进入 21 世纪以来，核科学技术作为一门前沿学科，始终保持旺盛的生命力，深受国际广泛的重视和关注，各国对其投入的研究经费更是有增无减。核能作为一种清洁高效能源，长期在世界能源结构中发挥重要作用。

二、本学科近几年研究进展

（一）核能

截至 2015 年 10 月，全球共有 441 台在运核电机组，总净装机容量约为 381.6GW；65

台在建机组，总装机容量约为 64.2GW，我国内陆在运机组 29 台，装机容量达 28468MW，在建机组 20 台，装机容量达 23171MW，计划到 2020 年我国的运行核电装机容量将达到 58000MW。虽然 2011 年福岛核事故对全球核能发展产生了一定的影响，但世界核电事业在注重安全的基础上依然稳步发展，并将在相当长时间内继续保持增长态势。我国的核电发展速度有所减缓，但核能在中国能源可持续发展中的战略性地位没有改变，在更加注重核安全的前提下，坚持安全高效发展核电。

近年来，国际上主要开展了第三代及第四代核电技术研究。第三代核电技术日趋成熟，在经济性与安全性方面有很大改进，并逐渐成为世界新建核电机组的主流。我国核能技术研究百花齐放，除三代技术研究外，在超临界水堆、快堆、高温气冷堆、熔盐堆、核聚变等技术上也取得很大进步，为未来核能技术的发展奠定了坚实的基础。

我国依托重大专项“大型先进压水堆及高温气冷堆核电站专项”，积极开展压水堆技术研究，完成目前世界最大单机容量核能发电机的制造，并形成了自主化三代核电机型 CAP1400 和拥有自主知识产权的“华龙一号”。中国核电“走出去”已上升为国家战略，结合“一带一路”的发展战略，“华龙一号”正推向国际市场，已与巴基斯坦、英国、阿根廷等国达成合作协议。

为了进一步解决经济性、安全性、废物处理、防止核扩散以及提高燃料利用率等问题，世界范围内正更加深入开展第四代核电技术研究，部分已经进入工程化阶段。我国的中国实验快堆（CEFR）工程自主进行设计、制造、建安和调试工作，已于 2010 年首次实现临界，并成功并网发电，下一步将建成 60 万 kW 示范快堆（CFR600）。我国是高温气冷堆技术领域研发最为活跃的国家，技术处于前沿并保持世界领先，2012 年开工建造高温气冷堆核电站示范工程（HTR-PM），其燃料元件已完成堆内辐照试验，居于世界最高水平。我国成功建成首条球形燃料元件商业生产线，计划于 2015 年 10 月投产。

我国 2006 年全面启动超临界水堆（SCWR）研究工作，现已正式提交申请加入“第四代核能国际论坛”超临界水冷堆系统的政府协议，将在国际合作框架内共同开展超临界水冷堆研究工作，目前已完成基础研究和具有自主知识产权的百万千瓦级 SCWR 总体设计方案。2011 年我国启动了“未来先进核裂变能”专项：加速器驱动次临界系统（ADS）和钍基熔盐堆核能系统，已取得了显著成绩。

“国际核聚变实验反应堆（ITER）计划”着眼于永久解决人类未来能源问题，正在向前推进，取得了一些突破性成就。我国紧跟国际步伐，开展了全面而深入的研究，核聚变科学和工程成果显著。

（二）核燃料循环

世界范围内发现了更多的铀矿资源，勘探最深已超过 2000m，探矿仪器、技术和软件等均取得了较大的进步。我国铀矿勘探已进入到 500 ~ 1500m 的深度，探明了努和廷、蒙其古尔、皂火壕、纳岭沟、巴赛齐、大营、十红滩、塔木素、钱家店等一批万吨至数万吨规模的大型、特大型铀矿厂，地质理论取得了显著的发展，勘查技术更是取得了显著进步。

为减少铀资源开发对环境的影响，世界主要铀资源开采国均加强了铀矿采冶安全环保技术的研究与开发。我国 CO_2+O_2 地浸采铀技术开始大规模工业应用，使我国成为世界上唯一同时拥有酸法与 CO_2+O_2 地浸采铀技术的国家，也标志着我国地浸采铀技术已跻身世界先进水平。

气体离心法已全面取代其他铀同位素分离方法，是当前世界上工业规模生产浓缩铀的唯一先进方法。我国的铀浓缩离心机已成功实现工业化应用，具备铀浓缩自主化工业能力，成为国际上少数几个掌握自主离心法铀浓缩分离技术的国家，形成离心机研制、设计、建造和运行的完整产业体系。

2014 年，世界燃料元件制造能力约为 18000 吨铀 / 年，其中压水堆燃料元件约 11500 吨铀 / 年，重水堆 4000 吨铀 / 年，其他元件约 2600 吨铀 / 年，生产能力不断提高，高性能燃料组件技术各国都在不断更新换代。我国压水堆核电燃料元件的制造能力从 2008 年的年产 400 吨铀提高到 2015 年的年产 1400 吨铀，为三代核电研发的 CF3 燃料也已入堆开始随堆辐照考验，为我国核电走向世界创造了条件。

对于乏燃料后处理，国际上致力研发第三代和第四代先进后处理技术。我国后处理中试厂于 2010 年 12 月成功完成热调试，2014 年建成“核燃料后处理放化实验设施”，正在进行大型商业乏燃料后处理工程项目，并开展相应后处理分离方法和技术的研究。

低、中放废液的处理主要为传统处理工艺和革新处理工艺（膜分离为主的复合技术），高放废液的玻璃固化使用的是电熔炉法和两步法，冷坩埚法正在工程验证阶段。低、中放废物处置常见的处置方法有 4 类：工程近地表处置、简易近地表处置、矿穴处置和地质处置。高放废物一般采用深地质处置库进行处置。我国现有两个低、中放废物处置库正在运行，并有一个预计 2015 年可投入试运行，并确定了我国高放废物处置库首选预选区，规划在 2020 年建成地下实验室，在本世纪中叶建成高放废物深地质处置库。

（三）同位素与辐射技术

放射性同位素应用进展快速，主要国际机构和国家都在开展相关的研究工作，在医学应用方面取得了较多成果，我国在放射性同位素制备和应用领域均取得了巨大的成就，包括医学、农学、工业等领域，部分成果处于国际先进水平。

辐射加工已经在发达国家发展为一门新兴高科技产业，在工业、农业、医疗卫生、食品、环境保护等多方面有着广泛用途，并取得了巨大的经济效益和社会效益。截至 2014 年年底，按照被辐照产品的原值计算，我国辐照加工产业产值规模已达到 600 多亿元，并在辐照加工用电子加速器、辐射消毒、半导体加工、安检技术等领域取得了较大进步。

进入 21 世纪，核医学显像仪器得到了飞跃发展，形成了以多模式影像为特征的分子功能影像时代。我国核医学与世界发达国家的水平差距逐渐缩小，各种显像仪器的引进与发达国家基本同步。

核农学已发展为一门成熟技术在世界各地广泛应用。我国的农产品及食品辐照加工技术在国际上处于领先地位，已经成为改造、革新传统农业和促进农业现代化的重要科学技术，在辐照提升农产品的食用安全性研究、辐照装置等方面取得重要进展。

脉冲功率技术已被广泛应用于国防、聚变能源、材料、环境保护、医疗和生物等领域。现在，脉冲功率技术已发展成为涉及多个学科的新型交叉学科，成为当代高科技的主要基础学科之一，有着非常广阔的发展和应用前景。我国建成了一批大型脉冲功率装置，如世界上第一台多功能组合式高功率脉冲电子加速器强光一号，以及具有世界先进水平的神龙一号加速器、神龙二号直线感应加速器和聚龙一号大型脉冲功率装置。

世界范围内中子散射谱仪装置超过 400 台，并向着探测速度更快、空间分辨更高和能量范围更大的高水平前沿学科应用迅速拓展，我国已建设三大中子源，包括已于 2012 年建成并投入运行的中国绵阳研究堆（CMMR 堆，热功率为 20MW 的池式多功能反应堆，同时具备热中子与冷中子供束能力）、即将验收的中国先进研究堆（CARR 堆）和将于 2018 年建成的中国散裂中子源，规划建设谱仪数量达 50 余台。我国正在建设基于研究堆的中子成像装置，应用研究也取得突破进展。我国研制的 MARDS 移动式 ^{37}Ar 快速探测系统，是目前国际上唯一可用于全面禁止核试验条约现场视察的 ^{37}Ar 探测设备。

（四）核基础研究

近年来国际在辐射物理与技术研究领域可归结为：强脉冲辐射模拟技术、空间辐射模拟装置、空间辐射效应、核辐射效应与损伤发展、电磁脉冲辐射环境、辐射医学等。各主要发达国家高度重视辐射物理与技术的科学研究，我国在裂变物理、中子物理、核物理基础和理论方面的研究亦取得重要成果，掌握了一系列创新技术，具备了良好的核物理与技术的基础，在离子加速器方面获得显著成果。

日本福岛核事故引起了国际社会的广泛关注，主要国际组织开展了一系列核安全方面的活动，为各核电国家制定改进行动提供了重要的参考，我国大陆各核电厂已完成短期和中期安全改进行动，正在按计划实施长期行动，并在独立审核计算能力建设、概率安全分析和事件信息系统方面取得了多方面发展。辐射防护技术也取得显著进步，广泛采用自动化、智能化、可视化以及网络化技术，并新制定或修订了相关的法规和标准。

自 2010 年美国、欧洲等过国分别启动了国家支持的高性能计算机在核反应堆数值模拟领域的相关科研计划，自此，国际上掀起了一轮基于高性能计算机的、考虑核反应堆中多专业耦合的、精细化模型的数值模拟高潮，我国的计算物理学研究紧跟国际步伐。

三、本学科发展趋势和展望

近年来，我国核科学技术研究取得了丰硕成果，核科技创新体系不断完善，核燃料循环产业体系不断转型升级。在压水堆方面，通过实施国家重大科技专项，引进消化吸收 AP1000 核电站技术，形成自主的第三代核电品牌 CAP1400；按照最先进的标准要求自主设计的三代核电技术“华龙一号”获得国务院核准开工，拥有自主知识产权，为核电装备走出去创造了有利条件；我国自主开发多用途模块化小型堆 ACP100 开始初步设计，为开拓国际市场打下坚实基础。在快堆方面，2011 年 7 月 21 日，中国实验快堆成功实现并网发电，使我国第四代先进核能系统技术实现重大突破，目前示范快堆核电站工程前期工作已经启动。在核燃料循环技术领域，铀矿勘查技术大幅提升，又探明了一处超大型铀矿床；研发了先进的铀浓缩技术并成功实现工业化，实现了铀浓缩技术的重大跨越；自主研制的 CF3 核燃料元件完成主要研制工作，进入随堆运行考验阶段，这将为我国自主三代核电建设及“走出去”提供更加有力的保障；自主设计的我国第一座动力堆乏燃料后处理中试厂热试成功，并正在规划利用该技术自主建设我国首个乏燃料后处理工程，为实现我国核燃料闭式循环迈出了具有重大意义的一步。在核基础研究领域，我国自主研发的世界先进质子回旋加速器首次调试出束，标志着国家重点科技工程——HI-13 串列加速器升级工程的关键实验设施正式建成。此次建成的百兆电子伏质子回旋加速器，是国际上最大的紧凑型强流质子回旋加速器，HI-13 串列加速器升级工程建成后，将广泛用于核科学技术、核物理、材料科学、生命科学等基础研究和能源、医疗健康等核技术应用研究。

2015 年是我国核工业创建 60 周年。当前我国已经跻身世界核电发展的第一方阵。中国将逐步成为世界核电发展的产业中心，实现从核电大国到核电强国的历史跨越。中国核工业将坚持安全发展、创新发展，坚持和平利用核能，全面提升核工业的核心竞争力，续写我国核工业新的辉煌篇章。

第十八节 深层油气地质

一、引言

随着国民经济快速发展，我国能源保障压力和安全风险日益加大，深层油气资源接替已成为制约我国能源保障能力的关键，及时开展我国深层油气地质学科发展研究，具有重要的学科理论意义和社会经济价值。

我国含油气盆地以叠合盆地为主，深层处于叠合盆地下组合。与中浅层相比，深层跨越了多个重大构造期，盆地背景、构造环境与热体制都发生了很大变化，油气生成、运聚与分布有其特殊性和复杂性。以往基于盆地中浅层形成的油气地质理论与认识，已经难以指导具有多期生烃、多期成藏与变动特点的叠合盆地深层的油气勘探。

中国未来石油工业的发展，很大程度上取决于叠合盆地深层能否找到大中型油气田和发现大量新的油气储量。全球深层油气勘探开发已进入快速发展期。近年我国陆上深层油气勘探在塔里木、四川、鄂尔多斯、松辽、渤海湾等盆地深层获得了一批重大突破和发现，形成了一批规模储量区。此外，我国含油气盆地深层拥有丰富的剩余油气资源，石油、天然气资源探明率仅为 9%，未来勘探发现新储量的潜力巨大。因此，深层已成为我国陆上油气勘探突破发现与规模增储的重要领域。

二、本学科近几年研究进展

深层既是一个深度概念，又有地层年代的内涵。从深度上讲，东部地区埋深大于 3500m 为深层，大于 4500m 为超深层；西部地区埋深大于 4500m 为深层，大于 5500m 为超深层；从地层年代上讲，深层指叠合盆地下部的古老层系，通常包括古生界 - 前寒武系。

深层油气地质学是一门生产应用性极强的学科，其形成与发展始终与我国油气勘探实践紧密相连，大致经历了早期萌芽、学科起步、学科兴起三大发展阶段。经过半个多世纪的探索与发展，深层油气地质学发展取得了丰硕成果。

（一）深层烃源岩研究新进展

深层勘探面临的首要问题是如何客观评价深层油气资源潜力。与中浅层相比，深层温压条件变化大，烃源岩生烃过程不同于传统的蒂索生烃模式。近年针对深层烃源岩生烃机理与成烃模式的研究，取得了一批对深层烃源岩生烃潜力评价有重要指导意义的理论和技术成果。

（1）深层烃源生烃机理研究：高过成熟烃源岩“接力生气”与古老烃源岩“双峰式生烃”理论模式、海相烃源岩多元生烃理论认识、源内和源外液态烃裂解生气地质模型和生气量计算模型等，为深层烃源岩生烃潜力评价提供了有效支撑；温压共控生烃模拟实验揭示了压力的存在对有机质生烃转化有抑制作用，递进埋藏与退火受热使得液态窗长期保存。这些观点已超出传统认识，拓展了深层油气藏的保存下限和勘探范围。

（2）深层烃源岩生烃史恢复技术。一是利用有机质成熟度指标、流体包裹体、黏土矿物的转化关系和矿物裂变径迹恢复热历史；二是利用盆地演化的热动力学模型恢复热历史。可再现地下深层油气生成与运聚过程，为油气富集单元评价和优选提供地质依据。

（3）生烃模拟技术：黄金管生烃模拟实验系统初步解决了深层天然气生成动力学及碳同位素分馏、原油裂解成气潜力评价等技术难题；PVT 生烃模拟仪为揭示深层高温高压环境下静岩压力、流体压力、水的相态等对生烃的影响提供有效技术手段；高温高压金刚石压腔显微影像成烃模拟技术，初步实现了生烃过程可视化；催化加氢热解技术初步解决了高过成熟有机质生标实效等难题。

（二）深层构造研究新进展

（1）区域大地构造研究进展：从全球构造范围，将盆地内部构造运动与板块构造学说结合，对盆地构造运动和区域性不整合进行地球动力学解释研究，弄清盆地构造变动迁移轨迹、剥蚀量及对油气成藏的影响，提出了按照盆地形成时的板块边界类型和力学机制进行盆地类型划分方案。

（2）盆地原型恢复研究新进展：提出了原型盆地的概念，认为在不同的地质时期或阶段，盆地所处的构造沉积环境与热状态不同，盆地内的沉积充填、沉积机理、构造变形样式也有较大的变化，从而有机质的赋存环境、推积速率、保存条件不同；建立了原型盆地恢复方法，构建了原型盆地演化序列；提出被动陆缘、前陆、弧后及弧前盆地在新生代最多，裂谷盆地在中生代最广泛，内克拉通盆地晚古代最发育新认识。

（3）深层构造物理模拟与数值模拟技术新进展：物理模拟技术由定性描述向半定量乃至定量分析发展，实验操作实现了自动控制、定量施力和数据图像的自动采集，实验材料的更新缩短了实验与地质条件之间的距离；数学模拟技术逐步成为构造演化与成因机制研究的重要手段，三维古力场数值模拟技术充分考虑温度场变化、岩石延性软化等因素，在揭示盆－山作用中的各种位移量和位移速率之间耦合关系、沉降中心迁移等方面发挥了重要作用。

（三）深层沉积与储层研究新进展

深层沉积与储层研究在区域岩相古地理、深层沉积体系、深 – 超深层规模储层的形成与分布等方面取得了重大进展，为深层油气勘探发展做出了重要贡献。

（1）区域岩相古地理研究进展：基于盆地构造古地貌演化、物源及气候变化、岩石矿物地球化学记录特征等信息，重建不同地质时期古气候与古地理格局，形成了集古生物地层、层序地层、露头 – 钻井 – 地震“三位一体”的岩相古地理重构技术，较好地解决了深层岩相古地理重建的技术难题。

（2）深层沉积体系研究进展：碎屑岩沉积体系方面，建立了前陆盆地、断陷盆地和克拉通盆地的冲积扇沉积模式，提出了滩坝砂体划分方案，建立了大型畅流坳陷型湖盆浅水三角洲生长模式、湖盆中心砂质碎屑流沉积模式、富有机质页岩发育模式；碳酸盐岩沉积体系方面，将碳酸盐岩台地划分为镶边型台地和缓坡两大类，提出礁滩体是深层海相大油气田赋存的重要储集类型，建立了生物礁发育模式和颗粒滩分类方案，并指出水体条件、地貌形态和古气候是礁滩体发育的关键因素。

（3）深层储层地质学研究进展：深层碎屑岩储层方面，提出库车前陆冲断带因早期浅埋、后期快速深埋以及盐岩的托举、后期溶蚀作用使得 6000 m 以下超深层仍然发育规模有效储层新认识；深层火山岩储层方面，提出了火山岩储层可分为原生型和次生风化型大两类，其发育主要受火山旋回，火山岩相以及成岩作用、风化溶蚀、构造破裂等因素控制，火山岩相及火山喷发旋回控制储层的纵横向展布；深层碳酸盐岩储层方面，明确了沉积物质基础、白云石化作用、断裂及岩溶作用是碳酸盐岩规模优质储层形成的控制因素，提出优势相带及其控制下的早期孔隙在建设性成岩作用下得以保存或者增加、深层可以发育规模优质储层新认识。

（4）深层沉积储层研究新技术、新方法：①地震沉积学分析技术广泛用于沉积储层识别；②数值模拟技术广泛应用于沉积相建模；③数字露头研究技术、沉积储层研究的微观和定量化研究方面取得重大进展；④数字岩心分析技术广泛用于深部致密储集层定量表征；⑤裂缝评价预测技术、碳酸盐岩储集层刻画技术广泛用于碳酸盐岩储层评价。

（四）深层油气成藏研究进展

深层与中浅层在油气藏形成分布方面有明显差异。近年在深层油气成藏条件、成藏机理与成藏模式、成藏门限与成藏过程、大油气田形成与分布等方面，取得了一批对勘探生产有重要指导意义的理论认识成果。

（1）成藏条件方面：指出我国含油气盆地深层发育常规烃源岩和液态烃裂解型两类源灶，均可规模供烃；提出深层仍可形成规模优质储层；认识到深层油气成藏具有多期成藏、多期调整、晚期定型的特点，保存与构造破坏两大作用的抗衡决定晚期成藏的有效性、油气多层段成藏、多层系富集。

（2）成藏门限与成藏机制方面：指出深层油气成藏存在浮力成藏下限、油气成藏下限、油气生成下限3个控藏门限，基于逼近地下环境（温、压共控）生烃模拟实验，提出在“递进埋藏”和“退火受热”的耦合作用下深层部分古老烃源岩生排烃高峰延缓，建立了深层跨构造期成藏模式。

（3）油气藏形成与分布方面：建立了叠合盆地深层“多元复合-过程叠加”成藏模式；建立了斜坡-枢纽油气成藏模式与“生烃坳陷、古隆起、不整合和岩溶、后期保存”联合控藏模式；提出克拉通构造分异控制大油气田形成、叠合盆地深层发育多个勘探“黄金带”等新认识，明确了古隆起、古斜坡、古台缘与多期继承性断裂带控制“黄金带”内油气藏分布，从机理上揭示了叠合盆地成藏地质要素的内在联系和作用过程，明确了我国叠合盆地深层仍有经济资源，勘探潜力更大。

（五）深层地球物理技术进展

针对深层复杂油气藏勘探，深层地球物理技术在高端技术研发，特别是高密度地震、全数字地震、多波和陆上低频震源等技术有显著进步，形成了重磁、地震、测井等配套技术，在塔里木、四川、鄂尔多斯、准噶尔、松辽等盆地深层油气勘探中取得了良好应用效果。

（1）重磁电技术：仪器设备更新换代，注重反演方法研究，完善重磁电资料处理解释系统，减少了资料多解性；针对中国复杂的地表和地下地质条件，形成了重磁电配套术系列。

（2）地震技术：在数据采集方面，针对深层地震反射能量弱和资料信噪比低的问题，形成了以大激发能量和长排列为核心的数据采集技术；在资料处理方面，围绕改善深层资料信噪比和深层构造成像精度，形成了以提高深层弱信号和速度建模精度为核心的叠前深度偏移成像技术；在资料解释方面，针对中国深层油气勘探对象复杂等特点，形成了以高精度构造解释为基础的圈闭评价技术和以复杂储层描述为核心的地震相带预测技术。

（3）测井技术：针对中国深层致密碎屑岩、复杂碳酸盐岩和火成岩含油气性识别与储层参数定量预测问题，形成了裂缝性低孔渗砂岩储层评价识别技术、以成像测井为核心的碳酸盐岩储层有效性和流体识别技术、以成像测井和声波测井为基础的火山岩岩性和裂缝定量识别技术。

三、本学科发展趋势和展望

相比含油气盆地中浅层，深层油气地质研究很不完善，学科发展也很不均衡。今后发展趋势有三方面特点：多学科交叉融合态势明显；学科研究从定性向定量化发展；学科发展更加紧密结合我国深层油气地质特殊性。

（一）深层油气地质学重点发展方向

（1）深层构造地质学：叠合盆地形成演化的地球动力学过程和原型盆地恢复方法技

术；盆－山耦合和深－浅部耦合关系研究；深层各级各类构造的三维精细描述和盆地构造模拟技术；温度场、压力场和应力场的耦合作用研究。

（2）深层烃源岩地质学：前寒武系古老烃源岩发育机制与时空分布；高温高压环境有机质赋存方式和生排烃机理研究；超临界条件下有机－无机复合生气机理；多期构造叠加与深部油气生成演化研究。

（3）深层沉积地质学：重大构造期、重大事件沉积岩相古地理研究；陆相盆地沉积动力学机制研究；碳酸盐岩微地块沉积模式研究；细粒与混积沉积体系研究；多尺度地质建模与标准化研究。

（4）深层储层地质学：深层温度场、压力场、流体体、应力场的耦合作用与成岩演化研究；深层碳酸盐岩有效储层形成保持机制与规模有效储层分布评价预测研究；深层碎屑岩、火山岩、变质岩等有效储层形成保持机制与规模有效储层分布评价预测。

（5）深层油气成藏地质学：深层流体物理性质与岩石力学性质；深层油气成藏机制与成藏下限；跨构造期深层油气藏成藏过程与模式；深层油气分布规律与控制因素。

（6）深层地球物理勘探技术：地震勘探技术主要体现在宽频数字化采集与高精度保幅成像、复杂储层定量预测、智能地震储层综合解释、国产地震采集、处理和解释软件研发；非地震勘探技术主要是重磁电震一体化综合采集、高精度重磁电震联合反演及三维重磁电技术等；测井技术主要是复杂岩性和储层测井处理解释及软件平台建设。

（二）发展思路

以国家、教育部和油公司重点实验室建设为基础，依托国家油气专项、油公司重大科技专项以及油气田企业重大科技项目，立足大型叠合含油气盆地，通过创新深层油气地质认识，发展深层勘探评价技术，构建深层油气地质理论认识和评价技术体系，为实现深层油气勘探战略突破、规模增加油气储量、提高深层油气产量占比提供有效的理论认识指导与评价技术支撑，推动深层油气勘探持续有效发展。

（三）发展对策及建议

（1）加强国家级重点实验室建设，强化试验模拟手段和能力。

（2）理清思路，明确重点，选准突破方向。

（3）加强产、学、研联合攻关，整合优势力量、实施重点突破。

（4）加强地球物理与钻测井等技术系列的研发，强化深层油气钻探能力。

（5）加强人才培养，推动理论技术进步。

第十九节　粮油科学技术

一、引言

“十二五”期间，粮油科学技术学科取得了世人瞩目的发展。粮食储藏应用技术已达到国际领先水平，粮油加工工艺、装备和饲料加工装备已达到或接近世界先进水平，粮油质量安全等学科在科技研发方面都有所提高。粮油科学技术学科的快速发展，已成为粮油流通产业创新驱动发展的源动力，为确保国家粮食安全提供坚实的科技支撑做出了重要贡献。

“十三五”是中国实现全面建成小康社会宏伟目标的关键 5 年。粮油科学技术学科要主动适应中国经济发展新常态，聚焦粮食行业发展需求，把握研究方向和重点，推动发展战略落地；激励科技人员施展才华，促进科技与经济的深度融合，谱写粮油科学技术发展的新篇章。

二、本学科近 5 年最新研究进展

（一）学科研究水平持续攀升

1. 粮食储藏产学研结合成效卓越

储粮生态、害虫防治、储粮通风、低温或准低温储粮等方面的理论研究有新突破。中国首创的氮气控温气调技术，已超过 1000 万吨气调储粮规模，居全球之最；“四项储粮新技术”、信息和自动化控制、粮食干燥、智能通风技术得到广泛应用并取得显著效益。

2. 粮食加工技术进步及产业化成绩突出

稻米深加工和综合利用、米制品生产等关键技术和产业化取得突破性发展；小麦和制品加工基础理论研究及加工关键技术和装备取得重要进展；大型化、自动化的玉米淀粉生产线实现国产化；杂粮加工、营养复配等加工技术显著提升；甘薯主食工业化关键技术与产业化取得进展。

3. 油脂加工更加注重营养与健康

适度加工理论研究取得成效；高含油油料加工关键新技术产业化及标准化安全生产得

到推广应用；特种油料资源和新油料开发利用技术水平不断提高；新型制炼油工艺获得重要进展；危害因子溯源、掺伪鉴别和地沟油检测等方面得到较大提升；制油装备大型化、智能化，节能降耗明显。

4. 粮油质量安全标准化研究渐成体系

已形成 530 余项标准构成的动态标准体系；中国谷物与豆类国际标准影响力不断提高；粮油质量安全评价技术研究获得全面进步；现代检测技术在粮油化学组成检测方面得到广泛应用；众多粮油质量安全评价技术获得商业化应用；污染粮食处置技术研究取得可喜成果。

5. 粮食物流集成与系统化进一步发展

建成了一大批数字化智能化粮食物流节点，基本实现了粮食从收购、仓储、运输、加工到成品粮流通的全程监管；数字化粮食物流关键技术研发成果有重大突破；粮食物流园区功能综合实现集成效用；粮食电子商务物流各种信息平台整合的良好实践不断涌现。

6. 粮油营养受重视，发展动力强劲

深入研究粮油及制品营养与人体健康的关系和调节机理取得进展；进一步探明营养成分在粮油加工中的变化规律；强化大米、面粉、食用油技术成熟，已实现工业化生产；全谷物食品的开发获得突破性进展；粮食行业健康营养食品生产工艺与技术改进得到提升。

7. 饲料开发引入生物技术，装备水平不断提高

完成了主要饲料原料的营养成分与营养价值的科学评价与数据库建设；研制成功自动控制单胃动物体外仿生消化仪项目，填补国内空白；发布 70 余项饲料类标准；饲料加工装备现代化取得新突破；饲料加工工艺对饲料质量和动物生产性能的影响取得许多新的创新成果。

8. 发酵面食推动主食工业化初见成效

发酵面食品质评价标准体系初步建立；营养和风味研究逐渐加强；冷链物流配送体系、食品安全检测体系等逐步完善；生产技术和装备趋向自动化、大型化；探索创新商业模式，推广建设以发酵面食为主的主食加工配送中心+中央厨房+物流系统取得可喜进展。

9. 粮油信息与自动化技术加快产业现代化

利用互联网、数据安全等技术开展智能出入库、粮食品质智能检测等方面的应用研发；利用无线射频识别系统实现对农产品生产过程的跟踪和溯源管理；粮食加工的自动化程度逐步提高；开展“智慧粮食”工程，全面采用信息技术进行粮食供需预测、粮食库存监管等体系建设取得成果。

（二）学科发展成果显著

1. 科学研究亮点多

（1）科技创新成果丰硕：①获得国家级奖项 13 项，获得省级、全国性学会、联合会奖项 27 项，获得中国粮油学会科学技术奖 143 项，其他奖项近百项。②专利申请量增质

升。共申请专利5018项，其中发明专利3873项。③期刊和论文专著国际影响力提高。《中国粮油学报》2013年成为美国《工程索引》（EI）的收录源刊，论文数量逐年攀升，总数在7000篇以上，质量不断提高。④各项粮油标准不断出台。共制定和修订标准277项，其中国家标准77项。⑤新产品层出不穷。研发新产品数达到数千种。

（2）重大科技专项支撑粮油流通产业发展：①2013年首次启动实施公益性行业科研专项，共有26个项目立项实施，国拨财政科研经费共计3.67亿元。②国家“十二五”科技支撑计划项目实施6个。③其他国家科技计划项目，包括政策性引导项目、国家“863”计划、国家“973”计划、公益性行业（农业）科研专项等。

（3）科研基地与平台建设继续加强：国家加大投入，建设了粮食储运、小麦和玉米深加工、粮食加工机械装备、杂粮工程、玉米深加工等5个国家重点实验室、工程中心和技术开发中心，以及一批省部级重点实验室、省部级工程中心，极大改善了人才培养和科学研究条件。

2. 学科建设再创新业绩

（1）高等教育体系愈加完善。目前，中国开设粮油科学技术学科相关专业的高校设置学士学位的有146所，具有硕士学位授予权的38所，具有博士学位授予权的15所。粮油科学技术学科各专业本科和研究生人才教育的培养体系不断得到扩展和加强。

（2）科研团队研发力量增强。粮油科学技术人才队伍良性发展，新生力量不断成长，现已具有学科重要研究团队20多个。

（3）学会综合服务能力提升。2011年获评国家民政部全国性社会组织4A等级。2012年荣获中国科协学会能力提升专项优秀科技社团三等奖。2013年5月，国家副主席李源潮在中国科协年会上的讲话中，对中国粮油学会接受政府部门委托开展行业高级技术职称评审工作进行了表扬。每年一届的中国粮油学会科学技术奖，其影响力和权威性显著提升。学会的会员队伍不断扩大，近5年来，新增个人会员800多人、新增单位会员580多个。

（4）学术交流合作成常态化。近5年来，粮油科学技术学科主办国内、国际会议130余次，参会人数2.5万余人次。交流论文近2400篇。

在国内学术交流方面。注重将学术会议的平台做大、搞活、办实。现已形成了中国粮油学会年会、油脂分会年会等4个在行业具有较高知名度、学界公认权威性较高的品牌学术会议，这些会议紧密结合行业发展需要，尤其在贯彻创新驱动发展战略、实施“科技兴粮”等方面成绩突出。

在国际学术交流方面。一是“请进来”，承办国际粮油科技会议。2012年8月，在北京组织召开具有国际谷物科技界“奥林匹克大会”之称的“第十四届国际谷物科技与面包大会”，取得丰硕成果。二是“走出去”，参加国际学术组织会议和考察。三是举荐专家担任国际组织要职。学会成功推荐河南工业大学王凤成教授当选为国际谷物科技协会2015—2016届主席。四是积极推进国际科技合作项目。通过这些活动，提升了中国粮油学会在国际粮油科技领域的地位和影响力。

（5）专著书籍凸显智慧结晶。近 5 年，共出版 45 部专著和教材。这些专著和教材汇集了粮油科学技术学科相关领域的主要成果和成就。

（6）科普宣传倡导健康粮油。近年来，学会组织形式多样的科普活动，重点宣传科学消费、营养均衡、节粮减损的理念；2015 年，组织编著了《粮油安全与营养健康知识问答》科普书籍，指导公众健康膳食，获得良好的社会反响。

（三）学科在产业发展中的重大成果及应用

以获得国家科技进步奖二等奖和中国粮油学会及省部级科学技术奖一等奖为代表的一批重大成果，经过推广应用产业化，产生了显著的经济效益和社会效益，引领和带动了粮油流通产业的快速发展。其中有代表性的项目有：①基于干法活化的食用油吸附材料开发与应用。该技术推广应用 10 年来，食用油减损 20 多万吨，抗氧化剂用量减少 2000 多吨，废水减少 1.2 亿多吨。②高效节能小麦加工新技术。该项技术不仅能提高单位产能 20% 以上、降低电耗 15% 左右，还能提高优质粉得率 10% 以上，总出粉率增加 3%。③木薯非粮燃料乙醇成套技术及工程应用。经过“年产 20 万吨木薯燃料乙醇示范工程”的实施，至今已累计为当地农民增收超过 13 亿元，并有效降低了汽车尾气中碳氢化合物和氮氧化合物的排放。④新型淀粉衍生物的创制与传统淀粉衍生物的绿色制造。该项目近 3 年累计新增产值 5.5 亿元，新增利润 7549 万元，新增税收 4511 万元。⑤氮气气调储粮技术应用工程项目。在全国 151 个粮库推广，气调储粮达 1195 万吨，为世界之最，共增加效益 3.4 亿元。⑥高效低耗饲料粉碎技术与设备的研究开发与应用。近 4 年实现销售收入 1.2 亿元，新增利税 3000 万元。与传统锤片粉碎机相比，节能 20%。

三、本学科国内外研究进展比较

（一）国外研究进展

美国、日本、欧盟、俄罗斯等发达国家在本学科相关领域的科技创新与技术应用有特色且处于先进水平，值得我们学习借鉴。粮食储藏理论与技术研究更加系统深入；粮食加工更加优质和健康化；油脂加工产品多样化；粮油质检体系完善；粮食物流管理科学“四散”技术发达；粮油组分功能性研究深入，全谷物食品方兴未艾；饲料加工注重资源开发和绿色化；发酵面食发展保质保鲜技术；粮油信息系统完善共享平台使用广泛。

（二）国内研究存在的差距及原因

中国粮油科学技术各分支学科发展不平衡，与发达国家相比，还存在一定的差距。主要是基础理论研究不够细化深入；科技成果转移产业化较慢；资源综合利用率低；粮油加工技术装备智能化水平还需进一步提升。产生差距的原因：一是高端人才缺乏；二是技术创新体系机制不健全；三是科技资金投入不足；四是科技成果转化与创新平台缺乏。

四、本学科发展趋势与展望

今后粮油科学技术发展必须以优质营养、方便特色、高效智能、绿色低碳、创新设计和行业需求为导向，大力提升科技创新水平，加快推进粮油流通产业现代化建设。发挥粮油科学技术的支撑引领作用，有如下研究方向和研发重点为。

（一）粮食储藏

研究新型粮食收储模式和技术、粮食收储保质减损机理、粮食收储环境粉尘控制机理；储备粮库减损降耗保质增效组合优化工艺技术。研发高大平房仓粉尘抑制技术和装备、粮食仓储企业粉尘爆炸风险监测技术与装置、适宜新仓建设和旧仓改造的保温气密新工艺及新材料、在线监测虫霉、有害气体、粮食水分的集成传感器技术装备和智能控制系统。

（二）粮食加工

研究粮食加工安全保障支撑技术、粮食加工转化基础理论、米制主食产业标准体系以及粮油副产物高效利用。研发粮食加工转化技术、粮油副产物稳定化技术和集并模式、粮油副产物加工新产品、新工艺、新技术、低破碎率稻谷碾米关键技术和设备、面制主食品加工大型成套自动化和智能化升级装备、脱水即食米饭和传统米制品加工关键装备、节令性米面制品成套自动化智能化加工关键技术与装备、马铃薯主食品成套自动化智能化加工关键技术与装备。

（三）油脂加工

研究植物油加工程度与营养品质和食用品质之间关系、结构脂质的结构形成机理与功能性质关系。研究木本油料的功能性营养成分与加工特性、溶剂安全与饼粕高效利用。研发健康植物油适度精炼关键升级技术、营养和功能性脂质新产品、适应不同木本油料的加工技术和设备、利用生物技术制备特殊功能微生物新油脂、大豆和双低油菜子等新型溶剂连续浸出工艺技术和设备、大型成套高效节能油脂加工升级装备和自动化、智能化控制技术、米糠集中制油和饼粕综合高效利用升级技术。

（四）粮油质量安全

研究按加工用途分类的粮油原料及产品质量安全标准体系、粮油全产业链质量安全风险监测代表性采样、快速筛查与确认技术规范。研究风险预警分析评估及预警信息定向推送技术规范、水土重金属污染与粮食重金属污染关系及风险预警模型。研究粮油储藏加工有害因子产生、变化与控制机理以及转基因粮油基因成分加工迁移变化规律及食用安全评价。

（五）粮食物流

研究现代粮食物流组织运营模式、粮食供求平衡预测、粮油物流综合信息服务决策支持平台、现代粮食物流作业与装备标准体系。研发粮食物流高效衔接装备技术、单元化粮食物流新技术、新装备。研发标准化船型、装卸设施等内河散粮运输技术、粮食真空低温连续干燥技术设备、高大平房仓散粮进出仓清理和输送装卸设备、平房仓粮食集中接收、发放新工艺和成套装备。

（六）粮油营养

研究粮油健康消费指南和粮油成分和活性物质营养机理。研发营养日餐基本模型及产品设计系统；特殊人群营养日餐与健康粮油食品关键生产技术、新型营养强化粮油食品关键生产技术、减少加工过程中微量营养素损失的新技术和新产品、提高粮油营养素在人体中消化吸收利用效率技术、功能性碳水化合物和功能性蛋白多肽新产品、粮油中内源毒素和抗营养因子控制和降解新技术。

（七）饲料加工

研究粮食饲料需求预测模型、粮食营养和消化特性与饲料加工之间的关系。研究粮食、油料及副产物蛋白质（氨基酸、肽）和能量利用效率评定新方法、饲料原料及混合料在加工中的流变学特性、粮油饲料功能性碳氮有效释放与吸收机理。研发饲料加工产品新技术和高效、节能、环保饲料加工新型饲料设备、清洁饲料工厂工艺设计及自动化控制升级技术、饲料产品质量在线监测等检测设备与技术。

（八）发酵面食

研究发酵面食原料品质、卫生和安全性评价方法与标准；研究发酵面食加工工艺、配料及其相互作用对产品风味、口感、结构等的影响；研究发酵面食品质改良技术及改良剂特性评价方法、发酵面食产品保鲜和保质期。研发馒头、包子等大宗发酵主食产业化工艺技术与设备和冷冻发酵面食新技术、新产品；研发传统风味的新型复合发酵剂开发、发酵面食保鲜工艺与设备、新型高效安全发酵面食品质改良剂。

（九）粮油信息与自动化

研究目标价格、政策性粮食监管、预警预测、质量安全追溯、应急调度的辅助决策和信息服务决策支持模型；建立面向粮食行业的信息化标准体系，有效保障粮食生命周期整个产业链条上各类生产经营与行业管理之间信息的互联互通。研发基于大数据技术的粮情信息采集与获取技术以及全产业链的管理信息化、生产智能化，探索建立“从田间到餐桌”的粮食质量全过程追溯体系。

第二十节　指挥与控制

一、引言

指挥与控制学科是综合运用自动化、信息化、智能化等高新技术，通过情报收集、信息处理、分析决策、指令编制和传递、指令执行与全程监控等过程，对群体性社会活动进行快速协调、调度、指挥、控制的一门新兴综合性学科，具有指挥与控制兼顾、技术军民共用、系统多元等特征，以及研究对象复杂、研究方法综合、研究目的特殊等特点。

指挥与控制学科经历了概念萌芽、原型系统设计与试用、概念与系统再认识、理论体系构建、独有技术创新、多学科融合、自我能力提升的螺旋式发展过程。在指挥与控制基础理论和信息技术发展的推动下，指挥与控制系统已实现“二维”到“多维”、“滞后”到“近实时”、“人工”到“人机结合的智能化、自动化”的转变，具有较高的安全性、可靠性、有效性和一定的协同性。无论是在军事领域还是在应急救援、智能调度等民事领域，指挥与控制技术和系统均获得广泛应用，特别是在军事领域，已形成较完整的指挥与控制体系，能近实时地获取全局态势信息，通过有效的信息融合，可实现全方位的指挥与控制，基本能应对信息化战争的多变性。

在当今信息时代，指挥与控制相关的使命空间和作战环境变得更加多变、复杂，呈现威胁多元、使命多样等特征。近年来，指挥与控制领域的学者和专家面对严峻挑战，努力探索和研究，已在基础理论、体系结构、关键技术、系统建设与应用等方面取得丰硕成果。但与发达国家相比，我国指挥与控制学科的发展还存在较大差距，创新性理论和自主性技术较少，系统建设和产业发展有待进一步完善。

二、本学科近 5 年最新研究进展

（一）基础理论

我国军事研究机构和人员提出了网络聚能、信息赋能、体系增能的“网络信息体系”和“基于网络信息体系的联合作战能力”等理论和观点，并在信息基础设施、面向服务的体系结构、技术体制等相关方面进行了研究和实践，探索“网络信息体系”背景下的信息系统组织与建模、基于网络科学的信息系统网络分析和建模方法。从结构自适应、功能自同步、信息自汇聚、体系自防护的“四自”机理出发，探讨了指挥信息系统“韧性”问题。侧重研究敏捷指挥与控制组织，提出了敏捷指挥与控制组织模型、组织结构设计与调整方法，以及敏捷性测度中的鲁棒性测度方法。重点结合特定目标系统定义效能，改进ADC和SEA经典效能评估模型，在不同应用领域构建了具有一定实用价值的作战效能评估模型，同时寻求在传统评估方法中注入新概念和新设计思路，建立面向指挥与控制过程的信息系统信息能力多级评估指标体系，并综合运用层次分析法和多元联系数集对分析法评估信息系统信息能力。加强对目标运动状态估计、命中分析、射击体制、火控精度分析等火力指挥与控制理论问题的研究，并取得许多新成果。

（二）体系结构

我国已填补体系结构框架研究、制定和应用方面的空白，颁发GJB/Z《军事电子信息系统体系结构设计指南》和《军事信息系统一体化技术体系结构》，提出综合电子信息系统综合级体系结构框架、面向网络中心化信息系统的体系结构描述框架、面向服务的指挥与控制系统体系结构和一系列目标系统的体系结构，以及基于信息栅格的作战指挥信息服务运行结构，对提高联合作战体系的融合度起到重要支撑作用。相继提出面向过程、面向对象、面向服务、基于能力和基于元模型的多种体系结构设计方法，基于元模型的体系结构设计方法已成为目前的研究热点。自主研发了体系建模工具ArchModeler、体系结构设计工具集ArchDesigner和KD-ArchTool、综合电子信息系统体系结构设计环境MISADE等体系结构产品，这些产品已在国内一些军事信息系统体系结构设计中得到初步应用。

（三）关键技术

我国研究机构探讨了“网络信息体系”下的战场态势感知能力建设问题，重点研究目标识别和多源战场态势组合显示等难题，对JDL、OODA和Dasarathy等信息融合模型进行适用性改进。经研究发现，随机集理论可将常用信息融合算法统一起来；可综合运用神经网络、遗传、蚁群等人工智能算法处理不完备数据；可运用软件构件化技术构建多源信息融合系统的通用软件架构模型；可运用面向服务技术，构建多模态Web信息融合系统组件化模型。基于我军作战指挥流程，重点研究并构建了“网络信息体系”下的仿真体系，提出基于OODA环的武器装备体系建模和面向代理的作战仿真建模等方法，以及面向多分辨率建模的仿真模块体系结构。研究作战推演相关理论以及兵棋推演过程与规则，提出基于面向服务计算的多无人机辅助决策集成方法，设计面向服务的指挥与控制系统作战辅助决策系统体系架构。在火力指挥与控制方面，国内相关科研院所重点研究目标搜索与跟踪、火控计算机、武器随动控制和网络化火控等技术，取得显著成果，特别在面向网络化火控系统的多指标优化与目标决策方面，提出动态环境下多节点战术行为优化方法，填补我国快速动态优化部署辅助决策的空白。

（四）系统建设与运用

近年来，我国大力实施军民融合发展战略，为指挥与控制学科在军民两大领域的应用开辟了广阔空间，指挥与控制系统已发挥巨大社会、军事和经济效益。在军事领域，我国以“网络信息体系”为支撑，采用我军特色的体系结构和技术体制，建设了各级军事信息基础设施，研制了各类军事指挥信息、武器控制和办公自动化等系统，这些系统在战备值班、作战模拟训练、后勤保障和日常办公中得到广泛应用。在民用领域，为应对自然灾害、事故灾难、公共卫生以及恐怖袭击等突发事件，我国相关部门与机构主要围绕感知、通信、决策等关键环节，研制监测预警与应急救援、应急指挥调度通信和应急救援决策支持等系统，建立突发事件应急管理决策和非常规突发灾害情境分析等模型，提升了实时感知、信息传输、信息服务、智能分析、应急处置等能力。这些系统已在玉树、云南地震，舟曲泥石流，天津危险品爆炸，新疆“7・5”事件等突发事件的处置中得到初步应用。另外，城市交通、轨道交通、水上交通等指挥系统的建设均已形成一定规模，为我国实现综合交通智能一体化奠定了良好基础。

三、本学科国内外研究进展比较

（一）基础理论

美国国防部支持下的指挥与控制研究计划（CCRP）最早开展学科相关理论和技术热点的前沿研究，近期将研究重点放在信息时代指挥与控制的新要求与新特征上，鉴于敏捷性是成功影响、应对和 / 或利用情况变化的能力，而且已成为信息时代指挥与控制的灵魂和核心，提出敏捷指挥与控制新概念。David S. Alberts 带领的研究团队研究影响指挥与指挥的大问题、鲁棒网络环境、泛在数据、新型组织形式等 4 大趋势，研究并建立指挥与控制敏捷性概念模型和成熟度评估模型，提倡任务式指挥理念（在许多场合，这已成为指挥与控制的代名词），并且已从理论研究走向实践应用；美国其他研究团队研究提出一种基于时空约束的计划制定方法，构建描述专业知识的数学模型，开展敏捷自适应生态系统研究。北大西洋公约组织成立研究、分析、仿真（SAS）研究组，研究适合未来作战要求的指挥与控制新概念、新内涵、新方法和新过程，研发概念模型和网络赋能指挥与控制成熟度模型，修订指挥与控制概念参考模型。

我国在指挥与控制理论方面与国际前沿还有不小差距，理论、框架或模型多是国外先提出，国内再跟踪、学习和消化。近年来，我国的研究机构结合我国军事指挥与控制的特点，致力于“网络信息体系”理论支撑下的军事指挥信息系统转型研究和能力建设，并取得一定成效，系统能力正逐步满足信息化战争和联合作战对指挥与控制的需求，但与外军相比，我国在理论模型的创新上还存在较大差距。

（二）体系结构

美国国防部于 2009 年发布国防部体系结构框架（DoDAF）2.0 版并于 2012 年修订更新为 2.03 版，提出 DoDAF 元模型，运用本体论方法建立体系结构设计的数据规范，定义数据元素的精确语义。对象管理组织于 2013 年发布 UPDM 2.1 版，以支持 DoDAF 和英国国防部体系结构框架的统一建模；美国、英国和加拿大等国正在倡导建立统一国防体系结构框架，以实现不同军用体系结构框架之间的互操作，并计划使其成为国际标准化组织和对象管理组织的标准。

我军指挥与控制系统体系结构框架主要是对美军体系结构框架的参考借鉴，由于对我军指挥与控制系统的应用需求分析不足，缺乏应用实践的成功经验，致使框架不能完全适应我军特点；在统一数据结构、信息共享、综合集成以及一体化发展方面还比较滞后。但我军已开始关注人因在系统中发挥的作用，有人提出将人因视角集成到体系结构框架中，这是我国学者对体系结构设计的一个创新。

（三）关键技术

美军已研发新构件 C3 Core，成功解决与指挥与控制系统开发有关的速度、柔性、效率等问题；提出对等计算等新的态势生成技术，积极发展时空基准、数据融合与航迹管理、态势数据分布式管理等技术；提出网络中心化环境下的 LVC 仿真发展路线图，以提升指挥与控制系统仿真的综合集成能力；制定“深绿”等计划，将仿真系统嵌入指挥信息系统，以获取“在线决策优势”并实现一体化作战；制定赛博空间基础研究计划，重点在网络地图、作战单元、能力集 3 个方面开展研究，以提升赛博空间作战的指挥与控制能力。各国军方尝试改进完善 HLA/HLA-Evolve 仿真架构，通过仿真试验证明，HLA-Evolved 架构能良好支持异构指挥与控制系统和建模仿真系统的集成。国外相关科研机构对基于人工智能理论和复杂性理论的建模方法进行研究，并取得成效。各国集中精力研究群体决策支持、分布式决策支持、基于知识的智能决策支持、面向网络的不确定决策主体与信息的资源自主调度等辅助决策技术，以期集成辅助决策功能，提高网络化程度，提升智能化水平，完善人机交互能力。

我国在指挥与控制各关键技术领域的研究已经起步，并取得一定的成果特别是理论成果，但存在着理论与应用脱节严重、核心理论与技术缺乏自主性、理论成果转化进展缓慢等问题。

（四）系统建设与运用

美国政府与军方持续资助研究机构开展赛博空间作战指挥与控制学术研究，丰富赛博空间作战思想和理论，并进行大量实验和相关概念的技术演示验证，形成了由网络战争、赛博空间作战、网络支援、网络态势感知等 4 部分组成的、科学的赛博空间安全战略体系，在信息网络安全与控制领域一直处于绝对的国际领先地位。美国科研人员尝试利用动态数据驱动的应用系统来控制无人机团队或无人机群，同时尝试把商用无人机结合到无人系统中。

我国与赛博空间、无人系统相关的理论和技术研究刚刚起步，主要是在消化、吸收国外先进理念和技术的基础上，进行适应性完善、创新。鉴于赛博空间指挥与控制所具有的作战对象难掌控、攻击手段复杂化、作战空间高维化、作战节奏难控制、应急反应和侦察预警难度大等特点，我国研究人员在解析层次化结构和异构结构的指挥与控制模型基础上，提出基于混合机理的赛博空间指挥与控制模型，为赛博空间指挥与控制提供了新思路。针对无人系统"无人化"和"智能化"等特点，相关研究机构研究并解决了智能化远程操控、多源信息融合、自主行为决策控制、自主攻击判断、自主协同控制，以及有人/无人协同控制等指挥与控制难题，使无人系统具备一定的自适应、动态威胁规避和自主集结能力。但我国的相关研究仍存在着诸多不足之处：多是对相关概念的理解和解读，创新性有待提高；新提观念仅是理论上的，缺少实际系统的检验和技术支持；研究的深度和广度均有待拓展。

四、本学科发展趋势与展望

（一）适应"开放式"发展，自主构建指挥与控制体系结构

指挥与控制体系结构正在向"分散式"或"开放式"发展，以获得响应多种威胁所需的更强灵活性。应跟踪研究这种体系结构的核心理念、核心构件和相关技术，自主发展适应我军现实需求的指挥与控制系统体系结构框架，制定开放标准，规范系统研制，建立健全体系结构资源，强化配套的体系结构设计及验证评估方法研究，促进指挥与控制系统的模块性、可互操作性、可扩展性、可重用性、可组合性和可维护性，降低系统管理的复杂性，提高系统的灵活性。

（二）运用新兴信息技术，提高指挥与控制智能化水平

我国指挥与控制系统已具智能化雏形，未来应充分利用大数据、云计算等新兴信息技术，特别是自动识别、模糊处理、并行计算、认知计算、机器学习等智能化技术，提升作战行动指挥与武器装备控制的智能化水平，从而获得信息优势、决策优势、指挥体系优势、安全和可靠性优势。

（三）融合大数据技术，变革建模仿真支撑体系

变革仿真科学的思维方式和科研模式，以及仿真支撑体系和应用工程技术，综合利用各种理论和方法，全面地描述指挥与控制系统。变革的关键在于，以现实系统和虚拟系统互动的平行思维，重新认识指挥与控制，融合大数据分析、挖掘技术与仿真建模方法；研究的重点是一体化、智能化的云仿真系统架构，基于复杂性理论和大数据挖掘技术的系统建模方法，以及融合大数据分析的应用工程技术等。

（四）突破关键技术，实现火力控制与指挥的无缝连接

面对信息化的武器系统和信息系统将具有的联通性、协调性和汇聚性，应利用模块化设计与总线等技术，建立信息可有机共享和联动的武器平台，实现武器平台上火力指挥与控制设备与功能的“一体化”，以及武器平台之间的火力指挥与控制“一体化”；应借助目标自主感知、自主决策、“人在回路”等技术，构建自主智能的无人武器平台，实现火力指挥与控制的“无人化”，向最终目标——自主火力控制迈进；应依赖“网络赋能”，攻克武器平台的快速通信、实时信息融合、实时协同规划、数据共享等技术难题，实现火力指挥与控制的“网络化”；应突破智能威胁评估与态势感知，目标自主控制、跟踪与图像处理，智能信息管理与动态决策，基于分布式群智能的多智能体协同与优化等技术难点，实现火力指挥与控制的“智能化”。最终目标是，健全火力指挥与控制“四化”能力体系，实现火力控制与指挥的无缝连接。

（五）促进共性技术应用，提升应急救援指挥能力

我国将加快发展应急产业，为突发事件预防与应急准备、监测与预警、处置与救援提供专用产品和服务。鉴于应急救援领域事件突发、时间紧迫、环境复杂、人员混杂等特点，应加快形成一套中国特色的组织体制和规章制度，制定配套标准，促进视频结构化描述、信息高速传输、高精度移动定位与导航、多源多维数据融合、知识挖掘、智能辅助决策、云计算与云存储、物联网安全等共性技术，以及无人系统在应急救援领域的应用，重点提升监测预警、预防防护、处置救援、应急服务等能力，构建全程无缝链接的救援链，进而提升应急救援指挥能力。

第二十一节　农　学（基础农学）

一、引言

基础农学是农业科技进步和创新的原动力，是保障粮食安全、农产品有效供给和农业可持续发展的科学基础。2012 年中央一号文件指出要“把农业科技摆在更加突出位置”，

进一步明确了农业科技发展的战略定位，指出“农业科技的创新重点包括稳定支持基础性、前沿性、公益性科技研究”，包括“大力加强农业基础研究，突破一批重大理论和方法”“加快推进前沿技术研究，抢占现代农业科技制高点”，为基础农学研究驱动创新发展指明了方向。

在中国科协长期支持下，中国农学会主持下，2006—2015 年由院士，专家牵头，组织农业科研机构、高等院校顶级专家、教授，开展了基础农学学科发展研究。从各年度选择基础农学一、二级学科分支领域，深入开展基础农学学科现状、进展、特点、发展趋势和展望的研究。

2006—2007 年基础农学学科发展研究，首席科学家卢良恕，主持人信乃诠、许世卫、孙好勒，选择了农业植物学、植物营养学、昆虫病理学、农业微生物学、农业分子生物学与生物技术、农业数学、农业生物物理学、农业气象学、农业生态学、农业信息科学等 10 大分支领域开展专题研究；2008—2009 年基础农学学科发展研究，首席科学家戴景瑞、信乃诠，主持人陈阜、邹瑞苍、刘旭，选择了作物种质资源学、作物遗传学、作物生物信息学、作物生理学、作物生态学、农业资源学、农业环境学等 7 大分支领域开展专题研究；2010—2011 年基础农学学科发展研究，首席科学家刘旭、信乃诠，主持人许世卫、邹瑞苍、王全辉，选择了农业生物技术、植物营养学、灌溉排水技术、耕作学与农作制度、农业环境学、农业信息学、农产品贮藏与加工技术、农产品质量安全技术、农业资源与区划学等 9 大分支领域开展专题研究；2012—2013 年基础农学学科发展研究，首席科学家刘旭、吴孔明、喻树迅、信乃诠，主持人许世卫、邹瑞苍，根据基础农学学科及其分支领域的实际进展以及未来发展的引领作用，确定了作物遗传育种、植物营养学、作物栽培、耕作学与农作制度、农业土壤学、农产品贮藏与加工技术、植物病虫害、农产品质量安全技术、农业资源与区划学、农业信息学、农业环境学、灌溉排水技术等 12 个分支领域进行专题研究，覆盖面最广，强化了研究广度的拓展和研究深度的挖掘；2014—2015 年基础农学学科发展研究，首席科学家刘旭，主持人许世卫、邹瑞苍，确定了动物生物技术、植物生物技术、微生物生物技术、农业信息技术、农业信息分析、农业信息管理等 6 个分支领域进行专题研究。

二、本学科近两年最新研究进展

2014—2015 年，涵盖基础农学学科一二级 16 分支领域的研究均取得了重要进展，其中动物生物技术、植物生物技术、微生物生物技术、农业信息技术、农业信息分析、农业信息管理等是较为活跃、进展快、创新力度大的研究领域。

（一）动物生物技术研究领域

国内研究人员在应用高通量测序技术深入解析动物结构基因组方面取得显著成就。如利用二代 Illumina HiSeq2000 测序平台，对金丝猴进行全基因组重测序，通过比较基因组学，结合功能实验和宏基因组分析，揭示了灵长类植食性适应的分子机制，并阐明了金丝猴属的起源和演化历史，研究结果于 2014 年 11 月 2 日以封面文章在 *Nature Genetics* 上发表；中国联合其他国际研究组通过绵羊与其他哺乳动物的遗传基础比较，解释了绵羊特殊消化系统及绵羊独特脂肪代谢过程，定位了维持其厚实、毛茸茸的皮毛性状基因，相关文章发表于 2014 年 6 月 6 日的 *Science* 杂志上。

（二）植物生物技术研究领域

近两年，植物分子标记和育种技术的发展尤为引人注目。2015 年，研究项目“水稻籼粳杂种优势利用相关基因挖掘与新品种培育”，通过 20 年的系统研究，发掘出水稻广亲和、早熟和显性矮秆基因，开发相应分子标记和育种技术，成功培育籼粳交高产水稻新品种，荣获 2014 年度国家技术发明奖二等奖。国内科研人员创新了西瓜分子标记辅助育种技术体系，解决了中国西瓜育种优异性状来源少和遗传基础狭窄的难题，选育出优势突出、综合性状领先的“京欣”系列西瓜品种，该成果 2014 年获国家科技进步奖二等奖。

（三）微生物生物技术研究领域

近两年，关于微生物肥料的研究主要集中在植物促生微生物的筛选及效果评价，尤其以植物根际促生细菌最为广泛；国内外对于微生物饲料的研究主要还是集中在微生物饲料添加剂、饲用酶制剂以及微生物提取物。在取得的重大成果方面，中国农业科学院饲料研究所从事的多种饲料用酶开发工作始终保持国际领先地位，其创制的 4 种主要非淀粉多糖酶——木聚糖酶、葡聚糖酶、甘露聚糖酶和 α－半乳糖苷酶，均具有优良的性能和低廉的生产成本。该项成果荣获 2014 年度国家科技进步奖二等奖。中国农业科学院植物保护研究所团队发现了控制细胞壁水解的关键基因 cwlB，该基因的缺失导致 Bt 母细胞不能裂解，这为进一步研究开发抗紫外 Bt 微胶囊制剂奠定了基础。

（四）农业信息技术研究领域

随着现代信息技术的发展和渗透，特别是近年来物联网、云计算和大数据等理论和技术的突破与熟化，农业信息学学科理论和方法体系的发展也呈现出集成化、协同化、智能化的特征，信息技术在农业生产、经营、管理决策过程中发挥出越来越显著的作用，新型的信息产品和工具不断涌现。中国在农业生产智能装备的研究紧跟国际步伐，在主要作物水肥一体化高效利用技术体系及田间标准化生产管理模式、机械化旱地移栽技术、农机作业智能指挥调度、花生收获机械化关键技术与装备、田间自动导航等方面均取得了重大的突破。近年来，农业物联网领域的研究非常活跃，中国也在传感器网络系统、RFID 系统、有线无线通信系统、分析决策与控制系统等领域取得了关键的技术进步，达到了新的水平。

（五）农业信息分析研究领域

自动获取、智能搜索等方法已经在中国农业信息数据采集活动中广泛应用。在分析模型方面，构建了基于多源信息融合技术的农业监测预警基本理论与分析方法，开展了涵盖气象因子、投入因子和管理因子的监测预警模型与系统研究，建立了各类农业风险发生的机理模型，提出了农产品消费与食物安全仿真决策模型设计框架，形成以标准化市场信息采集为准则、实时定位匹配采集为基础、高适应性市场信息采集设备设计为核心、系统性市场信息处理与分析预警为关键的完整技术体系。2015 年，“农产品市场信息采集关键技术及设备研发”项目获得 2014 — 2015 年度中华农业科技奖科学研究成果一等奖。项目研发出标准化农产品市场信息采集技术与分类系统，突破了农产品市场信息实时定位采集技术，创新设计理念，研制了具有便捷性、高适应性和易用性的先进专用设备（农信采），建立了农产品市场信息采集数据智能处理与分析预警技术。

（六）农业信息管理研究领域

随着信息技术的发展，信息管理学科与时俱进，融合信息科学理论、计算机科学理论、管理科学理论等多种理论。通过开展农业信息资源建设、信息组织及开发利用、农业信息资源效益评价等研究，重点突破信息资源分析评价、知识组织、本体论、数据挖掘与知识发现、数字资源长期保存等关键技术，完善农业信息管理学科。近几年农业信息管理领域取得了不少重要的研究进展，集中体现在大规模文献数字化智能化处理技术、多层次农业知识组织体系、农业知识服务系统、机构知识库、科技热点及重大事件信息监测服务系统、移动环境下的微信息服务等领域。

三、本学科发展趋势和展望

基础农学学科概念是一个综合、动态、发展的概念，随着经济和科学技术的快速发展，在不同历史时期有着不同的内涵。人类生产、生活实践，催生了基础农学的形成与发展。进入 21 世纪以来，随着新一轮科技革命和产业变革的孕育兴起，一些重要科学问题和关键技术、核心技术呈现出革命性突破的先兆，带动了现代科学技术交叉融合、综合发展，变革突破的能量正在不断积累，成为推动基础农学创新发展的强大潜力。基础科学对基础农学渗透日趋明显，不断产生新的边缘学科、交叉学科和综合学科，带动了基础农学学科的快速进展；同时，基础农学研究与农业科技和生产结合越来越密切，正在走向一体化、集成化和综合化，加速了农业持续发展和新兴产业升级。基础农学研究向微观和宏观两个方向发展，既结合又促进，加快了科研进展与突破；基础农学研究借助现代实验工具和理论方法，实现了实验研究手段的现代化；基础农学研究国际间竞争与合作、交流与限制并存，形成了十分复杂的态势。随着基础农学研究驱动创新发展及其成果转移、转化与推广，必将在新一轮科技革命浪潮中为解决全球人口高峰期的食物安全问题做出重要贡献。

第二十二节 水 产 学

一、引言

中国是一个渔业大国，渔业产量长期以来一直处于世界领先地位。“十二五”期间，中国渔业又取得了很大成绩。2014 年全国水产品总产量 6461.52 万吨，已经连续 25 年居世界第一，其中养殖产量 4748.41 万吨，捕捞产量 1713.11 万吨，海水产品产量 3296.22 万吨，淡水产品产量 3165.30 万吨。全国渔民人均纯收入 14426.26 元，全国水产品人均占有量 47.24 千克，是全世界人均占有量的 2 倍多；水产品进出口总量 844.43 万吨，进出口总额 308.84 亿美元，其中，出口量 416.33 万吨，出口额 216.98 亿美元，中国水产品出口额已经连续 14 年居世界首位。这些成绩的取得离不开渔业科技的支撑。目前，中国渔业科技贡献率已从 2010 年的 55% 上升至 58%。

二、本学科近年来的研究进展

（一）水产养殖技术领域

养殖生物基础研究方面，中国的鱼类基因组测序计划在国际上后来居上，已取得重要进展。半滑舌鳎全基因组测序和精细图谱绘制，研究揭示了基于 ZW 同源基因推测的半滑舌鳎性染色体形成时间约为 3000 万年前；完成了大黄鱼全基因组测序，成功解析了其先天免疫系统基因组特征；获得了高质量凡纳滨对虾和中国明对虾基因组测序数据，并开展了比较基因组研究。鲤、草鱼的基因组测序和装配工作已经完成，鲫、团头鲂等的基因组计划也正在进行中。开展了中华绒螯蟹、罗氏沼虾基因组学研究，构建了中华绒螯蟹、罗氏沼虾基因组文库，目前已经完成了中华绒螯蟹高密度连锁图谱和全基因组测序及组装工作。

海、淡水养殖育种方面，成绩突出。近 5 年，全国水产原种和良种审定委员会共审定

56 个海、淡水水产新品种，占全部（156 个）水产新品种的 35.9%。仅 2013—2014 两年中，就有 40 个水产新品种通过了审定，占全部水产新品种的 25.6%。其中海水贝类与藻类品种数量增加明显，42 个贝类和藻类新品种中，25 个是近 4 年完成的。另外，这两年部分品种优势明显，系列品种不断推出，如吉富罗非鱼—新吉富罗非鱼—吉丽罗非鱼、建鲤—津新鲤—津新鲤 2 号、“中科红”海湾扇贝—海湾扇贝“中科 2 号”、“蓬莱红”扇贝—栉孔扇贝“蓬莱红 2 号”、海带“东方 1 号”—“东方 2 号”—“东方 3 号”—“东方 6 号”—“东方 7 号”、坛紫菜“申福 1 号”—“申福 2 号”、条斑紫菜“苏通 1 号”—“苏通 2 号”、裙带菜“海宝 1 号”—“海宝 2 号”等。此外，研发主体主要以科研院所与大专院校为主，水产类科研院所、大专院校培育良种 127 个，占全部 156 个水产新品种的 81.4%。近年来企业参与程度增加，水产类企业培育良种 29 个，占 18.6%。

淡水养殖技术方面，坚持以科学可持续化养殖为方向，逐渐形成符合现代渔业建设要求的养殖生产设施技术、生态化养殖模式、节水减排模式技术与水质调控技术等，对养殖生产方式转变起到积极的引领作用。“团头鲂清洁高效养殖技术”、“池塘单体生态低碳高效养殖模式”、“鱼菜共生生态养殖技术”和“微孔增氧技术和稻田综合种养技术”等鱼类综合养殖模式已成为淡水水域减轻富营养化的有效途径。近年来，中国“稻 - 渔”耦合养殖快速发展，稻田养殖技术也得到了较大的提高，2015 年“稻 - 渔”耦合养殖正在向着集约化、规模化、专业化和产业化的方向发展。

海水工厂化养殖技术方面，采用先进的机械和电子设备控制养殖水体的温度、光照、溶解氧、pH 值、投饵量等因素，进行全年高密度、高产量的集约化养殖，形成了流水养殖和循环水养殖两种主要养殖模式。其中循环水养殖是集工程化、设施化、规模化、标准化和信息化于一体的现代化养殖生产新模式，具有高效、安全等特点，是现代海水养殖产业的重要发展方向。中国 2015 年应用循环水养殖技术的企业已达 80 多家，养殖水体 70 万 m^3，其中，天津、山东等地区海水循环水养殖规模在国内居于领先地位，养殖品种以大菱鲆、半滑舌鳎、石斑鱼、大西洋鲑和河鲀等名贵海水鱼类为主。

（二）捕捞技术领域

全面推进渔具准入制度建设，重点对主要渔具进行了调查和规范命名，经过 2013—2015 年的不断补充和完善，中国沿海已查明的渔具共 85 种，按渔具类型分别统计，其中刺网类 8 种，围网类 5 种，拖网类 7 种，张网类 23 种，钓具类 7 种，耙刺类 12 种，陷阱类 5 种，敷网类、抄网类、大拉网类、掩罩类共计 13 种。经专家审定准用渔具为 30 种，过渡渔具为 42 种，禁用渔具为 13 种，并分别提出了过渡和准用渔具使用的限制条件和要求，为中国负责任捕捞渔业规范管理提供了决策依据。

渔具材料改性技术方面，中国学者系统研究了纳米碳酸钙（nano-$CaCO_3$）的粒径大小及其分布、钛酸酯偶联剂的用量对 nano-$CaCO_3$ 表面处理的效果以及活性 nano-$CaCO_3$ 的微观形态结构。通过控制活性 nano-$CaCO_3$/POE 复配体系的组成实现其在聚乙烯单丝中的均匀分散。用等长原理把 HMPE 每根纤维断裂强力集中到一个绳索中，克服绳索系、股加捻造成的不等长缺陷，提高纤维强力利用率，获得强力高而且经济的高性能绳索。

（三）渔业资源保护与利用领域

《国务院关于促进海洋渔业持续健康发展的若干意见》颁布后，农业部先后启动了一系列渔业资源评估与调查项目，包括近海渔业资源调查和产卵场调查、外海渔业资源调查、远洋渔业资源调查与评估、南极磷虾渔业资源调查与评估、中韩、中日、中越协定水域渔业资源调查、黑龙江流域、长江流域、珠江流域、雅鲁藏布江调查项目、捕捞动态信息采集项目等，为摸清中国渔业资源状况及产卵场补充功能、探明和开发外海、远洋与极地渔业新资源提供了基础资料，也促进一些新的技术在渔业资源评估领域中的应用。近年来，该领域先后开展了声学评估技术的改进、生态分区的标准、环境监测数字化等研究项目。这些项目的开展有助于认识主要渔场生态系统结构功能，掌握重要渔业资源变化规律，为制定积极稳妥的利用政策、科学合理的养护政策以及涉外海域的渔业谈判等提供了重要科学依据。同时，也为中国远洋和极地渔业资源的开发及争取更多的捕捞配额奠定了基础，改变了中国远洋渔业生产与管理的落后状况，增强了中国的公海权益竞争力。“东海区重要渔业资源可持续利用关键技术研究与示范”获得 2014 年度国家科学技术进步奖二等奖。

（四）水产品精深加工与高效利用关键技术领域

近年来，中国科学院南海海洋研究所等单位针对海洋软体动物蛋白的高效利用，创制了新型生物酶，攻克了海洋功能肽定向制备技术，并实现了工程化应用，成果获 2014 年度国家科学技术进步奖二等奖。上海海洋大学等单位完成的坛紫菜新品种选育、推广及深加工项目突破了坛紫菜深加工技术，使产品附加值提高到 200% 以上，成果获得 2012 年度国家科学技术进步奖二等奖。中国水产科学研究院南海水产研究所完成的“南海主要经济海藻精深加工关键技术的研究与应用”在海藻加工传统工艺技术的升级改造、海藻食品多元化产品开发、海藻高值化新产品开发、海藻加工副产物利用等方面形成了具有自主知识产权的海藻系列加工技术，成果获得 2012 年度广东省科学技术进步奖一等奖。中国海洋大学等单位集成创新了传统海参的加工技术、研制了海参加工机械、制订 / 修订完成了多项海参产品标准，构建了海参的现代工业化加工和质量控制体系，成果获得 2013 年度山东省科学技术进步奖一等奖。长沙理工大学等单位完成的“淡水鱼深加工关键技术研究与示范”项目解决了淡水鱼深加工中诸如保鲜、储运、高端产品开发、加工副产物利用等方面的多项关键瓶颈技术，成果获得 2014 年度湖南省科学技术进步奖一等奖。

此外，活鱼运输技术与装备不断改进并逐步成熟，冷杀菌保鲜技术和冰温保鲜技术在一些水产品上取得了突破，使活体水产品远距离运输的成活率甚至可以达到 98%以上。海洋食品在流通过程腐烂变质的损失率从 2000 年的 20% 下降到 2015 年的 15% 以下。

（五）渔业生态环境领域

围绕渔业水域生态环境监测、评价与预警技术，污染物对产地环境及渔业生物影响及污染效应，渔业生态环境保护与修复和渔业生态环境质量管理等学科理论和产业技术需求，该领域开展了一系列科学研究。在评价、揭示渔业生态环境变动规律，阐明生态环境变动对渔业资源的保护和利用、水产增养殖业的健康发展和水产食品安全的作用和影响机理，提出解决途径、方法和技术等方面，取得一批重要研究成果。

全国渔业生态环境监测网通过对全国160多个重要渔业水域的水质、沉积物、生物等不同指标的监测，掌握了中国重要渔业水域生态环境的现状，为每年发布国家渔业生态环境状况公报提供了科学数据。针对溢油事故频繁发生对渔业危害的研究，初步阐明了溢油污染对海洋生物的毒性效应及致毒机制、在海洋食物链中富集和放大的迁移机制，给出了溢油对水产品质量影响与风险评估。通过对代表性污染物和农渔药对重要水产增养殖品种影响效应研究，建立了多种农渔药新的分析方法，优化了“南海贻贝观察”技术体系、增养殖海域新污染源判别法、贝类产品质量和卫生安全风险评估模型，解析了近岸增养殖海域贝类体中14种代表性污染物的时空变化特征、单独或混合曝露胁迫下污染物和农渔药的积累、释放与代谢的动力学特征，生物标志物的响应关系，筛选出26种重金属、环境激素类、有机污染物和农渔药的潜在生物标志物，系统揭示了资源的质量水平和食用安全风险的变化趋势，阐明了代表性污染物和农渔药对重要水产增养殖生物的毒性毒理影响效应。

为满足增养殖水域的保护和管理的需求，建立了《建设项目对水产种质资源保护区影响评估的技术和方法》《水下工程爆破作业对水生生物资源及生态环境损害评估方法》《海水滩涂贝类养殖环境特征污染物筛选技术规范》《海水滩涂贝类养殖环境类型划分技术规范》等技术方法与规范，为科学评价与有效保护水生生物资源及生态环境提供了技术支持。

（六）渔业高新技术应用领域

水产生物技术已经在水产动物全基因组测序与精细图谱构建、水产动物功能基因筛选与克隆、水产动物重要性状相关分子标记筛选与应用、水产动物高密度遗传连锁图谱构建、水产动物性别控制与单性育种、分子育种技术及良种培育、基因组编辑技术、水产动物细胞培养等方面取得了可喜的成绩。

渔业装备与工程技术围绕现代渔业建设的要求，融合了现代工业机械化、自动化、信息化、智能化科技，在池塘养殖装备、工厂化循环水养殖装备、网箱养殖装备、渔船与捕捞装备、水产品加工装备等取得了很大的进步，有效推动了中国现代渔业建设的进程。

渔业信息技术重点围绕现代渔业生产及管理需求，开展了面向全国渔业环境变化的遥感监测，建立了基于GIS技术的渔业环境污染与灾害信息快速分析、决策制定、实时发布的应急反应系统；拓展了物联网技术的渔业应用与集成创新；加强了渔业数据信息共享平台建设等，加速助推渔业现代化建设与渔业信息化发展。

三、本学科发展趋势和展望

（一）水产养殖领域

围绕主养品种，在保持高产稳产的前提下，培育出优质、抗逆、生态、安全的新品种；开发新型蛋白源和脂肪源，开展饲料营养与水产品安全和品质关系研究，并完善水产养殖人工育苗期开口饲料和亲本营养的研究，根据不同品种、不同发育阶段、不同生理状态下的营养需求最精确地配制饲料；池塘多营养层次生态养殖、工厂化循环水养殖技术、生物絮团技术等是近年来水产养殖技术发展过程中的重要创新，为水产养殖业可持续发展中的水质控制、病害防治、环境污染等关键问题提供了有效的技术措施，是今后重点研究方向。

（二）捕捞技术领域

负责任渔具渔法仍是捕捞技术领域研究的核心，采用数字化模拟和仿真模型，为渔具设计、渔具选择性和渔业资源管理决策等提供依据；功能型渔具新材料的应用是捕捞学科发展的基础，加强开发废旧渔具材料循环利用技术，研制绿色环保型渔用材料，提高渔具材料性能的研究，为中国渔具性能优化提高提供基础保障；数字化综合信息服务是捕捞能力提升的技术保证，充分结合电子信息、云计算、无线传感器网络技术等前沿信息技术，实现更多的智能应用，从而推动捕捞技术的进步与产业升级。

（三）渔业资源保护与利用领域

改善渔业资源调查与评估方法，建立基于生态系统的渔业资源评估模型，掌握种间关系，理解环境、气候变化及人类活动对渔业生态系统的影响；加强渔业资源增殖与养护的理论研究，准确了解各种水产资源的现存状态、发展趋势以及与之相关的渔业水域生态系统的环境动力学，为建立海洋牧场和人工鱼礁建设提供科学依据；开展各大洋和极地地区的渔业资源调查和生态系统调查，逐步掌握各大洋海洋渔业资源状况，提升远洋渔业的核心竞争力和话语权。

（四）水产品加工与贮藏工程领域

今后重点研究方向包括：水产品保活、保鲜流通技术；生鲜、调理、即食、中间素材等超市水产食品加工技术；水产品加工副产物规模化高值利用技术；大宗养殖水产品前处理技术与装备；水产品质量安全检测技术；水产品安全风险评估技术；水产品质量安全过程控制与溯源预警技术。

（五）渔业生态环境领域

今后重点研究方向为：渔业水域生态环境监测、评价与预警技术体系研究，掌握渔业生态环境变化规律及其生态环境效应与反馈机理，为渔业灾害预测提供科学依据；渔业污染生态学和环境安全评价研究，探索建立污染生态学的新方法论及新技术；增养殖水域生态环境调控与修复技术研究，建立不同生态类型的增养殖环境容量理论与方法、增养殖水域生态系的环境变化诊断技术和生物修复技术。

（六）渔业高新技术应用领域

水产生物技术将围绕主养品种，在保持高产稳产的前提下，利用现代生物学技术培育出优质、抗逆、生态、安全的新品种；渔业装备与工程技术将围绕现代渔业建设的要求，融合现代工程技术，提高渔业装备的机械化、自动化、信息化、智能化水平；渔业信息技术将进一步利用互联网技术提升渔业生产、经营、管理和服务水平，培育一批网络化、智能化、精细化的现代渔业发展新模式，促进渔业现代化发展水平。

第二十三节　园　艺　学

一、引言

“十二五”期间，中国园艺产业在连续多年快速发展的基础上依然保持了稳定增长，产业规模和总产值持续增大。2014 年，中国果园面积 13127.2 平方千米，总产量 1.66 亿吨；蔬菜播种面积 21267 平方千米，总产量 7.58 亿吨；花卉种植面积 1270.2 平方千米。园艺产业总产值超过 2 万亿元，对农民增收的贡献进一步加大。

园艺科学研究的步伐进一步加快，科技创新和对产业发展的支撑能力有了显著的提高。在园艺作物基因组学、种质创新与育种、栽培技术与生理、病虫害综合防治、产品贮藏加工、质量安全与检测技术和果园机械化与信息化技术等方面取得丰硕成果，并在生产中推广应用。2013—2014 年中国园艺学学科在国际顶级学术期刊上发表了多篇高水平论文，获得国家级奖励成果 8 项。

二、本学科最新研究进展

（一）基因组学研究进展迅速

2012—2015年，中国主导相继完成了甜橙（2013年）、梨（2013年）、中华猕猴桃（2013年）、枣（2014年）、番茄（2012年）、辣椒（2014年）、甘蓝（2014年）和西瓜（2012年）的基因组测序，以及桃（2014年）、黄瓜（2013年）和番茄（2014年）的基因组重测序，南瓜和冬瓜的全基因组测序已经接近尾声。基因组测序及重测序研究获得了许多重要的发现。例如：在全基因组水平上绘制了从光核桃到普通桃的进化路线并鉴定了与人工选择相关的候选基因。通过番茄重测序和变异组学分析，揭示了番茄在从醋栗番茄到樱桃番茄再到大果栽培番茄的两次驯化改良过程，前后分别有186（64.6Mb）个和133（54.5Mb）个基因区域受到了选择，其中包括5个和13个控制单果质量的基因，该结果在*Nature Genetics*上发表。在黄瓜测序和重测序的基础上，通过深入挖掘组学数据并结合代谢组学、遗传学、分子生物学等多种研究手段，揭示了9个基因负责苦味物质葫芦素生物合成的代谢路径，同时发现这9个基因由2个“主开关”基因（Bl和Bt）分别在叶片和果实中控制，该成果在*Science*以封面文章发表。

基因组学研究取得的进展为园艺作物功能基因挖掘以及分子育种技术研发奠定了坚实的基础。近年来在蔬菜和果树中先后完成了大量的控制品质、抗病性、抗逆性的基因定位，并挖掘出了一些重要的功能基因，开发出了大量的可以在育种实践中应用的分子标记。

（二）种质创新与育种研究成果丰硕

截至2014年，中国已建立22个国家果树种质资源圃，保存果树种质19650份，建立了种质资源共性和特性数据库，完成12000份种质编目，筛选出优异种质资源1000余份。2012—2014年仅在《园艺学报》《果树学报》和《中国果树》发表的果树新品种就有200余个，涉及柑橘、苹果、梨、桃、葡萄、枣、草莓、樱桃和核桃等树种。“桃优异种质发掘、优质广适新品种培育与利用”获得2013年度国家科学技术进步奖二等奖。

近两年来新引进、收集蔬菜种质资源1万多份，至2014年，在国家农作物种质资源保存体系中共保存蔬菜资源36432份。通过常规育种与分子标记聚合技术，创制出一大批抗病抗逆优质种质资源，例如可抗4 ~ 6种病害复合抗性强的番茄、黄瓜育种材料，高抗枯萎病的甘蓝材料，抗根肿病的白菜材料，抗Ty的番茄材料，抗疫病的辣椒材料，耐低温的茄子材料等。分子标记辅助选择技术在番茄、白菜、甘蓝、辣椒、西瓜等作物上得到了普遍的应用。每年各地通过审定、认定的蔬菜新品种超过200个。新品种在商品品质和丰产性上有显著的提高，在抗新的流行病害方面有突破性的进展，在提高抗逆性方面有较大的进步。2012—2014年通过国家鉴定的西瓜新品种有13个，甜瓜新品种有17个。“甘蓝雄性不育系育种技术体系的建立与新品种选育”、“西瓜优异抗病种质创制与京欣系列新品种选育及推广”获得2014年度国家科学技术进步奖二等奖。

对鸢尾属、杜鹃、牡丹、百合、毛茛、樱花、山茶等进行了野外资源考察和收集。利用多种手段和方法，对收集、保存的资源材料进行了生物学特征、特性鉴定和评价，获得了一批抗逆、抗病、具有较大应用潜力的材料。对部分群体材料构建了分子指纹图谱，或进行了遗传亲缘关系分析。育成了一批花卉新品种，其中部分新品种开始在生产上推广应用。

（三）重要技术研究有较大突破

（1）果树优质高效栽培关键技术：苹果、桃、樱桃等果树在整形修剪技术研究方面取得长足进步，以细长纺锤形和“丫”型为代表的高光效树体结构研究及其整形技术，和以“长梢修剪”为代表的下垂果枝培养技术逐渐成熟。在果园土壤综合管理方面，“微垄覆膜技术”缓解了西部干旱问题；“起垄覆盖、行间生草技术”克服了东部夏秋降雨过多的弊端。“南方葡萄根域限制与避雨栽培关键技术研究与示范”获得2013年度国家科学技术进步奖二等奖，“荔枝高效生产关键技术创新与应用”获得2014年度国家科学技术进步奖二等奖。

（2）蔬菜连作障碍克服技术：研发出通过与禾本科和葱蒜类伴生和填闲等栽培模式，减轻土壤枯萎病和线虫的发生率30%～65%。研发出利用植物生长活性成分为核心的抗土传病虫害调节制剂，解决长期以来线虫防治主要依赖高毒化学农药消毒的局面。研发出番茄、黄瓜、白菜和辣椒等蔬菜平衡施肥配方，形成了土壤肥水管理的精准管理技术。利用秸秆等生物质研发出适合番茄、黄瓜等果菜类蔬菜的有机栽培基质配方，在全国各地特别是连作障碍高发区推广成效显著。

（3）蔬菜日光温室节能高效栽培技术：创新了日光温室冬季逐日逐时采光量最佳倾角计算及采光角的新理论，开发出可变倾角新型日光温室和主动式蓄热温室，研究制定了北纬38°～48°地区第三代节能日光温室结构参数，设计建造的第三代节能日光温室较第二代节能日光温室增光6%以上，增温5℃以上，夜间室内外温差达35℃以上，将日光温室果菜冬季不加温生产从最低气温–23℃地区推移到–28℃地区。

（4）花卉现代化与产业化栽培技术：开发了月季切花无土栽培基质和营养液配方，建立了混合基质结合组装型栽培槽和开放式营养液供给的栽培模式。开发出牡丹盆花冬季催花生产技术和无土栽培技术体系。利用低能耗光源及无糖培养技术建立宿根花卉种苗标准化生产体系，研发出芍药的无土栽培技术，“大富贵”芍药盆花在北京地区花期比大田花期提前50～60天，成品率达100%。研究建立了瓜叶菊快速繁殖体系，可进行规模化工业化生产。研究建立了大花蕙兰设施生产高效基质和配套养分供应技术，集成大花蕙兰设施花卉花期精确调控技术，成花率提高15%～20%。

（5）产品贮藏加工技术：乙烯拮抗剂1–甲基环丙烯采后保鲜处理和基于1–MCP的采

前应用技术 Harvista™，已开始在苹果、梨等大宗水果贮藏保鲜中示范或广泛应用。新研发出梨果实采后黑心、虎皮、果面褐斑等生理病害的预警监测和综合防控技术，研制出二氧化碳高透性薄膜材料并在苹果、梨等水果上应用。开发出柑橘酸腐病控制和带叶保鲜、荔枝无硫防褐变防腐综合技术，新型植物源防腐保鲜剂及其配套应用技术。采后病害防控主要集中在乙醇防腐保鲜及水杨酸和茉莉酸诱导果实抗性机制研究，生物防治制剂的研发、荔枝等热带亚热带水果热酸处理果实护色机理、壳聚糖涂膜、ClO_2 防腐处理等研究也取得了较好的进展。“苹果贮藏保鲜与综合加工关键技术研究及应用”、“杨梅枇杷果实贮藏物流核心技术研发及其集成应用”和“柠檬果综合利用关键技术、产品研发及产业化”获得 2013 年度国家科学技术进步奖二等奖。

（四）学科建设成效显著

果树学科现有长江学者 3 人，国家杰出青年基金获得者 3 人，国家优秀青年基金获得者 3 人，国家自然科学基金创新群体 1 个，教育部创新团队 3 个，国家现代农业技术体系 7 个，农业部果树科技创新团队 9 个；12 个农业部果树学科重点实验室，3 个农业部果品和 1 个柑橘质量安全风险评估实验室等；建有果树学博士培养点 19 个。

蔬菜学科近年来培养造就了一大批高层次人才，包括“973”项目首席科学家 1 人，国家杰出青年科学基金获得者 2 人，国家自然科学基金优秀青年基金获得者 1 人，百千万人才工程 4 人，科技部创新人才推进计划中青年科技创新领军人才 2 人，中组部青年拔尖人才 1 人。国家现代农业产业技术体系 2 个、农业部蔬菜科技创新团队 14 个。建成有国家级创新平台 7 个，省部级平台 15 个。

观赏园艺学科目前已有的全国性科技创新平台有“国家花卉工程技术研究中心”和依托中心建立的“花卉种质创新与分子育种北京市重点实验室”、“国家观赏园艺工程技术研究中心”、“国家花卉改良中心”。

三、本学科国内外研究进展比较

（一）基因组学与生物技术研究

国内外果树生物学研究主要集中在果树抗性、改良栽培性状以及果实品质调控等方向。国外已经克隆了多种抗病基因，并完成了多个果树基因的遗传转化，而国内这方面工作相对较少。

中国在蔬菜基因组学研究领域优势明显，在国际合作和竞争中掌握了主动权，在果树基因组学研究方面也逐步形成了一定的优势和国际影响力。但是，中国在园艺作物重要功能基因挖掘和功能鉴定方面的研究与欧美发达国家还有一定差距。

发达国家在园艺作物育种上已经开展基因编辑、逆向育种等最新生物技术的利用研究，中国这方面研究尚未开展。

（二）种质资源利用与育种研究

中国果树资源收集数量为美国 50%，收集的野生近缘种和国外种质的比例较低。截至 2015 年，美国 8 个与果树有关的综合圃，保存种质 40820 份，其中近 1/3 来自美国，其余的来自其他 120 多个国家和地区。中国果树种质资源圃保存的种质中来自国外的仅占 20% 左右。美国 33% 的资源圃设立了核心种质资源，65% 建立了复份保管区，草莓组织培养保存，苹果、柑橘种质超低温保存技术已经基本成熟。中国果树资源保存主要以田间保存为主，资源保存方式过于单一。中国在果树育种方面对于资源的研究、挖掘和利用力度仍然不足，分子标记、转基因以及基因组学在育种中的应用仍然有限。如何加快培育聚合丰产性、抗性和优异品质等多种有利性状的优良品种亟待技术上的突破。

中国蔬菜作物种质资源研究取得了重要的进展，资源保存数量名列世界前茅。但种质结构，种质资源鉴定评价的广度、深度，基因资源的挖掘和创新利用水平有待进一步加强、改善和提高。蔬菜基因组学研究走在了世界的前列，分子育种技术研究进展迅速，但是分子育种的原创性技术开发不多，分子标记选择利用的广度和深度与发达国家相比依然有差距。高通量的分子育种技术平台刚刚开始建立和应用，而国外许多育种单位已经开始大规模应用。中国蔬菜单倍体育种技术总体上处于世界先进水平，但是瓜类作物的大孢子培养技术仍不够成熟，效率不高。在品种选育上，中国育种目标多元化特色鲜明，但是育种过程的规模化、规范化程度不够，缺乏全球系统化的品种鉴定评价网络。

中国观赏园艺近几年发展较快，但由于起步较晚等原因，在种质资源收集、评价和开发利用方面仍然力度不够。新品种选育进展相对缓慢，对国外品种的依赖度仍然较大。

（三）栽培技术研究

绝大多数果树生产发达国家实行果园生草制度，普遍采用水肥一体化施肥技术，实现精准施肥。而现阶段中国最突出的问题是施肥量大、利用率低。近几年中国在苹果、桃等果树上以氮素为主进行了较深入的研究，提出了“控制总量、以果定量、重视基肥、追肥后移、少量多次”的氮素施用原则，并进行相关技术的推广。中国在果树整形修剪技术方面进行了引进、改良，与发达国家差距缩小。近年来中国加大了果园机械和装备等方面的研发工作，目前在苗圃机械、喷药机械、果园栽培管理和运输机械设备等方面均取得较快进展，且果园防灾减灾设施设备等方面研发也开始起步。美国、西班牙、澳大利亚等国在葡萄园管理中已开始采用卫星监控系统快速掌握病虫害和土壤水分、肥料状况，并迅速做出综合分析和判断，利用无线传感器网络系统进行精准管理。中国果园信息化技术研发和应用处于刚刚起步阶段。

发达国家在蔬菜生产上机械化程度较高，许多蔬菜实现了机械化定植和收获，并不断育成与机械化作业配套的专用品种。中国蔬菜生产的特点是精耕细作，集约化程度高，栽培方式和生产制度丰富多样。例如，近几年来，高山蔬菜发展很快，并研发出了一系列相关的栽培技术。针对中国生产中依靠大量的人工作业、人力成本高的问题，开始进行叶菜类和根菜类作物的机械化定植、播种和收获的技术研发，同时开展了相关配套栽培技术、栽培方式的研究，并开始小规模推广试用。中国创制的低能耗、低成本的节能日光温室两年来又有新的改进，采光和保温能力有了进一步改善。

四、本学科发展趋势和展望

（一）果树学

加强野生资源的考察收集与保存；实现国外引种制度化，引种目标多样化；建立完善主要树种的病毒检测体系和网室复份保存技术体系，建立脱毒果树种质资源网室复份保存圃；开展重要核心种质的超低温保存技术的研究与利用；加强果树资源分子生物学与优异基因挖掘研究与开发；结合传统的杂交技术、分子标记技术、染色体加倍、组织和细胞培养技术，建立新型高效果树种质创新技术平台，拓宽育种亲本选择范围，提高育种效率；加大砧木资源的搜集引进，加快适合中国果区的自主矮化砧木的选育，形成适合中国国情的矮化密植栽培模式。

加快改变果树病虫害防控对化学农药过分依赖的传统方式，着力开展化学农药的减施、减量使用技术研究。加强果树有害生物的预测预报及新型农药对果树害虫的作用机制研究，并建立果树有害生物抗药性数据库，助力果树有害生物防控，实现从化学农药为主体到绿色综合防控的技术转变。

果园生产机械化、信息化是产业升级以及竞争力提升的必然趋势。为了加快中国果园的机械化进程，要加大农机农艺融合发展的研究力度以及引进与创新的力度，从政策上引导土地流转，扶持大型合作社和龙头企业进入果业。

（二）蔬菜学

中国蔬菜产业正处于由数量扩张型向高效益、高质量方向发展的关键转变时期，因此生产上对优良品种和先进栽培技术的需求会更加强劲。针对目前中国蔬菜遗传育种研究与发展的现状，应进一步加强野生资源和特色地方品种资源的收集和挖掘利用。通过资源学科与其他学科的跨学科研究，从全基因组及功能基因水平研究揭示在自然和人工驯化过程中物种及其遗传多样性形成和特化的机制。研究蔬菜产品器官发生、发育的机制，阐明产量、品质形成的遗传基础和分子调控网络。研究提高表现型鉴定到基因型鉴定的精准化和高效化水平，建立高通量基因分型及表型分析技术平台，实现蔬菜的全基因组分子设计育种。

减少化肥、农药使用量，节水和轻简化是“十三五”期间蔬菜栽培技术研究和发展的主要方向。一是需要加强科学施肥、节水的研究。研究不同作物、不同栽培模式下肥料供给结构和供给量、肥水一体化供给系统与技术，提高肥料和水分利用率，扭转蔬菜生产上过量施用化肥和水资源大量浪费的局面。二是加快推进蔬菜绿色生产。研究土壤健康生态维护技术，设施病虫害安全、高效防治技术，以及露地蔬菜生产害虫的综合防控技术。三是大力推进蔬菜生产机械化。研究创制适合中国生产实际的机械和装备，研发配套的栽培模式和栽培技术，培育适合机械化生产的品种。

（三）观赏园艺学

观赏园艺产业的转型升级对研究和利用中国丰富的观赏植物资源提出越来越迫切的需求。要摸清观赏植物种质资源分布，做好野生种的保护；选择可利用的优良材料或优良性状进行选育工作。基因库建立与计算机图像管理，对于更好地保护、更系统地开发利用植物资源十分重要，是今后发展的重点之一。

要加强种苗繁殖和栽培关键技术创新，包括商品花卉高产栽培技术、切花无土栽培技术、盆花无土栽培技术、花期调控技术、花卉贮运保鲜技术、球根花卉种球复壮等。同时，要加强各种生产设施、设备的研发，加强低成本、可替代进口的生产投入品的研发。

第二十四节 畜牧学

一、引言

畜牧学（Animal Science）是研究与畜牧业生产有关的知识理论和技术的科学。中国是畜牧业生产大国，畜禽的存栏量和肉类、禽蛋及奶类的生产总量居世界前列，而畜牧学科为畜牧业提供了不可或缺的技术支撑。同时，现代畜牧科学技术在促使我国传统畜牧业向现代畜牧业转型升级中发挥了举足轻重的作用，为满足我国人民需求、保障食物供给安全作出了不可磨灭的巨大贡献。

2010—2015年，畜牧学科研究领域活跃、进展明显、成果众多。18项重大科技成果获得国家科学技术奖励，其中获得国家科学技术发明奖二等奖2项，国家科学技术进步奖二等奖16项。按照技术领域划分，动物遗传育种学领域9项，动物营养学领域8项，动物繁殖学领域 1 项。

2014—2015 年畜牧学学科发展研究工作是在 2007 年、2009 年两轮畜牧学科发展研究的基础上进行的。本轮集中对畜牧学科及分支领域动物遗传育种学、动物繁殖学、动物营养与饲料科学、家畜环境卫生学和家畜生态学进行研究，总结了 2010—2015 年的新进展、新成就，概述了畜牧学科发展特点和趋势。

二、2010—2015 年本学科研究进展

（一）动物遗传育种学

尽管以全基因组选择为代表的分子育种技术取得了迅猛发展，常规育种技术仍是培育畜禽品种的主要手段。2010—2015 年，共有 53 个畜禽新品种、配套系通过了农业部批准。

运用全基因组关联分析（GWAS）方法，鉴定了影响奶牛产奶性状、乳成分性状、体型性状、繁殖性状和健康性状的重要候选基因，并对奶牛产奶性状候选基因进行了遗传效应分析，验证了 PTK2 等重要基因的功能；利用基于单位点和单体型的混合模型方法的 GWAS 鉴定，找到了影响西门塔尔牛肉品质和生长性状的候选基因；对家禽资源群体进行 GWAS 鉴定，筛选出一大批与生长发育、肉品质量和屠体性能等性状显著相关的 SNP 位点。构建了中国荷斯坦牛基因组选择技术平台并在全国推广应用，实现了早期选种。创建了西门塔尔牛基因组选择参考群体，建立了肉牛全基因组选择平台。此外，利用基因组芯片分离鉴定了一批与猪重要经济性状相关的功能基因。

高通量测序技术已成为当前畜禽育种中的研究热点，畜禽全基因组重测序已经逐步完成，使得重要经济性状遗传变异解析速度明显加快。黄路生院士团队利用重测序方法在对全国地方猪种进行 60K 全基因组扫描分析的基础上，对其中代表性 11 个品种 69 头猪进行了重测序及进化分析，成果发表在 *Nature Genetics* 上。千牛基因组计划已经完成了一期，获得了 4 个品种 234 头牛的全基因组数据。在转录组测序方面，鉴定到与奶牛乳脂乳蛋白相关的基因以及不同泌乳期参与泌乳调控的 miRNA；筛选出了与猪肌内脂肪含量相关及与猪肉品质相关的基因；得到了绒毛羊毛囊不同发育阶段差异基因和差异 miRNA。

肉牛转基因研究进展主要集中在 *fat*-1 基因、*MSTN* 基因、*FABP*4/3 基因等基因功能研究以及转基因研究；通过原核注射的转基因技术，将 IGF-1 诱导表达载体导入猪的基因组，构建诱导型转 IGF-1 基因猪；建立了国际领先的绵羊慢病毒载体高效转基因技术和规模化转基因技术平台；利用组学技术和候选基因筛选法定位找到了与马耐力、毛色和抗病等性状相关的基因。

（二）动物繁殖学

在动物生殖生理方面，重点研究了家畜生殖内分泌、动物妊娠识别和胚胎附植、配子发生与胚胎发育，并取得了较好进展。揭示了 C 型钠肽调控小鼠和牛卵母细胞减数分裂的

机制，并进一步建立了牛卵母细胞同步化成熟体系，攻克了牛体外胚胎生产的技术瓶颈；发现褪黑素能够促进早期胚胎发育；探索出促卵泡素通过抑制卵泡颗粒细胞线粒体凋亡进而阻止优势卵泡闭锁的机制；另外在促性腺激素释放激素免疫去势和抑制素免疫提高母牛胚胎数量和质量方面取得新的进展。在妊娠识别方面，发现干扰素 – τ 不仅作用于子宫内膜，还能直接调控卵巢功能，促进黄体发育。

在繁殖技术领域，推动了猪子宫深部低剂量输精、奶牛定时输精技术的产业应用。发明了“异种精子推流”技术，成倍提高了精子分离效率；发现 AA-2G 可抗氧化应激和冷冻损伤，使牛分离精子冷冻解冻存活时间延长到 24 小时，率先在全球实现奶牛性别控制技术产业化。建立了玻璃化冷冻 – 管内解冻技术程序，简化了冷冻胚胎移植程序。在干细胞领域，建立了牛和猪 iPS 细胞系，并成功培育出 4 头 iPS 克隆猪。

在繁殖障碍与繁殖管理方面，重点探索了猪和奶牛繁殖障碍成因，解决方案并提高了母畜繁殖效率。针对胎衣不下、产后子宫炎和子宫内膜炎是目前最严重的奶牛繁殖障碍疾病，以及严重影响奶牛繁殖生产性能和健康的热应激，制定了相应的技术措施，缓解了奶牛繁殖障碍。采用工程细胞株生产的 FSH 有效克服了后备母猪不发情和经产母猪产后发情。

（三）动物营养与饲料科学

在猪营养方面，以肠道健康为出发点，通过营养手段优化消化道微生物与机体代谢的互作、调控机体内源性抗菌免疫肽的表达，以维护肠道屏障，改善免疫功能，从而保障动物健康；从肉质形成的分子机理、营养和环境对其调控的机制角度揭示了中国地方猪肉风味前体物形成的特点和中国地方猪肉质优良性状形成的分子基础。

在生物饲料添加剂方面，酶制剂研究的进步有效突破了发达国家多年的垄断制约困境，并进一步研发了针对中国养殖动物品种和饲料原料组成特点的高效酶制剂产品，在其应用技术方面建立了较完善的评价技术体系；分离鉴定了一批具有中国资源特色的饲用生物活性肽并初步构建了其在微生物中的高效表达系统；挖掘出了较丰富的功能性寡糖和多糖资源并建立了较系统的作用机制理论基础。

在家禽营养与饲料科学研究方面，获得了 300 项以上的水禽氨基酸、维生素、矿物元素营养需要参数；获得了 100 多个白羽快大型肉鸡和黄羽肉鸡营养需要和饲料添加剂适宜添加量等参数，测定肉鸡常规和非常规饲料原料有效能值、氨基酸利用率、有效磷等可利用养分参数 2000 多个，起草了农业行业标准和构建了饲料原料数据库。

（四）家畜环境卫生学与家畜生态学

牛舍环境控制技术方面，依据牛临界温度低不惧寒冷的生物学特征，南方侧重防暑，加入“冷风管”、“冷风机”或“头部喷淋”与“接力风机”组合降温等现代蒸发冷却降温元素。北方重点关注犊牛保温，利用犊牛岛改善卫生环境。推广机械清粪减少劳动强度，改善舍内空气质量。

鸡舍环境控制技术方面，从总体设计到具体细节，融合环境工程、动物福利和生物信息与自动化技术。在纵向隧道通风之风速大、通风无死角特性的基础上，逐步解决温度骤降等问题，并且为了批量化工业生产建立检测系统，湿帘–风机冷却系统现已在全国普及。

粪便沼气处理方面，建立了户用沼气 CDM 项目减排量核算的计算公式和户用沼气 CDM 的监测方法。该方法学的提出丰富了农业温室气体研究的理论和方法，并被联合国清洁发展机制专家委员会批准为“农户 / 小规模农场的农业活动甲烷回收方法学”，成为定量核算和监测户用沼气温室气体减排效果的国际通用方法。

三、国内外研究进展比较

2010—2015 年，我国在动物遗传育种、动物繁殖、动物营养与饲料、家畜环境卫生和家畜生态领域的研究都取得了极大进展。动物营养与饲料的部分领域，其研究已处于国际领先水平；动物遗传育种与繁殖在分子生物技术方面，有些领域已经与国外处于并行水平。但在畜牧学科整体水平上，与发达国家仍存在着一定差距，在一些领域还有较大差距，跟踪模仿研究多，原创性研究不足，核心技术竞争力还相对较弱。尽管我国已有一批优秀的学术带头人，但缺乏世界级的有影响力的学科领军人物。

在动物遗传育种理论、方法和技术应用方面，欧美畜牧业发达国家均处于国际领先水平。在畜牧业发达国家，以联合育种、开放式核心群、BLUP 遗传评估为代表的常规育种技术体系日臻完善，基因组选择、转基因育种等分子育种技术研究也取得重要进展，有的已开始产业化应用。我国已完全掌握传统常规育种技术并应用到地方畜禽品种群体遗传改良和新品种（品系）培育工作中，现代分子生物育种技术近几年发展较快，有的已运用到育种实践中。但整体上还处于跟踪研究阶段。

在动物繁殖领域，2010 年以来，分别通过科技支撑计划、“863”计划及“973”计划，对动物繁殖学科基础研究、技术开发及技术集成进行立项资助，推动了本学科的较快发展。但整体水平和影响力与发达国家相比仍存在较大差距。2013 年我国学者在胚胎生物技术领域发表 SCI 论文数排名世界第二、专利排名世界第一，但高水平论文和高质量专利数量则位列美国、欧盟及日本之后。发达国家在动物繁殖学科的基础研究和技术研发应用方面实力雄厚。经过长期跟踪研究和技术引进消化后，我国动物繁殖学科在基础研究和技术应用方面都取得显著进步。

动物营养与饲料学科一些领域的研究工作已经居于世界前列，例如水禽营养与饲料科学研究、白羽快大型肉鸡营养需要研究、调控猪机体内源性抗菌免疫肽的表达的营养研究、以营养手段优化猪消化道微生物与机体代谢的互作、从肉质形成的分子机理和营养及环境对猪调控的机制角度研究地方品种猪肉特点和分子基础、生物饲料添加剂的研发，但在营养需要量与饲养标准、饲料营养价值评定与饲料加工工艺、母体营养与表观遗传学、消化微生物和肠道健康等其他方面，与发达国家仍然存在一定差距。

我国家畜环境卫生和家畜生态学科起步较晚，与发达国家相比，学科建设整体相对滞后，高校师资队伍单薄，仅少部分大学有研究团队，教学学时安排也较少，有的学校甚至没有专任教师而取消课程。但在我国动物科学较快发展的推动下，家畜环境卫生和家畜生态学科消化吸收国外研究成果，努力缩小差距，在一些领域取得积极进展。2015 年 9 月，中国畜牧兽医学会成立了动物福利与健康养殖分会，旨在进一步推动我国动物福利理论研究和实践。

四、本学科发展趋势和展望

随着分子生物学、信息科学的深入发展，给畜牧学科带来了全新的研究视野，从而产生新理论、新方法、新技术，将推动畜牧学科的整体水平提升。

1. 分子生物技术交汇融合

现代分子生物技术与畜牧传统技术的交汇融合，正在从深度与广度上推进畜牧传统技术的进步。据预测，未来全球商品化生产的畜禽品种都将通过分子育种技术进行选育，实现快速育种和精细育种，提高繁殖速度和利用效率。

全基因组选择技术的应用，缩短了世代间隔，降低了育种成本，提高了育种效率。未来几年，该项技术的应用将从奶牛扩展到肉牛、猪、家禽等其他畜禽。肉牛全基因组研究的热点将围绕多品种多性状全基因组选择展开。绒毛用羊功能基因组研究将趋于多组学联合。

通过各种组学方法及动物生理学、生物化学、微生物学、免疫学、遗传学、生物工程技术，系统地揭示动物机体内营养物质代谢规律、机理和营养物质间的互补、拮抗关系，以及动物体内微生态环境等，通过系统营养调控，提高畜禽的免疫能力和饲料的利用率，减少对环境的污染，同时改善畜产品的品质和安全性。

2. 传统技术研究推陈出新

随着科学的进步，传统技术研究也在不断地深化并推陈出新。人工授精、MOET 等传统繁殖技术是动物繁殖生产的基本技术。随着对繁殖基础理论研究的不断深入，这些技术也在不断改进升级。

随着对受精本质认识的逐步深入和优秀种公牛精液生产能力要求的提高，人工授精技术中的输精剂量正在逐渐降低，并研发出了低剂量深部输精技术。配子胚胎冷冻保存技术，则由传统的慢速冷冻发展为现在的一步管内解冻法；冷冻细胞类型，由精液、胚胎向卵母细胞扩展；畜种由牛向猪、羊等畜种扩展。超数排卵更是从单次超排向高强度重复超排、从体内胚胎向体外胚胎发展。

虽然分子生物学已经在育种领域应用，但目前培育新品种（品系）、进行群体遗传改良，仍然是传统育种技术主导。未来几年，这些传统的技术继续发挥作用，需要不断对其进行深化研究、创新，改进技术缺陷，提高效率和效益。

3. 多个学科交叉渗透融合

畜牧学科所面临的问题愈来愈趋于复杂化，多个学科的交叉融合可以突破瓶颈，产生新的学科生长点，促进技术进步。

基于光电学、电磁学、计算机、机械等技术成果，建立了今天产业化应用的精子分离技术；基于生物信息、机电传感、计算机等技术建立的奶牛自动发情鉴定技术，多个学科的交叉融合成为动物繁殖学科新的技术途径。

借助微生物组学、代谢组学等分子生物技术，肠道微生物在营养代谢中的作用及机制，肠道微生物对动物健康的影响及调节等研究已成为动物营养学的前沿领域，今天更全面深入的研究需要以营养与遗传、环境互作，将营养与动物优良生产性状遗传潜能及动物养殖环境相结合。

研究家畜放牧行为与放牧生态，要与草地生态系统研究相结合；建立实用的家畜放牧管理模型及计算机信息管理系统，需要遥感技术、大数据、云计算和互联网技术的共同支撑。

在全球信息化快速发展的大背景下，大数据正引领新一轮科技创新。充分利用我国畜牧业的数据规模优势，建立畜牧学科的大数据处理平台势在必行，这将有利于提升我国畜牧学科的竞争力。

第二十五节　作 物 学

一、引言

中央一号文件连续 12 年关注“三农”（农业、农村、农民）问题，强调了“三农”问题在中国的社会主义现代化建设时期“重中之重”的地位。党的十八大明确提出“加快发展现代农业，增强农业综合生产能力，确保国家粮食安全和重要农产品有效供给”的方针大策。

作物生产是农业发展的基础，维系着人类最基本的生活需求，直接关系到国计民生和社会经济的发展。近年来，中国粮食连年增产，其中作物科技的进步对粮食增产发挥了决定性作用。我国近年来农业科技领域实施了“粮食丰产科技工程”、大规模开展了“粮食高产创建活动”等涉及作物育种、栽培、资源利用等多学科的农业科技项目，这些农业作物学相关研究与科技创新直接推动了我国粮食单产水平的稳步提高。作物科技创新对提高农业生产水平和保障粮食安全发挥了不可替代的作用，为保障粮食安全提供了强有力的支撑。因此，坚持作物科技创新、转变农业发展方式、提高农业产出与效益，是实现农业增效和农民增收，保障粮食安全，促进我国现代农业发展最根本的出路。

作物学学科是农业科学的核心科学之一，作物学科发展为农业科技的发展保驾护航。作物学学科发展的核心任务是不断深入探索，揭示农作物生长发育产量与品质形成规律和作物重要性状遗传规律及其与生态环境、生产条件之间的关系；研究作物遗传改良方法、技术，培育优良新品种，创新集成作物高产、优质、高效生态安全栽培技术体系，良种良法配套应用作物生产，全面促进现代农业可持续发展。作物学学科发展与科技进步能为保障国家粮食安全和农产品有效供给，保障生态安全、增加农民收入，提供了可靠的技术支撑和储备。

目前，我国作物学科技快速发展，在基础和前沿技术领域、共性关键技术研发、重大新品种培育、粮食丰产增效等方面取得了显著成效。但整体研究水平与发达国家还存在一定差距，科技转化及指导粮食生产稳步增产增效能力仍需进一步加强。因此要继续加快作物学科建设和发展，提高科技创新与成果转化能力，开展重大基础性研究与关键前沿科学技术创新，推动中国作物生产可持续发展，为保障农产品有效供给、尤其是保障粮食安全做出重大贡献。

二、本学科近两年最新研究进展

2012 年以来，中国作物科学在作物遗传育种与作物栽培领域获得多项突破性进展，在作物学基础研究和应用创新方面都取得了重要进展和一批重大科技成果，推动了作物学科的发展进步，并获得了良好的经济与社会效益，对保障国家粮食安全和农业可持续发展做出了突出贡献。2012—2014 年作物学科领域获得国家级科技奖励 31 项，其中国家科技进步奖 18 项、国家自然科学奖 3 项、国家技术发明奖 10 项，并获得一大批省部级成果奖。

（一）作物遗传育种基础研究取得重大突破，培育了一批重大新品种，作物种质资源保护与创新达到新高度，作物遗传育种学科取得全面发展领域

近年来，中国作物遗传育种学科在学科建设、人才队伍和基础研究、平台条件建设方面都取得长足进步和全面发展，围绕作物遗传育种开展前沿基础与新品种选育与种质创制，学科已发展成为遗传学、基因组学、种质资源、育种学和生物信息学等多学科相融合的现代学科体系。

1. 构建了我国农作物种质资源数据库，种质资源保存与创新达到新高度

依托中国农业科学院作物科学研究所，建成1座长期库、1座复份库、11座中期库、43个种质圃、169个原生境保护点以及种质资源信息数据库，形成了布局合理、分工明确、职能清晰的国家作物种质资源保护体系。国家库、圃长期库保存种质资源达到45万份，隶属35科192属2282个种；原生境保护涵盖野生稻、野生大豆、小麦野生近缘植物、野生蔬菜等59个物种。在水稻品种资源研究领域，栽培稻起源研究取得突破性进展，完善了一些重要性状的评价技术，并筛选出一批各种抗（耐）性优异资源；中国玉米种质资源在长期库中保存数量已超过2.3万份，拥有了规模化基因发掘的代表性材料，建立了“玉米种质资源描述规范和数据标准”，入库种质资源目录信息不断完善，开展了多相关性状的表型鉴定，筛选出1000余份不同类型优异种质，广泛应用于育种实践；此外，谷子、燕麦、荞麦等作物种质资源研究也取得了显著突破。

2. 作物育种研究与技术取得新突破

通过分子育种与常规育种技术有机结合，在作物遗传基础理论研究、杂种优势利用、细胞工程、转基因技术、分子标记辅助选择育种、全基因组选择等技术方面均取得新突破，围绕各作物需求与育种问题，形成了主要作物的特色育种技术体系。在作物遗传育种基础研究方面，取得了一系列国际前沿水平的科技成果，完成了小麦D基因组、陆地棉、二倍体雷蒙德氏棉、亚洲棉、油菜、芝麻、谷子等作物基因组的深度测序并构建了序列框架图，在水稻、玉米、大豆等作物上通过重测序或简化基因组测序，解决了与进化、选择、重要性状形成相关的一批重要科学问题。在转基因育种研究方面取得了实质性的进展，优化构建了主要作物规模化转基因技术体系，大幅度提高了各大作物转基因转化效率，水稻粳稻转化效率提高到83%，小麦遗传转化技术也取得重大突破，转化效率由1%提高到8%以上。同时，分子标记育种也取得很大进展，开发抗稻瘟病、白叶枯病、条纹叶枯病等，玉米茎腐病、丝黑穗病等，小麦籽粒重、半矮秆、条锈病等，大豆抗花叶病毒病、灰斑病等重要性状优异新基因和分子标记300余个；利用作物远缘种、近缘种、亚种、亚基因组、冬春品种间杂交，实现了作物强优势种理论与杂交优势利用技术的新突破。

3. 作物新品种选育成果累累，获得一批优异品种

2012—2014年育成通过国家和省级审定的水稻、小麦、玉米、大豆、棉花、小宗作物农作物新品种达1100余个，推广了一批突破性新品种，有效支撑了中国现代农业发展。育成了矮秆高产、多抗广适、优质中筋小麦突破性品种“矮抗58”，建立了“矮抗58”繁育、示范、推广一体化新模式，累计种植面积2.3亿亩以上；培育出广适高产优质大豆新品种中黄13，实现了大豆育种新突破，累计推广5000多万亩；创制了高产优质、多抗广适的“豫综5号”和“黄金群”玉米两个群体，累计推广8444.1万亩，增加社会经济效益72.8亿元；这些作物新品种的成功选育为我国作物产业的可持续发展和保障国家粮食安全做出了重要贡献。

（二）作物栽培基础研究迈入国际前沿水平，创新了关键栽培技术，集成了主要粮食作物高产高效技术体系并大面积推广，作物栽培学理论与技术发展为粮食增产提供了技术支撑研究领域

作物栽培学科以解决制约作物生产的关键科学问题为目标，利用作物栽培学、生理学、生态学和植物营养学等多学科理论和方法，深入生产一线实践结合粮食生产中的问题，相继攻克了一批生产问题的科技难关，解决农民生产中的实际问题，进行关键技术创新集成与推广应用，取得了大量科技成果并大面积直接应用于粮食田间生产，在保障中国粮食安全和促进农业可持续发展上发挥了直接作用，并逐步形成了中国特色的作物栽培学科。

1. 作物栽培学基础研究水平大幅度提高，逐步迈入国际前沿领域

中国农业生产与粮食安全的根本出路依靠实现粮食作物单产的不断提高。粮食单产的提高，尤其需要发挥栽培技术的作用，以充分挖掘品种和产量潜力。作物栽培学科基础理论研究过去较为薄弱，近年来，以作物产量形成的理论基础研究及作物产量资源效率差研究为核心，将作物栽培理论研究提升到了新的高度，相关文章陆续在具有国际影响力的作物栽培领域期刊上发表，是我国作物栽培基础研究迈入国际前沿的开始。

2. 创新了作物高产高效关键栽培技术，并大面积推广应用

作物栽培理论前沿研究及关键技术创新取得重大突破，为我国作物增产增收提供了技术支撑与储备保障。通过推广应用高产高效栽培技术，我国主要粮食作物超高产纪录不断刷新，单产水平与资源生产效率持续提升。近年来，建立了水稻“精苗稳前 – 控蘖优中 – 大穗强后”超高产栽培模式以及“精确选用优良品种、精确培育壮秧、精确定量栽插、精确定量施肥、精确定量灌溉”水稻高产栽培技术体系。提出了小麦重穗型品种“窄行密植匀播”、多穗型品种“氮肥后移”等小麦超高产共性关键技术。同时为适应新型生产主体的需求，栽培技术向机械化、轻简化发展，形成了毯苗机插、钵苗机插（摆）、机械直播等水稻全程机械化高产栽培技术，建立了玉米机械精量施肥播种技术、玉米推茬清垄高产高效栽培技术、玉米机械化深松、及机械化收获玉米籽粒技术。创新了作物肥水高效利用技术及减肥增效栽培技术模式，作物精确定量施肥技术的解决和发展实现了施肥精确定量并提高了肥料利用率。主要粮食作物机械化高效播种技术、高产高效土壤耕作技术、病虫害防治技术、肥水高效利用技术的创新集成并推广应用，有效实现了我国粮食单产提高，增产增效。

3. 以理论研究为基础，集成关键栽培技术，凝练作物栽培重要成果，在我国粮食增产增效中发挥了重要作用

以栽培基础研究为理论基础而集成创新的多项栽培技术，结合区域特点与生产问题形成了区域作物周年高产高效栽培模式与高产品种配套高产技术模式，并大范围推广应用。如“水稻生育进程叶龄模式的栽培理论与技术体系”、“冬小麦精播高产栽培技术”、“黄淮海平原玉米高产栽培理论与技术”、“棉花化学控制栽培技术体系的建立与应用”、“长

江中游东南部双季稻丰产高效关键技术与应用”、“花生品质生理生态与标准化优质栽培技术体系”、“旱作农业关键技术与集成应用”等科研成果，在国内大面积推广应用，产生了显著的社会、经济和社会效益，为中国粮食增产做出了重大贡献。

三、本学科国内外研究进展比较

（一）国内外发展现状、前沿和趋势

进入 21 世纪，生物技术、信息技术等新技术向作物学领域不断渗透和交融，促进了作物科学的迅速发展。作物科学基础研究与关键技术的重大突破和创新成为推动中国农业发展的重要推动力。但是，随着气候、生态条件变化和社会快速发展，如何应对全球气候变化也对作物育种、栽培、植保等各学科领域提出了新的挑战。国内外作物科学的发展现状、前沿和趋势呈现出以下特点。

1. 作物生产可持续发展成为现代作物科学发展的目标

国际农业知识与科技促进发展评估（IAASTD）认为，现有的农业实践活动需要向既能极大促进生产力提高，又能同时加强生态系统服务的可持续农业生产方式转变。为实现可持续的作物生产，育种策略需要做大的变革，以实现节约资源和保护环境，这就要求作物新品种培育，除了品种产量和品质优良外，还需具备多种生物胁迫的抗性，抗主要病虫害，抗非生物胁迫（如干旱、盐碱、极端温度）等不利条件。此外，应对全球气候变化对作物栽培提出了新的挑战，要求作物栽培技术不断创新优化，运用现代化的作物栽培技术解决生产新问题，在实现高产的同时，减少肥料施用与浪费，提高肥料、水分利用效率，实现农作物减排、高产、资源效率高效、优质，发展现代可持续发展农业。

2. 作物学科现代高新科学技术研究与应用取得突破性进展

进入 21 世纪以来，以新一代测序技术为标志，伴随着芯片、计算机等技术的进步，基础生物学在结构基因组学、比较基因组学、功能基因组学及衍生的各种组学（如转录组学、蛋白组学、代谢组学、表达组学等）和生物信息学等方面获得了快速发展。基础生物学的发展为作物学研究提供了新的手段，作物遗传育种学与植物基因组学、分子生物学、生态学等学科的交叉渗透更加明显，促进了该领域迅速发展壮大。就粮食作物而言，水稻、玉米、谷子、高粱、大豆等均已完成全基因组测序。转基因作物的研发和大规模应用对作物育种、种业和作物生产都产生了巨大影响。农作物杂种优势利用方面也取得了较大进展，近年来在小麦、棉花、谷子、大豆、亚麻等农作物杂种优势研究与利用方面也取得了重大突破，在水稻、玉米、油菜等主要农作物杂种优势利用方面取得了举世瞩目的成就。

（二）国内外发展水平对比

在国家科技计划的持续支持下，我国作物学科发展与科技进步，在前沿基础研究、共

性关键技术研发、重大新品种培育、技术创新集成与推广应用等方面取得显著成效。但与国外前沿基础研究与发达技术相比还存在一定差距。在作物遗传育种学研究方面，中国种质资源和基因资源挖掘广度和深度不够，原创性种质不足和具有重要利用价值的基因较少；现有分子标记开发速度较慢，可供育种利用的有用标记较少，商业化、实用化的分子育种技术还没有物化的产品，分子育种技术手段普及度不够；育种方法、技术和模式相对落后，成果转化速度慢，科研、生产、推广和销售相对分离。作物栽培学研究方面，由于生产条件和栽培技术等原因，作物良种的增产潜力也未被充分挖掘，现实作物产量与高产纪录差距悬殊；作物栽培基础研究方法仍以传统的经典方法为主，大多基于现象的观察和相关的分析，作物栽培学基础研究整体水平发展速度落后。

四、本学科发展趋势和展望

（一）现代科学技术持续创新引领农作物育种发生深刻变革

生物组学、生物技术、信息技术、制造技术等现代科学技术飞速发展，将使农作物育种学科发生深刻变化，并催生崭新的育种体系。一方面，表型组学和基因组学技术不断深化种质资源鉴定与评价；另一方面，前沿技术引领育种方向，育种科技创新呈高新化。

（二）农作物品种选育呈多元化发展态势，运用遗传育种新技术选育重大新品种

各国遵循着相似的农作物生产发展道路，即不仅要求高产、优质、高效、安全，还要求降低生产成本、减少环境污染。因此，农作物育种目标从原来的高产转向多元化，注重优质与高产相结合，增强抗病虫性和抗逆性，提高光温水肥资源利用效率，适宜机械化作业，保障农产品的数量和质量同步安全。具体表现为：高产是新品种选育的永恒主题，品质改良是新品种选育的重点，病虫害抗性是新品种选育的重要选择，非生物逆境是新品种选育的重要方向，养分高效利用是新品种选育的重要目标，适宜机械化作业是新品种选育的重要特征。

（三）作物栽培技术以高产高效、优质、智能机械化为发展目标与趋势

一是将加强作物超高产栽培技术研究，在今后的发展方向上，作物栽培技术只有采用现代化的栽培方式，以超高产为主要的发展目标，才能够满足人们不断发展和变化的需求。二是作物栽培的发展方向应该朝着精确定量、轻简化的方向发展，相关研究部门应该加大对这两项技术的研究力度，使中国作物生产效率达到最优化。三是作物栽培在信息数字化栽培技术方面的发展将会逐渐走上生产过程不断信息化和数字化的道路，信息技术在农作物生产中的应用会进一步得到深化，并且会形成一种相对独立的发展道路，各项技术在发展过程中会逐步完善。

第二十六节　中西医结合消化医学

一、引言

中西医结合医学是在我国中西医并存的背景下，由我国医学科技工作者独创的一门医学学科，该学科既根植于传统的中医学和现代的西医学，又跟两者具有明显的差别，目的在于优势互补、互相促进、共同发展，提高疾病诊疗水平，更好解决人民群众的健康问题。经过 50 余年广大中西医结合工作者的艰辛探索和开拓进取，中西医结合医学已经取得了长足的进步。目前，中西医结合医学已经纳入我国医学教育、科研、医疗体系和行政管理之中，在医疗卫生体系中的作用不断增强；学术研究和临床实践成果显著；学术影响不断扩大，国际交流日趋广泛，引领着世界“结合医学”的发展方向。中西医结合临床医学是隶属于中西医结合学科的次级学科，在中西医结合学科中占据非常重要的地位，中西医结合近 50 余年的发展表明，中西医结合临床医学是中西医结合学科发展中的“领头兵”。中西医结合消化学科是中西医结合临床医学中的优势学科，具有明显的学术价值，近年来取得长足发展。中西医结合学科的发展不仅需要在广度进行学科方向和发展的总结和预测，同时也需要从广度向纵深方向发展，对中西医结合医学的某个次级学科进行深入的研究和探讨，总结学科发展成果，指引学科的发展方向。

二、本学科近年的研究进展

近年来，中西医结合消化学科进展主要体现在以下几个方面。

（一）中西医结合消化学科基础研究工作不断深化

基础研究是人类认识自然现象、揭示自然规律，获取新知识、新原理、新方法的研究活动。中西医结合消化学科基础研究工作的开展，是阐明中医药疗效物质基础、作用机理的重要途径，是促进两种学科更好融合、取长补短、优势互补的重要措施。临床基础工作逐步开展，包括单味药及复方治疗消化消化系统疾病作用机制不断阐明，如常用药枳实及仁术健脾方作用机制的阐释；常用消化疾病中医治法机制研究逐步开展，通降法、清热利湿法、健脾法治疗消化疾病作用机制研究初见成效；证候与疾病相关性研究工作稳步推进，中医证型与疾病西医学客观表现的相关性研究陆续展开；证候本质研究工作持续推进，如研究发现溃疡性结肠炎 TLR2 的高表达可能是其脾虚和肝郁脾虚的客观化证本质指标之一；传统理论借助现代科学技术得以部分阐明，如“肺与大肠相表里”脏腑相关理论的内在机制阐释；中医外治法疗效作用机制不断阐明，如针灸治疗功能性胃肠病作用机制的阐明。证候动物模型研究成为热点，动物模型作为基础研究的重要支撑具有其独特优点，可以在一定程度上弥补由临床研究涉及的伦理问题带来的研究不足，已经开展的动物模型研究包括功能性消化不良病征结合肝郁脾虚证动物模型、脾虚证动物模型、胃虚饮停证动物模型，慢性胃炎病征结合脾虚证、脾虚湿热证动物模型、气虚血瘀证动物模型、脾虚、肝郁、肾虚证动物模型，肠易激综合征病征结合肝郁脾虚证动物模型、脾胃湿热证动物模型，功能性腹泻病征结合脾虚证动物模型研究，肝纤维化病征结合肝郁脾虚证动物模型、气虚血瘀证动物模型。肠道菌群研究成为热点，我国微生态学奠基人魏曦教授认为：微生态的研究有可能成为打开中医奥秘大门的一把金钥匙，肠道菌群与消化系统疾病关系非常密切，主要表现在：肠道菌群与中医证候具有相关性；肠道菌群是中药药效发挥的重要介质，中药可以通过影响肠道菌群结构和数量，纠正和改善肠道菌群失调发挥治疗疾病作用，以肠道菌群为靶点探索中医药作用机理正逐渐成为研究热点。基础研究与多学科技术相互融合，组学技术、高通量测序技术等为中西医结合消化学科基础研究提供了更多研究可能，基于组学技术研究中药治疗消化系统疾病的作用靶点；基于影像学技术研究中医不同证型的客观化表征等。

（二）中西医结合消化临床研究质量不断提高

疾病证候规律研究工作进一步开展，临床流行病学和数据挖掘技术的应用推动了疾病证候规律研究工作，非酒精性脂肪肝及溃疡性结肠炎证候规律研究工作取得可喜进展。中医药治疗消化系统疾病临床研究设计更加科学，功能性胃肠疾病研究中采用最新临床研究设计避免主观偏倚，胃癌前病变研究中，“胃癌前病变早期诊断早期治疗的关键技术研究”课题首次将“体腔定标活检技术钳”技术应用到干预研究中，并请国内权威消化病理、临床专家就标本处理流程、病理诊断评价规范、质量控制等进行反复讨论并达成共识，解决了制约胃癌前病变临床研究的两个关键技术问题，即胃黏膜活检取材准确性和前后一致性差、病理诊断和评价的质量问题。在此基础上，通过多中心随机对照研究，从症状、胃镜、病理组织学及 PRO 量表 4 个方面，对中药辨证方及摩罗丹治疗萎缩性胃炎伴轻、中度异型增生疗效进行科学评价。临床疗效评价指体系不断完善，更能体现中医药治疗优势与特色，基于功能性消化不良的 PRO 量表开发能够体现中医学特点和治疗优势，基于炎症性肠病生活质量量表的汉化与开发采用国际公认量表科学评价中医药治疗效果，基于非酒精性脂肪性肝病疗效评价体系的完善丰富了中医药治疗非酒精性脂肪性肝病的疗效评价体系。临床研究质量不断提高，将高质量临床研究证据发表在具有高影响力的学术期刊是提高中医药、中西医结合治疗消化系统疾病循证医学证据等级的重要措施。中西医结合治疗优势不断凸显，中西医结合治疗可提高幽门螺杆菌（Hp）根除率或更好改善患者症状，提高消化性溃疡愈合质量或用于西药根除失败治疗之后的补救治疗；中医药口服联合西药质子泵抑制剂（PPI）治疗在改善胃食管反流病患者症状、提高治愈率方面优于单纯使用PPI；中西医结合治疗功能性胃肠病治疗优势不断显现，心理语言、穴位刺激、胃电起搏同步协同治疗提高难治性功能性消化不良（FD）的临床疗效；联合外治法治疗消化系统疾病的疗效提高，部分疾病外治法优势明显，主要体现在FD与肠易激综合征的治疗；中西医结合、内外合用综合疗法治疗重症胰腺炎取得可喜进展；理论创新促进临床疗效的提高，在“从肺脾论治溃疡性结肠炎”学术观点指导下形成的病情分期和中医辨证结合的两步序贯治疗方案、以“口服灌肠联合给药，两步序贯治疗为关键”的特色治疗新技术提高溃疡性结肠炎疗效；难治性溃疡性结肠炎“热”、“毒”、“瘀”、“血”理论指导制定的清热解毒、凉血活血法联合西药治疗重度溃疡性结肠炎的治疗方案可减少并发症，降低手术率。特色诊疗技术的发展促进临床疗效提高，炎症性肠病的治疗应用特色隔药灸疗法，“艾灸、药饼、穴位”三者合用，或辅以针刺调理，即“隔药灸治疗溃疡性结肠炎诊疗技术”使得大部分轻中度的溃疡性结肠炎缓解症状，“灸法治疗肠腑病症的技术与临床应用”获得2013年度国家科学技术进步奖二等奖。疾病标准与指南的制定与发布提高疾病的规范化诊治水平，中国中西医结合学会消化系统疾病专业委员会、中华中医药学会脾胃病分会陆续发布胃食管反流病、功能性消化不良、溃疡性结肠炎等中医、中西医诊疗共识意见；病名规范化工作陆续开展；脾胃病中医临床路径发布，规范临床工作开展并逐步进行临床验证。疾病与体质关系研究逐步开展，炎症性肠病、非酒精性脂肪肝中医证候/易感体质的研究初见成效，湿热质、气虚质是溃结患者比较常见的体质类型；痰湿质、气虚质和湿热质为非酒精性脂肪肝的常见体质类型。

三、学科建设取得的重要进展

在中西医结合消化学科建设与人才培养方面，“十一五”、“十二五”期间，国家中医药管理局脾胃病重点专科、国家中医药管理局脾胃病重点学科、国家中医临床研究基地（脾胃病）、国家中医药管理局中医药标准研究基地等建设工作为中西医结合消化疾病学科建设提供了强大的支撑和指导。国家中医药管理局脾胃病重点学科建设单位包括广州中医药大学第一附属医院、浙江省中医院、首都医科大学第一附属医院、宁夏医科大学附属医院、南宁中医药大学附属医院、陕西中医学院附属医院、辽宁中医药大学附属医院、河北省中医院、武汉市中西医结合医院、福建中医学院等10家；2012年6月，国家中医药管理局发布关于公布国家中医重点专科协作组组长单位的通知，确定中国中医科学院西苑医院、首都医科大学附属北京中医医院、辽宁中医药大学附属医院为脾胃病科组长单位。

在国家相关政策和资助的支持下，中西医结合消化学科建设取得了长足的发展与进步，学科发展繁荣昌盛，相关科研立项不断增加，科研成果不断涌现。如国家科技支撑计划“基于寒热虚实辨证功能性消化不良中医药干预方案临床疗效评价”课题顺利完成，并获得多项国家专利，且顺利进行了成果向企业转让；“升清降浊法治疗功能性消化不良肝郁脾虚证的临床研究及机制探讨”课题获得 2010 年度中国中西医结合学会科学技术奖二等奖。“十二五”期间，申请治疗 GERD 的中药组方专利达 11 个；国家自然科学基金有关 GERD 研究的中标数是“十一五”期间相关研究的 10 倍；相关文献检索显示，“十二五”期间相关文献数比上一个五年增加 1000 多篇。发表在国际期刊上的中西医结合防治脂肪肝的基础和临床研究论文已占本领域国际期刊论文的 1/3；病征结合防治非酒精性脂肪肝病关键技术和转化应用系列研究分别获得上海市科技进步奖一等奖和教育部、中华医学科技奖二等奖。近 5 年来炎症性肠病相关国家自然科学基金项目数逐年提高，2015 年立项 66 项；北京中医药大学东直门医院“‘肺与大肠相表里’脏腑相关理论的应用基础研究”获国家重点基础研究发展计划（“973”计划）资助，其中“基于炎症性肠病肺支气管病损出发的肺与大肠表里关系研究”课题是重要组成部分；江苏省中医院“针对难治性脾胃病的中医药诊疗规范转化应用研究”获国家中医药管理局行业专项资助；国家中医药管理局基地业务建设科研专项依托江苏省中医院，在全国开展 5 项溃疡性结肠炎系列研究；依托国家中医临床研究基地（脾胃病）开放课题，江苏省内开展了 17 项 UC 相关研究，取得了阶段性进展。继广州中医药大学脾胃病研究所、上海中医药大学脾胃病研究所之后，2013 年 6 月 13 日，北京地区成立北京市脾胃病研究所。北京市中医脾胃病研究所挂靠于中国中医科学院西苑医院脾胃病科，以中医药防治慢性胃炎及其癌前病变理论及技术的集成创新研究、中医药防治肠易激综合征技术及规范的转化应用研究、中医药防治胃食管反流病理论及技术的整合应用研究、中药对慢性肝损伤保肝降酶的作用机理研究、从脾论治功能性胃肠病的证治规律及机制研究、中医药防治消化疾病科研临床信息平台建设与标准化研究工作 6 大方向为研究重点。2016 年 11 月，国家中医药管理局批准了中国中医科学院西苑医院以北京市中医脾胃病研究所重点学术建设为依托的脾虚重点研究室。北京市中医脾胃病研究所以及国家中医药管理局脾虚重点研究室的成立，必将促进中西医结合消化学科发展，对发挥名老专家优势，培养造就中西医结合消化临床研究学科带头人、学科骨干等具有深远意义。

国内每年开展多项中西医结合治疗消化系统疾病继续教育项目，为中西医结合消化人才培养提供了保障。如国家中医药管理局脾胃病重点专科培训班自 2012—2015 年，已经连续举办 4 期，培训班邀请国内外中西医结合消化领域内知名专家及有丰富经验的研究者，围绕脾胃病重点专科建设、常见脾胃病诊断及疗效评价技术、临床科研方法、课题标书申请等进行专题讲座，对于脾胃病重点专科青年业务骨干提高临床诊疗和科研水平具有极好的实用价值，促进了中西医结合消化人才的培养，促进了学科繁荣。中西医结合消化学科学术交流方面，中华中医药学会脾胃病分会截至 2015 年共成功举办了 27 届全国脾胃病学术交流会；中国中西医结合学会消化系统疾病专业委员会已经成功举办第27届中西医结合消化学术大会；世界中医药学会联合会消化病专业委员会成立于2010年，至今已经连续6年举办国际消化学术大会，为广大中西医结合消化工作者提供了重要的学术交流平台，促进了中西医结合消化学科的发展与繁荣。此外，2015年11月20—21日，中国医师协会中西医结合医师分会消化病专业委员会成立大会暨消化病中西医论坛在北京召开，大会围绕癌前病变及早癌、功能性胃肠病等中西医结合热点问题及最新进展进行了充分的学术交流与讨论，中西医结合医师分会消化病专业委员会的成立为中西医结合消化系统学科发展搭建了新的平台。

四、近年来国内外研究进展比较

跟国外相比，目前国内中西医结合消化系统疾病研究存在的问题有：研究内容较分散，转化医学研究较少，创新性与欧美有较大差距；循证医学研究设计水平较低，多种型、RCT研究较少，前瞻、组织、随访等都有较大差距；科研人才、水平有差距，病例资源管理、医疗服务机制、社会理解支持等多方面存在差距，尚待改进完善。基础研究相对较少，多为治疗技术的临床应用研究，但设计水平较低，循证医学级别较低，对新机制、新分子等研究少，用于诊断治疗的基础发现更少。

五、本学科未来发展的建议

进一步明确中西医结合治疗消化系统疾病的优势领域，找准研究方向和研究点；传统理论研究进一步深化；推进中医、中西医结合诊疗方案融入综合诊疗模式；开展高质量大规模随机对照试验，创新疗效评价方法及体系；充分应用生命科学高新技术，从临床验证到机制阐明；进一步深化中医外治法的研究；加强中西医结合消化学科医教研机构的建设；强化中西医结合消化学科的人才培养；加强国际交流与合作。随着国家对于中医学及中西医结合学科的重视与支持，中西医结合消化医学理论体系不断完善和发展，中西医结合消化系统疾病诊断和疗效评价体系逐步建立，中西医结合治疗消化系统疾病的医疗模式将会被更加普遍的采用，中西医结合治疗消化系统疾病的临床疗效将会显著提高，中西医结合消化学科必将取得更大的发展和进步。

第二十七节　生物医学工程

一、医学神经工程

医学神经工程是生物医学工程学科的一个新兴前沿领域。当前热点是：神经调控、脑－机接口（BCI）、神经康复和神经成像技术等。获 2014 年拉斯克奖的脑深部电刺激技术（DBS，即脑起搏器）就是神经调控领域的标志性成果。

近年来，中国在脑起搏器和脑－机接口技术两方面取得了突破性的进展，成为该领域热点中的亮点。

（一）脑起搏器

脑起搏器是一种直接作用于神经中枢的植入式医疗装置，是治疗晚期帕金森病的主要手段。但长期以来，脑起搏器技术为 Metronic 公司所垄断，因而价格昂贵。2000 年，在王忠诚院士倡导下，清华大学李路明牵头与天坛医院、（清华）品驰公司联合，组成了一个产学研医紧密结合的团队，研制脑起搏器。15 年坚持不懈的努力，不仅打破了 Metronic 公司的全球垄断，自主开发了单通道、双通道、可充电双通道脑起搏器，形成了拥有自主知识产权、技术性能相当的产品系列；而且攻克了一系列难关，在技术上实现了由跟踪→并行→引领的跨越。

（1）建立了以产品安全性、可靠性为核心的脑起搏器生产技术保障体系。长期以来“可靠性”一直是国产医疗器械的致命弱点。对此，李路明团队汲取航天工程的经验，用系统工程的方法进行可靠性设计，实施全面质量控制。为此，自行研制专用工装卡具 223 套，模具 123 套，创新加工方法 41 种，工艺包 252 个；研制了包含几百万种参数组合的历遍测试系统，建立了以安全性、可靠性为核心的脑起搏器生产技术保障体系，为清华 / 品驰脑起搏器系列产品的开发夯实了基础，同时形成了由近百项专利构成的知识产权网络（专利池）。

（2）通过分析和实验，发现了体外充点过程中皮肤温升的规律，发明了双闭环充电控制方法，确保了体外充电的安全性。

（3）通过对国外脑起搏器植入后电极断裂（1%～5%）事故的分析，发现了电极断裂的机制，发明了可靠的固定方法，以预防脑起搏器植入后电极断裂的风险。基于上述3项技术的突破，清华/品驰双通道体外充电脑起搏器使用寿命大大延长。因而将使用保质期定为10年，是Metronic同类产品保质期的2倍。

（4）首创多模式电刺激方法和刺激模式无创（体外）调控技术，并成功研制了全球第一台多模式刺激脑起搏器。电刺激模式是取得治疗效果的核心技术。国内外现行电刺激模式均为恒频式（单一频率），临床实践中已发现疗效随疗程延长有蜕变迹象。李路明团队融合医学临床专家经验和技术创新为一体，发明了变频、多频、扫频等多模式电刺激方法和体外调控技术。进而研发了全球第一个多模式刺激体外程控脑起搏器，且软件可在线升级。目前已完成20余例患者的临床试验，结果表明，通过对大脑靶核团进行高频率交替电刺激，不仅能改善帕金森的肢体症状，而且明显改善当前临床上束手无策的帕金森病中线症状，如起步困难、构音障碍等。

（5）原创高场（3T）磁共振相电极与脑起搏器。高场（3T）磁共振仪在脑疾病检查、治疗中有重要价值，但目前国外脑起搏器仅能与1.5T磁共振仪相容。李路明团队深入研究了现有脑起搏器电极与3T磁共振不能相容的物理原因，发现了现有脑起搏器电极的两大问题：①温升高，有热损伤风险：电极导线的天线效应严重吸收射频能量；②伪影大，影响图像判读：金属触点被磁化，干扰MR磁场均匀性。进而针对性地发明了两项原创技术，研制了全球第一个与高场（3T）磁共振相容的电极，取得两项国家发明专利和一项美国专利。在此基础上研发了全球第一个与3T磁共振相容的脑起搏器，并于2015年5月7日完成首例临床手术。

电刺激模式和植入电极是脑起搏器的核心技术和核心部件，这两项原创性的技术突破和两种首创新型脑起搏器（多模态刺激和高场3T磁共振兼容）问世，标志着李路明团队在脑起搏器技术水平方面已从并行而跃迁至引领。更值得指出的是，这两项原则性的技术突破都是医工紧密结合的成果，前者更是医工融合的结晶。

（6）可记录深部脑电活动的可充电脑起搏器。李路明团队在系统解决了植入环境下脑深部核团局部场电位信号记录和处理技术、低功耗和大数量据医疗频段、无线传输等关键技术问题后，成功研制了全球第一个可同步记录脑深部核电局部场电位信号的双通道可充电脑起搏器，并开展了全球首例临床试验。图1是首例临床数据传输记录（规范化刺激－响应记录）。这一技术将为应用电生理技术研究脑疾病病理变化规律打开一个窗口，提供一个技术平台；同时也为发展根据患者病情自适应控制的闭环脑起搏器的研制奠定技术基础。

自2013年李路明团队研发的脑起搏器（品驰单通道脑起搏器）取得注册证以来，已经发展成为单通道、双通道、可充电双通道品驰脑起搏器系列产品。它们与Metronic脑起搏器系列形成了系列整体的竞争。表1是二者主要技术指标的比较。显然，二者大

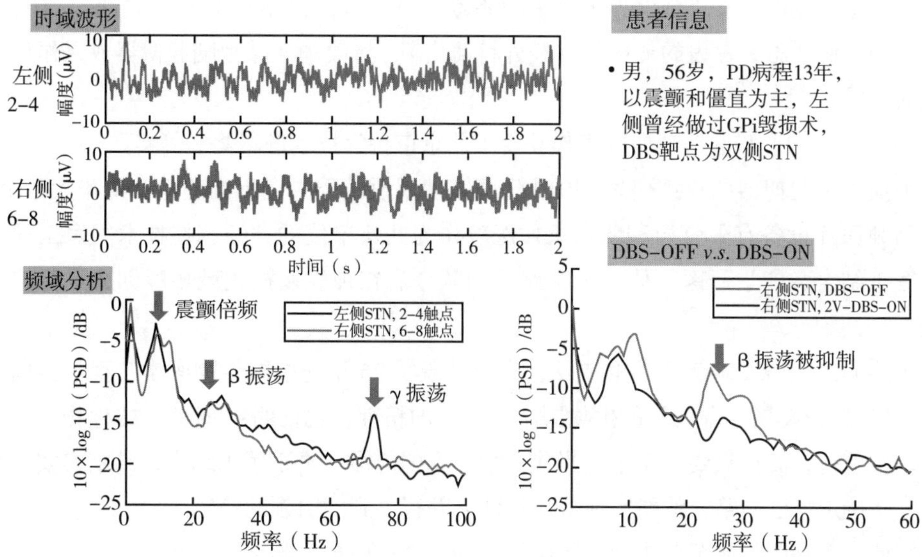

图 1　第一例临床数据

体相当，但品驰可充电双通道脑起搏器的使用寿命远高于 Metronic 同类产品，前者的保质期（10 年）为后者（5 年）的 2 倍，这是前者的一个强势竞争点。不仅如此，品驰脑起搏器系列的售价约为 Metronic 相应产品的 50% ~ 55%。性价比远高于 Metronic 同类产品。

表 1　品驰系列产品与 Metronic 同类产品主要性能比较

类　型	PINS	Metronic
单通道	40 克 /5Ah/5 ~ 9 年	45 克 /4.5Ah/4 ~ 6 年
双通道	55 克 /7.5Ah/4 ~ 6 年	67 克 /6.3Ah/3 ~ 5 年
双通道可充电	37 克 /219mAh/ 无限制，质保 10 年	40 克 /110mAh/9 年，质保 5 年

目前品驰脑起搏器已进入全国 70 余家三甲医院和神经专科医院，完成了 2400 余例次植入手术。2014 年企业直接经济效益 4374.61 万元，2015 年可望超过 1 亿元。

截至 2015 年 9 月，品驰脑起搏器按月植入手术量计，国内市场占有率已经超过了 50%。与 Metronic 脑起搏器相比，平均每一例手术可以为患者节省医疗费用 10 万 ~ 13 万元，累计已为患者减负 2 亿多元。因此，“清华脑起搏器为帕金森病患者减负”被科技日报 / 中国科技网的“科技这十年”评选为第六项成果。对此，国外的评论是：“DBS 虽然疗效神奇，但对世界上大多数人仍太昂贵。也因此对 PD 进行单侧损毁在许多国家是现实的治疗选择。PINS 脑起搏器可能会改变许多亚洲国家的选择。”（Tipu Aziz，MD，MBBS Oxford，Unied Kingdom）。美国学者 Lee K 等认为：“PINS 脑起搏器显著改善 PD 患者症状，可用于治疗晚期 PD。这是一项重要的研究，提供了可以替代 Metronic 的高性价比产品，鉴于 PD 患者以及中国乃至世界老龄人口不断增加，该产品显然会受到欢迎。”2015 年 1 月《中华外科杂志》发表的《中国神经外科简史》，将清华－品驰脑起搏器成果作为里程碑式的进展。

2015 年，国产脑起搏器研究工作获得了北京市科学技术进步奖一等奖。

为促进脑起搏器的自主研发，2012 年国家发展改革委员会批准建立由清华大学牵头、北京品驰医疗设备有限公司和北京天坛医院作为共建单位的神经调控技术国家工程实验室。医工结合，产学研医一体，为李路明团队今后在神经调控领域拓展创造了更广阔的天地。

李路明团队研发脑起搏器的成功，充分体现了 25 年前中国生物医学工程学会倡导的“走自己的路，发展‘省钱’的生物医学工程”的精神。也证明：“省钱”的生物医学工程不仅切实可行，而且只要真正站在当代科学技术的前沿，真正医工结合，踏踏实实，持续创新，坚持走自己的路，就能实现从“跟踪－并行”到“引领的跨越”。

因此，李路明团队荣获中国生物医学工程学会首届黄家驷奖一等奖。

（二）脑－机接口

脑－机接口是在大脑与外部设备之间建立的直接的通讯渠道。通过对大脑信号的解读，可以了解到受试者的真实意图并将其转换成对外部设备的控制命令，由此实现对外部设备的控制。中国有两个代表性的团队，清华大学高上凯团队和浙江大学郑筱祥团队，分别按不同的总体思路，采用不同的方法学体系，对脑－机接口技术进行了持续的研究，在该领域的不同方面取得了显著进展。

1. 基于视听觉诱发脑电（EEG）无创脑－机接口技术

自 20 世纪 90 年代以来，清华大学高上凯团队在基于视听觉诱发脑－机接口技术研究方面，一直居于世界领先地位。故在 2014 年应生物医学工程学科领域顶级学术期刊之一 *IEEE Transaction on Biomedical Engineering* 之约，在其创刊 60 周年的纪念专刊上发表了题为“Visual and Auditory Brain–Computer Interface”的综述论文，提出了有关视听觉脑－机接口系统设计与实现的全新的理论框架与技术路线。

高上凯等明确提出了脑－机接口系统设计可以充分借鉴现代通信的理论和方法，由此为脑－机接口的设计与实现找到新的理论依据。高上凯等的这一观点得到了该领域学术界的充分认可。在 *IEEE Transaction on Biomedical Engineering* 期刊网站上该论文被列为近年来被引用最多的论文之一。

据此理论，高小榕、王毅君、高上凯等提出了一种全新的“频率－相位联合编码方法”，构建了包含 26 个英文字母、10 个数字及若干标点符号的拼写系统，纳入脑－机接口系统显著提高了通讯效率。

脑－机接口作为一个全新的通讯渠道，其通讯速率（即每秒钟从大脑发出信息的比特数）是关键问题。在以往公布的研究成果中，各种范式（包括采用植入电极的有创方法和采用头皮电极的无创方法）所能达到的最高通信速率都不超过每秒钟 2.5 比特。而高上凯团队提出的基于“频率 – 相位联合编码”方法的脑 – 机接口拼写系统将通讯速率提高到平均每秒钟 4.5 比特（最佳的受试者可以达到每秒钟 5.32 比特），几乎将原有指标提高了一倍。专家们认为这是脑 – 机接口技术研究中的一个重要突破。

2. 植入式脑 – 机接口信息解析和交互控制研究

浙江大学郑筱祥团队通过改脑膜外植入 ECOG 电极阵列，提取脑电信号，重点开展信息解析和交互控制方面的研究。总体思路是：从啮齿类动物入手→（非人）灵长类动物→应用与临床。

2014 年，研究团队与临床医生紧密合作，在国内首次将植入式脑机接口技术应用于临床转换的研究。通过临床志愿者（癫痫患者）硬脑膜外的 ECoG 电极阵列，研究人员可以实时获取人类大脑皮层的电活动信息并加以分析。在临床志愿者进行“石头 – 剪刀 – 布”等的手势动作的过程中，研究人员发现人类运动皮层的神经活动在不同的手势动作下也存在着明显的时空特征。通过对运动皮层的神经信号进行在线解码，可获得表征不同手势类型的特征信息。将这些特征信息实时、同步传递给病床边的机械手，志愿者便可指挥机械手模仿自己做出同样的手势动作。通过对机械手控制指令的进一步修改，志愿者还能同机械手玩“石头 – 剪刀 – 布”的猜拳游戏。人民日报、中央电视台海外频道和 Time of News 等的国内外媒体的竞相报道了这一研究成果，使得植入式脑机接口技术在运动功能重建的临床应用上迈进了一大步。

二、医用机器人

医用机器人（Medical Robotics）是以人类健康需求为服务目的，发掘机器人的技术特点，辅助人们更好地完成疾病诊疗和健康护理任务的特殊机器人，是生物医学工程的又一个新前沿。

中国医用机器人技术研究起步较晚，大部分是分散（非系统）的应用基础性研究，产业化技术研究和结合临床的产品开发较少，市场化程度很低，更缺乏统筹规划和系统监督。整体而言，与美、欧等发达国家相比，差距显著。但近年来，以北京天智航医疗科技股份有限公司为研发平台，联合北京积水潭医院和北京航空航天大学机器人研究所等组成的产学研医有机结合的联合研发团队，在骨科手术机器人方面实现了从零开始的连续突破，他们开发的第一代产品（GD–A）于 2012 年 10 月取得了 CFDA Ⅲ类医疗器械注册证，使中国成为继美国、瑞典、以色列之后第四个获得医疗机器人注册许可证的国家。在第一、第二代骨科手术机器人的基础上，开发了通用型影像导航骨科机器人和智能化骨科手术体系，取得了重大突破，跃居骨科手术机器人的世界前列。其创新点主要是：

1. 手术精确定位

核心技术源于北京航空航天大学机器人研究所和北京积水潭医学原创的基于 2–PPTC 结构的骨科双平面定位方法，该方法用两幅 X 光片实现三维精确定位，定位精度达

0.8mm，领先于世界水平（1.0mm），定位所需 X- 射线透视次数减少了 73%。

2. 基于光电导航时实时追踪的机器人伺服控制和不同手术操作规范的制订

综合光电导航实时追踪和机器人高精度定位的优势，实现基于光电导航实时位置反馈的伺服控制和基于虚拟透视图像的伺服控制，二者结合，解决了手术导航临床精度的难题。导航精度由 3.03 ± 2.05 mm 提高到 0.74 ± 0.30 mm，实现了质的飞跃，居世界领先水平。

3. 成功研制了通用型影像导航骨科手术机器人（TiRobot）

通用型影像导航骨科手术机器人的功能和技术指标居世界领先水平（图 2，图 3 和表 2）。

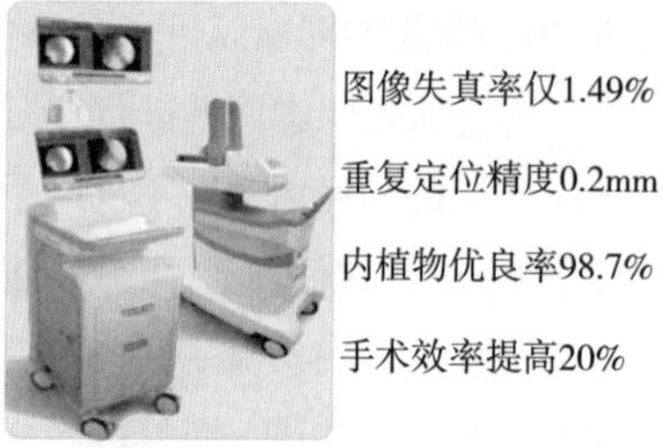

图 2　TiRobot 通用型影像

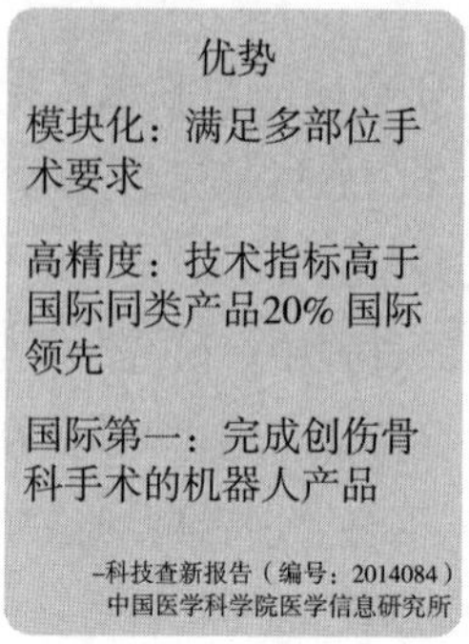

图 3　产品优势

表 2　功能和技术指标达到国际领先水平

典型产品	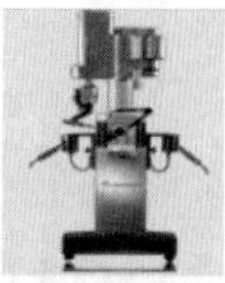 美国 RoboDoc	 美国 RIO	 以色列 Renaissance	 中国 TiRobot
构型特征	串联	串联	并联	串并联组合可重构
适用范围	单一手术关节置换	单一手术关节置换	单一手术脊柱手术	多种手术长骨、脊柱、股骨颈、骨盆
定位精度	1.0mm	1.0mm	1.5mm	0.8mm
售价人民币	1000 万元	1700 万元	1200 万元	200 万元

应当特别指出的是，天智航 TiRobot 技术指标和功能不但明显高于美国和以色列同类产品，而且售价仅为它们的 12% ~ 20%，名副其实"'省钱'的生物医学工程"，而且"世界第一"。

4. 机器人手术安全控制

安全性是机器人手术的生命线，通过建立多重安全控制策略，实现完善的分级、主被动安全控制方式，保证手术的可靠与安全。建立机器人规划仿真手术路径、软件复核确认手术指令、术者手动调节执行末端的三级安全控制策略，避免了手术误操作；通过实时监测机器人各关节驱动电流来控制机器人的驱动力矩，实现机器人的碰撞检测来保障系统使用安全性。

5. 手术机器人与手术室一体化集成

手术机器人与传统工业机器人的最大区别在于其工作的环境具有高度的非结构化特性，其工作空间与医生、患者所处的空间高度耦合。

鉴于此，天智航团队围绕他们的骨科手术机器人，考虑到机器人微创手术和远程医疗的需要，实现了手术机器人和手术室的一体化集成，这集中体现于国内专家智能骨科手术中心的建设。围绕着智能骨科手术中心的建立，研发了系列新装备（以 TiRobot 骨科手术机器人为核心），取得了 38 项自主知识产权。

骨科机器人 TiRobot 的成功研制确实推动了中国骨科临床医学水平的进步。北京积水潭医院田伟等在国际上率先提出了计算机辅助微创脊柱手术（CAMISS）理念和综合治疗策略，首创借助骨科手术机器人实现的 7 种手术方法规范，效果居国际领先水平。

“基于影像导航和机器人技术的智能骨科手术体系建立及临床应用”获 2014 年度北京市科技进步奖一等奖，现被评为 2015 年度国家科技进步奖二等奖。

三、医学超声工程

医学超声工程包含医学超声影像技术和超声治疗技术以及诊疗一体化技术。覆盖面日益拓宽，已成为当前十分活跃且极具潜力，前景深远的一个分支学科领域。近年来，中国超声医学工程在超声影像产业技术和前沿热点领域两方面都取得了突破性进展。其中最为成熟，产业化程度最高的是传统的超声影像领域。

（一）超声影像产业和产业技术的进展

与 X-CT、MRI、PET 等影像技术相比，超声影像技术具有“绿色”（不易造成受者和使用者次生损伤）、可实时成像、价格低廉、操作简易，且可小型化（便携式、床旁式），利于进入基层、社区、家庭。因此，超声影像设备市场规模与年俱增。

据统计，2012 年中国医用超声影像设备市场规模达 57.3 亿元，为全球市场的 16.7%。预计未来 5 年中国市场年复合增长率为 11%，为全球增长最快的区域。

整体来看，国内超声产业上下游配套产业发展较好，具有迈瑞、开立等一批在国内领先的超声企业。中低端产业已有一定规模，但受技术封闭性影响，产品规范性不足；高端产业目前尚处于起步阶段，技术突破是关键。目前超声相关的源头技术主要来源于发达国家，国内科研院所等以吸收、消化进而二次创新（应用型）为主。虽然中国的整体实力与国际超声产业还存在差距，但少数企业已经具备了和国际大企业竞争的实力。迈瑞、开立两家国内企业在超声换能器、造影成像、谐波成像、4D 成像、高端彩超系统集成等核心技术方面取得了完全自主知识产权，生产的彩超系统达到国际主流厂家水平。其标志为：

（1）DC-8（迈瑞）是全身型中高端台式超声彩色多普勒血流成像系统。无论在常规腹部成像，表浅部位成像，还是鉴别诊断所需的组织多普勒成像、四维成像及造影成像等均达到了国际先进水平。造影剂成像性能尤其出色。

（2）M9（迈瑞）是新一代高端便携式超声彩色成像系统，备有全新单晶探头与智能化成像系统。于 2014 年 3 月在维也纳举行的欧洲放射学大会上首次亮相，作为世界上最先进的笔记本式彩超系统正式向全球发布。临床上它可以满足腹部、浅表、心血管介入等全身应用的需求，全面拓展 ICU/CCU、手术、急诊等临床领域，为医生提供疾病诊疗方案。典型图像示于图 4 和图 5。

DC-8 和 M9 标志着中国高档彩超技术研究和生产的整体实力已跃进世界先进行列。

图 4　M9 高端便携多普勒超声诊断系统

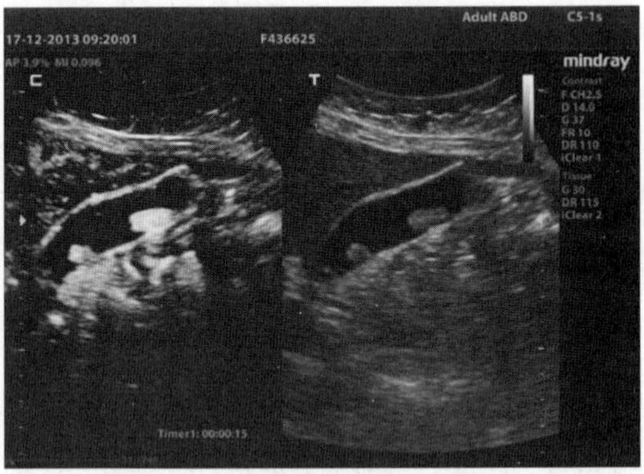

图 5　超宽带非线性造影成像采用基于非线性基波的方法实现造影成像，提高造影的持续时间

（二）正在崛起的生力军

当前医学超声工程的技术前沿研究要集中于超声微泡非线性声学、超声声超控、超声分子影像和定点给药突破血脑屏障以及超声神经调控等方面。在这些前沿热点领域里，进展突出、最具代表特色且潜力强劲的是中国科学院深圳光进技术研究院的郑海荣研究团队。其特色是从应用基础理论研究→关键技术突破和核心部件研制→新产品研发，直至产业化。主要体现在：

1. 超声瞬态弹性成像系统→ ET-CD 肝硬化检测仪

研究过程中突破了以下核心及关键技术：

（1）剪切波 / 超声波复合探头的设计和研发。郑海荣团队发明了一种新型锁止结构，使超声换能器—剪切波发射器不直接连接而相对独立运行。这种新型复合探头，从结构上解决了现有技术中剪切波方向和有效深度易变剪切振动影响的难题，实现了剪切波的大深度发射，从而提高了测量的准确性和稳定性。

（2）超声射频信号的处理及组织弹性模量的精确获取。团队提出了一种高速、高灵敏度的生物组织微形变估计新算法（基于尺度不变特征点的追踪来实现），结合他们提出的精确测量生物组织弹性模量值的新方法、激励源尺寸对测量结果影响的数学模型，以及自适应误差补偿算法，修正了对剪切波速度的测量偏差，实现对生物组织弹性模量的精确计算（0.1kPa 传统为 1kPa）。

（3）肝纤维化程度的准确分期以及临床诊断标准的制定。郑海荣团队研发的超声瞬态弹性成像系统已与深圳一体公司合作，实现了产业化，图 6 所示为 ET-CD 超声瞬态弹性成像肝硬化检测仪。

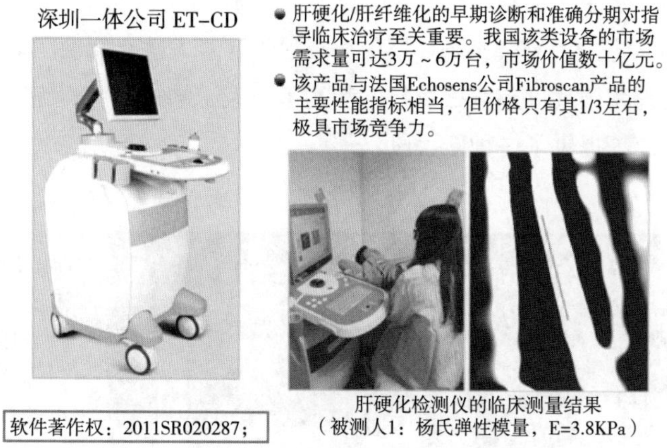

图 6　ET-CD 超声瞬态弹性成像肝硬化检测仪

该产品在第三方主持下以目前在国际上处于领先地位的法国 Echosens 公司的 FibroScan 机型为对照进行了鉴定性临床实验，对 96 例不同类型的慢性乙型肝炎受试者进行了肝脏硬度弹性值的测定，结果表明 ET-CD- Ⅰ超声肝硬化检测仪与法国 Echosens（FibroScan）性能相当，而且，鉴别肝硬化的关键技术主要指标——弹性模量的测量，ET-CD- Ⅰ误差为 ±8%，而法国研制的 FibroScan 误差为 ±10%。

应当特别指出，国产超声瞬态成像肝硬度检测仪 ET-CD 技术性能虽然与国际领先水平的法国 Echosens 公司的 FibroScan 相当（略优），售价仅为后者的 1/3 左右。这不仅增强了市场竞争力，也再一次证明“走自己的路，发展‘省钱’的生物医学工程”，是切实可行的。

ET-CD 超声瞬态成像肝度检测仪已获得 CFDA Ⅲ类医疗器械注册并通过了欧盟的 CE 认证。

2. 声辐射力二维定量超声弹性成像系统研制

在样机系统的研发过程中，郑海荣团队重点研究和掌握了以下核心关键技术：

（1）高速微形变弹性成像信号与图像处理技术：主要是通过高帧频下对微小组织偏移

量的精确测量以及自适应焦点深度确定算法实现了最优化的剪切波速度计算，极大地提高了弹性模量测量的准确性和可重复性。

（2）新型声辐射力 / 成像双模线阵探头研制。

（3）新型超声弹性成像电子系统开发。实现了大功率、高信噪比的超声电路设计，大幅度提高了超声发射 / 接收电路的性能，并使其特别适用于声辐射力超声弹性成像系统。

在上述基础上成功研发了声辐射力二维定量超声弹性成像系统样机。用不同硬度的弹性体模，对该团队研制的样机和西门子公司 S2000 声辐射力超声弹性测量系统，以及 Supersonic 公司 Aixplorer 二维超声弹性成像系统在同样条件下进行对比实验，结果表明三者无明显差异，技术性能相当。

3. 从复杂声场环境中声辐射力计算→“声筛”技术

郑海荣带领团队提出了复杂声场环境中声辐射力计算方法，解决了复杂声场辐射力设计问题，实现了可编程微尺度超声操控技术和基于声人工结构的“声筛”技术，为生物医学研究、无创伤治疗等提供了一种新手段。

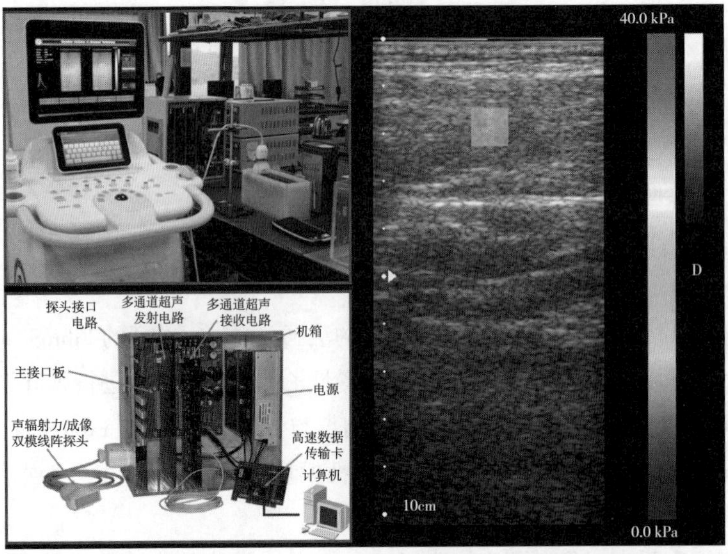

目前样机所实现的实际技术指标为：

（1）弹性模量检测范围：1.5~150 kPa

（2）弹性模量测量精度：± 0.5 kPa

（3）超声阵列探头：线阵探头，128阵元

（4）机械指数 < 1.9，热指数 < 1

（5）超声波频率：6~10 MHz

（6）数据采集：采样频率50~100MHz，12位分辨率

（7）检测深度：1~10厘米

弹性成像系统样机　　　　志愿者小腿肌肉弹性成像结果

已授权发明专利：CN103431874B；CN102283677B；CN102764141B

图 7　声辐射力二维定量超声弹性成像系统样机、技术指标和小腿肌肉成像结果

4. 超声分子成像和诊疗一体化技术（药物定点传递）

超声分子影像借助靶向微泡与组织细胞表面的特定抗原或受体结合，使目标组织在超声影像中得到特异性增强，以此来反映细胞及分子水平上的病理变化。此外，微泡在超声作用下可在细胞膜上产生可修复的微小孔隙，便于大分子药物、基因等进入细胞内，称为声孔效应。目前，超声靶向微泡爆破介导药物定点传递已经成为一种新型的给药方法。

在这方面，主要难点是如何对靶向进行选择性成像，科学问题是微泡非线性声学特征调控与成像方法。郑海荣团队在利用声辐射力实施声操控的基础上解决了靶向微泡选择性成像问题，将超声分子成像方法应用于炎症血管的判别。结果见图 8。

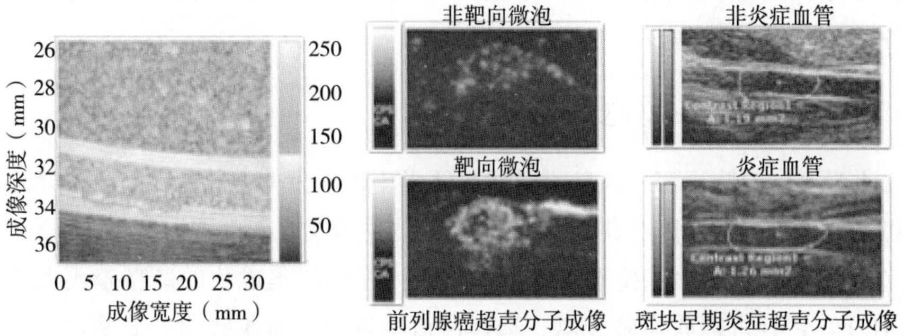

“低频发射-高频接收”的非线性超声分子成像方法及其在炎症血管判别上的应用。

图 8 非线性超声分子成像

由于上述成果，郑海荣荣获 2014 年度陈嘉庚青年科学奖（技术科学）。

不难看出，郑海荣和他的团队的研究工作充分体现了钱学森先生倡导的工程科学（Engineering Science）的主导思想：以解决问题（有重大需求背景）为目标，探索、寻求有限目标下规律；进而创立新方法，突破核心、关键技术，从而解决问题。而真正解决工程科学的问题，必须“发现与发明并重”（冯元桢）。因为强非线性系统不存在唯一的完全解。

当前，医学超声成像处在一次巨大技术变革的前夜。众所周知，数字电子技术与微电子器件的进步，始终是超声成像技术发展的主要驱动力。20 世纪 80 年代现场可编程门阵列（FPGA）与数字信号处理芯片（DSP）的出现，催生了彩色多普勒血流成像。20 世纪 90 年代面试的低价高速多路 A/D 芯片，直接造就了全数字彩超。而今，随着多核 CPU、图形处理单元（GPU）与高速数据总线的突破，超声的超高速成像或高帧频成像成为可能。它不仅会将超声成像诊断带向一个新的层阶，而且也将使医学超声产业生态链发生巨变。中国庞大的台式电脑、笔记本电脑、平板电脑乃至手机产业会很容易变身进入。未来的超声诊断仪就是一个专用信号采集模块（探头加模拟与数字前端）加一台嵌有 GPU 的具有高速并行处理功能的电脑。如果我们果断决策，积极应对，在这一波技术转折中就有可能实现弯道超越，成为名副其实的 B 超产业大国。

但是，必须清醒地看到，中国在医学超声成像领域还存在学术与技术储备不足的问题，有些方面甚至几乎为空白。为了推动中国医学超声成像技术和产业的健康发展，从国家政策层面，需要着力解决产学研脱节的问题，并切实推动跨学科交叉融合。中国生产 B 超或彩超的企业总体研发力量薄弱，而高校与科研院所的研究工作，又往往终止于在 SCI。技术转移的“瓶颈”需全方位的努力，政策环境是必要条件，但观念，特别是社会观念似乎更为重要。因为，“观念的落后是根本的落后，是致命的。”

四、体外支持人工肝

肝病是对中国人生命和健康的一大威胁，体外支持人工肝是救治重症肝病患者的关键技术装备。

（一）非生物人工肝体外支持系统

浙江大学医学院附属第一医院李兰娟团队是中国研发非生物人工肝并成功应用于重症肝病患者的先行者（曾因此获 1998 年国家科技进步奖二等奖）。经过 10 余年发展已经形成了临床方案系统化、技术操作标准化、治疗模块集成化的新型李氏人工肝系统（Li-NBAL）。它有机耦联血浆分离、选择性血浆置换、血浆吸附、血浆过滤 4 个功能单元，结合自主研发的双腔循环池，提高了循环效能，减轻了对输入血浆的依赖，提高了治疗效果，拓宽了适应证和技术推广的适宜性。统计表明，应用 Li-NBAL 后，治疗急性、亚急性重症肝炎的死亡率由 88.1%降至 21.1%；慢性重症肝炎死亡率由 84%降至 56.6%。

2012 年，李兰娟团队与威高集团建立人工肝合作中心，推进李氏人工肝产业化进程。

2013 年，以李氏人工肝研究成果为核心内容的“重症肝病诊治研究的理论创新和技术突破”获国家科技进步奖一等奖。

（二）生物人工肝体外支持系统研发

生物人工肝研制有两大难关：

（1）肝细胞源—种子细胞体系选择。李兰娟团队建立了 1 株可逆性永生化人肝细胞 HeLi4，以此为 Li-BAL 生物人工肝的种子细胞。南京大学附属鼓楼医院丁义涛团队曾用肝细胞 - 骨髓间充质细胞联合培养作为肝细胞源，研发了体外支持生物人工肝。目前采用中国科学院上海生命科学院生化细胞研究所的 hiHep 细胞（人源性重编程肝细胞）作为种子细胞，研发新一代体外支持生物人工肝。

（2）细胞高密度培养。研究表明，肝细胞密度需达 10^{10} 以上才起生物人工肝作用，国内外现有生物反应器均达不到这一要求。鉴此，李兰娟团队研发了漏斗型流化床生物反应器，实现了 HepLi4 细胞的高密度培养（达 10^{10} 量级）。丁义涛团队研发了基于纳米材料的多层平板反应器。体积仅 480mL，有效吸附面积达 5000cm^2。既能满足生物人工肝对细胞数量的要求，又能最大限度减少反应器体积过大给患者血循环带来的不良影响，并且多层平板构型和层间乳糖酰基壳聚糖纳米纤维拓扑结构保证了良好的物质输运环境。目前，针对以上项目两个团队均在研发之中。

第二十八节　营 养 学

一、引言

营养学是研究人体健康和食物之间关系的科学。它涉及生理学、生物化学、食物化学、医学、卫生学、心理学、社会学、经济学等多个学科。营养学研究食物中的各种营养素及其他膳食成分，以及这些物质对人体健康与疾病的作用和关系及这些物质之间的相互作用。研究不同条件下人体对营养素的需要量；研究人体食入、消化、吸收、运转、利用、排泄食物中这些物质的各个过程；研究保存与强化食物中营养素含量的方法以及合理膳食结构的科学依据等。现代营养学还包含了饮食与环境保护等营养生态学的内容。

本报告针对中国及世界主要国家的营养学科发展态势进行全面梳理和评估，重点介绍了中国营养科学公共营养、临床营养、妇幼营养、老年营养、特殊营养、微量元素营养、食物营养与保健食品、基础营养、营养与慢性疾病控制等分支学科的特点、取得的主要成就、发展态势，为中国营养学科的快速发展提供重要信息，并为准确了解本学科国际整体发展动态和趋势及中国营养学科发展现状与潜力提供事实参考。

二、本学科近年来研究进展

进入 21 世纪后，营养学科在组织建设、课题经费、社会需求、科研成果面世等几个方面出现了繁荣的景象。

（一）公共营养

近 10 年来，公共营养专业一直将营养政策、法规、标准等作为研究的重点，开展了国内外营养政策法规和标准的比较研究，为营养立法做了较为充分的前期准备工作。2010 年完成《营养改善工作管理办法》的编写，卫生部于 2010 年 8 月正式发布。通过方法学研究和资源整合，逐步建立了国民体质与健康数据库、儿童营养数据库、身体活动数据库、食物成分数据库，功能因子数据库等，为开展膳食与健康、身体活动与疾病、营养功能成分与生长发育等研究提供了丰富的数据基础。营养领域专业人员根据中国人群调查数据对其中的一些营养素摄入状况以及与健康、疾病之间的关联进行了深入分析，对《中国居民膳食营养素参考摄入量（2013 版）》的修订起到了有力的循证支撑作用。

（二）临床营养

临床营养主要研究人体在疾病状态下的营养需求与供给，即依据不同疾病过程中病理生理和代谢变化以及循证医学的证据，制订和调整能量和营养素摄入，通过消化道或静脉途径供给病人适宜的能量和各种营养素，满足病人的营养需求，达到促使疾病好转或痊愈的目的。近几年，临床营养学科进一步完善了营养筛查与营养评估工作。在此基础上，早期肠内营养支持和危重症患者营养支持也得到进一步发展。肠内营养不仅给患者提供能量和各种营养素，同时可维持肠道的屏障功能、免疫功能、内分泌功能，并调节机体代谢。21 世纪初基于对肠道屏障功能研究的深入，临床上对重症患者营养支持已经逐步转移到肠内营养支持的方式。

（三）妇幼营养

妇幼营养学以孕妇（包括备孕期育龄妇女）、乳母和婴幼儿及较大年龄儿童为研究对象，利用营养学基础，通过观察膳食与健康的直接或间接关系，提出改善营养、提高健康水平的科学和社会措施。生命早期 1000 天概念和程序化调控学说成为妇幼营养研究领域的新热点。从胎儿期到出生后 2 岁是决定儿童营养与健康状况的关键时期。与之相应，婴幼儿喂养行为、婴幼儿营养对脑和神经及认知功能发展的影响，婴幼儿营养、肠道菌群与过敏性疾病关系的研究等也在大力开展。孕期体重变化的检测、母乳营养成分的研究，都为保障婴幼儿的健康成长提供了科学依据。

（四）老年营养

老年营养是专注研究老年人群营养规律及改善措施的独特学科。重点探索老年人营养需要与营养代谢的特点，营养与老年人健康及长寿的关系，老年人营养状况的评价与评估，老年营养相关疾病预防及辅助治疗，老年营养改善、营养促进或营养支持的基本要求、原则、方式、评价指标及营养促进成功老龄化的方法等内容。中国即将进入老龄化社会，老年营养学科通过大量研究，初步建立并不断推进了营养与成功老龄化研究体系和老年人营养不良的筛查、评估与干预等工作。老年营养相关慢性疾病的评判与干预，营养与老年认知功能障碍研究特色初现。近年来，老年肌肉衰减综合征已成为老年营养研究的热点问题，并逐渐被老年营养相关工作者认识和熟知。

（五）特殊营养

特殊营养是现代营养学中的一个新兴领域，以营养、机体和特殊环境与作业因素相互作用为研究对象，研究内容涉及特殊环境与特殊作业条件下机体的营养代谢、营养需要量、合理膳食模式以及特殊的营养保障措施等，并制定出特殊的营养素供给量和膳食指南，达到以营养措施维护机体的健康、提高机体对各种特殊环境与特殊作业因素适应能力的目的。从近年发表的论文检索发现，军队和国家体育部门开展了一些高原营养和高温营养方面的研究。针对运动员、军人、航空航天人员、航海人员、矿工、农牧渔业人员等特殊人群的研究大多集中于现场营养调查与分析，部分研究涉及了特殊人群的营养代谢、营养评价、营养素需要量以及抗疲劳等功能营养方面的研究。

（六）微量元素营养

微量元素营养包括了微量元素在机体内代谢途径、生理生化作用及调控机制、不同生理条件下机体需要量及状况、缺乏病和过量危害、食物及膳食供给水平等方面。近5年来，中国微量营养素营养科学研究发展迅速，研究技术手段不断更新，表现为代谢组学技术方法、同位素示踪技术、高新检验技术以及行为学和社会经济学技术方法的应用。新思路和新技术的应用，突破了技术屏障，把微量元素营养机制的认识深入到分子生物学层面，利用生物强化技术开展生物强化项目。基础性研究主要有人群微量元素的营养监测与调查、主要微量元素的代谢机制研究、微量元素代谢及膳食营养素参考摄入量的修订。同时公共卫生的社会经济学评估也为微量元素科学研究及社会应用的政策和策略提供了依据。微量元素营养不良的干预与改善技术研究项目探索了在中国贫困地区进行早期儿童营养干预的公共模式，为国家卫生和计划生育委员会在贫困农村开展营养改善工作打下技术基础。

（七）食物营养

食物营养主要阐述食物的营养组成、功能以及为保持、改善、弥补食物的营养缺陷所采取的各种措施。食物营养学科的发展与食品科学、生物学、化学、营养学、医学等多学科的发展密不可分，相互交叉。近年来，生物学技术、样品处理技术、光谱技术、色谱分离技术及联用技术等先进的分析技术，成为食物组分定性、定量的主要手段，并逐渐用于食品特性确立、组分间相互关系、人体应答反应等相关研究。由于这些技术的应用，使得开展食物组学成为可能，并建立食物 - 人体测量相关数据信息及数据库链接。21世纪后，高精的酶结构修饰技术、生物反应器技术、微生物发酵法得到应用和发展。植物性食物中所含有的生物活性成分的功能研究和食物新资源的开发、利用已经成为食物营养重要的组成部分。食品营养标签标准建设，制定了适用于食品标签的营养素参考值，参照国际CAC、EFSA的技术指导，建立了营养素功能声称规范用语，在国家卫生和计划生育委员会的支持下，颁布实施了《国家食品安全标准 预包装食品营养标签通则》。

（八）基础营养

在国家“十一五”和“十二五”期间，通过科技部“973”项目、“863”项目、科技支撑计划，以及基金委自然科学基金重大项目、重点项目等支持下，基础营养科学已在包括营养需求、营养失衡导致的肥胖、糖脂代谢紊乱、代谢综合征、2 型糖尿病、心脑血管疾病等重大疾病的病因和病理基础等方面取得了一系列重要的进展，其中包括了与中国人群代谢性疾病相关的遗传和营养因素、分子生物表型及潜在机制研究、营养感应机制和通路研究、营养代谢新方法学研究等。

（九）营养与慢病控制

营养与慢性病控制作为营养与疾病控制领域的交叉学科，主要目的是将膳食营养的研究成果应用于慢性病预防与控制。过去几年，中国在营养与慢性病控制的主要研究有：①营养成分对慢性病作用的机制研究；②膳食因素与慢性病关系的循证研究；③营养与慢性病状况评估。从国家政策策略开发、技术指导文件制定方面做了一些工作，启动了多个国家层面的项目，并围绕营养与慢性病开展了遗传、环境和生物危险因素等方面的研究。

三、本学科国内外研究进展比较

营养学的发展速度很快，随着基因组学及蛋白质组学技术的不断进展，营养遗传学与营养基因组学在营养学中的应用使得营养学研究从分子水平进入了基因水平。在国外，营养学的研究有 6 大优先研究需求：个体对饮食的反应变异，营养对健康成长、发育与生殖的影响，营养在健康维护中的作用，营养在医疗管理中的作用，营养相关行为，食品供应与环境。在推进营养研究转化及技术创新方面，国外有 5 种推进营养研究的跨领域工具，包括组学、生物信息学、数据库、生物标志物、成本效果分析。

目前，中国面临着营养缺乏与营养过度的双重挑战，即在农村和边远地区营养缺乏的同时，慢性非传染性疾病患病率上升迅速。对从根本上防治这些营养相关疾病进行研究，是中国营养科学研究的重点。根据影响中国居民健康和身体素质营养方面急需解决的关键技术问题和基础条件，在“十一五”国家科技支撑计划的支持下，开展了“营养膳食对健康影响的研究”、“功能性食品的研制和开发”等项目，使用稳定性同位素标记等先进技术在中国不同人群中开展铁生理需要量和生物利用率、维生素 A 转化率、能量代谢和钙平衡的研究，结合中国人群实验，提出中国成年居民（参考人群）膳食能量、铁推荐摄入量，青春期儿童、哺乳期妇女、绝经期妇女膳食钙推荐摄入量，儿童维生素 A 膳食推荐摄入量；研制针对贫困农村地区儿童营养不良的适宜干预技术；研制针对城市地区儿童肥胖的适宜干预技术；研究实用的、符合中国妇女产褥期妇女膳食营养的干预模式；填补我国常见食物中主要植物化学物含量的空白并研究其对人群健康的影响，从而为指导改善中国居民微量营养素缺乏和预防营养失衡及制定营养健康政策提供科学依据和适宜技术。“功能性食品的研制和开发”是营养学相关的“十一五”国家科技支撑计划重点项目。

四、本学科发展趋势和展望

营养问题事关人民健康水平和国家的可持续发展，事关国民的基本权利和健康福祉的公平性。营养学的发展需要积极应对中国经济和社会高速发展下营养缺乏与营养过剩问题的双重挑战，适应民众不断增长的健康需求，促进社会和谐和经济的可持续发展，并逐步推进营养研究转化及技术创新，使营养科学实现跨领域研究和转化研究。

2014 年，在 10 周年加利福尼亚大学营养学 Kosuna 卓越讲座上，营养科学家讨论预测了 2020 年营养研究中最热点的领域。在此基础上，中国营养学会组织专家就中国未来 5 年营养学研究热点领域进行讨论，归纳总结出以下 8 个热点研究方向。

（一）微生物组 / 微生物菌群

未来 5 年，肠道微生物组的变化对身体其他部位微生物种群的影响机制，将是一个亟待深入研究的领域。利用“组学”（ –omic ）技术和高通量分析方法评估饮食和环境对不同微生物群落的影响，微生物及其家族的相对大小和多样性。与之同时，也将进一步研究这些微生物代谢活性的变化如何影响人体健康。

（二）基因表达

人类基因组以及人体相关的微生物菌群基因表达和膳食营养的关系将是未来营养学研究领域的重要议题。研究人员通过大量的科学研究，不仅阐明宏量、微量营养素，以及植物化学成分在基因表达调控中的作用，还要继续探讨继代影响。到 2020 年，为进一步提出个性化饮食和营养建议提供科学理论的依据。

（三）能量代谢

美国疾病控制预防中心、美国心脏协会和其他权威机构中心的数据都清楚地表明，到 2020 年，肥胖将仍是最重要的营养和健康相关的优先议题。尽管肥胖的发生受多种因素影响，但仍为能量摄入与能量消耗之间的不平衡。未来最热门的议题之一是将能量平衡看作一个涉及人体内营养素代谢、利用的整体上的多维度系统，而不再是各自孤立的部分。对能量平衡和能量流通更深入的研究将可能为解决发达国家和发展中国家的肥胖问题提供新的理论和解决方案。

（四）癌症及其临床干预和营养支持

应用营养疗法治疗癌症是最难的研究课题之一。2020 年，基因组、代谢组学谱以及大型数据集分析将为此提供新的机会，以确定相关指标和生物标志物，进行针对营养与癌症及时的、高性价比的临床干预。医疗人员将拓展思考天然产品的作用，研究使用天然产品补充常规医疗的方法，如增加化疗或放疗的疗效。

（五）衰老和长寿研究

老龄化人口的需求将是未来营养学研究领域的重要议题。老年营养从肌肉减少、老年恶液质、味觉改善、食欲研究、运动锻炼、记忆障碍改善等多个层面进行研讨。如何科学、合理地在最适宜的人群、最佳时机，采用最经济、最有效的方法获得最佳的临床结局，将是未来数 10 年的研究方向，也将最有益于患者与社会。

（六）生物工程

生物工程领域的进展将继续为临床营养及营养教育带来新的方法。再加上相关的生物标记物，以及个性化到每个人的基因和表观遗传谱，将能够提供实时数据，以帮助促进人们选择适当的饮食和生活方式。

（七）营养教育

每个人对食物的选择都是不一样的，如何通过营养教育来改善人们的食物选择和食物摄入量是一个很复杂的问题，需要更多的研究来解答。虽然营养教育者能提供很多健康饮食的信息，但对于个人而言，食物的选择往往只取决于 4 个方面：食物的味道、价格、实用性以及购买的方便性。今后营养教育发展的方向就是如何用更有效的方法来鼓励人们做出健康的食物选择。

（八）多学科和交叉学科的合作

营养研究的多学科途径将逐步建立，多数研究将由研究团队共同实施。届时，将更强调转化研究，需要基础与临床研究、营养流行病学和生物统计学、食品科学、营养交流、公共政策和科学伦理之间的协作。到 2020 年，将鼓励科学家发展多领域的专业知识，职业生涯将不是仅专注于单一的营养成分。

第二十九节 体育科学

一、引言

体育科学作为综合性学科，是揭示体育内部和外部规律的一个系统的学科群，研究的内容涵盖自然科学和人文社会科学的相关领域。体育科学作为相对独立的学科体系之一，随着体育科技的飞速发展和体育科学化程度的迅速提高，体育科学研究已被广泛应用于体育运动的各个领域。其在增强人民体质、提高竞技运动水平和丰富人民文化生活等方面发挥着越来越重要的作用。

二、本学科近年来的研究进展

“十二五”时期，是我国全面建设小康社会的关键时期，也是推动体育强国建设的关键时期。我国广大体育科技工作者紧密围绕我国的体育事业，以解决我国体育改革与发展进程中的重大理论问题、战略问题、困扰我国体育发展的难点问题和运动实践中的关键问题为着力点，坚持求真务实，勇于创新，积极深入研究前瞻性、系统性问题，提升了破解难题、攻克难关的能力，为体育强国建设提供了科技支撑，形成了一批高质量的研究成果，培养造就了一批高水平的理论骨干和学术带头人，全面提升了体育学科的创新能力和科学研究水平。

（一）基础研究提升了体育学科的原始创新能力

近年来，我国体育学科基础研究瞄准国际前沿，取得了重要进展，推动了本学科的创新发展。如，青少年儿童运动能力影响因素的研究，青少年儿童生长发育对动作影响的生物力学研究和体育参与对青少年儿童认知发展的影响的研究。在高原训练的机理研究方面，众多研究者采用生理生化指标对高原训练进行评价与研究，对我国运动员在比赛中获得优异运动成绩发挥着关键的作用。运动对机体的保护作用机理研究主要集中在氧化应激上，即运动通过增强机体抗氧化能力，缓解氧化损伤，预防 / 延缓衰老及疾病的发生。提出了线粒体营养素的概念并将其应用于改善各种生理病理条件下的线粒体功能紊乱。在新型体育材料的研究方面，开发了运动木地板防滑保护用的纳米技术改性的高性能聚合物涂层；研究表明在微孔复合材料中添加纳米填充物，有利于形成良好气泡结构与分布，进而产生良好的微观结构和强度 / 质量比。

（二）应用技术研究提高了竞技体育水平和增强人民体质的综合能力

针对体育学科涉及理、工、医等多学科门类的特点，以国家相关科技计划为依托，采取科研教学推广、试验示范应用、研究开发产业相结合，开展运动机能规律、监测与综合技术协作攻关，取得一批研究成果，通过推广应用，在提高竞技体育水平和增强人民体质中发挥了重要作用。如，体能训练理论与方法的不断丰富、周期（分期）训练理论与方法的不断扩展、体育文献信息采集、加工、传播方法与技术的不断创新、数据挖掘技术在体育领域中的广泛应用、应用多种技术进行运动参数的采集与分析、应用表面肌电测试指导运动训练实践、基于视频图像处理技术的运动测量与分析、专项测试手段的研制与开发，体育装备的功效学研究，体育场所检测与标准化研究逐步开展，运动模型的模拟方法的快速发展，不同体育统计方法的全面应用，中国居民运动健身指南的研究取得长足进步，运动心理学研究不断深入，运动生物力学在运动训练效果评价方面得到广泛应用，运动损伤生物力学的不断扩展，运动生物力学对全民健身活动的指导越来越普及。

（三）促进了本学科各分支学科的发展

随着生物技术、信息技术等高新技术的快速发展，推动了本学科各二级学科之间的综合交叉融合，同时涌现出一批新兴的分支学科，丰富了研究方向，形成了较完整的体育学科体系。据不完全统计，目前体育学科，包含了运动训练、体质研究、体育信息、体育计算机应用、体育仪器器材及工程、体育统计、运动医学、运动生理生化、运动心理、运动生物力学、体育建筑、体育社会科学、学校体育、体育史、体育管理学、体育产业、体育新闻传媒、武术等分支学科和研究方向。

（四）促进了研究平台和创新人才队伍的长足发展

在国家“十二五”计划的推动下，体育学科研究平台建设进一步发展，人才队伍不断成长。在体育科技创新体系建设方面，以运动机能评定等 40 个国家体育总局重点实验室为科技创新基地，为学科发展提供了平台提升的机会，形成了较完整的体育学科群，极大地促进了体育学科的协同创新发展。同时，以全国体育相关的科研院所和高等院校为研究阵地和集聚、培养高层次体育科技人才和促进国际交流与合作的重要平台。通过科技支撑计划、国家自然科学基金、科技基础条件平台建设和政策引导类科技计划及专项、国家体育总局公益性行业科研专项等，国家对体育学科大力支持，凝聚和培养了一批优秀人才，加速培育了体育学科领域近千名中青年学科带头人和科技骨干，特别对研究团队与领军人物的培养发挥了更为重要的作用，提高了我国体育学科领域的整体学术水平。

三、本学科国内外研究进展比较

我国体育学科的发展与国外体育学科发展有各自特点，体育科学研究角度、侧重点不同。对比中外运动训练理论发现，国外主要集中于以生物学为基础，逐步深入到器官生物学，甚至分子生物学展开实体性研究；国内主要从哲学和教育学等视角进行分类学研究和人文关怀研究，实验性研究相对不足。运动心理学国外多以质性研究为主；而国内研究方法则更加丰富，囊括了质性研究、量化研究和二者兼具的混合方法，这使得研究成果的理论和应用贡献更大。国内外运动生物力学的研究方向基本相同，但侧重不同：国内研究侧重于以提高运动成绩为目的的竞技体育项目的动作技术分析，而国外的研究则侧重于以运动损伤预防和康复为目的的体育动作的生物力学特征研究和人体基本运动功能的力学规律研究。在体育工程学领域，国际上的研究几乎涉及体育运动实践的方方面面，从“人与物运动过程”展开的力学研究到运动数据的获取与分析研究，再到体育器材装备的设计与研发等；而国内对体育工程学的研究主题比较具体，从体育运动实践的需求出发，较多聚焦在运动装备的研发与设计、运动数据的采集与分析、体育材料的性能与应用等方面。

我国运动生物力学研究在研究手段和方法上与国际间的差别并不明显。对比国内外运动训练学研究方法可知，国外研究思路的走向包括从数据驱动走向理论建构，从描述、预测走向揭示、控制，从实验室实验走向现场实验，从单一方法走向混合方法，从小数据走向大数据。而国内运动训练学运用最多的是理性思维法、比较分析法和逻辑思辨法。在数据分析方面，国外相关研究动辄针对上百乃至上千场比赛的数千兆数据进行分析挖掘，硬件上也使用了超级计算机和云计算技术，而且有来自哈佛大学、剑桥大学和纽约大学等全球知名院校的知名专家加入相关研究，国外计算机技战术研究已经进入大数据时代。由于技战术辅助信息采集装置的落后，国内关于技战术分析研究往往还停留在数场或数十场比赛的水平上，而且所用数据往往也是简单粗糙的赛后统计数据，没有与赛场空间和比赛时间相关联。

国外采用体育视频分析技术进行辅助运动训练相对国内更成熟，商业化程度更高。国内无论发展较早的体育视频处理，还是体育仿真技术，以及目前热门的传感器技术，都尚处于初期探索阶段。在体育视频资料搜集、分析和利用方面，美国、日本、澳大利亚等国的专业体育信息部门均给予了高度重视。我国在此方面也有相关的技术创新应用实践，如运动训练的视频采集、分析等，不足之处在于还未建立起对这些视频资源的整合管理和共享服务体系。

国内外在运动氧化应激与线粒体医学研究思路和发展方向上并不存在明显偏差，国内有一批优秀学者能够紧跟国际科学前沿，为运动氧化应激与线粒体医学研究把握好方向。相对而言，国内在以下几个方面存在不足：研究成果缺乏创新性科学假设和充分的科学论证、从实验室向临床应用的转化研究不够、体育学科与相关学科的合作有待加强。在对残疾青少年的体育锻炼和认知功能关系中的生物化学和临床研究方面，国内外基本同步。对于体育中流体力学问题研究，国内与国外相比还有一定的差距。

四、本学科的发展趋势和展望

当前，体育学科发展的总趋势是从典型的应用驱动发展模式向技术驱动与应用驱动相结合的模式转变，随着医学、计算机技术、信息技术的发展，信息采集、处理、存储与传输的结合，信息生产与信息使用的结合，各种业务和内容的综合，都体现了综合和集成的理念。展望体育学科未来发展方向，以下几方面将可能成为未来体育学科发展的重点。

多学科交叉与融合的态势将不断加强。体育学科其未来研究的发展趋势必然是多学科的交叉与融合，借助多学科的方法和思路研究解决体育运动的问题。例如，与医学、人体生理、心理科学相结合，可以深入了解不同疾病程度、生理状态或心理状态对人完成动作的影响规律。借助数学的优化方法和计算机技术，可以对复杂的人体运动进行模拟和预测。体育工程学科发展方向和趋势是综合利用运动人体科学、运动生物力学、工学领域各学科等的基本原理，通过研究运动主体—运动客体—环境之间的相互作用关系，建立人体运动行为、训练与恢复等的研究方法和技术手段，以及新型体育器材设计方法。针对运动材料的特殊性，利用体育学、运动生物力学和材料力学的基本原理，研究运动员—材料—环境之间的各种力学行为关系，并运用材料力学分析及破坏、损伤断裂机制，研究运动材料在不同载荷、环境条件下，特别是极端条件下的安全与失效行为，为运动材料设计提供基础数据。

随着传感器技术和网络技术的发展，利用有线或无线传感器精确获取人体运动参数、捕捉人体生理生化状态和动作越来越受到研究者的重视。传感器可以记录物体的运动轨迹、从不同视角监控人体动作、长期检测和记录人体生理参数和运动消耗，从而指导制定合理的训练计划，调整训练量和训练强度，分析和对比技术动作，达到深入探析运动本质、准确把握运动规律、精确提高运动质量和效果的目的。

随着物联网和云计算等新一代信息技术的兴起、发展和产业化，“智慧体育”是未来体育的发展趋势。所谓“智慧”，它包含 3 个要素，即数字化、网络化和智能化。应加强“智慧体育”平台的建设和应用研究，让体育的服务与管理更聪明，通过无处不在的智能传感器，实现对体育行为的全面感知，利用云计算等智能处理技术对海量感知信息进行处理和分析，是对包括竞技体育、全民健身、体育场馆及设施等各种需求做出智能化响应和智能化决策支持的一种现代体育新模式。

根据国际运动损伤生物力学的发展趋势，我国研究可以进行以下方面研究：系统地研究与确定运动对人体各种组织的力学影响程度；从预防运动损伤的观点出发，对各种体育 / 娱乐活动进行生物力学分析，找出致伤因素，并设计出相应预防与治疗措施；提供有针对性的系统的力学方法，确立临床中损伤程度及治疗效果的客观评价体系；提高与完善生物力学模拟技术，“量体裁衣”，根据个体解剖力学的缺陷或不足，设计矫形护具或外科手术，更有效地治疗运动伤病，并对每个患者可能的结果做出预测；建立在不同运动中不造成损伤所能承受的载荷极限指标体系。

第三十节 免 疫 学

一、引言

免疫学是研究免疫系统结构与功能的学科，主要阐明免疫识别、免疫应答、免疫记忆、免疫耐受、免疫调节等的理论原理、内在规律与作用机制，探讨免疫功能异常参与疾病病理过程与发生发展机制，并将免疫学理论与技术应用于临床疾病预防、诊断与治疗。免疫学与基础医学多个学科广泛交叉融合，是一门内容丰富、理论探索性强的学科，同时，免疫学与临床疾病预防、诊断、治疗以及生物技术产业密切联系，具有很大的实际应用性，因此，免疫学是当今生命医学领域重要的基础性、交叉性、支撑性、前沿性学科。

免疫学具有丰富而复杂的框架体系，包括的分支交叉学科很多，例如包括免疫生物学、基础免疫学、细胞免疫学、分子免疫学、免疫化学、免疫药理学、免疫遗传学、免疫病理学、神经免疫学、临床免疫学、感染免疫学、肿瘤免疫学、移植免疫学、血液免疫学和生殖免疫学等。免疫学作为一门独立学科，在推动生命科学理论进步、寻找疾病防治新举措，以及促进生物技术产业整体发展中已经发挥并将继续发挥重要的作用。

二、本学科发展历程

免疫学是人类在与传染病的斗争过程中逐步发展起来的。从中国祖先利用病犬的脑髓敷伤口以防治“癫疯狗病”的记载算起，应用免疫的方法防治疾病至今已有 1700 多年之久。作为一门从中国起源的古老学科，免疫学在人类与疾病和自然灾害抗争的历史中得到不断发展，也为治疗和预防传染性疾病、感染、肿瘤等重大人类疾病做出了卓越的贡献。

根据人们对免疫学理论、机制的认知程度及免疫学技术应用的发展水平，目前习惯上将免疫学发展史分为 3 个阶段：19 世纪中叶之前的经验免疫学时期，此阶段主要是一些经验性的防治疾病的免疫学实践；19 世纪中叶至 20 世纪 70 年代的科学免疫学时期，此阶段免疫学家通过科学研究提出了多种学说并形成了系统的免疫学理论，对免疫学的发展产生了深远的影响；20 世纪 70 年代至今的现代免疫学时期，此阶段分子生物学等学科的迅速兴起与交叉融合极大地推动了免疫学的发展，对免疫应答的研究深入到分子和基因水平，分子免疫学应运而生，成为免疫学诸多学科分支中的核心与基础。

在诺贝尔生理或医学奖 1901 年开设至今的 100 多年间，共有 16 次颁给了在免疫学领域做出重大成就的科学家，共有 26 位免疫学家获得了这一科学界的最高荣誉，这从另一个角度反映了免疫学在生物医学领域中的重要地位。2011 年诺贝尔生理学或医学奖授予了 3 位在抗原提呈细胞和天然免疫模式识别研究领域做出杰出贡献的科学家——布鲁斯·博伊特勒（Bruce Beutler）、朱尔斯·霍夫曼（Jules Hoffman）和已故的拉尔夫·斯坦曼（Ralph Steinman）。

三、本学科研究的发展现状

免疫学研究的根本问题在于机体如何识别“自我”与“非我”，以及如何在充分调动免疫细胞及分子杀伤病原微生物的同时诱导有效的免疫记忆并维持自身免疫稳态、避免病理损伤。其中就包含了免疫识别及信号转导，免疫细胞的分化、发育、活化、代谢的调控，天然免疫及获得性免疫的启动、活化及维持，免疫记忆、免疫调节及免疫耐受的形成，以及感染、肿瘤、自身免疫性疾病等疾病的免疫学机制及防治策略等免疫学关键性科学问题。围绕这些免疫学关键问题，当前国际免疫学研究主要包括 3 大方面，一是基础免疫学研究，二是临床免疫学研究和应用，三是免疫学技术的研发与应用。具体来看，基础免疫学研究主要包括以下十大研究方向：①免疫系统的形成机制、免疫器官与免疫细胞的组成，以及不同种类免疫细胞和亚群的形成过程与相互之间的调控机制；②抗原的结构特性与免疫识别和免疫应答的关系与机制；③免疫细胞感受外界危险信号、识别抗原的物质结构基础；④天然免疫应答的细胞与分子机制；⑤获得性免疫应答的细胞与分子机制；⑥免疫耐受及免疫负向调控的方式与机制；⑦免疫效应分子的结构、功能与作用机制；⑧免疫细胞的分化发育及功能调控机制；⑨免疫细胞的迁移触发、迁移过程与定居机制；⑩免疫记忆的形成及其分子机制。临床免疫学涉及的内容非常广泛，分支学科也很多，主要围绕重大疾病，包括感染性疾病、恶性肿瘤、自身免疫性疾病、过敏性疾病以及器官移植排斥等的发生与发展机制、预防措施、诊断、治疗、病程的动态观察、预后分析等开展应用性研究。具有挑战性和发展前景的研究方向有很多，例如，肿瘤早期特异性免疫诊断、肿瘤免疫逃逸机制与肿瘤防治新方法的设计，急性感染与免疫病理现象，慢性感染与免疫耐受现象，自身免疫性疾病的诊断与治疗，器官移植排斥的预警与免疫药物以及免疫调节控制等。免疫学技术的发展与应用在促进免疫学理论研究的同时，也极大地推动了生命科学、生物技术及其产业化的发展，特别是疫苗、单克隆抗体、基因工程细胞因子、免疫抑制药物、免疫细胞治疗等的发展与应用，为生命科学和人类健康做出了巨大贡献，也催生了具有巨大市场效益的生物技术产业。

近年来，随着高通量、高敏感性检测方法的开发应用以及与其他生命科学前沿学科的交叉渗透，免疫学研究的深度和广度不断提升，使得我们对机体免疫应答及调控的各个环节的细胞与分子机制的认识不断加深。而免疫学理论在生物结构与机能等基本科学问题上的突破，又进一步推动了其临床应用领域及生物高科技产业的发展。近年来，免疫学研究主要有以下 13 个前沿热点：①天然免疫识别及信号转导调节；②免疫细胞分化发育；③免疫细胞亚群分化与功能调控；④免疫记忆的形成机制；⑤免疫调节与免疫耐受；⑥免疫细胞的代谢与功能；⑦表观遗传学与免疫调控；⑧免疫分子的翻译后修饰与免疫功能调控；⑨感染与肿瘤等重大免疫相关疾病的防治；⑩系统生物学与免疫学研究的拓展和深入；⑪ 单细胞水平技术在免疫学研究中的应用；⑫ 高通量检测方法应用于免疫学研究；⑬ 免疫系统与免疫应答过程的可视化研究。同时，国内免疫学近年来立足中国医疗卫生事业实际需求和资源优势，在天然免疫启动和活化机制研究、T 细胞免疫应答调节以及感染与肿瘤等疾病的免疫学机制与治疗等方向取得令人瞩目的研究成果。

四、本学科国内外研究进展比较

近年来中国学者在国际免疫学领域著名杂志发表论文越来越多，多次在中国召开的国际免疫学会议的学术影响力越来越大，中国免疫学基础与临床研究受到了国际同行的高度关注。近五年中国科学家在 *Cell*、*Nature*、*Science*、*Nature Immunology*、*Immunity*、*Nature Medicine*、*Cancer Cell*、*Nature Genetics*、*Lancet* 等高影响力杂志上发表近百篇免疫学论文，引起国际免疫学界的极大关注。自 2010 年开始，中国学者年度发表于 SCI 学术期刊的免疫学论文数量已经位列国际第二，仅次于美国。2013 年 *Cell* 出版社在 *Immunity* 刊出 *Spotlight on China* 专辑，从多个角度专题介绍了中国的免疫学研究。中国免疫学家成为国际免疫学联合会（IUIS）执委，曹雪涛院士当选亚太免疫学联合会（FIMSA）主席。中国免疫学会英文会刊 *Cellular & Molecular Immunology* 一跃名列亚太地区免疫学 SCI 刊物前茅，2013 年 SCI 影响因子达到 4.185，在国内 163 种 SCI 期刊中排名第 6 位，在医学免疫学类期刊中排名第 1 位。尤其是，2013 年 8 月在意大利举办的国际免疫学大会期间，中国击败德国、俄罗斯、希腊获得 IUIS 第 17 届（2019 年）国际免疫学大会承办权。这些进展彰显出中国免疫学在国际免疫学界已拥有相应的地位和影响力。

但是，因为历史的原因，中国免疫学研究近 30 年来才真正开始起步，经费投入不足，导致中国免疫学研究虽然在某些领域有点的突破，但整体而言，研究成果的系统性与创新性与国际先进水平尚有差距。中国早期的免疫学工作者多在医科院校的微生物教研室、病理教研室或者肿瘤学实验室、医院检验科开展研究，直到20世纪80年代末、90年代初，免疫学教研室或者实验室才得以独立；20世纪90年代末、21世纪初各高校才逐渐成立相应的免疫学研究机构，直到近年来综合性大学和国立科研机构才成立免疫学研究所或中心。由于学科发展的自身特点以及受到国家资助相对较弱等历史原因，使得过去中国免疫学研究的基础相当薄弱。法国和英国是免疫学研究的传统强国，在历史上取得过很多对人类具有重大贡献的免疫学成果，但近几十年来，由于这些国家在科研总体经费，尤其是基础研究经费投入相对不足，美国已成为免疫学领域的领军者。尽管最近这些国家也意识到科研投入与人才有限等方面的问题并开始重新重视免疫学发展，但其发展势头明显不如美国，甚至有被日本赶超的趋势。美国在免疫学领域投入很大，如美国国立卫生研究院（NIH）的基金中，约15%用于免疫学研究，当然，其产出也十分惊人，在高级别免疫学杂志发表的论文中，在美国本土完成的工作占很大的比例，其免疫学研究处于国际领先地位。此外，加拿大、澳大利亚等国在免疫学领域内做出了不少高水平的研究，印度在生殖免疫学及疫苗研制上也有其独特的成就。

五、本学科的发展趋势

近年来，免疫学研究发展的一个重要特点是整合与细化，“整合”体现于将免疫学理论和实践与其他生命科学和医学学科的科学及技术问题相交叉与整合，创建新的基础免疫学理论和新型免疫学技术，并应用免疫学理论与方法研究和解决生物医学领域中的重大难题，特别是各种组学技术的应用，促使系统生物学的理念融入免疫学，从而极大地推动了系统免疫学的发展；“细化”体现于基础免疫学、临床免疫学、免疫学技术这3个方面的研究继续向纵深发展，使得人们对于免疫学的细胞、分子、基因网络的组成和动态调控以及作用机制的认识更加细微与精密，从而极大地促进了免疫学乃至整个生物医学领域的发展。

目前，免疫学的发展趋势主要体现在：①基础免疫学研究更加深入和广泛：对免疫学的研究从原来的细胞水平深入到分子和基因水平，免疫学理论得到极大地丰富和完善，与此同时也诞生了很多新的研究方向和热点，如免疫细胞的分化发育、功能调控及其信号机制，新型免疫细胞及其亚群的发现，抗原识别和活化的分子结构基础，免疫特异性应答的细胞与分子机制，免疫效应细胞与效应分子杀伤靶细胞的机制，免疫负向调节的方式及其机制，自身免疫耐受的机制，免疫记忆细胞形成与分子机制，新型免疫分子的结构和功能等。②临床免疫学在临床的价值更为明显，免疫学几乎已经渗透到临床的每一个角落，采用免疫学技术和方法研究、诊断和治疗疾病越来越得到重视。目前，临床免疫学研究的热点包括应用基础免疫学的研究成果阐释恶性肿瘤、感染性疾病、移植排斥、自身免疫性疾病等重要疾病的发生机制，特异性预防和治疗措施的建立，新型疫苗的研制与开发，以及免疫相关生物制品的研制和应用等。③基础免疫学与临床免疫学结合更加紧密，基础研究与应用研究并重且紧密结合，两者相辅相成：基础免疫学为众多免疫相关疾病的发生机制、诊断和治疗的研究提供理论指导，如HIV疫苗研制；另一方面，临床免疫学的实际问题为基础免疫学发展提出了新的需求，如人源化实验性动物模型的建立。④免疫学与其他多个医学与生命学科的交叉融合，极大地促进了免疫学和其他学科的共同发展，如免疫学和生物信息学、结构生物学的交叉在分子和原子水平研究免疫识别和应答的发生机制。

中国免疫学研究近年来进步很快，研究技术平台已经基本建立，研究队伍已经基本形成，研究方向逐步明确，研究目标进一步得到凝练，研究生长点也越来越多。近年来，国内免疫学家以本土完成的研究工作在国际一流杂志包括在*Cell*、*Nature*和*Science*上陆续发表了多篇有影响力的论文，体现了中国免疫学研究整体水平的飞跃，在某些研究领域在国际上已经开始有所影响并正在逐步形成自己的特色和优势。有理由相信中国的免疫学研究将在未来的10年或者20年内实现跨越式发展，整体上达到国际先进水平并在某些免疫学研究领域起引领作用。从近年来国家自然科学基金免疫学重大项目、国家“973”计划、国家“863”计划、国家创新药物/传染性疾病两个重大专项的资助以及国家“211”、“985”工程对于某些免疫学重点实验室的支持来看，中国免疫学研究的国家资助体系正在显著加强，为免疫学研究平台体系的建设与课题研究提供了保障。此外，近年来大量海外免疫学家回国创建实验室或者与国内合作者共同创办免疫学研究中心或者共同申请基金项目，加上我国学者在国际免疫学学术会议上与国外同行的广泛交流，为中国免疫学研究的国际前沿化提供了技术与智力支撑，特别是一些一流海外免疫学家全职回国后，在国内开展研究工作，为中国免疫学界增加了新的重要力量。这些软硬件条件的改善与提高为中国免疫学研究的腾飞奠定了雄厚的基础。

但是，在充满希望和信心的同时，我们应该清醒地认识到，与免疫学学科本身在整个生命医学科学中的重要性相比，中国免疫学研究在国家科技创新体系甚至在生命医学科学领域中的地位尚不够凸显，我们与发达国家免疫学研究水平相比尚存在较大的差距和不足。例如，虽然研究内容比较广泛，但是“山多峰少”，亮点不多，尚缺乏受到或者有可能受到国际同行认可的免疫学研究的独特性技术体系、突破性学术观点和原创性学术思想，尚缺乏成熟的实验动物模型特别是独特性的疾病动物模型，条件性基因剔除小鼠模型制备体系也尚不完善，尚缺乏特色系统理论的积累以及能够冲击传统免疫学观点的挑战性工作，很少能够开创新的能够让国际同行追踪的研究方向与新研究领域的工作，很少有中国学者首先发现而令国际同行追随的“明星免疫分子”或者“明星免疫细胞”，很少有在国际免疫学领域受到国际同行公认的领军型的一流免疫学家，很少有在大陆本土完成的研究工作能够写入国际认可的权威性免疫学教科书。中国本土还没有像发现调节性T细胞的坂口志文教授（大阪大学）等有国际影响力的免疫学大家。此外，受到IUIS大会邀请做Symposium层次发言的中国学者极少、担任国外免疫学相关杂志编委的中国学者也很少。这些不足限制了中国免疫学研究的发展。

当然，我们应该坦然面对这些不足之处，迎难而上，以积极的心态去克服和弥补这些不足，克服和弥补这些不足的过程就是发展与壮大中国免疫学研究的过程，这些不足与困难一旦被跨越，就是中国免疫学研究未来腾飞于世界免疫学领域之时。我们有理由相信，经过中国免疫学家一如既往的追求与探索，通过脚踏实地的积累与沉淀，通过逐步建立特色研究体系并强化创新与转化意识，进一步加强国际合作与交流，中国免疫学的发展必将为中国生物医学的发展、甚至人类健康提供强大支撑并做出应有的贡献。

第三十一节　公共卫生与预防医学

一、引言

中国正在经历的疾病转型、人口老化和经济社会转型，实现健康促进的目标比以往任何时期都需要公共卫生和预防医学的支撑和发展。在过去 60 年里，中国已经从高出生率、高死亡率、传染性疾病和营养不良为主的模式向低出生率、低死亡率、慢性病为主的模式转变。特别自 20 世纪 80 年代初以来，随着中国快速的经济增长、迅速的城镇化、高速的工业化、人口大规模流动，以及人口老化等因素，与生活方式和人口转型相关的疾病和危险因素成为最重要的健康问题。

中国通过建立疾病预防控制体系、开展预防接种和爱国卫生运动等防控措施，降低了传染病发病率，重点传染病得到了有效控制。但是，新发传染病仍然是潜在的严重威胁，如严重急性呼吸综合征 / 传染性非典型肺炎、人高致病性禽流感、手足口病，输入性脊髓灰质炎病例，以及人感染 H7N9 禽流感疫情等，均引起了全国性高度关注。2014 年非洲 4 国爆发的埃博拉疫情、2015 年韩国流行的中东呼吸综合征，为世界防控新发传染病敲响了警钟。除上述新发急性传染病外，病毒性肝炎、结核病、艾滋病等慢性传染性疾病也是目前中国沉重的疾病负担。

环境与健康成为过去两年的社会热点。中国自 2012 年全国逐步开展 $PM_{2.5}$ 监测工作，2013 年国家又出台《大气污染防治行动计划》，2014 年《土壤污染防治行动计划》通过环境保护部审议，2015 年《水污染防治行动计划》颁布。这些政策的出台既体现了国家对大气、水、土壤相关环境卫生问题的高度重视，也为相关问题的环境卫生学研究提供了良好的平台。近年来，中国学者在相关研究中结合应用流行病学研究和毒理学研究方法，并引入模型评价、基因芯片、蛋白组学、核酸测序等新技术和方法，为污染物的疾病负担评估、健康风险评价、健康影响机制等方面提供了重要的科学依据。

二、本学科主要研究进展

解决健康问题，需要提升公共卫生系统的服务和治理能力，需要提高预防医学发展的水平。公共卫生是一门通过有组织的社区活动来改善环境、预防疾病，延长生命和促进心理和躯体健康并能发挥个人更大潜能的科学和艺术。其工作范围包括建立公平有效的卫生服务体系，改善环境，预防和控制健康危险因素，预防和控制传染病，开展个体健康教育，组织医护人员对疾病进行早期诊断和治疗，保障公民享有应有的健康权利与延长寿命。预防医学由多门分支学科组成的学科，它以促进人群健康为目标，以医学科学为基础，与公共政策、管理学、经济学、法学等社会科学相衔接，以流行病和生物统计学为基本方法，从宏观与微观层面，研究疾病发生与分布规律以及影响健康的各种因素，制定和评价预防对策和措施，实现预防疾病、促进健康和提高生命质量的目的。医学模式由生物医学模式向生物—心理—社会医学模式转变对预防医学理论的发展产生了深远的影响。

我国自 2009 年开始医药卫生体制改革以来，公共卫生体系改革和发展进入了一个新的时期。本报告所涵盖的时期是中国深化医改的重要时期，也是实现国家 2020 年建成基本医疗卫生制度医改目标的关键时期。这个时期所开展的一系列改革活动与公共卫生与预防医学发展有密切的关系。公共卫生和预防医学领域的人员在医改实施和评价中做出了重要贡献，包括基本公共卫生服务均等化和重大公共卫生项目的制度设计、实施和评价。

促进城乡居民逐步享有均等化的基本公共卫生服务是中国医改的重要目标。基本公共卫生服务均等化制度包括基本公共卫生服务项目和重大公共卫生项目。建立国家基本公共卫生服务项目，服务项目由政府财政全额支持向全体居民免费提供，中央财政通过转移支付予以支持经济欠发达地区。基本公共卫生服务项目根据项目的成本效果、健康影响和筹资水平等因素确定，项目范围逐步扩充。目前服务内容包括家庭健康档案、妇幼保健、计划免疫、老年健康服务、慢病防控、健康教育等 11 大类 42 项服务项目。重大公共卫生项目包括结核病、艾滋病等重大疾病防控项目，15 岁以下人群补种乙肝疫苗，消除燃煤型氟中毒危害，农村妇女孕前和孕早期补服叶酸预防出生缺陷，贫困白内障患者复明，妇女两癌筛查，以及农村改水改厕等。在“十一五”基础上，艾滋病和病毒性肝炎等重大传染病防治专项在“十二五”期间继续开展。“十二五”期间重点实施的内容和目标分别是：针对提高人口健康水平和保持社会和谐稳定的重大需求，重点围绕艾滋病、病毒性肝炎、结核病等重大传染病，突破检测诊断、监测预警、疫苗研发和临床救治等关键技术，有效降低艾滋病、病毒性肝炎、结核病的新发感染率和病死率。

从学术研究层面，有两个方面的趋势值得重视，一是公共卫生队列研究进入新的发展阶段，二是以实现全民健康覆盖为目标的卫生体系研究成为世界新潮流。中国公共卫生队列研究在过去 4 年得到了更高的重视，建好、用好公共卫生研究队列对于促进公共卫生与预防医学发展水平的作用得到广泛共识。国际国内对公共卫生研究队列的支持逐步增加，包括国家自然科学基金重大项目、国家卫生计生委行业基金等，都对中国公共卫生队列研究进行支持。国际上也越来越重视卫生领域队列研究。以出生队列合作研究为例，为了使不同出生队列的数据可以共享，为大样本多地区的合作研究创造条件，研究者认识到加强出生队列间合作的重要性，由此产生了转型期国家针对健康问题研究联合体，它由世界范围内 5 个低收入或者中等收入国家的出生队列组成。

国际社会共同认识到，提升健康水平仅有卫生资源和卫生技术是不够的，还需要一个公平有效的卫生体系。2014 年非洲部分国家埃博拉疫情爆发，根本原因是这些国家公共卫生体系能力薄弱。全民健康覆盖（Universal Health Coverage，UHC）是世界卫生组织在“人人享有卫生保健”卫生战略基础上、从卫生体系的角度提出的旨在促进全球健康公平的新策略。2005 年，世界卫生组织通过成员国宣言，提议通过更加公平有效的筹资体系，促进 UHC 的实现。2010 年，世界卫生组织在其年度报告中，提出了一系列通过卫生筹资促进 UHC 实施的策略、政策和措施。2013 年以来，世界卫生组织和世界银行通过各种方式（全球性和区域性会议、政策性文件、学术论文和报告等），积极推动全民健康覆盖的理念和实践。世界卫生组织对全民健康覆盖的界定是：所有人都应当享有所需要的有质量的卫生服务，并且不因利用这些服务出现经济困难。卫生服务包括健康促进、预防、治疗和康复等。这个界定强调了卫生服务公平可及性、服务质量和经济风险保护 3 个重要维度。全民健康覆盖的核心是公平。从全球视角，实现全民健康覆盖的主要任务是如何提升欠发达国家卫生服务可及性水平、减轻因病致贫的程度；在国家水平上，主要是在整体卫生服务水平提升的情况下，如何缩小地区间和人群间卫生服务可及性和质量等方面的差距。全民健康覆盖对于中国建设公平有效的卫生体系具有重要意义。UHC 已经成为 2015 年 9 月 25 日联合国发展峰会通过的可持续发展目标重要内容之一。

三、本学科国内外主要研究进展比较

为了应对和解决人口老龄化、环境污染、城镇化和疾病转型等挑战，世界各国公共卫生与预防医学专业研究人员、政策制定者和公共卫生服务人员都在不断调整方向。健康的社会决定因素、将健康融入所有政策、全民健康覆盖等国际社会倡导的理念，与公共卫生与预防医学的发展和影响密不可分。公共卫生人群研究、个体化服务基础上的预防问题、实验室与现场结合、公共卫生技术与宏观政策体系结合等，都以解决健康问题为导向，研究和公共卫生社会实践以及公共卫生知识和成果转化，成为国内外学科发展的热点。下面是公共卫生与预防医学几个有代表性领域的国内外进展比较。

全球健康学（Global Health）是近年来为适应全球化发展建立的新兴综合学科。随着全球一体化趋势的加速，新发与再发传染病、健康的社会决定因素、老龄化与健康、环境与健康等重大卫生问题促使国际社会日益认识到多边卫生治理的重要性，卫生问题由国际卫生向全球健康过渡，催生了全球健康学的产生。全球健康的定义目前引用较多的有两个：一个侧重于全球健康外交，即“全球健康指那些穿越国家边界和政府的、需要采取行动影响那些对健康起决定作用的全球各种力量来解决的卫生问题”；另一个则侧重于全球健康的多学科交叉性质，即“全球健康是把增进健康、实现全世界人人都享有公平的健康置于首位的学习、研究和实践的领域。全球健康强调跨国卫生问题、强调决定因素和解决方案；涉及许多健康和健康之外的学科，并促进跨学科的协作；是人群预防和个人临床护理的综合。”全球健康的主要目标为在全世界范围内增进健康，减少健康的不公平，保护人民应对一些重大全球性健康威胁。

大数据将为公共卫生发展注入新的生命力。除利用传统的流行病学调查研究方法采集数据外，应关注其他系统产生的与人类健康直接或间接相关的各种数据，通过政策倡导促进公共数据的开放共享，用于科学研究，支持循证决策；关注高通量数据采集、测量技术或设备的发展，适时开展多学科、跨行业合作，根据学科需要进行易用、低成本、规模化的应用转化。通过多学科合作，加强大数据应用过程中可能产生的各种问题的研究，如个人隐私、数据标准与共享、数据安全等。

在环境污染与健康效应的机制研究是公共卫生与预防医学热点研究领域。将现场研究与实验室研究相结合，利用分子生物学、免疫学等新技术，加强多学科交叉渗透，逐步深化环境污染物对人群健康的作用机制、致病机理等方面的研究。加强敏感人群健康效应的研究。与国外研究相比，我国中国环境健康研究更多地集中在健康人群或一般人群中，缺乏对敏感人群，如儿童、老年人、孕期妇女或慢性病患者等的研究。与健康人群相比，敏感人群更容易受到环境污染物的危害。加强对敏感人群的研究也有助于将研究成果更好地服务于疾病的预防与控制工作，具有十分重要的公共卫生学意义。基因易感性是影响环境因子致病能力的重要因素，对环境基因交互作用的研究是环境基因组学的重要研究内容，也将是环境卫生学科重要的研究方向。在我国环境健康风险评价研究中应进一步考虑复合污染、多介质作用的健康风险。针对污染物不同形态、不同暴露途径的健康风险进行系统研究。此外除化学性污染物外，还应进一步加强对非化学性污染因子健康风险的研究。

妇幼卫生研究关注将中国在妇幼卫生领域，特别是在降低孕产妇和儿童死亡率方面取得的经验介绍到国际社会中，帮助发展中国家提高妇女儿童健康水平，弄清早产儿的发生机制并做好预防；弄清儿童的身心发育特征，特别是神经心理发育规律以及孕期糖尿病的发病机制与防治、妊娠期高血压疾病的发病机制与防治、剖宫产对母婴健康影响及其远期效应、孕产期不良暴露因素对母婴健康的影响、孕产期危险因素对母亲及子代的远期影响效应等。

四、本学科未来发展趋势

中国正在现代化进程中迅速崛起，成为与外部世界深度融合的新兴经济体和一个具有全球性影响的大国。公共卫生应当与时俱进，考虑外部环境变化和中国自身的变化，战略上更加具有国际视野，更加前瞻，更加主动，更具有创造性，通过学科发展和研究，解决威胁人类的重大公共卫生问题。

第三十二节　图书馆学

近几年来，我国图书馆学不断引入相关学科的新理论与技术，加快了与交叉学科的融合，研究领域不断拓展，新观点、新成果和新理论不断涌现。

一、图书馆学研究进展

整体上，图书馆学最近 3 年发表的论文数量较多，与相近学科交叉研究热点多，主题较为分散。相对而言，科研数据管理与服务、科研人员唯一标识符、增强现实技术、众筹等成为新的研究热点。从大的方面看，在图书馆学基础理论和信息检索等方面成果相对集中，进展也较为明显。

1. 图书馆学基础理论研究进展

图书馆学基础理论作为认识和研究图书馆学的基点，对于探索图书馆的科学本质和引领图书馆学的发展方向具有重大意义，一直是图书馆学重要的研究领域。2009—2011 年图书馆学基础理论研究，主要涉及图书馆学史、图书馆学理论基础、图书馆职业理念与立法、图书馆职业发展未来与体系创新 4 个方面。与之相比，2012 年至今的理论研究，图书馆学本土化、图书馆社会责任、图书馆立法等方面的研究有所放缓；图书馆学研究范式、图书馆权利与图书馆本质、功能、精神、价值等方面的研究相结合，形成了对图书馆哲学的研究；图书馆学研究对象的研究在得到加强的同时开始更多的理性反思；关于图书馆学体系结构、研究方法与学科建设的研究整合形成了对图书馆学学科体系的研究；图书馆学史、图书馆职业发展未来研究得以继续，并汇聚为对图书馆学发展的研究。概括地说，近几年来的图书馆学基础理论研究内容不断细化、新观点相继提出、理论反思有所加强，并对以前研究成果有所继承的基础上进行了扩展，丰富了理论研究成果，使图书馆学基础理论研究得到了新发展。

2. 信息资源建设研究进展

信息资源建设是图书馆学理论研究与实践活动的重要领域之一，一直以来都是学科最为活跃的研究领域。最近几年来，信息资源建设领域中知识资源建设（包括知识资源组织序化、科研数据管理与服务）、国内外开放存取研究与机构知识库建设、特色数据库建设、图书馆联盟以及大数据环境下的信息资源建设等多个主题均有不同程度的进展。最近一两年以来，学界比较重视对大数据环境下的信息资源建设的研究，例如，基于大数据的信息资源整合、特色信息资源建设、个性化信息资源推送，以及云计算环境下信息资源建设等研究。

3. 信息组织与检索研究进展

信息组织与检索是关于文献、信息、知识等有效揭示、整序和存取的科学。信息组织与检索也是图书馆学主要研究领域之一。对 2012—2015 年 SCI 和 SSCI 收录的图书馆学期刊、相关重要国际会议文献等进行浏览，发现信息组织与检索领域的主要研究内容包括：信息描述标准及实践研究、基于语义 Web 技术的知识组织研究、社会化标签研究、特定情境下的信息检索研究、信息组织与检索技术的新发展以及信息组织与检索技术的新应用等。从研究成果的作者所属学科看，信息组织与检索有关问题受到越来越多学科的重视。不过，图书情报学仍然是重要的研究力量。总体来看，国内外图书馆学研究都关注于这些研究内容，但在研究角度上略有区别。同时，信息组织与检索都是实践性较强的领域，国内外学者都注重理论和实践相结合。相比较而言，国外研究更为多样化，有关问题研究得更为细致深入。

4. 信息用户与服务研究进展

信息用户与信息服务历来都是图书馆学热门的研究领域，新的研究成果相对较多。在信息用户方面，用户信息行为继续受到学者们的关注，对不同类型用户的信息需求和信息利用行为的分析更加全面和深入。在信息服务方面，依托新媒体开展信息服务的相关研究火热，例如基于移动互联网的移动图书馆服务，利用微信开展信息服务，以及微电影等微服务。在传统信息服务方面，最近几年最为突出的是阅读推广服务，不仅受到了图书馆业界的重视，而且图书馆学界也开展了许多研究。概括地说，利用新媒体拓展信息服务和阅读推广服务是信息服务领域的研究热点。

5. 图书馆管理研究进展

随着我国图书馆事业的快速发展，图书馆管理相关问题受到了图书馆学界的重视，成为近几年较为活跃的研究领域。国内，图书馆评估、人力资源管理、知识管理、管理体制、危机管理这 5 个领域文献较突出，其他图书馆组织文化、战略管理和营销管理 3 个领域文献较少。国外图书馆管理研究文献主要集中于图书馆评估、人力资源管理、营销管理、管理体制和知识管理5个领域，相比之下，图书馆战略管理、组织文化和危机管理这3个领域文献量较少。对比发现，图书馆评估和人力资源管理是国内外研究都较为关注的研究主题。图书馆知识管理和图书馆管理体制近几年仍然受到重视。不同的是，图书馆营销管理国外较为重视，而我国重视不够；我国近几年对危机管理比较关注，而国外相关文献较少。

二、国内外图书馆学发展比较

根据JCR收录的85种图书情报期刊5年（2007—2011年）平均影响因子排名，按照从高到低的顺序选择了前5种期刊，利用CitespaceⅢ软件对1605条数据进行关键词的聚类分析，揭示国内外图书馆学在研究领域和研究热点方面的差异。

从分析结果看，国际图书情报学者的研究热点分别集中于以文献计量学为手段的情报学研究、以信息技术和社会组织为基础的图书情报信息社会学交叉研究、网络环境下信息管理研究以及健康医疗信息方面的实践应用研究。从部分国际会议和文献看，国外图书情报领域的学者对语义信息检索、语义知识组织、DC元数据集的语义化和关联数据在图书馆的应用等研究也较为关注。

国内图书情报界的学者较重视图书情报学科在管理学、社会学中的应用，图书情报方法尤其是情报学的研究方法作为管理学、社会学的研究基础，成为跨学科的研究热点内容之一。从国内图书馆学文献看，云计算和大数据环境下的信息资源建设、阅读推广服务、基于新媒体的图书馆服务、科研数据管理与服务、数据挖掘、词表语义化和图书馆学基础理论等研究较多。

（1）从关键词聚类分析上看，国内外图书情报领域学者在SSCI top5来源期刊上的发文，其研究热点较为相近，特别是在科学计量学的研究方面，但国内学者在SSCI top5来源期刊发表的论文，较少涉及医学信息领域。

（2）国内图书情报学者众多，但是2009—2013年来被SSCI中top5期刊收录的文献仅有97篇，仅占总数的6.04%，说明在SSCI图书情报领域top5核心期刊中国内学者贡献率很低，国内学者仍要在学术国际化做出努力。

（3）图书情报学科的研究热点已经不再仅仅局限于图书情报学，而扩展到“社会学”、“管理学”、“医学”。图书情报学科与其他社会科学和自然科学的交叉渗透越来越多，其研究的深度和广度上更加开阔。

总体来看，国内图书情报学与国际同行对学科相关问题研究的焦点越来越多，成果的差距也在不断缩小。但整体上看，国外图书馆情报学者偏重于科学计量和信息技术，以图书馆学的应用和科学理性探讨为主。与国外学者相比，国内研究人员多，研究热点较为分散，多数热点与当下的社会、文化和科学技术形势联系较为紧密。还有少量学者坚守着图书馆学基础理论研究，例如图书馆哲学、图书馆学学科史等。也有少量学者紧跟国际研究前沿开展研究，例如语义知识组织，语义检索和特定情境的信息检索等。总之，在未来的图书情报学科研究中，我国学者不仅要与当前的国内形势相结合，而且要关注国际研究前沿与热点，还要提升在国际图书情报研究领域的学术影响力。

三、图书馆学未来发展趋势

图书馆学是一个应用性较强的学科，其发展直接受图书馆事业发展的影响，间接受社会、经济、文化和科学技术发展的影响。近几年，我国社会、经济、网络环境等都发生了很大变化，可用移动互联网、物联网、数据化、知识化几个关键词来概括影响图书馆学发展的环境因素。

关于图书馆学学科发展走向的问题，21 世纪初就引起了学界专家的关注。我国多位学者从多个角度论述了图书馆学在 21 世纪可能的发展趋势与方向。有些预测已经初见端倪，多数方向还不甚清晰。但通过对 2012 年 1 月至 2015 年 6 月的数据分析不难发现，“研究主题分散、研究问题混乱、研究成果浅显”是主流特征。所以很难通过文献计量分析获得图书馆学未来几年的发展趋势。但整体上看，我国图书馆学会在图书馆学的科学理性和人文取向两大领域继续开展研究。具体地说，一方面图书馆学会继续关注当下社会、经济、文化和科学技术发展情况，加强与其他学科的交叉与融合研究；另一方面图书馆学会更加与图书馆界的联系，开展阅读推广和新媒体服务等方面的研究。

结合当前图书馆事业、科学技术发展情况和图书馆学研究态势，以下几方向应重点加强研究：①图书馆学学科核心论域研究；②全媒体环境下的阅读研究；③馆藏的数据化与知识资源建设研究；④语义知识组织研究；⑤社会标签的语义化研究；⑥特定情境下信息检索研究等。

第三十三节　密 码 学

一、引言

密码学是一门综合性学科，与数学、物理、计算机、微电子、通信、网络等有着广泛而密切的联系。密码学的发展始终与政治、军事、外交如影随形，纵然于和平时期，各国普遍将密码技术视为与核技术、航天技术并列的国家安全三大核心技术。

近 5 年来，由于环境和需求的变化、基础理论和计算能力的发展、各国对网络监管和信息获取的激烈争夺，密码学领域发展迅猛。

二、本学科国内外研究进展

（一）国际密码学研究取得多项技术突破

近年来，密码学围绕拥有更强大的分析理论和创设更先进的设计理论与技术，取得了多项理论与技术突破。离散对数求解问题是目前构造主流公钥密码体制的困难问题之一。2013 年法国密码学家 Joux 等创设了求解小特征域上离散对数问题的拟多项式复杂度的 BGJT 算法，使得人们意识到有必要重新评估基于离散对数问题的公钥密码体制的安全性。全同态加密技术可解决在不可靠环境中对密态数据进行计算这一难题，其思想早在 1978 年就由 Rivest 等提出，但直到 2009 年才由 Gentry 提出第一个全同态加密方案。2010 年，美国 DARPA 实施了为期 4 年的“密文可编程”项目，全同态加密在快速实现上也出现重大突破。量子密钥分配技术是量子密码发展较为成熟的方向。近年来，该技术在诸如瑞士大选、世界杯等重要场合得到实际应用。然而，针对 QKD 系统的成功攻击也屡见不鲜。2013 年 Lo 等人提出的测量设备无关 QKD 被认为极有可能彻底解决针对 QKD 设备非理想性的威胁。程序混淆密码在保留程序功能性的同时使得程序是“不可识别”的，2013 年 Grag 等在通用不可区分混淆的构造上取得重要突破。以程序混淆为工具，研究人员成功解决了一系列密码学困难问题，程序混淆由此被认为是一种极为强大的密码学研究工具。但 2014—2015 年，程序混淆中的很重要的一类工具——多线性映射相继被攻击，这就迫使研究人员需要对程序混淆密码进行重新审视。

（二）国际密码学领域发生了系列重大事件

各国高度重视在密码学领域研究水平的提高，相继发起了众多的密码学研究项目。同时，各种安全事件层出不穷，尤其是各国为搜集和窃取情报各显其能。SHA-3 计划从全球征集到的 64 个候选杂凑函数中，经过 5 年遴选，于 2012 年 10 月确定由比利时和意大利学者设计的海绵结构的 Keccak 算法成为 SHA-3 标准。SHA-3 计划促进了 Hash 函数设计和分析技术的快速发展。CAESAR 竞赛是 2013 年初由美国国家标准技术研究所（NIST）资助国际密码学研究组织发起的旨在推动认证加密方案的研究计划，整个活动将持续 5 年时间。目前 CAESAR 竞赛已经征集了 57 个算法，这些算法中有 5 个是由国内学者提交的。ECRYPT II 计划是继欧盟于 2004 年启动的 ECRYPT 计划后，于 2008 年启动旨在强化密码学研究和相关产业融合的计划，为期 4 年半时间，主要目标是继续加强欧洲在信息安全方面的持续合作，维持其在信息安全领域的领先地位。该计划由 11 名密码学研究者主导，主要由 3 个虚拟实验室的活动组成。2013 年 1 月，该计划圆满落幕。量子计算机由于其潜在对部分现有公钥密码体制颠覆性的破译分析能力，得到各国的极大关注，美国国家安全局（NSA）正透过其代号为“攻克难关”（Penetrating Hard Target）的项目在抓紧研制可用于破解现有公钥密码体制的量子计算机，该项目投入为7970万美元。OpenSSL心脏出血事件被认为是史上最严重的安全漏洞之一，该漏洞使得任何人都能读取系统的运行内存，并从中窃取口令、密钥等敏感信息，2014年，黑客利用该漏洞成功攻击了美国第二大医疗系统并窃取了450万名患者的医疗记录。棱镜门事件使国际社会对信息安全的关注达到了前所未有的高度，NSA和联邦调查局于2007年启动了一个代号为“棱镜”的秘密监控项目，直接进入美国网际网络公司的中心服务器里挖掘数据、收集情报，前中情局（CIA）职员爱德华·斯诺登于2013年6月将该项目曝光于世，引起了世界哗然，尤其是在密码应用产品中植入后门降低安全强度以便破解监听，NSA在随机数生成算法Dual_EC_DRGB内设计了后门。此外，由于技术或管理上的不慎，导致了系列安全漏洞，例如，2012年研究人员发现通过利用Mifare卡（荷兰研制的一种非接触式IC卡）的安全漏洞，可以随意修改卡内余额。

（三）我国密码学领域实施了多项发展举措

面对纷繁复杂的国际和国内环境，我国采取积极应对策略与措施，在学科建设与平台建设方面加大投入，为我国密码学学科的不断完善与学术水平的不断提升奠定了良好的基础。国家安全政策助推密码学研究与应用，2012年7月国务院发布《国务院关于大力推进信息化发展和切实保障信息安全的若干意见》，从国家层面将信息安全提升至前所未有的高度；2014年2月国务院办公厅转发了《国务院办公厅转发密码局等部门金融领域密码应用指导意见的通知》，通过指导使用自主密码产品保障金融信息安全；2014年2月中央网络安全和信息化领导小组成立，从国家层面协调各个部门的力量，极大地促进了密码与网络通信产业的融合。国家科技计划重点支持密码学研究与应用，在国家“973”计划、“863”计划、科技支撑计划、自然基金等中都把密码学研究与应用作为重点支持方向，有力推动了密码基础研究与应用研发的高速发展。密码标准化战略引领密码学研究与应用，成立了国家密码行业标准化技术委员会，发布了40多项密码标准，公布了SM2、SM3、SM4等系列密码算法，形成了较为完整的密码标准体系。密码平台建设活跃密码学研究与应用，在加强已有科研平台建设的同时，新筹建了多个新的学术平台，如密码科学技术国家重点实验室、数学工程与先进计算国家重点实验室、信息保障技术重点实验室、中国密码学会电子认证和安全协议专委会等；2014年创办的《密码学报》，是我国密码学领域首个正式学术刊物。“密码创新奖”是经科技部和国家奖励办批准设立的社会力量奖，旨在推动密码学术的进步与创新。人才培养夯实密码学研究与应用，全国培养本科层次信息安全专业人才的高校共有81所，在过去的5年中，年平均培养1.0万～1.1万名信息安全专业人才。全国共有信息安全专业教师3000余人，其中高层次人才为200余人，人才构成比例说明了我国该专业领域人才年轻化、专业化的趋势。全国共有信息安全相关研究机构

180 余个，并有近 20 个高层次研究团队。学科建设推进密码学研究与应用，2015 年 6 月，国务院学位委员会批准在“工科”门类下增设“网络空间安全”一级学科，把密码学作为该一级学科的重点发展方向，多所高校增设了相关院系或专业，有利于提升密码学人才培养的数量与质量。

（四）我国密码学领域取得了丰硕成果

国家层面重视网络与信息安全，多项发展举措的充分落实，使得我国密码学领域成果不断涌现。祖冲之（ZUC）算法被 3GPP LTE 采纳为第四代移动通信密码标准，和 SNOW 3G、AES 并称为 LTE 的三大算法。它是我国第一个成为国际标准的密码算法，其标准化的成功体现了中国商用密码应用的开放性和商用密码设计的高能力。在非线性源序列方面，我国学者对整数剩余类环导出序列、FCSR 序列进行了深入研究，证明了 N 在满足特定条件下，Z/（N）上的本原序列模 2 具有很好的保熵性和很好的非线性结构等一系列重要成果。在序列密码分析方面，我国学者提出了一种新的密码分析技术——条件掩码方法，给出了对蓝牙加密体制的实时攻击；提出了扩域上的快速相关攻击，利用大尺寸线性逼近，给出了 SNOW2.0 目前最好的密钥恢复攻击结果。在分组密码分析方面，我国学者根据多差分的思想提出了结构攻击方法，改进了对 PRESENT 及 Serpent 的攻击结果；给出了不可能差分、积分攻击以及零相关线性分析之间的关系，并基于此给出了多个密码结构的积分区分器的更好结果，给出了 CAST-256 目前最好的密码分析结果。在公钥密码的可证明安全方面，我国学者提出了首个可抵抗选择密文打开攻击的基于身份加密方案；给出了基于 DCR 假设对仿射函数 KDM-CCA 安全的加密方案。在密码协议设计与分析方面，我国学者在认证密钥交换协议设计及可证明安全研究上取得重要突破；取得了可重置零知识论证系统和黑箱分离的全新结果；给出了公开模数模约减协议和秘密求幂协议等安全高效的协议，推动了该领域的应用化进程。在量子密码研究方面，我国学者实现了 100 km 以上的量子隐形传态和 200 km 以上的测量设备无关量子密钥分配；初步建成了千公里级光纤量子保密通信骨干网——京沪干线；实现了拓扑纠错、线性方程组求解等量子算法，刷新了量子大数分解的纪录。在密码应用方面，我国推进密码技术行业应用成效明显，涉及关系国计民生的银行、电力、税务、海关、卫生、交通等领域，密码产业队伍不断壮大，密码产品和解决方案不断丰富，为保障国家网络与信息安全发挥了重要作用。

近 5 年来，我国密码学研究在各个方向上都得到了快速发展，在诸多研究方向上取得了系列高水平研究成果，在某些研究方向上处于国际先进或领先地位。但我们也应看到，由于缺乏对基础困难问题的系统研究，缺乏对新型应用环境带来的新需求的敏感性，加上国内从事密码学研究的人员偏少，虽然我国学者在密码学的一些研究方向上取得了国际水平的成果，在一些研究方向的某个点上也偶有高水平的成果，但在研究广度及持续创新性方面还需进一步加强。

我国密码学研究整体水平处于国际先进行列，但与美国、欧洲等发达国家相比还有较大差距。

三、本学科发展趋势和展望

近 5 年来，随着云计算、大数据、物联网等新技术的迅速发展、密码形态及通信形态的变化、计算能力及密码分析能力的不断提高以及密码理论和密码算法自身的发展，国内外密码学研究呈现出蓬勃发展的趋势，并涌现出诸多新的研究热点。

（一）密码基础理论研究呈现出与实际应用结合更为紧密的发展趋势

密码基础理论是密码学发展的基石，是设计密码算法的基础，也是密码学领域需要持续深入研究的永恒课题。研究热点有：

（1）具有良好密码学性质的布尔函数及向量布尔函数。

（2）具有良好统计特性和代数特征的非线性源序列。

（3）应用于抗泄漏密码学研究的计算熵理论。

（4）密码学困难问题及关联困难问题之间的关系。

（二）密码设计与分析研究呈现出密码设计精细化、密码分析组合化和自动化的发展趋势

近年来，在进行密码算法和协议设计时，要求具有更好的安全性和效率，能与实际应用系统具有更好的适配性，同时，能抵抗已知攻击或多种攻击手段的组合，以达到最佳的安全 / 性能 / 代价折中。研究热点有：

（1）轻量级密码算法和协议。

（2）大分组密码。

（3）认证加密算法。

（4）对称密码自动化分析方法。

（5）密码协议的形式化分析和检测。

（6）对称密码的组合攻击方法。

（三）密码学安全模型呈现出复杂化和多样化的发展趋势

云计算、大数据、物联网等新的应用环境，物理攻击尤其是侧信道攻击等新的攻击手段，对密码学研究和发展提出了新的安全目标，同时赋予了敌手更强大的攻击能力，从而使得密码学安全模型呈现出复杂化和多样化的发展趋势。研究热点有：

（1）私钥泄露容忍模型刻画及方案构造。

（2）抗密钥相关攻击、随机数相关攻击安全模型刻画及方案构造。

（3）抗选择打开攻击安全模型的刻画及方案构造。

（4）密钥相关消息模型的刻画及方案构造。

（5）各种安全模型之间的关系及某些组合安全模型下的方案构造。

（6）新型安全模型。

（四）密码学功能呈现出不断拓展的发展趋势

云计算、大数据等新型应用环境对密码学功能提出了更丰富的要求。为了更安全地利用云计算所提供的外包计算和外包存储服务，需要研究安全外包计算、安全外包存储等方案，同时也提出了更多隐私保护的要求。研究热点有：

（1）全同态加密技术。

（2）属性及函数加密。

（3）程序混淆密码。

（4）安全外包计算。

（5）密文检索技术。

（五）密码学与其他学科呈现出加速交叉融合的发展趋势

密码学总是在与其他学科交叉融合中不断发展。物理、生物等技术与密码学的融合，催生了量子密码、生物密码、视觉密码等多种新型态密码。研究热点有：

（1）量子信息密码学。

（2）DNA 密码和基于指纹等生物特征的生物密码。

（3）混沌密码。

（4）视觉密码。

（六）抗量子计算密码研究呈现出越来越紧迫的发展趋势

随着量子计算技术的不断进步以及不断被曝光的量子计算机大型研究计划，抗量子计算公钥密码研究越发呈现出白热化的发展趋势。研究热点有：

（1）格中困难问题及其他抗量子计算困难问题。

（2）格公钥密码及其他抗量子计算公钥密码的设计与分析。

（3）基于格的密码协议及其他抗量子计算密码协议的设计与分析。

（七）密码应用呈现出新环境、新需求诱发新技术的发展趋势

随着应用的多样化与复杂性，随着网络通信既要求局部安全保密又要求整体互联互通，随着网络技术的广泛普及和深度应用，必将诱发密码算法、协议、实现以及攻击的新技术和新方法。研究热点有：

（1）面向云存储和云计算的安全模型。

（2）面向大数据的安全和隐私保护协议。

（3）物联网安全搜索和隐私保护协议。

（4）泄露容忍密码协议的设计与分析。

（5）密钥安全防护技术及基于物理不可克隆函数（PUF）的安全协议的设计与分析。

（6）密码芯片功能的可重构技术。

（7）密码技术与通信技术的芯片级融合。

（8）适合于云计算和物联网的高性能低功耗密码芯片实现技术。

（八）密码标准化呈现出推进密码技术规范应用的发展趋势

密码标准化与新技术、新应用、新领域发展密切结合，标准化聚焦新热点研究，标准化工作推进技术规范应用。研究热点有：

（1）量子密码技术的标准规范。

（2）抗量子计算的密码算法与协议标准规范。

（3）量子密码技术的测评认证方法。

（4）银行智能卡同步考虑密码算法、密钥管理技术及标准。

（5）可信计算技术与云计算技术的融合及标准。

（九）侧信道攻击呈现出攻击方法与防护体系理论化、测评体系全面化的发展趋势

侧信道攻击方法呈现多元化趋势，分析对象从密码算法转化到密码模块，侧信道攻击的防御理论体系逐渐建立，研究人员开始从理论层面设计安全的密码模块。研究热点有：

（1）新型能量模型建立、掩码技术以及综合防护体系。

（2）新的故障注入和定位技术、与其他分析方法的组合分析技术。

（3）基于秩估计（Rank Estimation）的侧信道安全评估技术。

（4）电磁分析与频域上的功耗分析。

（5）不依赖功耗模型的、可适用纳米工艺芯片的通用 DPA。

（6）针对公钥密码的 DPA 和模板攻击。

四、本学科发展建议

近年来，我国密码学研究在各个方向上都得到了快速发展，取得了一系列高水平的研究成果，在某些方向处于国际先进或领先地位。随着我国综合国力的不断增强，密码学综合研究能力将不断提升。但是我国密码学发展也面临巨大的挑战，从事密码理论研究的人员偏少，在研究广度及持续创新上与国外还有一定的差距，在某些研究方向上还明显落后，要形成一批具有国际影响力的原创性研究成果，密码学研究整体达到国际一

流水平，使我国成为密码强国，需要巨大的付出和努力。关于我国密码学发展有以下几点建议：

（1）加强交叉学科建设，扩大专业人才培养。

（2）强化对密码理论深度和广度的持续研究。

（3）加快推进密码学与应用的融合研究。

（4）加快推进我国密码标准化工作。

（5）强化国际合作与交流。

第三章

学科发展研究报告（2014—2015）简介（英文）

1. Chemistry

The report has four sections: (1) introduction. (2) important progresses of chemistry in China mainland. (3) viewing discipline development through contrastive analysis of statistical data, and (4) development trends and perspectives.

The main content of this report is the introduction of some important progresses of chemical research attained by the chemists in China mainland since 2013. They are briefly intrduced according to each sub-discipline of chemistry respectively.

Organic chemistry is a highly important sub-discipline of chemical sciences. In recent years, organic chemistry research has attained rapid and yet sustainable development in China with the aid of various national policies about science and technology as well as talents projects. First and foremost, the team of researchers is constantly expanding —— the number of the attendees has been 2000-2500 in the National Conference on Organic Chemistry, Chinese Chemical Society, it has grown by 4 to 5 folds. Second, the global impact of China's organic chemistry research is continually increasing. The achievements in some areas such as natural products chemistry and organoflourine chemistry have earned global recognition. The collective achievements of the artemisinin team, which mainly consist of Chinese natural product chemists, have not only furnished the humanity a new medicine for the treatment of malaria but also led to the first Nobel Prize of natural science in China mainland. Third, The scientific publications in chemistry coming from China have not only increased in numbers, but also improved in quality by leaps and bounds. According to incomplete statistics, since 2013 Chinese organic chemists have published one article in *Nature* and 18 in the other journals of the *Nature* publishing group. These researches covered the most popular direction of organic chemistry, including C—H functionalization, asymmetric catalysis, photoredox catalysis, fluorine-containing functional group transformations and highly efficient organic syntheses, etc. In addition, some characteristic research programs related with the environment, resources and public health have also made great progress in both fundamental and applied domains. For instance, in the area of resource chemistry, research findings have led to the application of hydrogen peroxide instead of chromium trioxide in the oxidative degradation of steroidal sapogenins on the industrial scale. This achievement has not only fulfilled a dream of three generations of Chinese chemists, but also solved one of the most severe environmental pollution problem which plagued China's steroidal pharmaceutical industry since 1950s. Moreover, the improved protocol converts otherwise by-products of oxidative degradation into more valuable chiral reagents and chiral starting materials.

In area of chemical kinetics, progresses have been made, including: Xueming Yang's group observed the dynamical resonances accessible only by reagent vibrational excitation in the F + HD ($v = 1$) reaction for the first time. This work clearly reveals that initial vibrational excitation not only provides the energy required for the reaction but also gives rise to a new reaction pathways. In the reaction of Cl + HD ($v = 1$) → DCl + H, they detected extremely short-lived resonances result from chemical bond softening, which indicates the existence of similar resonances in many other chemical reactions involving vibrationally excited reagents. In Mingfei Zhou's group, the iridium tetroxide cation ($[IrO_4]^+$) was successfully generated in gas phase and studied by infrared photo-dissociation spectroscopy, which led to the identification of a formal oxidation state of IX for the first time. Collaborating with the experts in the field of catalysis, Zicao Tang and Hongjun Fan et al. validated both theoretically and experimentally that the dehydrogenation coupling of methane on the single Fe cite catalyst confined by silicide lattice undergoes radical mechanism.

In recent two years, electrochemistry has made great progress in methods and principles, electrochemical power sources, photoelectrochemistry and application. For example, Lijun Wan's group developed in-situ electrochemical STM method to direct probe electron transfer between electron donor and electron receptor at the molecular level. Shengli Chen's group has developed a micro/nanoelectrod-based method to investigate the electrochemistry of the single nanosheets of graphene and other 2-D materials. Several micro-nano machining approaches were developed by Dongping Zhan's group, and these approaches can machine materials, such as metals, semiconductors and insulators, by modulating the external field. Shi-Gang Sun' group has prepared an Fe/N/C electrocatalyst with high activity for oxygen reduction, which can yield 1 W/cm^2 output in fuel cell test; they further employed electrochemical in situ FTIR spectroscopy with probe molecule to investigate the nature of catalyst active sites. Guoguo Yu- et al. have made series of progress on Li-S batteries. They have revealed a novel electrochemical mechanism of 1D sulfur chains in Li-S Batteries, and developed a long-life lithium metal anode with mitigated lithium dendrite formation problem by accommodating lithium into 3D current collectors with a submicron skeleton. Jun Chen's group have shown phase and composition controllable synthesis of cobalt manganese spinel nanoparticles towards efficient oxygen electrocatalysis. This provides new routes for non-noble cathode catalysts for metal-air batteries and hydrogen-oxygen fuel cells. Some cathode materials manufacturer, such as Pulead technology industry Co., LTD., Xiamen tungsten Co., Ltd., etc. have broken through high-voltage phase change of lithium cobalt oxide, and the capacity of all-battery achieved 180 mAh/g, with the output voltage stable at 4.35 V and 4.4 V. Peng Wang et al prepared a series of acetylethylenediamine dyes, which can increase the intramolecular charge transfer as donor or acceptor. Besides, devices fabricated from the dyes have an efficiency of 12.5% under condition of AM1.5G. Glucose can be detected without enzyme with a high sensitive detection by Qing Jiang et al. In Nanjing University, Nongjian Tao's group constructed the method of ion spectrum imaging, and this method can be used to image the oxidation and reduction for a single nanoparticle.

In the field of biophysical chemistry, Hao Ge et al. have uncovered the molecular mechanism of transcriptional burst in bacterial by combining stochastic models and the in-vitro techniques of single-molecule enzymology. They have proposed a new rate formula for phenotype transition inside a single cell, quantifying how the switching rates between gene states affects the transition rates between different phenotypes at the single-cell level. Yiqin Gao has further developed efficient molecular dynamics simulation methods, in which they combined integrated tempering sampling with QM/MM simulations to obtain structural, thermodynamics and kinetics information of biological systems. Hongda Wang has investigated the nucleated tissue cell membranes by in-situ single molecule techniques and proposed a novel model of the structure of whole cell membranes.

In the period of 2013—2015, the number of analytical chemical researchers in China has grown, with the research level elevating constantly. Great progresses have been made in the fields of bioanalysis and sensing, together with big developments in the fields of *in vivo* bioanalysis, proteome separation and analysis, bioanalysis based on functional nucleic acids, biomolecular reconnition, microfluidic analysis, and nanoanalysis. While in 2015, three research projects in analytical chemistry passed the first and final round evaluation of National Natural Science Award of China (the Second Class), including the research on the fundamental study of analytical chemistry on biomolecular recognition by professor Xiurong Yang et al, the research on electroanalytical chemistry and bioanalysis of graphene by professor Jinghong Li et al and the work on new methodologies for *in vivo* analysis by professor Lanqun Mao et al. All these achievements represent the hot research areas in analytical chemistry in recent years, and also demonstrate the development trend of analytical chemistry in China in the future.

Researchers in polymer chemistry have also made important progresses. Aiming at the low thermal resistance of CO_2-based polycarbonates, Xiaobing Lvet al. developed highly stereoregular catalysts for the stereoselective alternating copolymerization of CO_2 and various epoxides to afford semicrystalline polycarbonates. Also, they succeeded in preparing novel crystallinegradient polycarbonates with adjustable melting points. Moreover, a new way to prepare various semicrystalline CO_2–based polycarbonates was discovered by the interlocked orderly assembly of the opposite enantiomers, providing various crystalline stereocomplexed polycarbonates with enhanced thermal stability.

Yong Cao's group developed a series of new water/alcohol soluble conjugated polymer (WSCP) for the interface modification of the polymer optoelectronic devices. They found that the significant improvement of electron injection/collection in the devices can be attributed to the dipole formation or/and the doping effect in the interface of the cathode and WSCP/active layer. Based on these innovative findings, the first all–printed full–color polymer light–emitting arised and the state of the art single junction polymer solar cells with efficiency over 10% were realized.

Using Brownian Dynamics simulation together with a set of newly developed analysis tools, Lijia An and coworkers systematically examined the evolution of chain conformation and entanglements, as well as the stress–strain response in entangled polymer melts under startup shear. Their work for the first time offers convincing evidence that calls into question the fundamental assumption in the prevailing tube model that the topological constraint can be modeled as a Rouse chain confined in a smooth, barrierless tube. Their results suggest that instead of chain orientation, it is chain stretching followed by retraction that is responsible for stress overshoot. The concept of disentanglement inhibition by shear proposed in their work provides new insight into the molecular mechanism of the large deformation behavior of polymers, which may lead to a new theoretical framework for the nonlinear rheology of entangled polymers.

Nuclear science and technology are developing continuously in recent years with the exploitation and utilization of nuclear energy, as an indispensable part of nuclear science and engineering. The research areas in radiochemistry and nuclear chemistry are further deepened and expanded, focusing on some hotspot research areas like energy utilization and environmental protection. Scholars carried out extensive studies and achieved significant progress on research areas of the new technology of nuclear fuel cycle, the fundamental research of nuclear chemistry, the new technology of analytical radiochemistry, the application and expansion of the nuclear pharmacology and the marked compound, the new method of the radioactive waste disposal and management, the application in environmental radiation chemistry and radiochemical, with many examples listed as follows.

Actively exploring on non–aqueous fuel reprocessing technology of new–type thorium based molten reactor; the establishment of the new separation procedure that can separate the fission products from the molten salt carrier; synthesis of new type of effective adsorbents for minor actinide nuclides and new type materials for uranium extraction from seawater; developing variety of special effect radiopharmaceuticlals and radioactive imaging agents that can be used in cancer diagnosis and treatment; scientific governance of $PM_{2.5}$ pollution by "special team for prevention and treatment of $PM_{2.5}$", which was found in May 2013 and consisted of the recruitment of global experts and state academicians; the studies on the immigration and chemical behaviors of U and other elements with existence and microbes and humus in typical soil in South West China; development of lithium isotope separation method in graphite-organic electrolyte system; Southwest and so on. The results in these areas mentioned above play an important supporting role in constructions of national defense, development of nuclear energy, the application of nuclear technology and the environmental protection and management. At the same time, under the support of the technique of particle accelerator, reactor, all kinds of probes and analysis equipment together with the computer technology, some independent technical system were formed. Crossing with other subjects, many new growing points appeared and new developing directions were generated.

Statistical data collected by CCS and Elsevier revealed some good trends of chemical research in China. The research papers not only has grown rapidly in number, but also have increased substantially in terms of quality and influence. During 2010—2014, Chinese researchers have contributed one quarter of the global academic publications in chemistry, which, more impressively, had the second-highest and the highest figures for publications being 1% and 10% most cited, respectively. However, the international cooperation should be enhanced.

The last section of this report describes the developing status and trends of every sub-discipline and provides some insightful perspectives.

2. Space Science

Space science is a front inter discipline closely related to the major technological breakthroughs, which can lead to the intense technical innovations. Space science is also highly related with the survival and development of human society, therefore, space science is playing more and more important role in the national development. The international powers are paying high attention and giving strong supports to the study of space science.

Space science is divided into several disciplinary areas, such as space physics, space astronomy, solar physics, space exploration, planetary science, microgravity science and space life science. The cosmic space is a common treasure of humankind. The cosmic exploration is also a persistent pursuit of humankind. Nowadays, the human space activity is emerging a flourish scene. Major space countries/organizations mutated or modulate their space light development strategies, plans and goals. The status and roles of space science in the national integral development is becoming increasingly prominent. The effect of space activities on the human civilization and social progress is further strengthened.

In recent years, different international space plans have been issued one after another. The scientific cooperation is more comprehensive than ever. Numbers of satellite projects have been carried out successively. Significant scientific achievements and discoveries have been constantly announced. After 50 years development, a fair foundation has been set up for the space science study, significant progress has been made in different aspects in our country, such as the establishment of subject areas, the training of research teams and the construction of infrastructures, all of the above constitute the good foundation for its development in the futule.

Nowadays, the development situation of international space science is constantly changing, however, exploring the mysteries of universe, expanding the territory of human activity and utilizing the universe resource will always be the eternal cause of humankind. At present, the development in all fields of space science in China is faced with new opportunity which we already have. it is only through the joint efforts of all scientists, engineering technicians and all administrative departments of the whole country, that we will be able to seize the opportunities, completely achieve the goals proposed in the approved satellite projects, and chart out the bright future of the space science in China.

With the constant enhancement of our national power, our country is paying higher attention to space science, and is providing long-term stable support to the study of space science. So, we strongly believe that Chinese scientists will definitely make significant contribution to the human cognition of the universe and to the space exploration in the near future. The development of space science in China will become the miles tone of the human space exploration.

3. Marine Science

3.1 Introduction

The sea covers 71% of the earth surface and takes up 97% of the earth's total water. It is not only abundant with mineral, biological and spatial resources, but also closely relate to the global changes and the human survival and development.

The ocean has strong links with atmosphere, lithosphere, biosphere, hydrosphere and anthroposphere and forms an important part of the earth system. Therefore, marine science has been one of the important branches of earth system science.

Marine science is the system of knowledge that studies the natural phenomena and change laws of the sea and the interactions between the sea and the atmosphere, lithosphere and biosphere and is related to the exploitation, utilization and protection of the sea.

China is a big marine country close to the Pacific Ocean. The ocean has great significance to the state safety and the development of national economy. In 2012, a grand strategic target of "building up a maritime power" has been decided on the 18th National Congress of the Communist Party of China.

Under the guidance of "building up the maritime power" and to focus on the related programs, plans and central tasks, the Chinese marine scientists have carried out ocean investigations and made important advances both in the foundation research of marine science and in the innovation of high marine technology.

3.2 The Latest Progress of Marine Science in China

The marine science and technology in China have changed significantly, which can be reflected by the obvious increase in the research results, the invention patents and the number of the articles published abroad, indicating the level of marine scientific research and the involvement of nationals have been improved.

3.2.1 Construction of Marine Scientific Research Platform

In terms of marine scientific research platforms, the system of China Ocean Research Vessels which consisted of the research vessels from a number of units was established under the coordination of the National Development and Reform Commission on April 18, 2012, improving the equipment of the research vessels and enhancing the ability of marine survey. Since 2009, the marine scientific and technological innovation groups have developed rapidly in China. Until 2015, there have been 20 state-level innovation groups. Marine scientific and technological laboratories at different administrative levels have been established, including one state lab (i.e. Qingdao Ocean Science and Technology State Lab), 15 state key labs and 86 provincial or ministerial level labs. The China Ocean Sample Repository has been improved and new marine microorganism resource repository and marine pharmaceutical resource center have been established. In 2013, 75 shore-based ocean monitoring stations were reformed and updated, 29 new long-term tide stations were built up and 15 seismographic stations for the tsunami warning observation network were constructed. In addition, 2 new stations for polar region explorations, i.e., the Kunlun Station (built in 2009) and the Taishan Station (built in 2013), were constructed. The HY-2 marine satellite was launched and a series of oceanographic buoys and moorings came into service.

3.2.2 Ocean Scientific Expedition, Marine Survey and Marine Mineral Resources Exploration

From 2009 to 2015, a large number of marine projects have been completed successfully in China, which included 12 cruises of oceanic surveys, 6 times of Antarctic expeditions, 3 times of Arctic expeditions, "Comprehensive Investigations and Evaluations for the Offshore Environments of China" (for short, the 908 Special Project), 16 marine regional geological surveys with a scale of 1 : 1000000 and 1 marine regional geological survey with a scale of 1 : 250000, the explorations of marine oil and gas resources, gas hydrates, marine sands and relater resources, the surveys of environmental geology in key coastal regions and the investigations of marine dynamic environment and ecological environment in the Bohai Sea and the Yellow Seas.

3.2.3 Marine Scientific Research

3.2.3.1 *Physical Oceanography*

Researches in the circulation dynamic processes and their climatic effects in the Western Pacific Ocean have been carried out in China in recent years. Through these researches, many original results have been obtained in terms of the major current systems in the Western Pacific, which include the 3-dimensional structure and its changes and dynamic mechanisms of the West Pacific Warm Pool, the material and energy exchange between the main current system associated with the warm pool and the surrounding waters, and the controlling mechanisms of the warm pool for the Eastern Asian climate. All these have enhanced the research level of China in the fields of deep ocean circulation dynamics and climate predictability. Based on the surveys in the South China Sea and the Indonesian Sea, it is found that the deep water of the Pacific Ocean flows through the Bashi Channel into the South China Sea in all the seasons, with a background velocity that is much higher than that in the open ocean, suggesting that the South China Sea serves as an important passage of the throughflow from the Pacific Ocean towards the Indian Ocean. Further, the response of the currents in the South China Sea to the monsoon and the intruding Kuroshio has been studied. In particular, the changing features of the directions of the throughflows in the South China Sea and the Indonesian Sea and their changing mechanisms are identified. The physical oceanography research for the deep part of the Indian Ocean reveals that the Asian summer monsoon is initiated from the Bay of Bengal, for which a conceptual model has been established, providing quantitative indexes for predicting the blowing-up of the Asian summer monsoon.

3.2.3.2 *Marine Chemistry*

In the field of marine chemistry, researchers started to investigate the atmospheric chemistry and radiochemistry for the offshore areas of China, in addition to the study on the characteristics and their variability in the marine chemical environment. In the field of biogeochemical study, much attention has been paid to the sedimentary records associated with the key burial processes of biogenic elements and the evolution of biogenic compositions and structures in the Yellow Sea and the East China Sea.

3.2.3.3 *Marine Biology and Marine Ecology*

Significant results have been obtained in marine biology in the study of copepod diapauses, cell growth modeling and systematical evolution of infusorians, and the biodiversity and ecology in the extreme environments of the deep ocean.

First of all, in ecological research, the carbon storage mechanism has been studied, which includes the controlling mechanism, ecological effect and changing patterns of carbon revenue and expenditure in the continental shelf seas of China. Some important innovative results have been obtained by studying the carbon source and sink patterns and their controlling processes, the structure of biological pumps, the formation mechanisms of continental shelf upwelling and the ecological effect of ocean acidification. A new concept of "microbial carbon pump" (MCP) and its theoretical framework have been proposed, which consists of 3 mechanisms for the micro-production of marine inert dissolved organic matter (DOM) and reveals that the microbial ecological process plays an important role in the formation of carbon sink of RDOM. These ideas offer a new way to understand marine carbon cycle processes and mechanisms, together with their influence on the global change. In addition, the generation, distribution, transportation, transformation and environmental effects of biogenetic sulfur in the Yellow Sea and the East China Sea are investigated, and research on the records, evolutions and evolutionary mechanisms of the ecological environment in the shelf seas of China in the last 60 years has also been carried out.

In the study of harmful algal blooms in the coastal waters of China, long-term evolution mechanisms and concept models have been proposed. Based on the controlling environmental factors in the succession of harmful algal blooms, countermeasures and recommendations have been proposed. Important progress has been made in the research on ecological restoration of coral reefs and the proliferation of characteristic biological resources in the Xisha Islands. Furthermore, the biology and ecology in the extreme environments of the oceans such as the submarine hydrothermal environment have been also studied.

3.2.3.4 *Marine Geology*

In the field of marine geology, the formation age, tectonic features and oil and gas resources potential of the South China Sea have been investigated, in addition to the "908" Special Project which was completed recently. New findings have been made from the continued ocean expeditions, in association with mid-ocean ridges, polymetallic nodules and crusts, submarine hydrothermal deposits and the formation mechanisms of these mineral resources. Furthermore, China has successfully applied for the priority of exploring and exploiting three types of submarine mineral deposits in four ocean areas.

3.2.3.5 *Estuarine and Coastal Research*

In the field of estuarine and coastal research, the major progress includes an improved understanding of the evolution process and a principle of the typical coastal zones in China in the last 50 years, the identification of the human activities as an important coastal process and a factor influencing the ecological environment evolution, the new knowledge about the radial tidal ridges in the Southern Yellow Sea off the Subei coast and the new method for the classification of tidal estuaries.

3.2.3.6 *Regional Oceanography*

The progress in the research of regional oceanography in China in recent years has been reflected in new publications, such as the "China Regional Oceanography", which consists of 8 volumes and summarizes the results from the investigations carried out since the late 1940s. The "China Coastal Seas", which is a series of works consisting of 27 monographs and compiling on the basis of the results from the "908" Special Project.

3.2.3.7 *Polar Research*

For the polar regions, good achievements have been obtained through the studies of the "Data of the Antarctic Shelf Ice Collapse and Distribution of the Blue Ice in the Antarctica", the "Under-ice Topographic Mapping in the Central Expedition Area at the Grove Mountains", the "Dynamic Record and Comparison of Penguin Populations in the East and the West Antarctic Islands" and the "Ages of the Antarctic krill".

3.2.4 Marine Technology and Equipment

In the field of marine technology and equipment, significant progress has been made, which were supported by the Ministry of Science and Technology and the Natural Science Foundation of China and through the projects such as "973" and "863" Programs.

3.2.4.1 *Marine Observation Technology*

"HY-2 Satellite", the first marine dynamic environmental satellite in China, was successfully launched on August 16, 2011. It has all-weather, all-time and global detection capability. Its main purpose is to monitor the marine environment, serve the marine disaster prevention and mitigation, protect the nation's maritime rights and interests, explore the marine resources, protect the marine environment and to provide data sets for marine scientific research and the national defense.

The achievements in the field of marine survey and observation technology in recent years are mainly represented by a number of new technologies, such as OSMAR071 mode ground wave radar, C-Argo, submarine observation network technology, the in-situ monitoring technology for submarine chemistry and dynamic environments, the key technology for the standard and network integration of observation groups and the fast water radioactivity monitor. All these are independent innovative results with high and advanced world level.

3.2.4.2 *Technologies for Seafloor Detection and Mineral Resources Exploration*

Technologies for seafloor detection and mineral resources exploration are developed rapidly in China, e.g., the oil and gas drilling technology represented by the deep-water semi-submersible drilling platform (i.e. Marine Petroleum 981), the 60m "HAI NIU" deep-sea multi-purpose drilling machine, the deep-water high-resolution shallow stratum profiler techniques, the comprehensive exploration techniques for submarine gas hydrates, the pressure sampling techniques for submarine hydrothermal sulfides. All these can reach the world advanced level. The deep-sea vehicle techniques represented by 7000m "JIAO LONG" human occupied vehicle and the 3500m "HAI LONG II" remotely operated vehicle and the bumbilical cable technique are also the results having the world advanced level and the independent intellectual property rights.

3.2.4.3 *Marine Engineering Technology*

The major progress in marine engineering technology is the development of corrosion prevention techniques, which can be represented by the petrolatum tape and covering system in marine splash zone and foaming and the deep-sea universal antifouling coating technique. In addition, the technology for submarine pipeline S-laying under the 1500 m water depth has been developed successfully. This is of milestone significance in the laying of deep water pipelines in China.

3.2.4.4 *Marine Biotechnology*

In the field of biotechnology, "Chinese Marine Materia Medica", an important monograph about marine drugs, was published, which represents a new stage and it has great significance for the development of China's marine pharmacology. Although the start of marine pharmaceutical research is quite recent in China, so far 3000 types of marine small molecular new active substances and 300 types of carbohydrates have been found, which occupy an important position in the International Natural Compound Library. Further, more than 20 types of marine drugs have become drug candidates for tumors, cardiovascular and cerebrovascular diseases, metabolic disease, infectious disease and neurodegenerative disease, and are being evaluated as patent medicines. Marine biological products are developed very rapidly, with major breakthroughs occurring in the key technology of developing and applying parts of the enzyme preparations. The industrialization of "amino-oligosaccharide" has been realized.

Outstanding achievements have been obtained in the sequencing and fine spectrum structure of marine biological genome. Among the 12 types of marine biological genome completed in the world, 5 were completed by the Chinese scientists, with most of these types belonging to economic species. Progress has been also made in the study of biological gene in other special deep-sea environments. New progress has also been made in truth-preserving technique and high-fidelity sampler technique.

Disease control in mariculture has received much attention in China. In recent years, progress has been made in the control of fish iridovirus disease and in the studies of quarantine and immune technologies. For example, the notable benefit has been obtained from the development of highly-efficient immunostimulants for prawns and sea cucumbers.

In mariculture technology, the breeding of pearl oysters, oysters, white shrimps, scallops, seaweeds and *Undaria pinnatifida* represents recent progress. Further, the technologies for clean culture on beaches and in ponds are also studied.

3.2.4.5 *Technology for the Development and Utilization of Seawater Resources*

In the field of the development and utilization of seawater resources, the progresses include the design of desalination devices of seawater, the new procedures of comprehensive utilization of seawater and the technology for cooling circulation using seawater. The cost for the seawater desalination has decreased down to 5 yuan per ton.

3.2.4.6 *Technology for the Development and Utilization of Marine Renewable Energy Resources*

The marine renewable energy resources are mainly focused on tidal and wave power generation. The tidal power generation in China has been carried out for decades and has reached a relatively high level. The Jiangxia Tidal Power Station, for example, is being modified and expanded. For the technology of wave power generation, only trial power stations have been constructed. Other types of marine power generation are all at the stage of experimental prototypes or at an initial stage.

3.2.4.7 *Marine Environment Forecast and Early Warining Technology*

In the field of marine environment forecast early warning, new forecasting methods are proposed, such as the wave–tide–current–coupled marine environment numerical forecast system and the numerical forecasting model of global sea–surface environmental parameters. These methods have been verified in operational applications, from which improved forecasting results have been obtained.

3.2.4.8 *Marine Information Technology*

In the field of marine information technology, new achievements include the setting–up of the basic framework of the China Digital Marine Information Database, the establishment of the first database which is uniform in standard, reliable in quality, comprehensive in content and abundant with information in the maritime domain of China, the setting–up of the first sphere–based marine digital, 3 dimensional and visualized platform in China, and the development of the marine integrated management information service and application system which is currently subjected to further improvement to meet the customer demands.

3.3 Comparison of Progress in Marine Scientific Research Between China and Foreign Countries

As outlined above, although significant progress has been made in marine science and technology in China in recent years, large gaps still exist, compared with the advanced countries in the world, particularly in the field of new and high marine technologies. These gaps can be chiefly summarized as the follows:

3.3.1 Not Enough in Marine Research Vessels

Vessels for marine research are not enough in China at the present, being only one tenth of those of U.S.A. The density of the marine observation stations is small, particularly for the observations of seafloor and deep ocean. For instance, there is a total of 3600 Argos in the world at the present, but only 196 are owned by China. For the submarine observation network, only trial work has been done in China. The state–level labs for marine scientific and technological research did not come into effect until July of 2015, and experiences are still lack for the operation and management of the lab.

3.3.2 Basic Theoretical Research of Marine Science

In the basic theoretical research of marine science, although a number of important advances have been achieved and many new concepts and ideas have been proposed and accepted by the scientific community in the world, a certain gaps still exist, compared with the research level in the world, e.g. the lack of enough innovation ability, the less of scientists who have sit on the world science stage and the majority of the studies are following the previous.

3.3.3 Ocean Technological Research

Although the marine technology in China is partly at the world advanced or leading level, the overall level of marine technology is still lagging, which has influenced the basic research of marine science in China. For example, the independent innovation degree is low for the key parts of marine technologies and equipment, the ocean detection systems are incomplete and poor in their reliability, the infrastructure construction for large-scaled marine observations is lagging, the deep-sea exploration ability is not strong enough, submarine observation network are in an exploratory stage, and the universal and the spectial instruments for deep-sea explorations are less of independent key techniques.

3.4 Development Tendency and Prospect of Marine Science in China

3.4.1 The Strategical Requirements of Marine Science and Technology in China for the Future 5 Years:

(1) To safeguard the national maritime rights and interests and to construct the maritime silk road.

(2) To reserve the national strategical resources.

(3) To develop the national maritime economy.

(4) To construct the marine ecological environment.

3.4.2 Key Strategical Directions

Aiming at the strategy of maritime power construction, try to make breakthroughs in the basic research of marine science and high technology for a deep, blue and safe ocean and push the safeguard of maritime rights and interests, the construction of marine ecological environment and the sustainable development of marine economy.

(1) To continue the implement of deep ocean investigations.

(2) To strengthen the study on the processes of the South China Sea.

(3) To carry out the further theoretical and technological researches of the ecological restoration and the fishery resources recovery in the Chinese sea areas.

(4) To study continuously and intensively the sea-land interaction and the monitoring and controlling of the Chinese coastal zones.

(5) To study the life processes and resources in the extreme environment and the "deep biosphere (dark biosphere)" intensively.

(6) To speed up the research and development of key technologies and equipment for marine observations, marine surveys and ocean exploitations.

(7) To speed up the construction of marine information network and to realize the share of marine information.

3.4.3 Development Strategies

(1) To do better with the top design and the establishment of the "13th Five Year Program" and the medium and long-term development plan of marine science and technology in China.

(2) To focus on the research and development of key technologies and equipment for marine observations, marine surveys and ocean exploitations.

(3) To continue the construction of marine scientific and technological platforms and to give full play to the existing platforms.

(4) To strengthen the international co-operation in terms of joint investigations, joint international conference, joint publications and talent exchange and train and to improve the level of marine science and technology and the international position of China.

(5) To increase the national support to the study of marine science and technology.

4. Psychology

With the help of neuroscience, psychologists have made substantial progress in understanding cognition. In this report, we reviewed the recent studies, which were mainly conducted in Mainland

China, on the brain mechanisms of attention, cognitive control, perceptual learning, memory, emotion, decision making, creative thinking, and language comprehension.

The researches on attention mainly focused on the neural mechanisms that subserve the process of feature binding, attentional capture, and individual difference in attentional blink. The advances on cognitive control are mainly concerned with the modular organization of cognitive control in the brain and the neural correlates of conflict adaptation. The researches on perceptual learning were mainly made about the high-level process, in which the brain learnsed the potentially transferrable rules during perceptual learning, as well as the neural plasticity accompanying perceptual learning, especially how perceptual training refined neuronal population codes in visual cortex. Researches on memory were mainly related to the brain mechanism for the encoding and retrieval of working memory and episodic memory, as well as the neural plasticity changed, which were associated with the long-term mind and body training such as Tai Chi Chuan, in brain's structure, functional organization and large-scale networks. Studies on emotion investigated the brain structures which were significantly correlated with the individual difference in well-being and positive or negative affectivity; distinctive neural processing stages for emotional stimulus, as well as that for the affectivity of different individuals (such as the preschoolers and females during the menstrual cycle), were also discussed in association with the given ERPs components. Researches on decision making have provided comprehensive behavioral and neuroscientific evidences for the equate-to-differentiate account of risky decision making; the amygdala-based "emotional" system and the dorsal anterior cingulate cortex (dACC) -based "analytic" system that distinctively involved in risky decision making, as well as the neural mechanisms underlying the mental representation of the immediate and delayed rewards in intertemporal choices, were successfully identified by neuroimaging studies; studies on maladaptive decisions found the role of lateral prefrontal cortex in implementing suboptimal decision strategy guided by false world models, whereas researches on intuitive strategy decision-making found the role of anterior and posterior cingulate cortex in encoding the defense and attack strategy values. New advances on the brain basis of creativity identified the brain structures such as hippocampus and precuneus that could be related to the individual's creativity through analyzing large sample data; studies also indicated the genes involved in dopamine (DA) transmission may contribute to creativity; the appropriateness and novel feature that contained in a creative idea were found to be selectively mediated by the episodic memory systems and procedural memory systems; interventional study found that the creativity training could promote people's performance on creativity test and in the meanwhile induce significant changes in functional connectivity especially in the brain of the lower creativity individuals. Again, by making use of large sample imaging data and different kinds of language task, the studies successfully identified the key components of phonological decoding, form-sound association, and naming speed that consisted the reading ability; studies on the language deficit of brain damaged patients also found the brain structure including the white matter to be associated with ability of semantic processing. Taken together, the advances of psychological researches in the background of brain science are significantly driven by the progress in neuroscience especially advances in neuroimaging data analysis and the research tools for the large sample data.

In addition, new research ideas or experimental paradigms, which were created in the traditional cognitive psychological study and cognitive neuroscience study, as well as the new research filed that focused on the groups of the topics such as thesein social and cultural neuroscience that adopted apparently different research perspective from the traditional social psychology especially the theoretical and qualitative studies, also made important contributions to the progress of psychological science research.

In this summary, we also reviewed such kinds of new promising research fields. One field that deserves special attention is the developmental cognitive neuroscience devoting to pursue the neural networks that mature, develop, and aging across the lifespan, Chinese psychologist are now organizing the resources of experts and facilities across the whole nation to some projects whose research topics and territories apparently go far beyond that of traditional developmental psychology and the studies on aging. Another filed that we reviewed is the study on social cognitive neuroscience, neural mechanism of social cognition such as how Chinese people represent self in their brain and mind are discussed. The evidences of social cognitive neuroscience suggested a culture-behavior-brain (CBB) loop model of human development proposes that culture shapes the brain by contextualizing behavior, and in return the brain fits and modifies culture via behavioral influences.

In addition to the above-mentioned new fields, Chinese researchers have also made significant contributions to the analysis strategy of brain imaging data, they developed several widely used analysis methods including the regional homogeneity (ReHo) that could be taken as the complementary method to model-driven approach.

Nowadays, the studies that use the approach of large sample data including the neuroimaging, behavior, and gene data are increasing rapidly, the large research institutions or laboratories in Mainland China are beginning to establish large data base that are updatable and accessible, the impressively rich and new discoveries which were made based on these data base have posed new challenges, opportunities, and insights for the traditional study of psychology.

In the final part of this survey, we considered the cognitive neuroscience studies in Mainland China in association with the international studies and suggested that we need pay more attention to the implement of deep and systematic researches on the fundamental issues in psychology, to the establishment of theories or models that have significant international impact, and to the maintenance of large sample data that could be used in the long-term research in the future.

5. Atmospheric Environmental Science and Technology

5.1 Introduction

During the 12th Five-Year Plan of China, significant changes have taken place in the economic trends and environmental protection issues, which has raised a series of new development for environmental science and technology. As one of the key questions in environmental science, great development has been achieved in atmospheric environmental science and technology in recent years. The research scope extends from natural science and engineering technology to interdisciplinary fields. The research focus ranges from traditional atmospheric pollutants control to simultaneous control of traditional and untraditional atmospheric pollutants. The transformation of the research methods from traditional methods to the advanced interdisciplinary methods occurs. The integrative development of modern information technology, biotechnology, new energy technologies, new materials and advanced manufacturing technologies creates new opportunities for atmospheric science and technology innovation. With the support of National High-tech R&D Program of China ("863" Program), Key Projects in the National Science & Technology Pillar Program, National Science Fund for Distinguished Young Scholars and National Program on Key Basic Research Project ("973" Program), significant progress has been obtained in atmospheric science and technology researches. By strengthening the original innovation, integrated innovation and re-innovation after digesting the introduced technology, breakthroughs of the series key technologies in atmospheric environmental science and technology have been made. The demonstrations of advanced and applicable technologies have been promoted and the commercialization of important research achievement have been realized, which provides a key scientific and technological support for the air pollution control in key cities such including beijing-tianjin-hebei, Yangtze river delta and pearl river delta. With the support of scientific research achievements of atmospheric environmental science and technology, regional air pollution control has been gradually promoted. APEC summit, "September 3" parade, and the second worldwide Internet Conference have been completed successfully, with the accumulation of valuable experience on atmospheric pollutant control. A preliminary system of atmospheric environmental protection technology and equipment has been set up with international competitiveness, some key generic technologies of which reached the advanced international level, providing a strong support for the "Going Out" strategy of atmospheric environmental protection equipment.

5.2 Recent Progress

5.2.1 Origins and Transport Laws of Air Pollution

Fundamental researches on atmospheric environment include the emission characteristics of pollution sources, formation mechanism of atmospheric pollution, air pollution and environmental health effects, pollution control measures. Predictions are made on pollutants emission control policy and comprehensive evaluation of environmental-economic effect, which will provide guidance for the deep control of various pollutants. In recent years, multi-level researches on the physical/chemical process of atmosphere environment have been made through multiple perspectives including field observation, laboratory simulation and numerical model. The mainly focused problem includes the research on the source of atmospheric pollution, the atmospheric oxidation process and the pollution causes and the transmission of air pollution. Based on characteristics of the rapid changes in social economy, atmospheric pollution source inventory compile technique suitable for China was built, which was widely used in the fields of air pollution, meteorology, energy and control decision. Atmospheric oxidation processes including photochemical smog and acid precipitation, grey haze problem were intensively studied. Great achievements have been obtained on the field observation of HO_x free radicals. A variety of new theoretical assumptions about the studies on OH and HONO free radicals were put forward. The key factors in the declined atmospheric visibility were mastered by the closed experimental method of particle optical properties. The measurement of the micron particulate chemical composition has been successfully achieved, and new characteristics about the new particles formation behavior under the atmospheric pollution condition has been discovered. Research on the transfer of atmospheric pollutants illustrates the characteristics and causes of regional pollution, providing the scientific basis for the effective particle control.

5.2.2 Health Effects of Air Pollution

Exposure assessment is the basis of environmental management, health risk assessment and epidemiological studies. The publication of *China's population exposure parameter Handbook* provides the basic data for the development of the air pollution exposure assessment in China. The introduction of the advanced exposure assessment techniques, such as Land Usage Regression Model and Satellite Remote Sensing technology, provides a new direction for the development of high temporal and spatial resolution of air pollution simulation. Based on laboratory researches, the toxicological mechanism of air pollution to health hazard has been studied. In recent years, a large number of *in vitro* and *in vivo* experiments have been carried out in our country to study the effects of air pollutants on the body and tissues. For instance, through the research on the respiratory system, the relationships between $PM_{2.5}$ and several related inflammatory factors were found, and the molecular mechanisms of $PM_{2.5}$ induced pulmonary inflammatory reaction and immune response mechanism were revealed. Epidemiological studies can directly tell the relationship between air pollution exposure and human health, which provide the most direct scientific basis for the health hazard of air pollution. From the methods point of view, the research on "New" Ecology, which is represented by time series and case-crossover study, the longitudinal research on fixed groups, the cohort research on retrospective cohort, as well as research on intervention, have been further developed in China in recent years. From the range point of view, the research have been carried out progressively from a single city to collaborative research in many cities, which effectively avoided the problem of publication bias, making the research results more convincing. Researchers found particulate matters as one of the most important air pollutants in China, and the complicated features which including origin, composition and size spectra, etc., made the health effect of particulate matters different.

5.2.3 Monitoring Technology for Atmospheric Environment

In recent years, the atmosphere environment monitoring technology has made a significant progress with the strong demand of science and technology driven by national and local government in China. Single atmosphere environment monitoring technology has made important breakthroughs and a technical system has been initially built to meet the needs of conventional monitoring services. China has successively researched and developed pollutant monitoring technology and equipment for $PM_{2.5}$, O_3, VOCs, etc., which has basically meet the need of urban air quality automatic monitoring and has effectively supported the implementation of the new air quality standards during the 12th Five-Year Plan. Some high-end instruments such as Aerosol Lidar and Single Particle Aerosol Time-of-Flight Mass Spectrometer have already been applied in China. The traditional environmental monitoring technology has been improved, and a number of technologies have made breakthroughs. As for the aspects of air pollution monitoring technology, the on-line monitoring system of SO_2 and NO_2 using differential absorption spectrometry has been established, so it has the calibration technology system. In the field of on-line monitoring of pollution sources, the performance of existing pollution sources is improved through continuous technological upgrading, and the application of the existing technology in the field of ultra low emission is promoted. Multiplatform-based atmospheric environment remote sensing monitoring technology has been developed. With respect to the ground-based remote sensing, the improvement of the hardware and algorithm for the ground-based radar increases the detection accuracy of aerosol composition, further reducing the blind spot of detection, and it has been applied in the sandstorm and haze detection. In airborne remote sensing, researches on the airborne laser radar, airborne differential absorption spectrometer and airborne multi-angle polarimetric radiometer have been made and flight tests have been conducted in Tianjin and Tangshan areas. For the spaceborne remote sensing monitoring, the research and development of atmospheric trace gas differential absorption spectrometer, atmospheric greenhouse gas monitor and atmospheric aerosol multi angle polarimeter have been obtained. The implementation of aerial platform for air pollution, greenhouse gas and aerosol particles distribution of remote sensing monitoring has been achieved. A number of atmospheric environmental emergency monitoring technologies have achieved breakthroughs. Domestic research and development of the Fourier transform infrared spectroscopy scanning imaging system can be used for the qualitative and quantitative analysis of atmospheric environmental emergency monitoring.

5.2.4 Air Pollution Control Technologies for Key Polluting Sources

At present, China's major air pollutant emissions have far exceeded environmental carrying capacity. Multiple pollutants present in high concentrations, and the mutual effect of forming processes causes frequent smog and other regional environmental problems. For the supply of National "863" Program and other research tasks, great achievements have been reached. The 12th Five-year Plan made significant progress in air pollution control technology, which strongly support the control technologies of the total emissions of major air pollutants control in key industries.

In terms of industrial pollution control, lots of research focused on the following aspects. Mechanisms of particle coagulation and growth kinetics, increasing the efficiency of electrostatic/cloth-bag dust removing technologies based on enhancing fine particles removal, new technology development of high efficiency control of particulate matter under multi field synergy. As for the sulfur oxides treatment technology, significant efforts have been taken into the research of wet flue gas desulfurization, semi-dry process desulfurization, and pollutants resourceful disposal.

Meanwhile, the researches on the control of SO_3 have drawn more and more attention. For nitrogen oxides control technologies, great progress has been made in high efficiency low nitrogen combustion technology, flue gas denitrification system, flow field optimization and SCR catalyst design, catalyst regeneration, etc. In China, the benefit from the exploration of heavy metal adsorption mechanism, modification of absorbent and enhanced oxidation of Hgo, the heavy metal pollutant emissions control technology has made considerable development, and heavy metal control based on conventional pollutant control equipment has been successfully applied. At the same time, with the development of VOCs control theory, the policies of VOCs control have changed to the management of the source and the process control in the whole life cycle. Adsorption, catalytic combustion, bio-technology, low temperature plasma and integrated technologies have been further improved. The control of air pollution from mobile sources is changing from the control of traditional pollutants like CO and HC to the simultaneous removal of HC, NO_x and soot particles at low temperatures. The core technology route is gradually developing to adapt to the oil and the real working conditions of high efficiency internal machine control, with the trends of refinement, integration and systematization of the post purification system. The research on the coupling of various processing techniques has also been carried out, while the control technology of off-road mobile source pollution, such as ships and engineering machines, is still in the early stage. Great process has been made for the control of the nonpoint sources and indoor air pollution, especially for the technology in burning gas instead of coal, low nitrogen combustion of natural gas boiler, using of biomass stove, fumes decomposition of catering industry, purification of road dust, and the control of ammonia emissions from livestock industry. For the purification technology of indoor air pollutant, the study focus on the control of volatile organic compounds (VOCs) , submicron-sized particulate, and poisonous and harmful microorganism.

5.2.5 Air Quality Management and Decision Making Support Technology

In recent years, the characteristic of air pollution in china is changing significantly, facing a serious problem of ambient air pollution complex which contains multiple pollutants and pollution sectors, interacts in multi-scale, couples multiple processes, and impacts multiple environmental media. With few precedents in the world, it is lack of mature experience in air quality management for China. Researchers has proposed the control theory of multiple pollutants/multiple sectors to solve the current problems of atmospheric environment, including $PM_{2.5}$, O_3, acid deposition and greenhouse gas emission, etc. A set of air quality management techniques is required to fulfill the control theory, including high-resolution emissions inventory, integrated observation, air quality forecast and process analysis, and dicision-making support platform, etc.

In terms of emission inventory of air pollutants technology, with the demand of clean air during Olympic Games, World Expo and the Asian Games as opportunities, domestic researchers have conducted studies comprehensively and systematically and achieved the results of significant value, gaining international concern. Based on the field test results, the emission factors database and speciation database for China have been preliminarily established. A new multi-scale and high resolution emission model with independent intellectual property has been developed. A platform with online emission inventory computation and gridding techniques has been established. A multidimensional evaluation technique which integrates uncertainty analysis, satellite remote sensing, ground observation and modeling has been developed. For the key regions including Beijing-Tianjin-Hebei region, Yangtze River Delta and Pearl River Delta, localized high-precision emission inventories have been developed with bottom-up approaches, which improves the temporal-spatial resolution of emission inventories in these regions significantly.

In terms of air quality forecast and process analysis, R&D and demonstration of technologies in air quality monitoring, forecast and process analysis and data sharing have been conducted. The third generation air quality model, including CMAQ、CAMx and NAQPMS, etc, are widely used across the nation, especially in key cities. NAQPMS, a nested grid air quality forecast model is applied in several cities including Zhengzhou, Beijing and Shanghai. Receptor models, mainly CMB and PMF, are used for $PM_{2.5}$ source apportionment in more than thirty cities.

In terms of air quality management and decision-making supporting system, techniques and demonstrations in meticulous management are being developed. Considerable progress have been made in technologies of comprehensive evaluation for air pollution multidimensional effects and cost-benefit analysis of air pollution control. An independent developed response surface model has been used to establish the non-linear relationship between $PM_{2.5}$ and its components in Yangtze River Delta with multiple regions, sectors and emission intensity. The Air Benefit and Cost and Attainment Assessment System (ABaCAS) which is developed jointly by domestic and foreign researchers has been applied in the studies, planning and management of air pollution, supporting the establishment of the 12th Five-Year Plan in air pollution control. Particulate matter Source Apportionment Technology (PSAT) based on CAMx air quality model is applied to simulate the inter-region transportation of $PM_{2.5}$ quantitatively, providing critical support for decision-making of regional air pollution control.

5.2.6 Integrated Demonstration Application of Typical Achievements

During the 12th Five-year Plan period, continuous innovation of comprehensive air quality management system has been carried out in China. The government has enacted a new version of "Law of the People's Republic of China on the Prevention and Control of Atmospheric Pollution" and promulgated a series of supporting regulations and standards successively. The revised "Ambient

Air Quality Standard"（GB3095-2012）has implemented Air Quality Index（AQI）and a series of relevant economic and financial policies and regulations have been issued, such as desulfurization denitration economic policies, the oil products upgrade tax policies, the emission trading policies, the PPP policies, etc. Meanwhile, in order to building the Chinese characteristics' regional haze prevention technology system and management and decision-making support system which consist of air pollution subtle cognition, efficient governance and cognitive science supervision, the key projects of air pollution prevention and control will soon be in effective. Regional joint prevention and control coordination mechanism and management models have gradually been set up. Based on the research and analysis results of Beijing-Tianjin-Hebei region as well as the successful cases from air quality protection action for Olympic Games, Beijing, Tianjin, Hebei and other provinces have promoted regional integration by unified planning, management and supervision to ensure air quality. In addition, recent experiences of several major air quality protection action indicate that the emission of primary pollution has been distinctly reduced and the air quality has obviously improved due to effective control of pollution sources, such as coal-fired power plant, industrial boiler and road dust emission.

5.2.7 Clean Air Industry

China's energy conservation and environmental protection industries are developing rapidly by establishing environmental regulations, policies and standards for environmental protection, increasing diversification of environmental investment and finance. Now, China has formed a relatively complete categories of production system, and have a number of advanced technology and equipment which can meet the needs of the domestic market basically. Besides, a number of key components and materials for environmental pollution prevention research has made breakthroughs and industrial service capabilities have been further strengthened, service contents have been further perfected, and service quality have been further improved. "The Environmental Analysis of the Economic Impact of the New Normal" issued by Ministry of Environmental Protection estimates that the implementation of air pollution control action plan will boost China's GDP growth 1.94 trillion yuan and increase 1.96 million jobs.

5.2.8 Development of Atmospheric Environmental Disciplines

In recent years, the education and teaching of environmental science and engineering specialty gradually becomes mature and stable, and it has form a network with other disciplines. State environmental protection key laboratory and engineering technology center are developing rapidly. During The 12th Five-Year Plan, eight key laboratories have been accepted and another seventeen have been approved for the construction, seven engineering technology centers have been accepted and another ninteen have been approved. Research on academic journals shows that the diffusion index of discipline is rising, which indicates that the integration of environmental science and other disciplines is increasing, and so does the interdisciplinary researches. In addition, according to incomplete statistics, awarded programs of atmospheric environmental science and technology are in a considerable proportion of the environment field, which shows that there is a large number of high-quality results in recent years, and the development of atmospheric environmental science and technology is stable.

5.3 Comparison of Domestic and Foreign Research Progress

Over the past five years, significant progress has been made on both scientific research and technology R&D in the field of atmospheric environmental science and technology in China. The number of SCI papers published by Chinese authors has taken greater percentage of the total number in the world. Due to the reasons such as late start, there are gaps in this field between China and developed countries, with short boards mainly on the following aspects: (1) the basic researches on the cause and effect analysis of atmospheric haze, contribution of NOX to the ambient air pollution complex, and O_3 and free radical chemistry, especially on the research of detailed chemical kinetic mechanisms. (2) the technology and the methods on the research of exposure assessment and the toxicological mechanism of the air pollution to health hazard; meanwhile, epidemiological studies is in the stage of high quantity but relatively low quality in China. (3) the technology and equipment development of atmospheric monitoring. Although a number of key technology and atmospheric monitoring equipment with international competitiveness have been developed independently, quite a few core parts of the equipment still rely on imports. (4) the pollution control technologies to satisfying national Ⅵ standards on vehicle emissions and Tier Ⅲ standards on marine pollution, and advanced pollution control on non-power industry emissions, although many technical breakthrough have been made in pollution control technologies for industrial sources, area sources and indoor air, such us ultra-low-emission technologies on coal combustion power plant, pollution control technologies to satisfying national Ⅳ standards on diesel vehicle emissions and efficient pollution control technologies on industrial kin and surface. (5) the part of the forefront of the research on emission inventory, and the research of the cost-benefit analysis of air pollution control. Although China ranks high in the research of management and planning of atmospheric pollution prevention and control, still falls behind the U.S., the best in this field, with certain distance.

6. Systems Science and Systems Engineering

Systems science is an interdisciplinary field that studies the nature of systems, the relationship between structures and functions of systems, revolutions and development, and regulation rules—from simple to complex—in nature, society, and science itself. The field aims to develop interdisciplinary foundations that are applicable in a variety of areas, such as engineering, biology, medicine, and social sciences. Systems science and systems engineering is an interdisciplinary field that makes a significant impact on economic development and social activities, especially on the aspect of China's society development, economy, information innovation of industry,

In the aspect of discipline development, systems science is a first-level discipline with two second-level disciplines, including system theory, systems analysis and integration. There are totally 40 universities or institutes that can grant graduate degrees in the first-level discipline of systems science. There are 17 universities or institutes that can grant graduate degrees in the second-level discipline of system theory, and another 23 universities or institutes that can grant graduate degrees in the second-level discipline of systems analysis and integration. For example, The College of Systems Science of Beijing Normal University, which has established in 2013, has built a whole system for undergraduate program, master program and PhD program in the field of systems science, promote the research on complex systems theory, optimization and control of complex systems. Sichuan University, Renmin University of China, Shandong University and other universities also set up the research fields such as nonlinear systems snalysis and control, systems analysis and integration. Systems engineering is a second-level discipline under the first-level discipline of control science and engineering. There are totally 98 universities or institutes that can grant graduate degrees in the first-level discipline of control science and engineering, and 67 universities or institutes that can grant graduate degrees in the second-level discipline of systems engineering.

There are 7 provincial key laboratories, including Key Laboratory of Management, Decision and

Information Systems, CAS, The Key Laboratory of Systems and Controls, CAS (Beijing), the Key Laboratory of Biological Engineering (Tianjin), Hubei Province Key Laboratory of Systems Science in Metallurgical Process (Hubei), The State Key Laboratory of Management and Control for Complex Systems, CAS, Key Laboratory of Systems Biology, CAS (Shanghai Institutes for Biological Sciences), State Key Laboratory for Manufacturing System Engineering (Xi'an Jiaotong University) . There are 9 provincial and ministerial institutes, including System Engineering Research Institute of Chinese Shipbuilding Industry, Academy of Mathematics and Systems Science of CAS, China Academy of Aerospace Systems Science and Engineering, Chongqing Institute of Contemporary Systems Science, Shanghai Academy of Systems Science, Institute for System Biomedicine of Shanghai Jiao Tong University, Institute for System Biology of Jianghan University, College of Global Change Earth System Science of Beijing Normal University, Realizer Beijing Institute of Social System Engineering.

In the aspect of promoting the construction of engineering discipline, Systems Engineering Society of China encourages innovations on systems sciences and engineering, promotes the introduction of new systems theories and creative applications in various fields, and promotes the applications in national economic development and social process. Systems Engineering Society of China holds member congress every 4 years, academic conference every 2 years and publishes proceedings, which covers the areas of scientific decision and systems engineering, development strategy and systems engineering, harmonious development and systems engineering, etc. Up to 2015, Systems Engineering Society of China has held 18 academic conferences. Society has 6 working committees, 19 professional committees. until now, there are 31 provinces, cities or autonomous regions have set up systems engineering society. Since 2012, Systems Engineering Society of China established several academic awards, including Lifetime Achievement Award on Systems Science and Systems Engineering, Systems Science and Systems Engineering Theory Award, Systems Science and Systems Engineering Application Award. All these awards try to reward the scientists, who made a significant contribution to systems science and systems engineering, achieved theory innovations, or made creative applications that can generated significant social and economic benefit.

Academic journals primarily reflect the academic level of systems science and systems engineering discipline. There are 20 journals related to systems science and systems engineering discipline, including *Military Operations Research and Systems Engineering*, *Information and Control*, *Control and Decision*, *Systems Engineering*, *Journal of System Simulation*, *Control Theory and Applications*, *Systems Engineering Theory·Methodology·Applications*, *Journal of System Science and Mathematical Science*, *Operations Research and Management Science*, *Forecasting*, *Journal of Financial Engineering*, *etc.* Among these journals, there are 8 journals that is hosted by Systems Engineering Society of China, that are *Systems Engineering-Theory &*

Practice, *Fuzzy Systems and Mathematics*, *Journal of Transportation Systems Engineering and Information Technology*, *Journal of Systems Engineering*, *Journal of Systems Science and Systems Engineering*, *Journal of Systems Engineering and Electronics*, *Systems Engineering and Electronics*, *Journal of Systems Science and Information*. According to statistics from 2010 to 2015, there are 38 papers related to systems research published on *Journal of Systems Science and Systems Engineering*, 72 papers related to systems research published on *Journal of Transportation Systems Engineering and Information Technology*, 216 papers related to systems research published on *Systems Engineering-Theory & Practice*, 45 papers related to systems research published on *Journal of Systems Engineering*.

Rencently, systems science and systems engineering discipline has made considerable progress under a lot of academic leaders conducting such as Liu Yuanzhang, Wang Yingluo, Fang Fukang, Wang Zhongtuo, Yu Jingyuan. A lot of achievement has made in many fields, such as systems theory and methodologies, systems engineering and its applications, macroeconomic management, large project management, complex systems and complex design, urban traffic management, energy and resource management, disaster management, logistics in emergency situations, low-carbon economy, and so on. The researches on the above area have won a lot of awards, including National Natural Science Award, National Science and Technology Progress Award, Outstanding Contribution Award Fudan Management, Lifetime Achievement Award in Systems Science and Systems Engineering, and many other provincial and ministerial awards. The representative achievements are summarized as follows.

In the aspect of basic theory, Prof. Di Zengru has pointed out that scientific research methodology of systems science should change from reductionism to systems theory, the focus core scientific issue of which should be the emergence of complex systems, which means new structure and function at macro level according to the nonlinear interaction among individuals. The observation of the the emergence of different complex systems is one basic way to get the general rules. Acomplex network as a tool to describe the interaction of systems is the fundamental of building system models, studying the nature and function of systems.

In the aspect of social and economy systems, the research group led by Prof. Wang Shouyang in Academy of Mathematics and Systems Science of CAS has committed to studies on economic forecasting theory, models and methodology, economic forecasting and early warning, construction the platform on policy simulation, and got the considerable achievements: (1) Put forward the TEI@I methodology, which integrates text mining, econometrics andartificial intelligence. This methodology can integrate statistical data, heterogeneous data, and big data from network to economic forecasting and early warning, and improve the forecasting accuracy. (2) Develop a index of the public opinion toward economy based on internet, solve the issue of keywords choosing problem and multiple frequency data modeling problem. (3) Build up a system for China's macro economic forecasting and early warning, construct a platform that can be used to monitor world's major economies, and construct a platform for policy simulations. All of these systems and platforms can achieve the functions including data sharing, high performance analysis and calculation, intelligent modeling, visual decision support, etc. These systems have been used by the People's Bank of China and its branches, National Development and Reform Commission, State Administration of Foreign Exchange, Ministry of Commerce of the People's Republic of China, China Banking Regulatory Commission, etc. This research group provide more than 30 policy analysis reports to Chinese government every year, and more than 60 reports have gotten the instructions of state leaders, which achieved significant social benefits.

In the aspect of education systems engineering, the research project led by Prof. Xu Xiaodong "The Study on Basic State Database System of Universities and Its Application in Newly-established Colleges" focused on the problems of the lack of monitoring on the teaching quality in the universities and the lack of evaluation methods for teaching quality for newly-established colleges, described the objective of Teaching State Databaseto serving the college, government, society, made a lot of work on indicators selection, top-level design, data collection system, teaching evaluation management information system, data mining and analysis system. The research results have been used in some newly-established colleges to improve the evaluation of teaching state and quality. The achievement of this research project has obtained the second prize of National Teaching Achievement Award in 2014, and the basic idea of "Teaching State database" has been written into two government documents——*Opinions of the Ministry of Education on undergraduate education assessment of universities* ([2011] No.9) and *Several opinions of the Ministry of Education on improvement the overall quality of higher education* ([2012] No.4) . The research results will play a valuable role in the education assessment and improvement of education quality.

In the aspect of engineering management systems, the group led by Prof. and Academician Yang Shanlin has done a lot of research work on the engineering management theory and methodology on complex product design and develop under the background of car design and develop. They constructed a dynamic decision theoretical system on complex product design and develop, which was constituted by dynamic decision systems driven by demand and technology innovation, methodology system, and technology system. They designed the management mode including system decomposition, optimization at different levels, dynamic control, coordinatedmanagement, and the optimization method combining static and dynamic. They put forward the method of resource scheduling, dynamic control strategy, dynamic selection of suppliers, and coordinatedmanagement method in the engineering management of car design and production. They constructed design system, optimization and engineering management system, and got the controlling and management technology on car design and production process. All of these made an important contribution to our own car design and develop with intellectual property rights. The research results have been successfully used in Chery Automobile Company. The achievements have been granted the Second Prize of National Science and Technology Progress Award. Prof. and Academician Yang Shanlin summarized the theories, and published a monograph *Theory and methodology on complex product develop engineering management*, which gots highly recommend of peers.

In the aspect of complex financial and economic systems, Prof. Zhang Wei developed the methodology of computational experimentalfinance based on the research on complex financial systems, which extended the classical finance theory, through a "bottom up" micro-modeling method to investigate the rules and nature of complex financial systems. This methodology adopts the systems including many heterogeneous agent, simulates the financial market through information technology through observing the behavior of micro-level agents to illustrate the new nature of market and its causes. This methodology has some advantages compared to traditional methods in the areas of anomalies of financial markets, market micro-structure, behavior finance, and trading mechanism, which provides a new methodology tool to study the complex financial and economic systems.

In the aspect of systems control, Prof. Gao Xiaoshan solved several key issues on digital design, manufacturing and CNC system, proposed the algorithm of hybrid computing and error control, polynomial solutions of algebraic differential equations, the theory and algorithm on geometric constraint solving. He developed the key functional modes for digital design and manufacturing and CNC system, which was advanced all over the world, and provided helpful support for commercial development of high speed and high precision digital design, manufacturing and CNC system. Prof. and Academician Guo Lei begind the quantitative study of the maximum ability and limitation of feedback mechanism, focusing on several classical nonlinear uncertain system, firstly found and proved the "threshold" maximumability of feedback mechanism or "theory of uncentanty" among other important and fundamental results. These results can help us better understand the maximumability of feedback mechanism which is common in human society and systems, and the limitation of intelligent feedback function. All of these results have important scientific significance.

In the aspect of military systems engineering, we have achieved rapid development and progress in the fields of theory, technology and methodology of warfare experiment, which is a respective frontier field covering the construction of warfare experiment systems and laboratory, constructions of database of warfare experiment, and got outstanding achievement about theory and method on operational assessment, military capacity building research based on information systems. The development of military systems engineering will get breakthrough in the following six fields, including method of warfare experiment, modeling and simulation, command information systems engineering, equipment system engineering, aviation and aerospace weapons and military supplies systems study, systems and systems engineering.

In the aspect of forestry systems engineering, Prof Lu Yuanchang designed and developed the theoretical framework, a full technology system and practical technologies of nature forest management suitable for China's situation. The theories and technologies have been used firstly in several experimental area of Experimental Center of Tropical Foresty, CAS, and then promoed to 15 experimental base of forestry management. The journal of *Science* reported this systems and applications. Since 2013, they have applied it in training programs on forestry management nationwide. This technology follows the rules of compatibility with forest resource, feasiblility for society and economy, operability for forestry technology. This technology system has supported the full operation of national forestry management project, which is about 6 billion RMB every year. The practice have proven it is very useful for the multifunctional and sustainable development of our country's forestry.

Systems science and systems engineering has achieved great progress in many fields, such as macro economy, large scale project, urban traffic, clean energy, disaster management, emergency logistics, low carbon economy, and so on, owing to the efforts of many scientists in this area. Many theories have been propoed that can deal with huge complex systems, and methodology systems which is people-friendly, man-machine integration, integration method of comprehensive analyticsand quantitative analytics. In the future, the degree of complexity of social systems, economic systems and natural system will be increasing with the innovation of the global economy and information, and the research issue of nonlinear and complexity will also increase. Systems science and systems engineering will intercross with other disciplines more thoroughly. its disciplines are confront with many new issues, which bring huge space of development. Chinese system science and system engineering discipline will try the best to shed light on and focus on the most important directions and frontiers of world science, consider the needs of national development, and provide a good platform for scientists and scholars to promote this discipline academic level.

7. Laboratory Animal Science

Laboratory animal science is a discipline including laboratory animal resources researches, the development of the techniques related the animal models, the administration of laboratory animal and the bioinformatics of laboratory animals, which is a supporting condition for the development of Life science and Medicine. it is very important and commonly used for health, research, food security and bio-safety.

Here, the main progress of Laboratory Animal Science and the Laboratory Animal Science related in industries in recent 5 years was summarized and the expectation of the laboratory animal science to meet the requirement of the increased development of Life science and Medicine by Chinese Association for Laboratory Animal Science (CALAS). The original data were collected by on-the-spot investigation, meeting discussions, seminar reports, questionnaire survey and data query from the scientists of China and abroad in the laboratory animal science, life science and medicine.

The central subjects of laboratory animal science includes establishment, breeding and quality control of laboratory animal resources; the analysis technologies of laboratory animals, the laws and regulations on laboratory animal use and care as well as the construction of the relevant management system.

The new generation of genetic engineering techniques including ZFNs, TALENs and CRISPR/Cas has been widely used to develop the genomic editing laboratory animal resources in China and the gene editing of large animals, and the generation of human disease animal models has been reached to the front-runner status in the world, which were highlighted with generation of EGFP transgenic Rhesus monkeys, transgenic pigs, and gene targeting modification of monkeys, rats and dogs. Among them, the gene targeting modified monkey technique was thought as the milestone of laboratory animal science. Now, the genetic engineering technologies were widely used in many domestic universities and research institutions.

Regarding animal models of human diseases development, China has established more than 10 large technical platforms of laboratory animal resources with many innovative technologies. These platforms could produce animal models for biomedical research according to the international standards, and provide systematic comparative medicine analysis on these models, as well as drug toxicity and pharmacology evaluation by animal experiments. In this area, one outstanding achievement is the construction of animal model resources for human infectious diseases. When the epidemic of SARS outbroke in 2003, the SARS prevention and control system was affected and delayed due to the lack of animal models, which severely threatened the health of Chinese people. To solve this problem, the scientists dedicated themselves to establish the animal models for key infectious diseases and new emerging infectious diseases. Now, the animal models were key resources for infectious diseases research and drug or vaccine development. Based on the models, the scientists have developed the method of selecting new target drugs from clinical available drugs, which shortened the period of research, preclinical test and clinical trial, meanwhile, it saved countless lives upon epidemics outbreak.

In industry development, China has 5 animal resources enterprises with the animal stocks over 1 million, and more than 50 institutes could provide services on animal models establishment, animal experiments and preclinical drug evaluation. Until now, up to 3000000 experts or technician joined in the development of science and industry of animal science in China, and the laboratory animal resources have reached 30 species and 2000 strains respectively while more than 20 million animals were used in research or education each year.

In management, China has established the administration system for laboratory animals, including the laws and regulations, standards etc. To perform the related rules, China has established the training systems from scientific researches, production for quality assurance.

It is worth mentioning that the welfare of animal has caused attention of China scientists gradually. CALAS has set up independently committee for animal welfare research and training, and the substitute method for laboratory animal has become the hot spot in the research area of laboratory animal science in China. Correspondingly, the Institutional Animal Care and Use Committee (IACUC) were established in most of the institutes performing animal breeding or experiments, which assured the animal welfare was guaranteed in the largest scale during studies.

Many science subjects have benefited from the rapidly development of laboratory animal science in China, such as providing animal models for original medical research, providing platform for drug or vaccine development, and providing varieties of new species for agriculture etc.

However, it should be realized that the gap of laboratory animal science between China and developed countries. The number of laboratory animal in developed countries have reached more than 200 species and 26000 strains, and the industries occupy nearly 80% of the world's laboratory animals market share. In contrast, the history of laboratory animal science was only 30 years in China, so the number of laboratory animals of china merely equals to ten percent of the total world resources, and there are some problems exist, including the lack of resources, standardization, professional education, national layout, a large database as well as national plan, all of which will restrict the development of disciplines that need the support of laboratory animal science.

According to the plan and demands of other subjects, the development of Laboratory Animal Science in China includes three main areas. Firstly, to optimize the animal models establishment platform accompanied with genetic engineering technical innovations and create more new animal strains and the total amounts should equal to that of developed countries, and enhance the level of quality assurance and resources share system accordingly. Secondly, to focus on the comparative medicine study, enhance the analysis level of existed platforms from molecule detection to digital pathology and behavioral monitoring, and establish systematic database that includs the comparative medicine information of important human diseases. Finally, to construct the national education system through combing the internet theory and practical teaching, and perform the mechanism of national technician certification, which will exchange many talent laboratory animal experts to other subjects.

To fulfill this objectives, the government has to realize the importance of laboratory animal science to the advance of scientific, evolvement of biomedical industry, and protection of people's health and national security. Therefore, it is essential to make appropriate priority to the development of laboratory animal science with sufficient financial investment as well as talents on this subject according to the next five-year plan.

8. Neurosurgery

Neurosurgery, a branch of surgery, is a discipline of studying the pathogenesis of brain, spinal cord and peripheral nervous system diseases and exploring new diagnosis and treatment methods, with operations as the main treatment means. The scope of neurosurgery includes diseases such as congenital developmental abnormalities, injuries, infection, tumors, vascular diseases and genetic metabolic disorders.

8.1 Century-old History of Neurosurgery

With increasingly deep understanding of the physiology and function localization of the cerebral nerves, neurosurgery gradually became an independent clinical discipline. The early 20th century witnessed the birth of Classical Neurosurgery, which evolved into Microneurosurgery by 1950s and finally entered the present era of Minimally Invasive Neurosurgery. It reveals a development process of neurosurgery driven by fundamental researches and technologies.

8.2 Basic Conditions of Neurosurgery in China

Currently, county level hospitals in China are qualified to diagnose and treat common neurosurgical diseases like craniocerebral injury and cerebral hemorrhage. Provincial level hospitals have the specialized disciplines within neurosurgery department, so they are competent to diagnose and treat cerebral tumor, cerebrovascular disorder, spinal cord and the spinal column, functional neurosurgery diseases. In 2011, the Ministry of Health organized accreditation, and 77 hospitals throughout China applied for qualification of key neurosurgery department. According to available statistics, there are more than 13000 neurosurgeons in China.

8.3 Existing Problems of Neurosurgery in China

Original innovative and prospective clinical researches are insufficient in number. Most clinical researches are retrospective summaries about the Chinese cases on the basis of introducing devices and technologies from foreign countries, providing a huge market for foreign medical equipment, reagents and model animals.

The development of neurosurgery is out of balance while comparing the coastal regions with the western regions. Class 3A hospitals in Western China have little difference with that of the coastal regions and are capable to meet the clinical requirements. The main problem lies in lack of specialized neurosurgical talents, leading to a gap of medical levels.

8.4 Development Trend and Outlook of Neurosurgery

The development history of neurosurgery indicates that the development of neurosurgery depend on the progress of fundamental sciences, brain cognition discovery and technology advances, and brain science will become the source power driving the progress of neurosurgery.

"Brain Research through Advancing Innovative Neurotechnologies" (BRAIN) and "Human Brain Project" (HBP) are the most challenging programs following the International Human Genome Project. Brain research in China is also in active preparation, which will become a new opportunity for the development of neurosurgery.

9. Tribology

Tribology theory and techniques can be used to improve the mechanical efficiency of the system, and to prolong life and reduce accidents, and to provide effective solutions to solve energy shortages, resource depletion, environment pollution and health problems. China has become a big manufacturing country, but it is far from being a strong manufacturing country. During the development of China to become a strong manufacturing country, the importance of tribology expertise on guiding the development of the key technologies in the advanced manufacturing facilities is getting increasingly significant. In recent years, Chinese government and scientific communities have paid great attention to the problem of weak industrial base capability, namely the key base materials, the core infrastructure components, advanced technical procedures, and the base foundation of industrial technology. Tribology is the foundation of those key technologies in manufacturing, such as bearings, gears, bolts, seals, brake pads and other infrastructure components while seemingly simple, but it plays a very important roles in the performances of advanced mechanical equipment, and needs much more profound study on their mechanism and technologies due to the serious lack of study during the past decades. With the development of

China's economy, a large number of urgent needs of tribology technologies have been recognized from various industries, such as the demands in manufacturing, aerospace, ground transportation, energy, marine, biology and bionic, etc. For the rapid development of various aspects of tribological study in theory and in industry, this report aims to provide an overview of the progress of theoretical study of friction, wear and lubrication as well as innovative and groundbreaking research progresses achieved in different industrial applications in the past 5 years, and to give a prospect for future research trends in the study on the fundamental and application researches in tribology by comparing the domestic progresses with abroad.

In the fundamental study of the mechanism of tribology, lots of progresses on understanding the microscopic energy dissipation principles in friction and the origin of friction forces, the wear mechanism, the superlubricity and the active online control of friction and lubrication have been achieved. In the study of mechanism of friction, some atomically smooth surfaces are ideal for study, including some of the layered two-dimensional materials, such as mica, graphite etc. The superlubricity of DWNTs wall at the length scale of centimeter in ambient environment has been verified. Active friction control with various methods has been studied. The chemical mechanical polishing process of IC copper interconnects has been studied. A single layer material removal has been realized. The principles and mechanism of superlubricity of phosphate-based system, an acid and a polyhydric alcohol mixed solution have been disclosed and studied. A composite fretting concept was developed into a series of fretting fatigue test device, revealing the runtime behavior of different materials and damage mechanism of composite fretting. In terms of advanced lubricating materials, CAS Lanzhou Institute of Chemical Physics prepared a series of ionic liquids in recent years, designed to reduce costs and improve the solubility in the base oil, and solve the oxidation resistance. In the field of tribology testing technology and equipment, Raman spectroscopy has been combined with thin film thickness test to achieve the observation on a nanoscale film molecular structure observation. A breakthrough in the fretting research jog operation mode has been achieved.

In manufacturing, the tribology problems during various manufacturing techniques were investigated. New progress of the tribology in forming manufacturing field includes the recent research achievements about accurate friction model, new lubricant method and friction stir welding were summarized and discussed, respectively. Tribology in machining manufacturing machining (cutting, lapping, polishing and milling) process, precision machining process, new machining technique, new cooling method were quickly developed. Surface heat treatment, surface mechanical treatment and coating/film depositing are widely used in surface manufacturing of mechanical parts. The principle and method of surface manufacturing under atomic scale, the manufacturing of micro/nano structure and products have achieved significant progress. The recent additive remanufacturing coating, the structure integrity and durability of remanufacturing coating, the status monitoring of remanufacturing coating are also active in China.

In aerospace applications, the tribology design of key basic parts and selection of lubricating materials for aerospace equipment are always paid much attention in aerospace technology. The tribology in aerospace field mainly focuses on the researches about friction and wear behavior under service conditions. It mainly contains the developing of various lubricating materials for application in aerospace field, including solid lubricating and wear resistant films, lubricant coatings, polymer composites, self-lubrication multilayer composites and space liquid lubricants. The recent achievement can be concluded in the new progress of solid lubricating and wear resistant films, lubricant coatings, polymer composites, self-lubrication multilayer composites and space liquid lubricant, and the design, preparation and material properties of lubricating materials at home and abroad.

In energy industry, there is a great need to focus on the development of the traditional coal and petroleum industry in order to promote the modernization level in production and to improve efficiency. For the traditional fossil energy industry, the main features include large exploitation amount, severe conveying and processing condition, high production load, high operation reliability, and long continuous operation time. The corresponding tribology theory and practical solve method for the above working condition could reflect the research focus and development tendency of tribology to some extent. For the nuclear power, wind power and other new energy industry, some specially equipment was developed to meet the demands of severe working conditions such as high temperature, low temperature, alternating temperature, heavy load, high speed, radiation and so on.

In ocean industry, tribological problems originated from the equipment in harsh ocean environments are becoming new challenges for tribologists. The main research objects of ocean tribology are various from ocean development and equipment operated in the marine environment. Researches concentrate on the interaction mechanism among corrosion, friction and other multidisciplinary, the long-term reliability under marine environmental dynamic changes, the erosion mechanism among marine biology, marine equipment movement and seals, ocean engineering tribology problems, etc. The research progresses of various tribological problems are developed in ocean tribology aspects, including the research related to ships, offshore structures, underwater vehicles and ocean renewable energy.

In biotribology and bionic tribology, the latest research progress of hard-body biomaterial tribology mainly includes on artificial joint and teeth in China. The research on artificial joint focused on the friction, wear and lubrication of sliding interface of artificial joint, the biological response of abrasive debris and the influence of corrosion, and the new artificial joint materials. Besides, the study on the tooth tribology mainly includes many critical problems which are the tribology behavior, mechanism and self-repairing of natural human tooth and dental materials. The research of bionic cartilage focuses on the mechanical properties, friction and wear properties and fluid load support. Bionic tribology mainly includes the study on bionic anti-friction and debonding, increasing friction and adhesion.

Tribology is closely related to the manufacturing industry. The research in this area is very active in the world due to its importance to the economy. As a result of research, the researches in China, the United States, Germany and Japan published a large number of papers. China published more SCI papers in tribology over than the United States. But they are mainly from universities and research institutes. Few enterprises participated into the research of tribology and published papers. The foreign companies showed their active in published papers or research reports, and participate in various international conferences in tribology. They also set up lots of joint research centers with universities. For instance, Rolls-Royce aero engine Corp. in UK has a number of university collaborators with their joint research center. However, China's various enterprises did few application basic research in tribology. Their practice still lacks the proper guidance from the view of profound understanding of the mechanical surface interface phenomena.

As shown in this report, China's manufacturing, ground transportation, energy, aerospace, marine, biotechnology and other industries have a large number of tribological problems to be solved, which significantly affecte some of their major requirements and key equipment. In these important needs, in addition to some difficult parts, high performance general components associated with friction also seriously affect the overall performance. As a conclusion, lots of research still needs to be done in the future in the area of fundamental research and the application. The tribology researchers from industry are in urgent demand.

10. Agricultural Engineering

Innovation in agricultural science and technology is an important way to promote the sustainable agriculture. Since the beginning of the 12th Five-Year Plan period, the agricultural engineering science and technology has played an important role in modern agriculture. The annual *No. 1 Central Document* has repeatedly stressed the importance of innovation in agricultural engineering science and technology. A number of major agricultural engineering projects have improved agricultural equipment quality, mechanization degree, and intensive level in China. This report reviewed the development and achievement of agricultural engineering during the period of 2011—2015. The latest progress, highlights and hot issues in China have been compared with those in other countries. The agricultural engineering problems have been analyzed, and the development priorities and trends in agricultural engineering have been explored. Finally, the measures and suggestion to speed up the development of agricultural engineering in China have been put forward. The main conclusions are as follows.

Between 2011—2015, the academic capacity continues to improve, and the disciplinary team building of agricultural engineering has achieved remarkable progress. In more than 70 colleges and universities, agricultural engineering programs have been set up. There're one primary grade national key discipline, five key secondary grade national disciplines, and two secondary grade national key disciplines to personal training. The academic team includes academicians, Changjiang Scholars, experts of the Recruitment Program of Global Experts, and national candidates of Century Talents Project.

Scientific and technological innovation has reached a higher level. There're 40 national scientific and technological achievement and teaching achievement awards, including 4 State Technological Invention Awards, 1 National Science and Technology Progress First Price Award, 25 National Science and Technology Progress Second Prize Awards, and 9 National Teaching Achievement Awards. The research fund for agricultural engineering disciplines and international cooperation projects have set a new record.

The condition of research platform has improved. There're some key laboratories newly built during the period of 2011—2015, such as one national key laboratory, 3 national engineering research centers, one national engineering practice education center, 31 provincial/ministerial level key laboratories, and two engineering research (technology) centers of provincial/ministerial level.

International exchanges and cooperation grow quickly. The number of academic publication has reached to an unprecedented level. There're more than 23000 articles of agricultural engineering discipline indexed by SCI, EI and other famous international databases. There're more than 6000 articles indexed by SCI, 8000 articles indexed by EI, and 4000 articles published in Chinese academic journals. Moreover, there are more than 2000 authorized patents.

With the rapid development of world economy and the acceleration of industrialization, to seek a sustainable agriculture becomes a global trend. With population pressure and the constraints of resources, environment, energy, and climate, such hot issues as agricultural engineering integration, intelligent agriculture, mechanical equipment, agricultural biological systems engineering, and agricultural biomass utilization will emerge in the discipline of agricultural engineering in the future.

Despite of the significant achievements during the 12th Five-Year Plan period, there is still a large gap in the field of agricultural engineering key technology, innovation and intelligence of agricultural equipment compared with those in developed countries. To better serve agriculture in China, the discipline of agricultural engineering should develop more focused on adaptation to the modern agriculture and construction of beautiful countryside in the future. How to change the pattern of agricultural development will be the guide to promote the discipline of agricultural engineering, especially in the fields of the following: the coordinated development of agriculture, rural, and farmers, the major agricultural engineering technics to improve the agricultural efficiency, breakthroughs of comprehensive mechanization of agriculture, agricultural informatization, water efficiency in agricultural, integration of agriculture and biological systems, development of rural energy, science-based land use, and standardization of agricultural production processing.

11. Power and Electrical Engineering

Electrical power is the basis of modern human civilization. The discipline of power and electrical engineering mainly studies the generation, transmission, distribution and application of electrical energy, which is one of the important and basic disciplines supporting the progress of energy and electrical technology. China has built and is operating the largest power system in the world with the fastest growing rate, extensive application of advanced technology, and complicated operation features, which drives the development of power and electrical engineering in China.

China has made significant progress in the field of efficient and clean power generation technologies during the period of the 12th Five-Year Plan. In the field of coal fire power generation, technology of ultra-supercritical coal fire power generation has had major breakthrough. Net efficiency of the unit power generation has been improved remarkably and coal consumption has been reduced obviously. The world's first 600MW supercritical CFB power generation unit has been built and put into operation, 1000MW ultra-supercritical direct air-cooling units have been developed and implemented for engineering applications. The first IGCC pilot power station in China has been built and put into operation, technology of ultra-low emission of smoke pollutants has been realized for large scale applications. In the field of hydropower generation, technology of hydropower generation has achieved significant development, 800 MW hydropower generating units have been developed and applied in real projects. The key technologies of ultra-high dam design and construction in hydropower engineering have achieved great success and applied in real projects, key technologies of large underground cavern groups have achieved success and implemented for engineering applications. In the field of nuclear power generation, nuclear power generation has been chosen as one energy strategies in China, Mega-Watt scale nuclear power plant "Hua long No.1" that is developed independently has started to be built, echnological achievements on the successfully built experimental fast neutron reactor and the realization of full-power generation and grid integration have further improved the core competitiveness in independent nuclear power generating and equipment manufacturing. In the field of renewable power generation, China has rapid development in wind power and solar power generation. The system of wind power generation equipment designing and manufacturing technologies have been established and realized large scale applications. The solar photovoltaic power generation has also realized large scale applications, and the technology of solar thermal power generation has had breakthrough. Moreover, Zhangbei national demonstration project consisting of wind power generation, solar power generation, energy storage and power transmission system has been built and put into service, which provides the solutions for development and utilization of large scale renewable energy sources and friendly grid integration. In the field of power transmission and distribution, technologies such as ultra-high voltage (UHV) power transmission and smart grids have been developed rapidly, 1000kV UHV AC and ± 800kV UHV DC transmission technologies have been significantly improved and realized scale applications. In addition, the new generation of intelligent substations have been largely constructed, ultra-large power grid integration dispatch, control system (D5000) and power grid ice and lightning disaster damage control system have been established. The VSC-HVDC and high-capacity parallel dynamic reactive power compensators have been developed. All of these above have made the AC power grid stronger and more flexible, greatly improving the ability of power transmission and energy allocation systems at all levels of power grids.

In face of the new situation of international pattern of energy supply and demand, the development of power and electrical engineering has to serve the overall strategy of energy development in China. The field of power generation should focus on the research and development of low carbon, clean and efficient fossil energy as well as the technology of development and utilization of new energy, especially that of renewable energies including wind power, solar energy and hydropower. Key technologies of development and utilization of unconventional oil resources, efficient application of clean coal and carbon capture, application of the new generation of nuclear energy and hydrogen production should also be the key research objects. In order to support long-distance and high-capacity power transmission, and large scale consumption of new energy sources, it is urgent to make new breakthrough in the fields of UHV AC/DC transmission technology and equipment, DC power grid key technology and equipment, global energy interconnection technology, DC grid networking technology at the bases of multiple renewable energy sources, and large power grid dispatching, operating and control technology. In the fields of power distribution and consumption, it should actively promote "electricity substitution", improve demand side response and user interaction, support high penetration of distributed photovoltaic grid integration, pay high attention to active distribution network with high proportion of distributed renewable energy sources, micro-grid technology, user interaction technology combined with energy Internet and intelligent power consumption and energy-saving technology. In addition, the progress in relevant basic and supporting technologies may promote the development of the discipline. Special attention should be paid to the technology and application of a new generation of power electronic devices, electrical new materials and energy storage technology, integration of information and physics as well as safety, etc.

12. Computer Science and Technology

Nowadays, the information technology has a profound impact on the styles of production, cognition and social life of human beings. IT has become an important engine to promote economic growth and knowledge dissemination, as well as a basic technical approach to benefit the public and social development. As the most active, fastest growing and most broad influential area in IT, computer science and technology has played an important role in enhancing the level of industrial technologies, innovating the industrial structures, and promoting economic and social development. Computer science and technology has significantly elevated the reform of traditional industries and the rise of modern service industry and other fields, providing a powerful impetus for national economic development, and profoundly influencing the operation of the social and economic life. Computer science and technology and its application level has become an important criterion to measure a country's comprehensive competitiveness.

Embracing the 21st century, the government attaches great importance to the development of information technology. Since 2006, the government has released the "National long-term

Science and Technology Development Plan (2006—2020)", "National Development Strategy of Informatization (2006—2020)", "Policies to Further Encourage the Software Industry and Integrated Circuit Industry Development", "'the twelfth five' National Strategic Plan of Emerging Industries Development". These plans provide clear objectives and tasks for the development of China's information technology.

Based on the results achieved during "the tenth five" and "the eleventh five" periods, in "the twelfth five" period, China further increased the support for major technological systems or strategic products, encouraged a number of strategic and emerging industries or growth point, expanded the depth and breadth of the application of information technology, supported the development of modern service industry, promoted the adjustment of industrial structure, and looked forward to building more speed, more efficient, more intelligent, more secure and sustainable future world of information technology, strived to seek basic breakthroughs in frontier areas, and paid full attention to the original breakthroughs that promoted the development of the current IT hotspot, in order to occupy the commanding heights of future industrial development.

In recent years, China has made a series of breakthroughs in terms of building information and communication networks, achieving transformative upgrade on information devices and major information infrastructures, developing knowledge-based data industry, utilizing information technology to upgrade traditional industries and build up low-cost information technology, and constructing national information security systems. China has achieved many outstanding milestone results, great promotion of the research and development level in key technologies, significant enhancement in promoting industrial development and abundant research results in the leading-edge technology, which forms a strong technical foundation for the sustainable development of China's information technology and industry. Among them, the representative progress can be categorized by 4 aspects, which are computer system architecture, network infrastructure and technologies, computer software and theories, as well as IntelliSense and human-computer interaction.

In computer architecture and high-performance computing systems, under the continued support from the country, China has made considerable progress in computer architecture. From chip research and development, storage technology, to high-end computer and server systems, China has achieved remarkable results. Especially in high-performance computing, China has achieved four consecutive TOP500 record, and China's research and industry of computer architecture has begun to attract attention of the world.

Achievements in independent research and development of CPU include the "Loongson" from Institute of Computing Technology, Chinese Academy of Science, "Shen Wei" from the National High Performance Integrated Circuit (Shanghai) Design Center, "Soar" from National University of Defense Technology, "Zhongzhi" from Peking University and other self-developed CPUs.

Meanwhile, having progress on conventional chip technologies, Chinese scholars began to study the new chip. For example, they made breakthrough in the development of machine learning chip—Institute of Computing Technology developed the "Cambrian 1st" , which incorporated the neural network architecture of machine learning arithmetic unit, and can efficiently handle the neural network of any depth and any scale, with less than 1/10 of the area of conventional processors and power, achieving up to 100 times more of the neural network processing speed, and improving performance per watt to more than 1000 times, through efficient block processing and memory access optimization. "Cambrian 1st" reaches the frontier of machine learning chip research and the related paper won the Best Paper Award of ASPLOS, which was one of the most important conferences in the field of computer architecture. Meanwhile, in the field of brain-like computing, many domestic universities and research institutes have done a lot of the early pre-research work and have laid the foundation to overcome difficulties in brain-like computing systems.

The on-chip network and multi-core processors is an important trend and direction for the future of microelectronics business. China's research in this area has also made progress. Researches have been published in the ISCA, HPCA, *IEEE Transactions on Computers* and other top conferences and journals, and have produced some prototype chips.

In the development of high-end fault-tolerant computers and servers, since Inspur developed China's first high-end fault-tolerant computer with independent intellectual property rights – Inspur Tissot K1 system in August 2010, it has been widely used in key industries across the country, and has formed a large scale of industry. In 2014, Tissot K1 completed application breakthrough in finance, electricity, public security, transportation and other 8 industry markets. According to the data released by the global authority research firm IDC, the market share of Inspur of high-end Unix server has reached 12%. In November 2014, Sugon launched the full self-controlled trust computing server based on domestic produced "Loongson 3B" processor, which got through the whole industry chain. Loongson 3B processor, using 28-nanometer manufacturing process, has 1.1 billion transistors, and is similar to the international mainstream on the complexity of the design, which is China's first transistors products with over one billion transistors.

In the field of network infrastructure and Internet industry, the computer network represented by the Internet in China has experienced a flourish course in which it is building a master key technology from scratch, capturing the core equipment, and technologically innovating. During the process, a group of universities and research institutes is trained all over the country throughout the computer network research, the China Education and Research Network (CERNET) and the China Science and Technology Network (CSTNET) are established as the main platform for network applications and experimental studies. By the end of 2013, the network bandwidth of CERNET backbone is upgraded to 100 Gps.

Internet-based applications continue to emerge, showing a blueprint for the Internet industry. In 2014, the impressive performance of BAT (Baidu, Alibaba, Tencent) showed the strength and energy of China as a big country of network. Among them, AliBaba has become one of the best B2B e-commerce brand among global business, and its platform was already one of the world's largest online business communication community and trading market. The WeChat under Tencent has become an important instant messaging tool in global mobile Internet. Baidu has become the world's largest Chinese search engine.

In computer software and theory, our country has made a lot of progress in algorithms and computational complexity in recent years. A number of internationally renowned experts (including Turing Award winners) have returned to work or establish the laboratory in China, greatly strengthening the international communication in the field of theory, while training a large number of outstanding young scholars, who have an important influence worldwide. For example, in the field of constructing intractable NP-hard problem and practical solver technologies, our researchers have achieved success in SAT competition and the associated MAX-SAT competitions and other activities, making international leading results in solving some NP-hard problem like vertex cover, whose randomized algorithm is widely used in various algorithm researches and international competitions.

Formal methods have always been strength in the software theory research direction. In recent years, research work focused on promoting formal methods into the practice of industrial grade systems, such as modeling and validating on the model level of the Chinese railway control system CTCS-3, verifying the security of automotive operating system kernel, completing verification and analysis on the source code level and binary code level, carrying out research for analysis and verification of embedded software, developing formal verification tools, and applying to the embedded system for rail transport, and so on.

Operating system produced by China has been the direction of China's software industry working for, and there are also operating systems such as Kylin, Red Flag, Branch Fang, Meditation, and Turbolinux appeared on the market. In October 2014, the task to replace the operating systems by products of China is undergoing, and is expected to be come more significant milestones in 2020.

Internetware is a brand new software paradigm proposed by Chinese scholars in the integration of software development, runtime and application in the Internet environment. After 10 years of research, the concept has produced a great influence in international software academia and industry, philosophy and framework of the middleware technology for Internetware is included in IBM Global Technology Outlook Strategy Report. Internetware is written to the development agenda of the famous open source organization OW2's cloud computing project "CloudWare Initiative". *IEEE Computer* published review articles for Internetware. *IEEE Software* also published the special issue with the theme of Internetware. "Asia-Pacific Internetware technology seminar" held in cooperation with ACM SigSoft has been successfully held seven sessions, attracted the participation of scholars from many countries such as the United States, Australia, Japan, Italy and South Korea and soon.

In the field of IntelliSense and human-computer interaction, Chinese scholars in recent years focused on developing China AVS standards, in order to grasp intellectual property rights and form a complete industrial chain, to solve the predicament that our digital audio and video industry's core technology is controlled by others. AVS Standard in China led to establishing a "patent pool" management mechanism, charging each terminal products only 1 yuan, which not only dramatically reduces the cost of standard implementation, but also shakes the pattern of international standard of high patent fees, significantly lowering the international video Industry patent licensing fees, promoting the adoption of new technologies to create more opportunities. In 2014, AVS audio and video standards with independent intellectual property rights have been officially settled in CCTV. In industrialization, AVS Industry Alliance developed several sets of AVS encoder resolution and high definition encoder, and the encoder for mobile devices, designed and developed a variety of standard definition and high definition AVS chip, supported and promoted the development of China's chip companies AVS chip in bulk, and also led overseas companies in digital video decoder chip areas to develop and sale AVS chip; in application promotion, AVS standard has made large-scale applications in more than 20 cities at home and abroad.

Computer graphics and multimedia technologies are financially supported by the government. In cognitive characteristics and cognitive visual media calculations, structural analysis and semantic analysis of visual media, visual media content-based security and network security visual media, interactive and converged visual media networks, and network visualization efficient search and service, researchers in China have formed their own characteristics, and have obtained achievements with international impact.

Since the 1950s, machine learning has attracted many attentions of the AI community. In the past few years, this area continued to receive widespread concerns. In addition to the development in traditional machine learning theory and technology, deep learning is being touted in recent years. Baidu established a deep learning institute in 2013, which was reported to ignite a new flame, and would illuminate the future of China's mobile Internet.

Summarizing the development of domestic and foreign computer science and technology development, the development in recent years has the following trends: (1) Emergence of multi-core processors and the new processor. (2) Hardware resource virtualization and management functions programmable. (3) System software that supports new computing model. (4) Agile and collective software development. (5) Adaptivity and intelligence of software system. (6) Virtual reality technology going to practices.

It can be expected that in the next few years, the development of computer science and technology will play an important role in information technology revolution, such as the mutual perception of human–computer smart sensing and control technology, big data storage, analysis and visualization which spawns big data science, future Internet technology beyond the TCP / IP protocol, the rise of cloud computing and Internet of Things which promotes the evolution of IT penetration mode and application mode, and so on. New features of computer science and technology research and application mode will be reflected in the discovery of social and scientific phenomena based on big data analysis and processing, man–machine–confluent integration computing which is enabled by perception / decision / control integration, distribution of service according to the need under mobile Internet and cloud computing architecture, and brain–computer and humanoid robot brain–computer interface based on brain cognition, etc.

13. Science and Technology of Surveying and Mapping

This report reviews the progress of surveying and mapping science to geomatics, a newly emerging discipline including GNSS, aerospace remote sensing, GIS, network communication and information technologies etc. The main achievements of surveying, mapping and geoinformatic science in 2014—2015 are summarized into two categories, which are the new theory &technology research, and their important applications and services. The recent important achievements of new theory & technology research include progresses on geodesy and satellite navigation positioning, gravity measurement and Earth gravity field, photogrammetry and space mapping, cartography and geographic information engineering, engineering surveying and deformation monitoring, ocean (including rivers and lakes) surveying, integration observation technology of air, space, land and ocean, the significant progress achieved in the construction and development of the Beidou global navigation satellite system, refining on the China geoid, high–resolution remote sensing, three–dimensional mobile measurement, mobile maps and network map services, large special project engineering survey, digital marine geographic information technology, etc. The progress of the major applications and services in surveying and mapping science & technology mainly include progresses on national geographic conditions census and monitoring, the spatio-temporal information infrastructure construction of smart city, construction and upgrades of geospatial information resources, island reef surveying, GlobeLand30 Earth land-cover map, forecasting and early warning of global environmental change and natural disasters, applications in space science, location services, and "MAP WORLD" public geographic information service platform, etc.

This report briefly introduces the progress of disciplinary construction and personal training in this subject, analyzes the international latest researches, frontier and trend of the subject, evaluates on the development status of this subject both at home and abroad, compares the development between domestic and international surveying and mapping technology, analyzes the future 5 years development strategy of our mapping and geographic information subject, and proposes the focus development directions and strategies.

14. Aeronautical Science and Technology

14.1 Introduction

In the government work report delivered by Premier Li Keqiangon March 5, 2015, he stated that "we will implement the 'Made in China 2025' strategy, seek innovation-driven development, apply smart technologies, strengthen foundations, pursue green development, and redouble our efforts to upgrade China from a manufacturer of quantity to one of quality." Aviation has been listed as one of the top 10 key sectors in this plan, ushering itself into a new period full of opportunities. During 2014 and 2015, China's aeronautical science and technology has thrived with major progress made in a variety of aviation products. This research is to reflect remarkable advances in aerostats, aeronautical materials, management science, aero-engines, maintenance engineering, reliability engineering, rotorcraft and its systems and unmanned aerial systems. It was implemented under the deployment of the China Association for Science and Technology (CAST) and detailed arrangement of the Chinese Society of Aeronautics and Astronautics (CSAA) as part of the second periodic project in the second round of the series research in scientific advances.

14.2 Advances in Aeronautical Science and Technology

14.2.1 Aircraft, UAVs and Helicopters

In recent years, the military aircraft including the YX large transporter, J–20, J–31 fighters have conducted test flights. Its continuous improvements have been made to the original types of the FBC–1fighter–bomber, J–10 and J–11fighters as well as H–6 strategic bomber. Their operational ability has been developed with the installation of new–generation weapons and airborne equipment. In terms of civil aircraft, the most prominent progress is that ARJ21–700 finally gained its type certification after six–year of test flights. Besides, the C919 project moved into trial production phase from the detailed design. The turbo–prop regional aircraft MA 700 has started its development and manufacturing. The world–largest amphibious civil aircraft AG 600 has its large components rolled out from the production line.

In recent years, major state–owned enterprises represented by the Aviation Industry Corporation of China (AVIC) are engaged in the R&D of unmanned aerial vehicles. As a result, the take–off weight, mission payload and operating radius have been dramatically increased. Mission capabilities have been expanded to medium and long–range surveillance and reconnaissance, electronic countermeasures, air–to ground attacks, etc.

In December, 2013, the Z–20 helicopter launched its first flight successfully. It has become the first Chinese–made 10–ton medium general helicopter.

14.2.2 Aeronautical Composite Materials

The composite material technology is a critical area in Chinese aerospace industry. Together with engine and airborne systems, it is one of the 3 key technologies in the research of China's large aircraft. More efforts have been made in the research of resin matrix composites, metal matrix composites and ceramic matrix composites. In terms of resin system research, China's self–developed epoxy resin and bismaleimide resin (BMPN) systems began to take shapes.

14.2.3 Aviation Maintenance Technology

In recent years, remarkable achievements have been made in military aviation maintenance in

China focusing on efficiency, effectiveness and verification ability enhancement. Major progress includes the maintenance support system which is under reform step by step, more and more proactive monitoring measures, the training methods have been improved and verification technology has made breakthroughs.

14.2.4 Aerodynamics

The aerodynamics of insect flight has been studied in a profound way in recent years. The project of Aerodynamics and Flight Mechanics of Insect Flight won the Second Prize of the National Nature Science Award in 2013 and the First Prize of the Ministry of Education Nature Science Award. In the field of flow control, a synthetic jet activation single with high efficiency was proposed. It can improve the efficiency of the actuator of the synthetic jet while keeping the mass flux unchanged. It is verified in both rest fluid and flow about circular cylinder. In the field of unsteady aerodynamics, studies focusing on wing rock movements under high angle of attack have been carried out in order to cope with the unconventional layouts that most new-generation fighters adopt. For hypersonic aerodynamics configuration, design methods such as oscillating cone wave rider, mach cone cutting method for body/inlet integrated design and passive wave rider have been put forward to meet various requirements of hypersonic vehicles.

14.2.5 Aero-engine Materials

The material system of aircraft engine is getting mature in China. Considering the advanced, inheritable, rational and economical index of materials, many new materials and processes are used to meet the overall requirements and to realize the structure design of engines.

(1) Wrought Superalloy

In recent years, China has started the development of new hot working process and high-performance wrought super alloy of higher working temperature. The research on large-size discs has also been started.

(2) Advanced Super Alloy Casting Technology

In recent years, great progress has been made in both of the development of materials and the manufacturing technologies for casting super alloy. Taking the investment casting technology of single crystal super alloy blade for example, significant breakthroughs in many aspects such as ceramic core technology, wax mold casting, shell mold casting, single crystal growth and crystal orientation control have been made. The seachievements laid a good foundation for the development of high thrust-weight ratio engines and high power-weight ratio engines in China.

(3) Powder Metallurgy Super Alloy Technology

Tremendous progress has been made in powder metallurgy super alloy technology. On the basis of the first generation of powder metallurgy super alloy (fgh95, fgh97) of high strength performance, Chinese scientists developed the second generation of powder metallurgy super alloy fgh96 (750℃) which had excellent damage tolerance performance. At the same time a series of key technologies were acquired on powder manufacturing of metallurgy super alloy discs to ensure the stability and integrity of the structure and performance. Powder metallurgy superalloy and its manufacturing techniques are being developed in a systematic way.

(4) Titanium Alloy

Titanium alloy is an important material of aero-engine fans and compressors. In the field of titanium alloy, China has been focusing on the development of 600℃ titanium alloy, Ti-Al intermetallic compounds over 600℃ and the Ti-base/Ti-Al-base composite which has smaller density and higher enduring temperature.

14.3 Acomparison Between Development Progressin Aeronauticsin China and Abroad

The trend of world aeronautical science and technology advancement shows that under-research aircraft are developing rapidly. New technologies and concepts have become increasingly known to the world. In military utility, combat aircraft become more "invisible" and faster. Transporters stress more on new technologies and civil-military integration. In civilian utility, comfortable and green are always the ultimate pursuits. The number of supersonic projects continues to grow. Meanwhile, the air accidents that happened frequently bring safety back into the world's focus. In the field of UAVs, the autonomous capability and adaptability to complicated mission environments have been strengthened. The unmanned combat aerial vehicles development has been put on the agenda by European and American countries. New-energy and hypersonic UAVs, as the future development direction, have attracted vast attention.

China witnesses its development of stealth fighters, large transporters, large passenger aircraft and unmanned combat aerial vehicles fromscratch. In spite of the impressive achievements, our aeronautical science and technology still lag behind compare to the world advanced level. It has a long way to catch up. Specific research plans shall be deployed as early as possible.

14.4 Prospects and Solutions

In recent years, China has achieved well-recognized progress in the development of new aircraft. The accomplishments and determination in military aircraft can be shown by YX large transporter, J–20 and J–31 fighters, while the civil can be represented by ARJ–21 completing its type certification, C919 moving into detailed design phase, wide–body aircraft being put on the agenda. The Lijian, or Sharp Sword, stealth unmanned combat drone conducted its maiden flight successfully. It marksthat China has becom ethe third country carrying out test flights of the large stealth unmanned combat aerial vehicles. It also marks China is the third conducting maiden flights of high–altitude long–range UAVs in wake of the U.S. and Israel. These demonstrate China's great determination of becoming a country with powerful aviation industry.

With the prosperity of unmanned aerial vehicles, we can expect to see main combat aircraft becoming unmanned in the near future. The U.S.–made X–47B has already completed carrier take–off, landing and autonomous air refueling. The main combat aircrafts will inevitably become stealth and unmanned. China is still in the preliminary phase and aspires to make technology breakthroughs in practice. The supersonic UAVs, with speed and stealth as the two leading development directions, shall be emphasized. In 2014, the U.S. declared that it sstrategic advantages over stealth technologies have lost out as the stealth and anti–stealth technology progress in other countries.

To strive forward in civil aviation industry, on the one hand, China should continue to follow the path of the European and American countries. That is to develop its own aisle, wide–body and even larger aircraft. On the other hand, it should arrange the research of new–layout flying vehicles, like the subsonic and supersonic. According to the latest technology advancement, these passenger aircraft will enter service sooner than we expect. It's really necessary to deploy early and try to grasp the opportunities.

15. Ordnance Science and Technology

This report discusses the status and trends of the technical development about the Armor Weapons. Development of Armor Weapon subjects is discussed in the following aspects: new process of Armor Weapon, differences of the Armor developed technology between the Chinese and foreign countries, developing trends and strategies of Armor Weapon technology subject. There are several sections in this report such as general Armor Weapon technology, Armor Weapon propulsion technology, Armor Weapon technology, Armor Protection technology, Armor Weapon integrated electronic technology and Armor Weapon basic technology.

Armor Weapons have different structures, they generally can be classified as heavy armored equipment, light armored equipment, amphibious armored equipment, airborne armored equipment and new concept armored equipment. On the other hand, they can also be divided into armored combat vehicle, armored command vehicle and armored support vehicle, etc.

The Armor Weapon research has a typical technology-intense feature, it is also the army's core technology applied and leads the army-core technology development. The development of firework performance, mobility, protection performance and information performance need strong technical such as general technology, propulsion technology, weapon technology, protection technology, integrated electronic technology and basic technology to support. Among all of them, general technology is the technical study of technical design, overall layout and general performance-parameter control, such as top technology of general system, platform general technology, general performance matching technology, general structure design technology, general vehicle information design technology, general electromagnetic compatibility design technology general RMSST design technology and human-machine system technology, etc. The propulsion technology includes the matching and optimization research of Armor Weapon power system, Armor Weapon transmission system and Armor Weapon action system, such as general propulsion system, power technology, transmission technology, auxiliary power transmission technology, mobile technology and braking technology. Weapon technology is in the field of integrated design of Armor Weapon artillery, fire control, loader, ammunition, and also in the field of getting high damage capacity. Weapon technologies include general weapon system technology, weapon technology, fire control technology, loader technology, ammunition technology, etc. Protection technologies is anti-detection, anti-hit, anti-destroyed, it can deal with the battlefield threat and develop the battlefield survivability. Protection technologies include general protection technology, active protection technology, armor protection technology and special protection technology, etc. Integrated electronic technologies is the way through which the Armor Weapon can join the integrated joint operation, develop the information performance and seize the control of the battlefield information, such as vehicle integrated electronic system technology, vehicle information and communication technology, vehicle information processing and display-control technology, vehicle sensor technology, embedded software technology, and electric power technology. The basic technologies include metal materials technology, non-metallic materials technology, developed design technology, manufacturing process technology, test technology, and it is the basic support of the Armor Weapon research.

With the development of China armored mechanized army in the composite direction of mechanization and information technology, there are new requirement for the Armor Weapon research and technical performance. Look back to the China Armor Weapon development history, when summarize the China Armor Weapon development status, and look into the future of China Armor Weapon development, the most important thing we can do is to seize the opportunities and to meet the challenge, in order to promote China national defense modernization.

This report mainly discusses the scope, content, latest developments, differences between China and foreign developed technology and future trends, etc. And the measures and recommendations of China Armor Weapon technology discipline construction are proposed in this report to develop China Armor Weapon technology.

16. Rare Earth Science and Technology

In the last five years a great progress in rare earth science and technology had been achieved. This report organized and edited by the Chinese Rear Earth Society summarizs the recent development achieved by Chinese scientists working on rare earth science and technology, consists of a comprehensive report, twelve special topic reports.

In this section of the comprehensive report, the main achievements and breakthroughs in the rare earth science and technology are reviewed. The main contents and some examples are described simply as follows.

16.1 Rare Earths Separation and Purification

Rare earths play a critical role in numerous high-tech applications owing to their unique magnetic, optical, and electrical properties. Multiple rare earth elements occured together in widespread mineral deposits throughout the world. The rare earth deposits in China are well known by its large reserves and a wide variety of categorical minerals, especially the ion-adsorption clays of rare earths deposits. Currently, China is the global leader in rare earth production. The annual output of rare earths is 0.1~0.15 million tons in China, contributing to over 90% of world total production. The advantageous extraction techniques of rare earths from Baotou mixed rare earth minerals, bastnaesite, and ion-adsorption clays of rare earths deposits have been developed in China. With the large demands and rapid development of rare earths, the issues of resources and environment are more prominent. The important progresses in the rare earth environment-friendly separation and industrial application have already incurred worldwide impacts, which possess profound significance in supporting and further directing the rare earth industry in China. Based on the development of the rare earths industry, comprehensive utilization and cleaner production should still be focused on supporting the sustainable development in the future.

16.2 Rare Earth Permanent Magnetic Materials

Rare earth permanent magnetic materials have become the fastest and largest industry in the development of China's rare earth applications. The sintered Nd-Fe-B magnet production reached 135 thousand tons in 2014 in China, about four fifths of the total production in the world. China has become the largest rare earth permanent magnet production base in the world, is also an important rare earth permanent magnet application market. In recent years, the recovery technologies of rare earth permanent magnet in bulk materials, nanoparticles, magnetic thin film and rare-earth magnet have made great progress. In the development of rare earth permanent magnet industry, the technology will be closely around the industry demand of low carbon economy and rare earth permanent magnetic materials and device applications, the whole industry chain of balanced development, with rare earth resources balanced and efficient use and led China's rare earth permanent magnet industry key technology upgrade as the core, the industrial planning and policy guidance, stepwise technology development and risk investment mechanism accelerated the new rare earth permanent magnetic material industry cultivation and development.

16.3 Other Rare Earth Magnetic Materials

Due to the superior prospect, researches on the magnetic cooling materials working in the low, middle or room temperature range have also attracted great attention. In recent years, the discovery of giant magnetocaloric materials greatly promoted the development of room-temperature magnetic refrigeration technology. In January 2015, the state enterprise of Haier announced the first wine cooler based on magnetic cooling technique in the International Consumer Electronics Show, USA, indicating the high possibility of broad application of the magnetic cooling technique in household appliances. Our basic researches in the magnetocaloric effect, ingredient patent, raw material resources have a strong soft capital advantage. The well-known magnetic refrigeration material La-Fe-Si alloy was discovered by Chinese scientists, which was applied for a patent.

Magnetostrictive material is a kind of smart material. Giant magnetostrictive materials have become an indispensable material in underwater acoustic field, and have been widely used in the fields of high power ultrasonic, actuator and sensor. In recent years, it has made some breakthroughs in the magnetostrictive mechanism, the preparation technologies and the new alloy systems in the rare earth giant magnetostrictive materials.

In recent years, the increasing of working frequency of electromagnetic devices needs higher resonance frequency of microwave absorbing materials used. It is pointed out that the rare earth magnetic materials with easy planar and/or easy cone anisotropy can be developed as a new type of microwave magnetic materials.

16.4 Rare Earth Catalytic Materials

Rare earth elements possess 4f orbitals without full electron occupancy and lanthanide contraction, which results in their unique catalytic performance when they are used as active components or as catalyst supports. Currently, rare earth catalytic materials play an important role in such areas as the petroleum chemical industry, the catalytic combustion of fossil fuels, automotive emissions control, the purification of industrial waste air, and solid solution fuel cells.

16.5 Rare Earth Hydrogen Storage Material

The rare earth hydrogen storage material is an important function material in the field of the hydrogen application. At present, the application products of the material are $LaNi_5$ system AB_5-type and RE-Mg-Ni system $AB_{2-3.8}$-type, which are used for the negative electrode materials in metal hydride-nickel (MH-Ni) batteries and the gas phase hydrogen storage device. The research progress of the material in 2010—2015 was reviewed.

16.6 Rare Earth Luminescent Materials

Rare earth luminescent materials are used in great quantities for lighting, chief among which is the rare earth energy-saving lamps. The quality of the rare earth phosphor for trichromatic lamp at home has reached the level of analogous product abroad and our country has become the world's major producer of rare earth luminescent materials and its lamps. Along with the rapid development of white LED in lighting field since 2011, the production and sales of rare earth trichromatic lamp and phosphors have slipped sharply in our country. In recent years, LCD-based flat panel display dominates the market. As a result, the CRT, PDP, FED, and other displays with rare earth luminescent material gradually withdrew from the historical stage. To develop novel rare-earth luminescent materials, we should deeply carry out the basic research of rare earth luminescence theory, explore new preparation strategy, and extend new application of rare earth luminescence materials.

16.7 Rare Earth Superconductors

Prior to 1986, the superconductors that were used in most application were alloys and compounds like NbTi, Nb_3Sn, V_3Sn, and NbN, but these materials were used only in liquid helium in very low temperature at about 4.2 K due to the low superconducting transition temperature. However, manufacturing quasi-crystalline wires proved exceptionally difficult. In the last 27 years, major breakthroughs have made multi-km lengths of wire, 3-inch double side thin films, and 100 mm diameter single domain bulk possible, although costs remain stubbornly high due to complex processing and limited demand up to now.

16.8 Rare Earth Crystals

Recent developments and research status of laser crystals and scintillation crystals composed of rare-earth elements in their matrix or doped with rare-earth elements. Several important laser crystals have been mainly introduced, such as Nd: YAG, Yb: YAG, Nd: YLF, Yb: CaF_2, Tm: YLF, and Tm: YAP. There will be two future development trends for laser crystals. The first will be to develop high-quality and large-size laser crystals. And the second will be to develop new laser crystals with novel structure and laser performances. Compared to the developed countries, we are better at enlarging the crystal size, improving the crystal qualities as well as modifying the growth technology, however we are poorer in the discovering new compounds and their novel applications with excellent performance. Therefore, it's necessary for us to enforce fundamental research to explore the mechanism and obtain achievements with our own intelligence property in the future.

16.9 Applications of Rare Earth in Steel, Iron and Nonferrous Metals

Steel and nonferrous metals have always been used as the main structural materials for human beings. They are the foundation of national industrialization and being regarded as the king of the engineering structural materials. In the 21st century, energy saving and environmental pollution reduction has become the common issues concerned by the countries around the world. Overall, China's applications of rare earth in steel and nonferrous metals rank in the forefront of the world. These applications significantly contribute to the developments of the aerospace industry, the national economy and society, and play a positive role on the improvement of comprehensive national strength of China.

16.10 Rare Earth Polymer Additives

Research and application of rare-earth compound as polymer processing additives, including non-poisonous rare-earth stabilizer, rare-earth coupling agent, rare-earth β-nucleator, rare-earth photo-sensitizer, rare-earth light converting agent, antibacterial agent, rare-earth additive for manufacturing fine dinier nylon filaments are reviewed.

16.11 Rare-earth Glass

This report introduces the current situation, classification and application of the rare-earth optical glass and colored glass such as filter glass, arts and crafts glass as well as opaque glass, and analyzes the research dynamics and existing gap between domestic and foreign countries through patent data while the possible development trend in the future was put forward.

16.12 Rare Earth Ceramics Materials

Based on lanthanide unique physical and chemical properties, especially for optics and magnetism, rare earth ceramics is an important functional material for laser, scintillation, luminescence, illumination, superconduction, magnetization, photoelectric modulation and other extent applications. At first, the excellent functions of main advanced functional material systems including transparent optical ceramics, nano-ceramics, glass ceramics and superconducting ceramics are illustrated as well as their current problems and challenges. In addition, as the most important subject in modern material research, computational calculation and simulation as well as their applications in rare earth ceramics materials are also mentioned, where the concepts and importance of energy band engineering as well as defect engineering are emphasized. Furthermore, other subjects not included above, such as searching for novel materials, rare earth doped conventional materials and specific ceramics for nuclear energy are also summarized.

In all above parts, the domestic and international developments and analyzed and compared, and the perspectives in coming years are given.

17. Nuclear Science and Technology

Since the first half of the 20th century, nuclear science and technology has become an integrated discipline intersected by natural science and technical science. It includes nuclear physics, nuclear and radiochemistry, engineering technology of fission reactor, particle accelerator, nuclear fusion engineering technology and plasma physics, nuclear fuel cycle technology, nuclear safety, radiation protection technology, radioactive wastes treatment and disposal technology, nuclear facility decommissioning, nuclear technology applications, etc.

As a cutting-edge subject, nuclear science and technology always maintains exuberant vitality since the 21st century and receives extensive worldwide attention and concern. The research and development budget by various countries is still on the rise. As a kind of green and high efficient energy, nuclear energy plays an important role in the world energy mix for a long period. With the continuing development of the national economy in China, nuclear science and technology plays a more and more important role in energy, technology, medicine, industry, agriculture and other field.

By October 2015, there are 441 nuclear power units in operation around the world with a total installed capacity of about 381.6 GWe, 65 units under construction with total installed capacity of about 64.2 GWe. By October 2015, there are 29 units in operation in Chinese mainland with installed capacity of 28468 MWe, and 20 units under construction with installed capacity of 23171 MWe. The installed capacity of nuclear power units in operation in China is scheduled to reach 58000 MWe by 2020. Although the Fukushima nuclear accident in 2011 has exerted certain impacted on the development of global nuclear energy to some extent, the international nuclear power industry has still been developing steadily on the basis of safety orientation, and will maintain the growth trend continuously in a considerably long period.

In recent years, fruitful results of research and development on nuclear science and technology have been obtained in China, with the nuclear science and technology innovation system perfected continuously and the nuclear fuel cycle industry system transformed and upgraded constantly, etc. In terms of PWR, CAP1400, our brand for Third Generation Nuclear Power is formed after the introduction and absorption of AP1000 technology through the implementation of National Science and Technology Major Project of the Ministry of Science and Technology of China; “Hua long One” , China self-designed Generation III nuclear power technology based on the most advanced standards, was approved by the State Council to start, creating favorable conditions for nuclear power equipment going abroad with independent intellectual property rights. The preliminary design of ACP100, self-developed multi-purpose modular small reactor of China, has been beginning, establishing a solid foundation for exploring the international market. In terms of fast reactors, China Experimental Fast Reactor’s succeeding to grid connected on July 21, 2011 is a great breakthrough of China’s fourth generation of advanced nuclear energy systems technology. Currently preparatory work for project of demonstration fast reactor nuclear power plant has already started. In the field of nuclear fuel cycle technology, there is a great development for uranium exploration technology, and a large uranium deposit was fund. Advanced uranium enrichment technology was researched and successfully applied in industry, making a big leap for the technology. Self-developed fuel element CF_3 which is the major research and manufacture has been completed, enters the test phase in the reactor when operating, supporting a strong guarantee for the building of China’s own generation Ⅲ nuclear power plants and technology "going abroad" . China's first self-designed spent fuel of power reactor reprocessing pilot plant thermal test success, and now it is planning to use this technology to construct China's first self-construction spend fuel reprocessing project, making a great step for realizing the closed nuclear fuel cycle in china. In the field of basic nuclear research, we have independently developed a world's most advanced proton cyclotron and succeed finished the initial commissioning, marking the establishing of key experimental facilities of the national key scientific and technology project——HI-13 Tandem Accelerator Upgrade Project. This 100Mev proton cyclotron is the largest compact high current proton cyclotron in the world. Once completed, HI-13 Tandem Accelerator Upgrade Project will be widely used in basic research including nuclear science and technology, nuclear physics, materials science and biological science, as well as research on application of nuclear technologies such as in energy and medical health.

"2014—2015 Nuclear Science is another discipline development report developed by Chinese Nuclear Society following the *2007—2008 Nuclear Science & Technology*, which covers large time span and affluent content. China has entered the first phalanx of global nuclear power development so far, and will gradually become the industry center for global nuclear power development, and realize the historical leap to a powerful nuclear power nation from merely a large one. The experts involved in the report are selected from the leading figures in relevant fields, who are also witnesses of this historical period. The *2014—2015 Nuclear Science* will fully reflect development characteristics of the current historical period, so as to provide a highly readable and perspicacious discipline development report for the leaders, colleagues and readers. The discipline development report consists of a comprehensive report and 21 special reports, covering 25 sub-disciplines, and it reflects the development status, dynamics and trends of nuclear science & technology discipline in China and abroad. It reviews, summarizes and scientifically evaluates China's findings in nuclear science & technology discipline in recent years (including new developments, achievements, insights, ideas, methods, technologies, etc.) . Besides, it also summarizes development goals and prospects of the nuclear science & technology sub-disciplines, and on such basis, proposes safeguards and countermeasures & suggestions for development of the discipline.

18. Deep Petroleum Geology Discipline

Deep strata have become an important substitute for the onshore oil and gas discoveries and increase of scaled- reserves in China. Deep petroleum geology has an important strategic position in the sustainable development of the oil and gas industry of China.

Compared with the middle-shallow strata, the deep strata has particularity and complexity in petroleum geological conditions and resource occurrence. Traditional petroleum geology theory and technology cannot solve the problems emerging from deep oil and gas fields. After half a century of exploration and development, the development of deep petroleum geology has achieved fruitful results: the study on the hydrocarbon generation mechanism and hydrocarbon accumulation model of deep source rocks has reached international advanced level, and provided theoretical guidance for evaluating the potential of deep oil and gas resources; the technical progress in regional tectonic dynamic mechanism, basin prototype recovery method, structural physical modeling and numerical simulation of deep strata has enhanced the precision of paleo-structure recovery and palaeogeomorphology reconstruction of deep strata. The study on the deposition and reservoir rocks of deep strata has achieved fruitful results in regional lithofacies paleogeography, sedimentary system, reservoir formation and distribution, and has effectively guided the play evaluation and target selection; the study on the hydrocarbon accumulation of deep strata has achieved dramatic achievements in hydrocarbon accumulation conditions, mechanism and pattern, formation and distribution of large oil and gas fields; the theories and recognitions, such as organic matter successive gas generation, bimodal hydrocarbon generation pattern, hydrocarbon accumulation spaning tectonic episode and multiple exploration golden belts have broke the theoretical category of traditional petroleum geology and significantly promoted the expansion of the exploration field of deep oil and gas. For the research and development of geophysical technologies, the gravity and magnetic, seismic and logging geophysical technologies of deep strata have been constructed, which have effectively supported the exploration of the complex oil and gas reservoirs of deep strata. The theoretical recognitions and technologies mentioned above have played an important supporting role in the exploration breakthroughs and reserves increase for the deep strata in the Tarim, Sichuan, Ordos, Junggar, Songliao and Bohai Bay basins.

The development of the deep petroleum geology disciplinary is unbalanced and imperfect. In future, the trend of multi-disciplinary integration and quantitative research will be apparent. The development of the deep petroleum geology should focus on practicality, originality, systematicness and the particularity of the deep petroleum geology of China. Strengthening national key laboratory construction, strengthening experiment simulation method and capability, strengthening production - learning - research integrated study, integrating advantaged power, strengthening the research and development of geophysical, logging and drilling technology series, strengthening the ability of deep oil and gas drilling, strengthening personnel training and promoting technological progress will greatly promote the rapid development of deep oil and gas geology and industry.

19. Cereals and Oils Science and Technology

China's cereals and oils science has made eye-catching developments during its 12th five-year Plan. Grain storage technologies have achieved internationally advanced levels. Techniques and equipments for cereals, oils and feed processing have reached or come close to the international industrial standard. Moreover, technology research and development associated with the science of grains and oils safety and quality have also made significant progress. All of them substantially contributed towards providing a solid scientific foundation for ensuring China's food security.

The 13th five-year Plan is critical towards China's ambitious goal of comprehensively building a moderately prosperous society. Cereals and oils science must develop in face of the "new normal" of China's economic growth. Research studies, thus, should be designed to address industry needs.

Goals and priorities must to be identified, and it will be necessary to better implement industrial policies and strategic plans in practice. These efforts will help start a new chapter in driving the continual evolution of cereals and oils science and technology.

19.1 Recent Developments of Cereals and Oils Science in China from 2011 to 2015

19.1.1 Research Development has been Improving over the Past Five Years

Regarding the development of grain storage science and technology, the pattern of Industry–University–Research Unit collaboration has been effective in operation. Breakthroughs have been made in theoretical studies with respect to the grain storage ecosystem.

Cereal processing technology is constantly evolving and industrial applications have shown impressive results. At the same time significant developments have been disclosed in theoretical studies.

Fats and oils processing has more focused on nutrition concerns and health effects, and moderate processing theory has proven to be an effective method.

A framework has been developing in the process of grains and oils safety and quality standardization, and comprehensive improvements have been made in evaluating the safety and quality of grains and oils.

Integrated and systematic approaches have been applied to grain logistics management and operations process, and the technological development is clearly here to stay. A large number of logistics nodes have been built on the basis of intelligent and digital technologies.

Grains and oils nutrition is now a matter of popular concern in China, becoming a critical force behind the strong growth in the industry. Researches in this field have shown promising results, including how food (grains, oils, and their products) nutrients work on human health and regulatory mechanisms.

Biotechnology has been introduced in developing feedstuffs and the processing equipments have continued upgrading. A database has been established to provide access to the information on nutritional components and values of major raw materials, as well as their specific evaluations.

With respect to the development of flour fermented foods, industrialization of staple foods has produced initial results and a framework has taken shape for quality evaluation standards.

Progress in information and automation technology of grains and oils has given great impetus to the modernization of China's grain industry. As a part of the effort, the Smart Grain Project has been carried out across China.

19.1.2 Remarkable Achievements have been Gotten in Research

19.1.2.1 *Outcomes have been Fruitful in Science and Technology Innovation*

(1) Overall, 13 national and 27 provincial awards were awarded to praise the scientific achievements in cereals and oils science and technology. 143 Chinese Cereals and Oils Association Science and Technology Awards and hundreds of other awards were granted during the same time.

(2) 5018 patents were applied for and received, with 3873 of them being invention patents.

(3) *The Journal of Chinese Cereals and Oils Association* has been listed in *The Engineering Index Compendex* (*Ei Compendex*) starting in the year 2013.

(4) A total of 277 grain and oils standards were developed and modified, with 77 of being national standards.

(5) Thousands of new grain and oils products have been developed.

19.1.2.2 *Government-backed Projects and Scientific Research Bases have been Launched to Boost Development of the Grain and Oils Industry*

There have been almost 50 initiatives established consisting of commonwealth projects, programs under the 12th Five-Year Plan framework and other national scientific and technological plans. Five national research bases (in the forms of national key labs, R&D centers, and engineering centers) have been set up to accommodate the needs of grain storage and transportation.

19.1.2.3 *Disciplinary Development in Cereals and Oils Science has been Promoted in the Higher Education System*

A large number of universities in China have included cereals and oils science and technology in their specialty settings and offered relevant courses. 146 universities can grant bachelor's degrees, 38 universities are capable of offering master degrees, and 15 universities are able to grant doctoral degrees.

19.1.2.4 *A Bigger Talent Pool has been Built and Engaged in Science Research*

More and more young scientists choose to work within cereals and oils science and technology. More than 20 research teams have been built with a great presence in science development.

19.1.2.5 *The Chinese Cereals and Oils Association (CCOA) has been Building Capacity for Providing Holistic Services*

CCOA has been recognized as a registered social organization nationwide with the rank of 4A by the Ministry of Civil Affairs of China since 2011. Owning to its great performance in carrying out the Capacity Building Program, CCOA was granted the Third Prize of Outstanding Organization by the China Association for Science and Technology (CAST) in 2012.

19.1.2.6 *Cooperation in Carrying out Academic Exchanges has Become a Regular Trend.*

Statistically, over 130 national and international conferences with an emphasis on cereals and oils science and technology took place over the past 5 years. Over 25000 participants joined in and almost 2400 papers were delivered in these activities. 4 academic conferences have built their own brands for their big presences in the grain and oils sectors. They are: the CCOA Annual Meeting, Annual Meeting of CCOA Sub-association in Grain Storage, Annual Meeting of CCOA Sub-association in Oils and Fats Processing, and the Flour Fermented Foods Industrialization Conference.

August of 2012 saw the commencement of the 14th ICC Cereal and Bread Congress and Forum on Oils & Fats in Beijing. Known as the Olympic Scientific Conference in cereal science and technology, this event achieved great success with fruitful results.

Regarding personnel exchanges in the community, recommended by CCOA, Prof. Wang Fengcheng from Henan University of Technology has been elected ICC President 2015—2016 and has taken the helm at the beginning of 2015.

19.1.3 Important Research Findings and Key Technologies have been Used in the Cereals and Oils Industries

A number of significant achievements in this field (2nd Prize of the State Science and Technology Advancement Awards, 1st Prize of the CCOA Science and Technology Awards, etc.) have been transformed into industrial applications. This created significant social and economic benefits and spurred the strong growth of the cereals and oils sectors. Some of the award-winning technologies are listed as follows:

(1) Activation of absorbing materials for edible oils by dry method. After 10 years of application, over 200000 tons of edible oils have been saved in practice, more than 2000 tons of antioxidants have been reduced in use and over 120 millin tons of waste water has been reduced in production.

(2) New technology of energy efficient processing of wheat. Over 20% increase in unit capacity and 15% reduction in energy consumption was generated by using this technology. Furthermore, the yield rate of high quality wheat flour increased more than 10% and the rate of flour yield increased by 3% as a whole.

(3) Technology of cassava-based fuel ethanol production and its engineering applications. A pilot project was carried out to produce 200000 tons of cassava-based fuel ethanol each year. So far, it has contributed more than 1.3 billion RMB to farmers' incomes in the growing areas and effectively reduced hydrocarbon and nitrogen oxide emissions in exhaust gases.

(4) Development and preparation of a new starch derivative as well as the green technology of producing traditional starch derivatives. For three years, an amount of 550 million RMB has been added to the total value of the outputs after carrying out this program. 75.49 million RMB profits and 45.11 million RMB of tax revenue have been generated at the same time.

(5) The application of controlled atmosphere of nitrogen on stored grain. In China, 151 grain

depots have employed this technology in their storage practices, helping to make a world record 11.95 million tons of grain stored under controlled atmosphere in grain reserves. As a result, 340 million RMB have been generated as revenue.

(6) Development on efficient feed grinding techniques and the processing equipments. Sales revenue has reached a total of 120 million RMB by using the technology and equipment in recent 4 years. 30 million RMB have been paid for the profits and taxes. Comparing with traditional hammer mill, 20% of energy can be saved by using the processing equipment.

19.2 Comparative Study on the Science of Cereals and Oils between China and Aboard

Developed countries, including the US, Japan, EU countries and Russia, have long been recognized as leaders of technology innovations and applications in various aspects, and their success stories are worth learning from. Due to imbalanced growth in different sub-disciplines, China still lags behind other developed nations in the evolution of cereals and oils science and technology. Existing problems are indicated below:

(1) Basic theory in this field lacks of in-depth studies.

(2) It took time to transfer technologies in applications.

(3) The efficiency in utilization of resources was low.

(4) Improvements are required in technologies and equipments of grains and oils processing.

19.3 Emerging Trends and Future Development in China

Looking forward, finding out the emerging needs of the industry is vital in developing cereals and oils science and technology. Technologies, in return, will trigger the growth in this sector. Research directions and priorities for the future work, therefore, have been set in 9 branches of the science:

19.3.1 Grain Storage

Researches will be carried out with focuses on:

(1) The new mode and technology of grain purchase and storage.

(2) How to maintain required quality, reduce potential losses and identify the mechanism of dust control in the process of grain purchase and storage.

(3) Using optimized and integrated technology solutions to reduce losses, ensure the quality, lower

the energy consumption and increase the profit of the stored grain in depots.

19.3.2 Grain Processing

Future researches in this aspect will put spotlight on 3 areas. They are

(1) The basic theories on grain processing and technology transfers.

(2) The safety assurance and green technologies for processing grain.

(3) The new products, process and technology of grain by-products.

19.3.3 Fats and Oils Processing

Priories for relevant studies include:

(1) How processing degree affects the nutrition and eating quality of vegetable oils.

(2) Upgrading in key refining technologies for moderate production of healthy vegetable oils.

(3) The new nutritional and functional fat products.

19.3.4 Safety and Quality of Grain and Oils

Focuses on the area involve in:

(1) Building a framework with safety and quality standards when it comes to the raw materials of grain and oils and related products.

(2) Developing specifications in terms of grain and oils safety and quality risk assessment through the whole industry chain, representative sampling as well as rapid screening and determination.

19.3.5 Grain Logistics

In this field, efforts will be put on:

(1) Developing a modern grain logistics operating model.

(2) Predicting the trend of food supply and demand.

(3) Establishing the operating and standard system for modern grain logistics and required equipments.

(4) Building a service platform for information gathering in the process of grain logistics.

19.3.6 Nutrition of Grain and Oils

Researches in this regard lie in:

(1) Developing a guide for consumers to take healthy grain and oil food.

(2) The studies on components and nutritional mechanism of active compounds in grain and oils.

(3) Building a system to develop nutritional daily meals.

(4) Developing novel processing technologies to reduce the loss of micronutrients.

19.3.7 Feed Processing

Relevant researches will be engaged in:

(1) Developing a prediction model for feed demand.

(2) Identifying feed processing effects on grain nutrition and digestibility.

(3) Developing new technologies and equipments to process feed.

19.3.8 Flour Fermented Food

Studies related to this field will focus on:

(1) The methods and standards to evaluate the quality, sanitation and safety of raw materials for flour fermented food.

(2) The processing effects on the flavor of the product.

(3) The techniques and equipments available to produce flour-fermented staple food for industrial processing.

19.3.9 Information and Automation Technology in Grain and Oils

Priorities in this study are listed as follows:

(1) To establish a system of informatization standard for the grain industry.

(2) To monitor grain situation by information acquisition based on "big data" technology.

(3) To promote the management with informatization and intelligent technologies in the whole industry chain.

20. Command and Control

20.1 Introduction

The discipline of Command and control (C2) is an emerging, comprehensive branch of science and technology, which integrates many high technologies such as automation, information, intelligence to conduct rapid coordination, dispatch, command and control for the mass social activities through the cycle of intelligence collection, information processing, analysis and decision-making, instruction programming and transmission and whole-process monitoring. It has the characteristics of considering both command and control, dual-use technologies, and multi-element systems. The objects of the research are complex, the methods of the research are comprehensive, and the aims of the research are special.

The discipline of the C2 has experienced a spiral development process of germination of concepts, design and trial of prototype systems, rethink of concepts and systems, construction of theoretical systems, innovation of unique technologies, integration of multiple disciplines, self-promotion of capabilities. Driven by the C2 theories and development of information technologies, C2 systems have realized the transformations from two-dimensions to multi-dimensions, from lag to near real-time, from man-made to man-machine combined intelligence and automation, and have been of higher security, reliability, effectiveness and certain cooperatively. In both military and civilian areas such as emergency rescue and intelligent schedule, the C2 technologies and the systems are widely used. Particularly in military areas, the C2 system is relatively more complete. It can obtain the overall situation information in real time. And through effective information fusion, we can implement command and control in all aspects, and can be applied in informationized war at most cases.

In the current information era, the mission space and operational environment relevant to the C2 have become more varied and complex, characterized by diversified threats and missions. Recently, in the face of serious challenges, the scholars and experts in the C2 area have explored and researched hard, and have obtained rich achievements in respects of fundamental theory, architecture, key technologies, construction and application of systems. But in China, compared with developed countries, there is still a big gap in the development of the C2. Less innovative theories and self-owned technologies are available. System construction and industrial development should be improved further.

20.2 Latest Progress of This Discipline in the Past 5 Years

20.2.1 Fundamental Theories

Chinese military institutes and researchers put forward some new theories and views such as the network-energized, information-enabled, system-enhanced "Network Information System", and the joint operational capability based on the "Network Information System", etc. They researched and practiced on the aspects of information infrastructure, service-oriented architecture and technical system, and explored the organizing and modeling methods of information systems under the "Network Information System" and the analyzing and modeling methods of information system network based on network science. Starting from the "four–self" mechanism, i.e. self–adaption of structure, self–synchronization of function, self–convergence of information and self–protection of system, a research institute explored the "resilience" of command information systems. Some researchers mainly studied on the agile C2 organization. They put forward an agile C2 organization model, some design and adjustment methods for organization structure and for measuring the robustness element of agility. Based on the definition of effectiveness for specific object system, some researchers improved the classic ADC and SEA effectiveness evaluation models. They built some operational effectiveness evaluation models with certain practical value in different application areas. At the same time, they introduced some new concepts and new design ideas into the traditional evaluation methods. They established a C2–process–oriented, multi–level index system for evaluating the ability of information systems, and to evaluate the information ability with integrated uses of analytic hierarchy process and the analysis method based on multivariate connection number set pair. Some research institutes paid more attention to study the theoretical problems for fire control and command, such as target motion state estimation, hit analysis, shooting system and fire–control accuracy analysis. They acquired many new achievements.

20.2.2 Architectures

In China, the gaps in the fields of architecture framework research, formulation and application have been filled. GJB/Z "Guide for Military Electronic Information System Architecture Design" and "Military Information System Integrated Technical Architecture" were issued. The integrated architecture framework for the integrated electronic information system, the architecture description framework for the network–centric information system, the service–oriented architecture for the C2 system, the architectures for a series of object systems and the operational structure of information grid–based operational command information service were put forward. These provided much important support to improve the degree of integration for the joint operation system. Some research institutes put forward many process–oriented, object–oriented, service–oriented, capability–based and metamodel–based architecture design methods in succession. The metamodel–based architecture design method has become a hot topic of current researches. Some researchers investigated and developed independently many kinds of architecture products such as the architecture modeling tool ArchModeler, the architecture design tool sets ArchDesigner and KD–ArchTool, and the integrated electronic information system architecture design environment MISADE, etc. These products have been used preliminarily in the architecture design of some domestic military information systems.

20.2.3 Key Technologies

The research institutions in our country explored how to improve the capability of battlefield situational awareness under the "Network Information System". They focused on some difficult problems such as the target identification and combined display for multi-source battlefield situations. According to the actual conditions, they adjusted some information fusion models such as JDL, OODA and Dasarathy. They found that the random set theory can be used to unify the common information fusion algorithms, some artificial intelligence algorithms such as neural network, genetic algorithm, ant colony algorithm, etc. can be combined to deal with incomplete data, the software componentization technology can be used to build the general software architecture model for multi-source information fusion systems, and the service-oriented technology can be used to build the componentization model for multimodal Web information fusion system. Based on our military operational command process, they mainly researched and built the simulation system under the Network Information System. They put forward some modeling methods such as the weapon and equipment system modeling methods based on the loop of OODA, the agent-oriented operational simulating and modeling methods, and the simulation module architecture for multi-resolution modeling. They studied on the theory, processes and rules relative to computer wargaming, put forward an integration method for multiple unmanned aerial vehicle assistant decision-making based on service-oriented computing, and designed the operational assistant decision-making system architecture of service-oriented C2 systems. On the aspect of fire control and command, the relevant internal institutes focused on the technologies of target searching and tracking, fire control computer, weapon servo control and networked fire control. They obtained some notable achievements, particularly on the aspects of multi-indication optimization and objective decision-making for networked fire control system, they filled the gaps in the field of fast dynamic optimized deployment decision aid in our country.

20.2.4 Construction and Application of Systems

In recent years, our country has vigorously implemented the strategy of civil-military integration development. It opened up a vast space for the application of the C2 science and technology in military and civilian fields. The C2 systems have generated great benefits in social, military and economic fields. In the military field, under the support of the Network Information System, using the architecture and technology system with Chinese military characteristics, multi-levels of military information infrastructures have been constructed, many kinds of military command information systems, weapon control systems and office automation systems have been developed. These systems were widely used in combat duty, operational simulation training, logistics support and daily works. In the civilian field, in order to deal with emergency events such as natural disaster, accident hazards, public health and terrorist attack, etc., centered around the key links among awareness, communication and decision–making, the relevant departments and organizations in our country developed the monitoring, early–warning and emergency rescue system, the emergency command, schedule and communication system, and the emergency rescue decision support system, etc. The models for emergency management decision–making and non–routine emergency disaster scenario analysis were established. The capabilities of real–time awareness, information transmission, information service, intelligent analysis and emergency response were improved. These systems have been applied preliminarily in the disposition of many emergency events such as earthquake in Yushu and Yunnan, debris–flow in Zhouqu, explosion of dangerous goods in Tianjin, and "7.5 Event" in Xinjiang, etc. In addition, constructions of urban, rail, water traffic control systems have been formed to a certain scale. These established a good foundation for our country to realize the intelligent, integrated and comprehensive traffic control.

20.3 Further Development and Outlook

The C2 is developing forward to "decentralized" or "open" architecture in order to get more flexibility required by responding to a variety of threats. The core concepts, core components and related technologies should be tracked and researched. We should independently develop the architecture framework of the C2 systems which should adapt to the real military needs. Open standards should be formulated. Development of systems should be normalized. Architecture resources should be established and improved. Research on the corresponding design methods of architecture and the verification and assessment methods should be strengthened. We should promote the modularity, interoperability, scalability, reusability, composability and maintainability, reduce the complexity of system management, and improve the flexibility of the C2 systems.

In our country, the C2 systems have had intelligent rudiment. We should take full advantage of emerging information technologies such as big data and cloud computing, especially intelligence technologies such as automatic identification, fuzzy processing, parallel computing, cognitive computing and machine learning in order to elevate the intelligential level of operational action command and weapon equipment control, and thus to obtain information advantage, decision–making advantage, command system advantage, safety and reliability advantage.

In simulation discipline, the way of thinking, the mode of research, the system of support and the technology of application engineering should be reformed. All kinds of theories and methods should be used to describe the C2 systems comprehensively. The key of reform is to realize the parallel thinking of reality system and virtual system interaction, to rethink the C2, to integrate big data analyzing and data mining technology and simulation modeling method. The emphasis of research should be placed on cloud simulation system framework based on integration and intelligent, system modeling approach based on complexity theory and big data mining technology, and application engineering technology integrated with big data analysis technology, etc.

Facing the connectivity, coordination and convergence that the informationized weapon system and information system will have, the modular design, data bus and other technologies should be used to build weapon platform on which information can be shared and all parts are linked together. Thus, the integration within and between fire control and command equipments and function on weapon platform should be implemented. Target autonomous awareness, autonomous decision, man-in-the-loop and other technologies should be resorted to build autonomous, intelligent unmanned weapon platform, and hence, the unmanned fire control and command should be realized. We should step up to the ultimate goal of autonomous fire control. Network-enabled technologies should be applied to resolve technical problems of fast communication, real-time information fusion, real-time collaborative planning and data sharing, etc. for weapon platform, and the networked fire control and command should be realized. The technological difficulties such as intelligent threat assessment and situation awareness, autonomous target control, target tracking and image processing, intelligent information management, dynamic decision, multi-intelligent-agent synergism and optimization based on distributed swarm intelligence, etc. should be broken through, and the intelligent fire control should be realized. At last, the capability system of seamless integrated, unmanned, networked and intelligent fire control and command should be improved.

Our country will speed up the development of emergency industry in order to provide the special products and services for emergency prevention and preparedness, monitoring and early warning, treatment and rescue. In the emergency rescue area, given the characteristics that events happen suddenly, short responsive time is required, environment is complex, and people are mixed, etc. a complete set of organization system and rules with Chinese characteristics should be formed sooner. The corresponding standards should be formulated. The generic technologies such as video structured description, information transmission with high speed, mobile positioning and navigating with high precision, multi-dimensional and multi-source data fusion, knowledge mining, intelligent assistant decision-making, cloud computing and cloud storage, Internet of Things security, etc. and unmanned systems should be promoted to apply in the area of emergency rescue. The emphasis should be placed on improving the capability of monitoring and early warning, prevention and protection, treatment and rescue, and emergency services. The seamless link chain of rescue should be built, in order to raise the command capability of emergency rescue.

21. Basic Agronomy

Basic agricultural science is the original impetus for the development and innovation of agricultural science and technology, and the scientific basis for food security, effective supply of agricultural products and sustainable development of agriculture. The 2012 Central File No. 1 stated that "agricultural science and technology should be put in a more prominent position, "which further defined the strategic positioning of science and technology development in agricultural industry, and it also pointed out that "highlights of agricultural scientific and technological innovation include a stable support for basic, pioneering and nonprofit technology research" . Besides, "strengthening basic agricultural research so as to break a number of major theories and methods" as well as "accelerating research in frontier technology, modern agricultural technology to seize the high ground, "are also included in the paper. All of these lead the direction for research-driven innovation and development in basic agricultural science.

With the long-term support of the Chinese Association for Science and Technology and under the grant of China Agricultural Society, the research about disciplinary development of basic agricultural science, led by academicians and experts who organized agricultural research institutions, top experts and professors in universities, was carried out from 2006 to 2015. Each year they would screen out branches from first-rate and second-rate disciplines of basic agricultural science in which they would carry out a profound research about the discipline in following aspects-current situation, progress, characteristics, trends and prospects of developments.

In "2006—2007" research of disciplinary development of basic agronomy, chief scientists Lu Liangshu, Xin Naiquan, Xu Shiwei and Sun Haole selected the following 10 branches – agricultural botany, plant nutrition, insect pathology, agricultural microbiology, molecular biology and agricultural biotechnology, agriculture mathematics, agriculture physics, agricultural biotechnology, agricultural meteorology, agricultural ecology, and agricultural information science as thematic subjects; while during the "2008—2009" research project, chief scientists Dai Jingrui, Xin Naiquan, together with the hosted scientists Chen Fu, Zou Ruicang, and Liu Xu chose to carry out monographic studies in the following seven branches–crop germplasm resources, crop genetics, crop bioinformatics, crop physiology, crop ecology, agricultural resources, and agricultural environmental science; and then during the next "2010—2011" research, chief scientists Liu Xu, Xin Naiquan, with the hosted scientists Xu Shiwei, Zou Ruicang, Wang Quanhui selected the nine branches–agricultural biotechnology, plant nutrition, irrigation and drainage technology, farming science and farming systems, agricultural environment, agricultural informatics, agricultural storage and processing technology, quality and safety of agricultural technology, agricultural resources and zoning as their thematic studies; and in the next "2012—2013" research, chief scientists Liu Xu, Wu Kongming, Yu Shuxun, Xin Naiquan, as well as the hosted scientists Xu Shiwei, Zou Ruicang, based on the actual progress of basic agricultural science and the leading trend in future disciplinary development, determined to conduct research in 12 branches– genetic breeding of crops, plant nutrition, crop cultivation, farming science and farming systems, agricultural soil science, agricultural storage and processing technology, plant pest, quality and safety of agricultural technology, agricultural resources and zoning, agricultural information science, agriculture environmental science, irrigation and drainage technology. This research is of the most extensive coverage, making a great contribution to expanding the breadth and depth of the above studies; then during the "2014—2015" research, chief scientists Liu Xu, together with hosted scientists Xu Shiwei, Zou Ruicang, identified six branches of animal biotechnology, plant biotechnology, microbial biotechnology, information technology, agriculture, agricultural information analysis, and information management as thematic topics.

From 2014 to 2015, significant progress have been made covering 16 branches from the first-rate and second-rate disciplines of basic agricultural science, among which animal biotechnology, plant biotechnology, microbial biotechnology, agricultural information technology, agricultural information analysis, and agricultural information management are more active study fields with greater progress and innovation.

21.1 Animal Biotechnology

Domestic researchers have made remarkable achievements in depth analysis of animal structural genomics via high-throughput sequencing technology. For instance, they have used the second-generation of Illumina HiSeq2000 sequencing platform to conduct whole genome resequencing on snub-nosed monkey. By comparative genomics, combined with function experiment and metagenomic analysis, they revealed the molecular mechanism of herbivorous adaptation in primates, and set out the origin and evolution history of the snub-nosed monkey. The results was published as the cover paper in *Nature Genetics* on November 2, 2014. In another achievement, Chinese researchers, in cooperation with other international research groups, explained the special digestive system in sheep and its unique fat metabolism and positioned the genes responsible for maintenance of its thick, shaggy fur trait through comparing the genetic basis of sheep and other mammal. Related articles were published in *Science* on June 6, 2014.

21.2 Plant Biotechnology

Developments of plant molecular markers and breeding technology in the recent two years are particularly noteworthy. In 2015, the research project named "associated genes mining and cultivation of new varieties from Indica and Japonica rice heterosis utilization", successfully explored genes of wide compatibility, precocious character and dominant dwarf trait and developed appropriate molecular marker and breeding technology and eventually cultivated the new Indica and Japonica heterosis variety with high yielding after a 20-year systematic study. It won the Second Prize of 2014 Annual State Award for Technological Invention. In addition, domestic research staff innovated watermelon marker-assisted breeding technology system, and solved the inadequate source of excellent breeding traits and narrow genetic base in watermelon breeding. They developed "Jingxin" series with outstanding advantages and leading integrated traits and therefore won the Second Prize of 2014 National Award for Science and Technology Progress.

21.3 Microbial Biotechnology

The recent-two-year research of microbial fertilizer focused on screening and effect evaluation of plant growth promoting microorganisms, and particularly Plant Growth Promoting Rhizobacteria is the most widespread one; whereas abroad studies about microbial fertilizer are mainly concentrated in microbial feed additives, feed enzyme formulation and microbial extracts. In terms of major achievements, Feed Research Institute of Chinese Academy of Agricultural Sciences always remains an international leader in feed development with enzymes, its four main non-starch polysaccharide enzymes - xylanase, glucanase, mannitol xylanase and α - galactosidase, are both with good performance and low cost. This achievement won the Second Prize of National Award for Science and Technology Progress. A team from Institute of Plant Protection, Chinese Academy of Agricultural Sciences, found a key gene controlling hydrolysis of cell wall-cwlB whose deletion can lead to failure of Bt mother cell lysis. That laid the foundation for further research about UV Bt microcapsule preparation.

21.4 Agricultural Information Technology

As the development and penetration of modern information technology, especially the recent breakthrough and maturity in Internet of things, cloud computing and big data theory, development of discipline theories and methods in agricultural informatics is acquiring integrated, collaborative, intelligent features too. Information technology plays a more and more significant role in agricultural production, operation, management and decision-making process, together with emerging new information products and tools. Keeping up with the pace of international research of intelligent equipment for agricultural production, we have achieved a major breakthrough in integrated efficient utilization technology of water and fertilizer for main crops, standardization of production and management, mechanized transplanting technology in dry land, intelligent dispatching of agricultural machinery operations, key technology and equipment of mechanization for peanut harvest, automatic navigation and other fields. In recent years, research in the field of agriculture Internet of Things is very active. And we also have made key technology advances in sensor networks, RFID systems, wired and wireless communication systems as well as analytical decision-making and controlling system, reaching a new level.

21.5 Agricultural Information Analysis

Currently automatic acquisition, intelligent search and other methods have been in wide applications in our agricultural information and data collecting activities. In terms of simulation analysis, basic theory and analytical methods of agricultural monitoring and warning system based on multi-source information fusion technology was constructed. We have carried out the study of monitoring & warning models and systems covering meteorological factors, input factors and management factors, established various types of mechanism models for agricultural risks, and proposed design framework for simulation decision-making model of agricultural consumption and food security. Furthermore, we have built a complete technology system where information collecting is governed by standardized market information guidelines and based on real-time positioning and matching, as well as design of information collecting device with high adaptability to market as the core and processing of systematic market information analysis and warning mechanism as the key. In 2015,

"Research and Development of Key Technology and Equipment for Collecting of Agricultural Market Information" project won the First Prize for 2014—2015 China Agricultural Science and Technology Award for Scientific Achievement. This Project developed the collecting and classification system of standardized agricultural market information and made a breakthrough in real-time positioning collecting of agricultural market information. Its innovative design concept developed advanced equipment of convenience, high adaptability and usability and it also built the intelligent processing technology of data from agricultural market and the technology of analysis and warning.

21.6 Agricultural Information Management

With the development of information technology, discipline of information management has been constantly advancing with the integration of a variety of theories in information science, computer science and management science. Through the construction, organization and development of agricultural information resources as well as its benefit evaluation and other researches, we emphasized on major breakthroughs in analysis and evaluation of information resources, knowledge organization, ontology, data mining and knowledge discovery, digital preservation and other key technologies in order to improve the discipline. In recent years, we witnessed quite a number of important research progresses in agricultural information management, which was embodied in digitalized and intelligent processing technology of large scale documents, multi-level organization and service system of agricultural knowledge, institutional repositories, technological hot spots, monitoring system of big events, information services in micro mobile environment and other areas.

The concept of basic agricultural science is a comprehensive, dynamic and developing concept. And as the rapid development of economy, science and technology, it has different connotations in different historical periods. Human production and living practice gave birth to the formation and development of basic agricultural science. When entering the 21st century, some important scientific problems and key technology present a revolutionary breakthrough with the rise of the new round of technological revolution and industry changes, driving the cross-integration and comprehensive development of modern science and technology. That leads to an increased accumulation of reforming energy, creating a great potential of innovation and development of Basic agricultural science. Basic science is showing an increasingly evident penetration in basic agricultural science and continues to generate new interdisciplinary, cross-disciplinary and multi-disciplinary and that leads to the rapid progress of basic agricultural science; at the same time, basic agricultural science research is combined with more and more closely with agricultural science and technology and production, moving towards integration and synthesis. It helps to accelerate sustainable development of agriculture and upgrading of emerging industries. The research of basic agricultural science is heading towards micro and macro directions and these two are in integration and promotion for each other, accelerating progress and breakthroughs of scientific research, meanwhile basic agronomic research takes advantage of modern experimental tools and theoretical methods, achieving the modernization of experimental methods. Besides that, this field is also forming a very complex situation where international competition and cooperation, exchange and restrictions coexist with each other. With research-driven innovation and development, and together with the conversion and promotion of its achievements, basic agricultural science will make an important contribution in the new round of revolution in science and technology to addressing food security in the peak of the global population.

22. Fishery Science

22.1 Introduction

China has been the largest fish producer in the world for the last 25 years. In 2014, the total output of fishery products reached 64.62 million tons, of which the aquaculture made 47.48 million tons and the capture fisheries 17.13 million tons. At the same time, China's export of fishery products reached 4.16 million tons with the total value of USD 21.7 billion. These achievements could not be obtained without the support of the advances of fishery science and technology.

22.2 Major Achievements

22.2.1 Aquaculture Technologies

Significant research results have been achieved on fish genome sequencing in such aquaculture organisms as *cynoglossus semilaevis*, *Pseudosciaena crocea*, *Penaeus Vanmamei*, *Penaeus chinesis*, Common carp, Grass carp, Crucian carp, Wuchang bream, Eriocheir sinensis, Giant freshwater prawn, etc.

A number of new aquaculture varieties have been bred. From 2013 to 2014, 40 new bred varieties have got the approval for aquaculture from the government agency, accounting for 25.6% of the total varieties that have been cultured nationwide so far.

In fresh water aquaculture, various new aquaculture patterns have been developed in accordance with the concept of sustainable development such as modern facility aquaculture, ecologically sound aquaculture, water saving and emission reduction aquaculture.

In mariculture, the land based facility aquaculture including flowing water system and water recycling system have been widely developed. The water recycling system represents the modern mariculture development trend as it is not only efficient but also productive. In 2015, China has more than 80 fish farms with water recycling system, mostly distributed in Tianjin and Shandong areas. The major cultured species in this system are high value species like Turbot, *cynoglossus semilaevis*, Grouper, Atlantic salmon and Far east puffers.

22.2.2 Fishing Technologies

From 2013 to 2015, an investigation on fishing gears operated in the Chinese capture fisheries was conducted. The result indicated that about 85 types of fishing gears were used currently in the Chinese inshore fisheries including 8 types of gill net, 5 types of purse seine, 7 types of trawl, 23 types of standing net, etc.

The researches on fishing gear performance, selectivity and standardization were reported. 3 categories of fishing gears have been classified: the legally allowed to use, temporarily allowed to use and illegally used.

Progress was also made in the fishing gear materials. Nano-$CaCO_3$ has been systematically studied. It might become an alternative materials as it help to improve the performance of fishing gears.

22.2.3 Conservation and Utilization of Fishery Resources

A series of investigation and assessment on fisheries resources and fish spawning grounds were conducted in both inshore and offshore waters. The fishery resource investigation in the distant waters including the Antarctic krill was also reported .

The investigations also touched on the river basins including the Heilongjiang river basin, the Yangzi river basin, the Perl river basin and the Yarlung Zangbo River basin. All these investigations have provided the scientific evidences for resource conservation and utilization.

22.2.4 Fish Processing

The progress of fish processing technology has brought great improvements in fish storage, transportation, utilization and food quality. The marine mollusks protein is more efficiently utilized than before because of finding of new type of enzyme. The commercial value of *Porphyra haitanensis* has been raised by100% due to the development of deep processing technology. Success in sea cucumber processing greatly improved the product quality.

The new technologies on fresh water fish processing provided the solutions for the problems that have existed for a long time including live fish transportation, high quality processing and by-product utilization.

22.2.5 Fish Habitat Conservation and Restoration

Greater attentions have been paid in the monitoring, evaluation and prediction on fish habitats and aquatic environment. More than 160 fish habitats in China fishery waters are monitored regularly and the data was provided to the public.

Some preliminary researches on the oil spill to the harm of fishery habitats have illuminated the toxic enrichment and migration in the marine food chain, and the impacts on the quality of sea foods.

Some assessment models have been established for the detection of pesticides, heavy metals and other pollutants in the fishery waters.

22.2.6 Application of High Technologies

Advanced biological technologies including genome sequencing, mapping, screening and cloning have been applied in the fields of fish seed breeding and sex control. Some preliminary research results have been achieved.

Progress has been made in the design of advanced equipment and devices and the some have been applied in fish pond, land based mariculture systems, fishing vessels and fish processing facilities.

Information technologies including remote sensing, GIS and the Internet have played an important role in the fishery governance, management, monitoring and communication.

22.3 Future Research Focuses

China, as the most populated country in the world, would inevitably meet the rising demand from a growing population by continuing its fishery growth in both quantity and quality. Improved science, technology and governance should be all combined to a greater strategy to help meet the goals of responsible and sustainable use of aquatic resources in order to secure valuable resources for the benefit of the present and future generations. The future researches will be focused on the following aspects.

• Aquaculture: fish seed breeding, feed efficiency, disease control and healthy aquaculture practice.

• Capture fisheries: efficient and eco-friendly fishing gears, fishing methods, comprehensive and systematic deep-sea fishery resource investigation.

• Conservation of fishery resources: stock enhancement, conservation of biodiversity, resource assessment technologies.

• Protection of fish habitats: the environment monitoring, evaluation and early warning, pollutant identification, environmental restoration, efficient resource governance and management.

• Fish processing: improvement of fish quality, deep processing technology, long distant transportation and storage, high value added products and food safety.

• High technologies: applied biotechnologies for fish breading, disease control and nutrient feed; improvement of fishery equipment and facilities; efficient use of information technologies.

23. Horticultural Science

During the 12th Five-Year Plan, Hrticultural industry in China is stably increasing its scale and output value, which continues the fast growth of so many consecutive years. In 2014, Chinese fruits planting area covered a total land area of 12.6 million ha with the total output of 161 million tons; vegetables planting area of 21.267 million ha with the total output 758 million tons; and the flowers planting area of 1.2702 million ha. In that year, horticultural output value in China exceeded RMB 2000 billion, which further contributed to the growth of farmers' income.

As horticultural scientific research is speeding up, technical innovation and its support to industrial development are enhanced substantially. Over 3 years, China has led the whole-genome sequencing or resequencing of 10 horticultural crops including pear, orange, kiwi-fruit (*Actinidia chinensis*), jujube, peach, tomato, pepper, cabbage, watermelon and cucumber, and has almost finished the whole-genome sequencing of pumpkin and wax gourd. China has many research findings in genome sequencing and resequencing, with a number of important papers published in *Science*, *Nature Genetics* and other journals, which are internationally cited. The progress of genomic research has laid a solid foundation for horticultural crops functional gene mining and molecular breeding technology R&D. Recently, China has completed much work of the gene mapping on quality control, disease resistance and stress tolerance, digging out a number of important functional genes, and developed a large number of the molecular markers applicable in breeding practice.

Over 3 years, nationwide scientific research institutes and universities have introduced, collected and evaluated a large amount of horticultural plant germplasm resources, many of which are from abroad, and have further enriched horticultural crop genebanks in China. Meanwhile, China has developed a large amount of the excellent resource materials of disease resistance, stress tolerance, high quality and important application value by use of conventional breeding and molecular marker polymerization technologies, which have driven the horticultural crop genetic and breeding researches in China. The vegetable molecular breeding technology has experienced rapid development, particularly in SNP markers application. Molecular marker-assisted selection technology has been generally applied in the breeding of tomato, Chinese cabbage, cabbage, pepper, watermelon, as well as some fruit trees and flowers. The high-throughput molecular detection platform has been completed and put in application. Over 500 horticultural crop varieties have been newly bred.

China has made important progress in the key technologies in fruit tree quality and efficient cultivation. The shaping and pruning techniques on apple, peaches, cherry and other fruit trees have been in continuous innovation, for example, the research on high light-efficiency tree structure (represented by slender spindle and Y-type) and its shaping technology, and the drooping fruiting culture technology (represented by long shoot pruning) are gradually applied and generalized. In respect of integrated orchard soil management, the micro-ridge coating technology has eased the drought problem in West China. The technology of covering under-crown soil with the crop straw and growing grass between row is widely used to overcome the impact of excessive summer/autumn rains in East China.

In respect of overcoming vegetables continuous cropping obstacles, China has developed some cultivation models such as gramineous crop and bulb crop companion and catch crop, to reduce the incidence of soil wilt and nematodes to 30%~65%. China has developed anti-soil-borne pest regulating preparations based on active ingredient for plant growth, to solve the long-term dependence of nematode control on highly toxic pesticides disinfection. China has developed a balanced fertilization formula for tomato, cucumber, cabbage, pepper and other vegetables, to form fine management technique of soil, fertilizer and water. China used straw and other biomass to develop an organic cultivation matrix formula for tomato, cucumber and other fruit vegetables, with remarkable promotional results in the country, especially in the high incidence areas of continuous cropping obstacles.

In respect of the solar greenhouse and energy-efficient cultivation technology, China has innovated the new theory of the best angle calculation of daily and hourly lighting amount and the lighting angle of solar greenhouse in winter, developed the variable inclination new-type solar greenhouse and the active regenerative conservatory, and developed the structural parameters of the third generation energy-saving solar greenhouse in regions of 38° ~ 48° north latitude. The third generation greenhouse increases lighting amount by 6% and temperature by 5℃ or more compared to the second generation. Its indoor and outdoor temperature difference is above 35℃ at night, so the greenhouse fruit/vegetable production in winter without heating expands from the regions with the lowest temperature of -23℃ to the regions with the lowest temperature of -28℃ .

In respect of flower modern and industrial cultivation, China has developed Chinese cut rose soilless growing media and nutrient solutions, and established a mixed matrix assembly cultivation tank and opened liquid cultivation mode. China has developed a peony flower winter production technology and soilless cultivation technology system. China used low-energy light source and sugar-free culture technologies to build a standardized production system of perennial flower seedlings. China has developed a herbaceous peony soilless cultivation technology, so that the potted herbaceous peony flowering period is 50 ~ 60 days earlier than the farmed herbaceous peony flowering period, and its finished rate reached 100% in Beijing region.

In respect of the post-harvest handling technology, China has developed a new technology to prevent or control pear post-harvest black heart, stripes, brown spots and other physiological diseases. China has developed a comprehensive technology to control citrus sour rot disease, preserve citrus fresh with leaves, and prevent anti-corrosion and browning of lychee sulfur-free, as well as new plant-derived preservatives and supporting applications.

24. Animal Science

The research of animal genetics and breeding is an important part of life science. With the development of modern life science and technology, the theory and technology of animal genetics and breeding have been greatly promoted. As represented by molecular quantitative genetics, molecular genetics, cell genetics, functional genomics and livestock bioengineering, a series of important research theories have been developed. The breakthrough of these theories will further give birth to new methods and technologies of animal genetics and breeding. Molecular breeding has entered an unprecedented era of high-throughput. Genome-wide association study (GWAS) is still a powerful strategy in identifying important genes for economic traits of livestock. In cows, candidate genes for milk yield and composition, body types, reproduction and health traits were identified, following that the post-GWAS study of genetic effects analysis for target genes were conducted and the gene function of PTK2, UGDH, EEF1D, GPIHBP1 and FASN were verified. In beef cattle, candidate genes for meat quality and growth traits were identified in Simmental based on mixed linear model. In poultry, significant SNPs for growth, meat quality and carcass performance were identified, which were reported by three research groups. All above studies provided strong evidences for the following step of gene function verification. Genomic selection has many advantages in eliminating the young bulls in advance, saving the feeding cost and improving accuracy of EBV estimation, which leads to the wide application in dairy cattle, beef cattle, swine and poultry breeding. Among these, the notable progress has been made especially for dairy cattle, expanding to the whole country. The construction of the reference and validation population for genomic selection in beef cattle was conducted by research group from Chinese Academy of Agricultural Sciences. In addition, the relevant function genes for economic traits in swine were revealed by different novel approaches.

High-throughput sequencing has become one of the most efficient and important technologies in animal genetics and breeding. Uncovering the genetic variation of important economic traits has speeded up as the whole livestock genome resequencing approached and completed. At present, the first stage of the genome project "1000 cattle" has been completed, and data for 234 cattle from 4 breeds were obtained, which provided the data support to speed up the selective breeding. One of the most important research achievements has been published on *Nature Genetics*. Due to the efficiency and high-throughput, RNA-Seq has been widely used in identifying candidate genes for economic traits in livestock. In dairy cattle, a lot of miRNA associated with milk secretion and mRNA for milk fat and protein were revealed. In swine, the key genes associated with intramuscular fat content and meat quality were identified. In sheep, the similar RNA-Seq have been conducted to reveal key genes for target traits and understand the relevant pathways, so as to clearly uncover the mechanism of biological process.

Conventional breeding is still the main strategy to cultivate new breed, while a great number of new breeds as beef cattle, swine, sheep and goat have been cultivated through hybridization and improvement of the present varieties. Five specialized beef breeds were cultivated using the above methods during 2006 to 2014. For swine, 11 national new breeds were cultivated through open and locking technology route during 2006 to 2014. Two sheep breeds of Chahar and Subotica Merino have been certified by National Livestock and Poultry Commission on Genetic Resource.

As the supplement and extension of conventional breeding, transgenic breeding provide new viewpoints. Several candidate genes, such as FAT-1, MSTN and FABP3/4, etc have been transfected to obtain the transgenic disease-resistant cattle. For swine, the IGF1 inducing expression vector was injected into the genome through prokaryotic injection transgenic technology, then the IGF1 transgenic pigs were constructed so as to increase the production of lean meat. The technological platform of transgenosis with high efficient and large-scale using lentiviral vector in ovine has been successfully built with international leading level.

In addition, as the most potential future in livestock, the equine industry can be as "sunrise industry", and some achievements have been made. The key genes associated with endurance, pigmentation and disease resistance traits were revealed through candidate gene analysis and high-throughput sequencing. Some progress about equine products and disease defense also were made. Several awards have been conferred for these achievements, including the Award of National Science and Technology Progress.

A great progress has been made in animal reproduction discipline during the 12th Five-Year Plan. More detailed and in-depth studies on reproductive physiology of domestic animals, such as reproductive endocrine, gametogenesis and embryonic development, have promoted the extensive application of cloning in pig industry; The mechanism underlying C type natriuretic peptide-induced oocyte meiotic arrest was revealed, thereby improving the nuclear-cytoplasmic synchronization of oocytes and thus breaking the efficient bottleneck of *in vitro* embryo production in cattle. The mechanism by which FSH prevents follicular atresia via inhibiting the mitochondria-mediated apoptosis in granulosa cells was identified. To improve the efficiency and quality of embryo production in dairy cattle, a novel method has been developed based on inhibin immune. The study on the mechanism of pregnancy recognition showed that IFN-τ can not only affect the endometrial gene expression, but also regulate the functions of ovaries directly, thus promoting the development of corpora luteum. A series of important reproductive techniques, such as artificial insemination and embryo transfer, continue to be improved. Among these, low-dose deep intrauterine insemination in pigs and cattle, timed artificial insemination in cattle, have been widely applied in field. An antioxidant AA-2G, was proven to be efficient in preventing oxidative stress and cryodamage. Based on this novel finding, a new method was developed to prolong the survival time of sex-sorted bull sperm to 24 hours. Based on the breakthrough of survival time of the sorted sperm, China has firstly achieved large-scale application of the sex-sorted semen in dairy industry. To improve the efficiency of embryo cryopreservation, the traditional freezing-thawing procedure was simplified, an intra-straw thawing method was developed to achieve direct transfer of thawed embryos. In addition, the prevention and control measures against the reproductive disorders, including placental retention, metritis and endometritis after birth, significantly improve the reproductive efficiency in pigs and cattle. Further more, a series of strategies were proposed to alleviate the heat stress of pigs and cattle in summer. Progresses were also evident in the field of iPS, where several lines of iPS have been successfully established in cattle and pig, and four cloned pigs were obtained using iPS as donor cells. Based on achievements mentioned above, the research group of animal reproduction discipline grows fast and 31 national or provincial award of science and technology advancement have been conferred, including "Research and Application of Bovine and Porcine Somatic Cell Cloning" and "Research and Application of Reproductive Biology and Conservation in Giant Panda" .

However, the development of animal reproduction discipline in China remains far behind developed countries. In particular, the basic research as well as the development and application of high-technologies need to be further improved. Discipline development trend shows that, deep studies on regulative mechanisms of reproductive physiology as well as the integration of animal reproduction and other subjects, are driving the development of novel technologies, and renewal of traditional technologies. We should focus on reproductive problems in animal production, and integrate the achievements from different disciplines, to improve the efficiency of key aspects of reproductive management, such as utilization of gametes, embryo production and transfer, reproductive regulation, pregnancy recognition and maintenance, as well as novel technologies, such as stem cell, genome editing, and bioreactor, etc. We should plan development program of animal reproduction discipline in different levels, including basic research, technological research and development, technological integration and innovation. We hope China will proceed animal reproduction discipline to a distinctive subject with reasonable echelon, which has advanced research conditions, strong capacity for independent innovation, and international academic influence.

During the 12th Five-Year Plan period, in order to solve three big bottleneck problems including the shortage of resources, the low quality and safety of animal production and environmental pollution, researches in animal nutrition and feed science area in China have made outstanding achievements, especially in nutritional regulation of piglets intestinal health, sow systemic nutrition, feed enzyme technology and healthy farming technique of broiler. Several national and provincial-level awards were conferred and such progresses greatly promoted the scientific and technological level of livestock.

In pig area, nutrients were used to optimize the interaction of microorganism in digestive tract and metabolism. The expression of endogenous antimicrobial peptides was regulated to maintain the intestinal barrier and improve the immune function. The formation mechanism of good meat quality of indigenous swine in China was revealed by analyzing environmental and nutritional regulation. In feed additive area, efficient enzyme products were developed to adapt to local animal species and feed ingredients of China, which has broken through the dilemma of monopoly restricts of developed countries. Many bioactive peptides, which have the resource characteristics of our country, are isolated and efficiently recombinant expressed in some microorganism. Abundant resources of functional oligosaccharide and polysaccharide were discovered too. In waterfowl area, more than 300 parameters of nutrient requirements of amino acids, vitamins and mineral elements were obtained from meat duck, laying duck and goose. In broiler, about 100 parameters of nutrient requirements of broiler and dose of feed additives were optimized. Furthermore, more than 2000 parameters of available nutrients have been measured, including effective energy value of conventional or unconventional feed ingredients, utilizable ratio of amino acids and available phosphorus. Chinese Agriculture Industry Standard of broiler has been drafted and feedstuff database has been established. However, some aspects need to be further improved, including the nutritional requirements and breeding standards, the evaluation of the nutritional value of feed, the processing technology of feed, the relationship between maternal nutrition and epigenetic regulation, and the interaction of microorganism and intestinal health. Therefore, the development idea of this discipline is determined as preserving the characteristics, emphasizing the important points, cross cooperation, focusing on basic and applied research equally, and strengthening the scientific research team. Based on the previous researches, advanced technologies of animal physiology, biochemistry, microbiology, immunology, genetics and bioengineering will be used to reveal the mechanism of the nutritional metabolism and regulation in healthy, efficient, high quality and safe animal production. The theory and methods in safe and efficient utilization of nutrients will be established. Animal micro ecological environment will be revealed and nutrients will be used to improve animal immunity. It will expand the connotation and extension of researches of this discipline, and lay the foundation for establishing a new system of modern animal nutrition and feed science.

In recent years, the scientific research and technology in the Domestic Animals and Environmental Hygiene (DAEH) has made considerable progresses. In this report, the research progress in the Environment Science has been largely achieved, including the animal welfare and healthy production, stresses and the technology of protecting heat or cold on domestic animals, the manure processing technology and public policy, material recycling by combining the animal husbandry and the economy, the researches on behaviour and ecology in the herding animals, and the correlations of residuals of heavy metals and medicine with ecologic environment. For the environment control technology in cattle house, the shed is the common house types in farming cattle in Southern China because of the low critical temperature for living in cattle, therefore, attentions should be paid to preventing heatstroke by cooling measures, such as constructing the cold air ducts, air coolers or combining the air blowers with spraying water on the cattle head. In the Northern China, the calf hutches are used to preserve the heat and then improve the production performance of calves. Moreover, mechanical scraping manure can reduce the labor and make the air condition in the cattle house better than the EU standard.

The key environment control technologies in large scale chicken raising have made enormous contributions to the fowl (including small animals) environmental control researches. Based on the integration of the environmental engineering, the animal welfare, the biological information and the automation science and technology, the problem about the sudden drawdown of the temperature in chicken house was resolved by building the longitudinal wind tunnels which results to the uniform ventilation. Moreover, the wet-curtain and fan cooling system is popular in China and the perches and stacked cage can save space and land.

Typical household biogas system has developed and the calculation formula and the monitoring method of the household biogas CDM project were established. The establishment of this method makes it possible to develop CDM projects in China and other developing countries and make a quantitative calculation of the emission reduction in rural regions, which can help the residents obtain the economic compensation. The methodology proposed the research theory and method on the agricultural greenhouse gas, and was approved by the experts committee of the United Nations Clean Development Mechanism as an international common method for the quantitative calculation and monitoring of greenhouse gas emissions reduction.

Echoing with the development of the animal ethics, many researchers from the Animal Physiology, the Animal Behaviour, the Environmental Hygiene, the Environmental Engineering, and the Human and Social Science have started to research the animal welfare. Now, the researches on the animal welfare have achieved remarkable progresses in China.

Research on the DAEH was chronically underfunded, but the researchers have not given up and the environmental control concept and technology strategy has reached world-class standards. However, it should be focused that some famous universities cancelled the DAEH course in the veterinary education. In the future, the resource recycling in the animal husbandry will become the focus, for example the high quality beef can be produced by feeding the rice straw in Southern China.

25. Crop Science

Crop science is one of the core subjects of agricultural science and main component of agriculture production system. It is the basis foundation requirement for study agriculture science and necessary to advance agricultural production and national food security. The progress of crop science directly affects human living and social-economic development. The secondary discipline of crop science are crop breeding and crop production science. The goal for these subject discipline are breeding good variety and improving cultivation management to get high yield with good quality and high water-nutrition-efficiency, ecological safety. The development of two disciplines are important component for crop science and agricultural production.

Recently, China government have made promoting modern agriculture as first goal for social development. In China, grain production increased year by year, the progress of crop science and technology for grain production has played decisive role. For make progress of crop science, we need to find out the law of plant growth and development, the relationship between plant yield and quality, know plant important genetic traits, and relationship of plant growth and ecological environment. Researchers of crop science study genetic modification method and technology, breeding new supervisor variety, integrated innovating cultivation management for high yield with high quality and efficiency. With these above research tasks, the study of crop science help to advance progress of modern agriculture.

This report is a review on progress and advance in crop science in recent years. It summaries that in the past two years, our country has carried out many major projects as transgenic special, the national grain bumper science and technology project, high yield creating and so on. They have boosted the innovation, development of crop science and significantly increased the level of technology and theory of crop subject and play a crucial role in high yield. Crop Science consists of two main secondary discipline, crop breeding and crop cultivation and physiology. The progress and technology development for rice, corn, soybean, barley, oats, buckwheat, millet, hemp, cane, sugar beet, potato and other crops were summarized in this report. The report introduced new great progress and made a comparison between China and abroad, forecasted the development trend in the next five years (2016—2020) and research direction.

From 2012 to 2014, we have gained many breakthroughs on crop breeding and cultivation management to achiev good economic benefit and social benefit. Moreover, they have promoted the progress and development of crop subject. For the research area of crop science, it have been awarded more than 30 national grade rewards, made many good progress and breakthrough.

In the field of crop breeding, a variety of modern biological breeding technology develop rapidly and we gained new development and achievement in new crop varieties breeding, genetic theory and breeding technique and the formation of great achievement. They provide support for the crop breeding industry development and promote progress of agricultural science and technology. Around the new challenge of biological seed industry, many new species which play a significant role in product have been selected. The new species mainly on character improvement flow out continuously. The specific yield, quality and resistance of the new variety increased significantly. Our country's crop breeding has made new breakthrough in heterosis use of technology, crop cell engineering breeding technique, crop molecular marker breeding technique and transgenosis breeding technique. The gap of new technology of Biological breeding with international forefront is narrowing. The biological breeding technology has become the primary approach to increase yield and quality.

Great achievements have been made in crop cultivation management and physiology. From recent years, we have carried out the research of crop cultivation management and physiology to increase grain yield and production efficiency, and have got remarkable achievement. Great achievements in cultivation management, mechanized production, high efficient utilization of water and nutrient resources and adverse resistance management have been achieved. With the progress and modern management, we have created new record for rice, maize and wheat production.

Science and Technology Project for Food Production is driven effectively grain production. We further tap the potential of grain production centering on the energy-efficient of crop resource improving resource utilization and anniversary yield of crop efficiently.

As the research of growing process, population dynamic index, exact quantitative cultivation technique move forward, we promote the quantification and precise of scheme design of cultivation and growth trends diagnosis.

The research level on key technology and theory of crop cultivation elevated significantly, and the super-high-yield records have constantly been overreached, which provides the continuous production technical support and reserve for crops to increase production in China. 11 key technologies, such as application of the high yield and good quality rice variety "Chunyou84" and "Chunyou927", "ridged field" wet rice cultivation technology, and rice soilless seedlings for machinery transplants have been integrated. The results showed that, the average yield of "Chunyou84" increased by 100 kg/mu (15%) at the "one thousand mu" demonstration field, while the irrigation water have been saved by about 150 tons, and the application of fertilizer and pesticides are reduced by 5% and 30%, respectively. The total cost is reduced by 100 Yuan, and the benefits increased by 400 Yuan (20%) . "Study and demonstration on technology model with high yield and high efficiency of winter wheat–summer maize" was successful, where the average annual yield of winter wheat–summer maize at demonstration field of 100000 mu was 1517.5 kg/mu, with 657.2 kg/mu of wheat, 860.3 kg/mu of maize. The annual income increased by 1200 Yuan/mu, moving forward to the "Green production" .

Compared with the European and North American countries, China is a country with low average farmland and limited resource. Increasing yield per unit is the inevitable choice to resolve the contradiction between the increasing population size and reduced land area.

There is obvious gap in crop breeding research between China and some developed countries. First, there are few genes with our independent intellectual rights. Secondly, the innovations of crop breeding technique remains to be further strengthened. Third, the breeding objective can' t meet diversified demand of china market. Fourth, China is short of the companies that have international competition ability for crop breeding.

Recently in China, the crop cultivation technique has got a quick development, but is still far behind the developed countries such as European countries and America in mechanization, standardization mainly on information, quantification, large–scale intensive cultivation, facility agriculture cultivation. Besides, water and nutrient use efficiency is still low.

Thus, crop science in china has great potential for development space upon the obvious gap between China and some developed countries in crop breeding and crop cultivation subject. We should strengthen and expand the research team and improve the level of scientific research. Crop breeding subject in China should use the research methods in advanced countries to improve the level of scientific research. Crop cultivation subject in China should enhance the technical reserve, condense technological feats and strengthen the technical extension system. Crop subjects in China should stand in the forefront of the world crop science field to play a stronger role in national food security.

Trends and prospects in crop science.Molecular breeding of crop should be based on satisfying the country food security and agricultural sustainable development, making full use of the broad gene resource of crop and focus on basic research of gene resource of crop and the heredity of important characters formation and based theoretical research to realize the breakthrough of molecular breeding of crop. By integrating science and technology resource, we would carry out large–scale discovery of new gene. By original innovation of molecular breeding technology, we would build the system of crop molecular breeding system. We will achieve a breakthrough on creating material, variety breeding and industrialization facilitating continuous improvement of molecular breeding technique and industry.

To meet the needs of sustainable growth of quality and safe agricultural products and environmental improvement, crop cultivation subject should focus on "high yield, high quality with high efficiency, ecology, security" to strengthen research strength and depth and improve the level of achievement. Now, crop cultivation science should strengthen the research of crop production management to get high yield, high quality and resource efficiency. In the future, crop management should be simplified, mechanization, stable, lower consumption, and at the same time, we should develop modern technology of agricultural cultivation management.

In summary, in the next years and the following future, the research for crop science will get rapid development and progress.

26. Integrated Traditional Chinese and Western Medicine of Digestology

The course of "integrative traditional Chinese and western medicine", originally created by the medical staffs in China under the special background, is an organic combination between traditional Chinese medicine and western medicine, which co-exists with traditional Chinese medicine and western medicine. The objective of integrative medicine is to take advantage of both medicines' advantages for providing better healthcare for the patients. Integrative medicine has made numerous achievements in basic and clinical research during the last 50 years. Due to the international communication of integrative medicine becomes extensive, its influence has been continuously expanded worldwide. Integrative traditional Chinese and western medicine in digestology, one clinical discipline affiliated to integrative medicine, is a preponderant discipline with significant progress and great academic value. So, Chinese Association of Integrative Medicine as the sponsor focuses on the digestology to publish the discipline development report. With the help of experts in integrative medicine, *Report on the Advances in Integrated Traditional Chinese and Western*

Medicine in Digestology (2014—2015) has been finished. During the course of compilation, systematic exploration in digestion system disease has been deepened. On the other hand, the leading role of Chinese Association of Integrative Medicine has been promoted.

During the past decade, the achievement in digestive system of integrative medicine was mainly presented on the following aspects: Firstly, the basic research is continuously been deepening. The mechanism of single herb medicine such as Fructus Aurantii Immaturus and recipe such as Renzhu jianpi recipe in treating digestive diseases has been clarified. The mechanism of traditional Chinese medicine therapies such as purging therapy, clearing heat and removing dampness, and strengthening spleen in common digestive system diseases has been increasingly conducted. The explorations on association of traditional medicine syndrome and disease are performed to establish the animal model for evaluating the efficacy of traditional Chinese medicine. The traditional theory with the help of modern science and technology has been clarified partly, such as interpretation of "lung and colon with exterior" . The mechanism of external therapy of traditional Chinese medicine was also explored, such as acupuncture for treating functional gastrointestinal disease. The traditional medicine syndrome animal models, which play an important role in basic research, have become a hot spot. So far, there are a variety of animal models being established, including functional dyspepsia gastric disease with liver stagnation and spleen deficiency syndrome, chronic gastritis with spleen deficiency syndrome, dampness–heat syndrome, qi–blood deficiency and stasis syndrome, spleen deficiency syndrome, liver stagnation syndrome, kidney deficiency syndrome, irritable bowel syndrome with liver stagnation and spleen deficiency syndrome, functional diarrhea with spleen deficiency syndrome, liver fibrosis with liver stagnation and spleen deficiency syndrome, qi deficiency and blood stasis syndrome. Meanwhile, more and more scholars are interesting in intestinal flora and increasing explorations suggest that there is a closely relationship between intestinal flora and digestive diseases. Intestinal flora is an important mediator to take part in the action of Chinese herbs. In turn, Chinese herbs could improve dysbacteriosis to treat digestive diseases by affecting the ratio and quantity of intestinal flora. Multidisciplinary modern techniques including omics technology, high throughput sequencing and radiological technology are applied in basic research of integrative traditional Chinese and western medicine. Secondly, some measurements were taken to promote the clinical trial quality of integrative medicine in digestology. For example, some techniques such as data mining and clinical epidemiology have been applied. The design of clinical trial in treating digestive diseases has become standardization. Biopsy samples in precancerous lesions of gastric cancer are got with accuracy and consistency. The evaluation criterion of clinical efficacy is continuously improved. The characteristics and advantages of Chinese medicine treatment can be better incarnated. Many scales were used in integrative medicine clinical trial, such as PRO scale for functional dyspepsia, life quality scale for inflammatory bowel disease as well as the system of evaluation for the non-alcohol fatty liver disease (NAFLD) .

Additionally, some results of clinical trial on integrative medicine have been published in international journals and were concerned by international peer. The advantage of integrative medicine in treating some diseases is increasingly prominent. For example, treating *helicobacter pylori* (Hp) by integrative medicine not only improve the eradication rate but also alleviate the symptoms of patients. Integrative medicine combined with psychological language, acupuncture, and gastric pacing in treating intractable FD is remarkable. Satisfactory outcome could be achieved by external treatment in functional dyspepsia and irritable bowel syndrome. Theoretical innovation also raised clinical effects, eg., the two-step sequential therapy for ulcer colitis is conducted under the guidance of "therapy of ulcer colitis from the Lungs and Spleen" .

Many clinic experts have paid attention to the therapy of clearing heat and toxic, cooling and invigorateing blood combining western medicine in treating intractable ulcer colitis, which can reduce complications and operation rate. Featured therapy can improve clinical efficacy. For instance, drug-separated moxibustion combinated "moxibustion, medicinal cake, acupoint" or supplemented by acupuncture could reduce symptoms in most of mild to moderate ulcerative colitis.

The releasing of standards and guidelines is to improve the level of the diagnosis and treatment. The consensuses of gastroesophageal reflux disease (GERD) , functional dyspepsia, ulcer colitis treated by integrative medicine are released by Professional Committee of Digestive System Diseases of Chinese Traditional and Western Medicine, Chinese Medicine Association of the spleen and stomach disease branch. The standard terms of diseases have gradually been adopted.

The discipline construction and talent training of integrative medicine on digestion have made great achievement during the 11th Five-Year Plan and the 12th Five-Year Plan. These achievements are closely related to the strong supports from the key discipline and specialty of spleen and stomach disease of State Administration of Traditional Chinese Medicine, National Chinese Medicine Clinical Research Base (spleen and stomach disease) , and the standard research base of Traditional Chinese Medicine of National Administration of Traditional Chinese Medicine.

Under the support of relevant national policies and funding, integrative medicine on digestion has made considerable development. During the 12th Five-Year Plan, the number of patent on traditional Chinese medicine for GERD treatment comes to 11. The number of relative literature is increased up to one thousand during the last 5 years. A series of key technology and transformation in preventing and treating nonalcoholic fatty liver disease won the first prize of Shanghai Science and Technology Progress and the Second Prize of the Ministry of Education, the Chinese Medicine Science and Technology.

Following the establishment of the institute of spleen and stomach disease in Guangzhou University of Chinese Medicine and Shanghai University of Traditional Chinese Medicine, a third one in Beijing was established on June 13, 2013. It locates in Xiyuan Hospital of China Academy of Chinese Medical Science, focuses on six research directions and fields including prevention and treatment of chronic gastritis and precancerous lesions on the innovation research of theory and technology, prevention and treatment of irritable bowel syndrome on technology and transformation application, prevention and treatment of gastroesophageal reflux disease on technology and transformation application, the mechanism on protecting liver and reducing enzyme by TCM, the regularity and mechanism research on treating functional gastrointestinal disease syndrome treatment from the spleen, construction of clinical information platform and standardization research on digestive disease. A series of continuing education projects of integrative medicine in treating digestive disease have been carried out annually, which provides opportunities for the talent training in digestive diseases. As to the academic references of integrative medicine in digestion, a total of 27 symposiums were successfully held by the Institution of Traditional Chinese Medicine on Spleen and Stomach Diseases Branch by the end of 2015, which provides an important exchange platform for the staff in integrative medicine, and also promotes the development and prosperity of integrative medicine.

There are still some drawbacks in digestive diseases of integrative medicine in the domestic. For example, research field is scattered and is lack of innovation. The number of translational medical research and the multi-center randomized clinical trials is few. The level of evidence-based medicine is still lower. The differences exist in scientific staff, case management, clinical service and social understanding, etc. Facing so many problems, it is of vital importance for us to make suggestions on the discipline development of integrative medicine on digestion. First of all, preponderant digestive diseases should be further screened before starting research and traditional theoretical research should be further deepened. The high quality of large randomized controlled trials should be carried out and the effect evaluation system should be innovated. Further study on external therapy of traditional Chinese medicine should be deepened. The talent training of integrative medicine in digestion should be strengthened. The international communication and cooperation should be further enhanced. With more attention and support to the digestive discipline of integrative medicine, and continuing improvement of diagnosis and efficacy evaluation system, the medical model will be more popularly used and its effect will be significantly improved, and the integrative traditional Chinese and western medicine in digestion will have a better future.

27. Biomedical Engineering

25 years ago, Mr. Gu Fangzhou, President of the second and the third Chinese Society of Biomedical Engineering, proposed strategic thought of "Take Your Own Road and Develop 'Economical' Biomedical Engineering" in the report of *Chinese Biomedical Engineering Development Road* and Mr. Feng Yuanzhen spoke highly of him and said: "Replace two words of the report theme. It is applicable to change 'China' for 'world' ."

The connotation of "being economical" is to relieve the patient's medical burden in order to benefit the control of medical expense. "Be economical" is absolutely not to make things done with whatever is available. Only keep a foothold at the edging of modern science and technology and combine biomedical engineering deeply can the objective of "economical" biomedical engineering be realized and subject progress of Chinese biomedical engineering can be facilitated.

25 years later, the "economical" biomedical engineering finally makes a figure and obtains remarkable achievements in many fields. The "economical" biomedical engineering products that break foreign technological monopoly, have leading technology with proprietary intellectual property rights and are sold at a price of far lower than that of same foreign same products. They own an increasing market share or force foreign expensive products to reduce price and play positive role to relieve patient's medical burden. The annual report will highlight the information about outstanding representatives in this field.

Brain pacemaker is a kind of implantable medical treatment that directly acts on nerve center (which is the main measures of treating advanced Parkinson disease) . It belongs to technological products of medical nerve engineering and is a newly emerging frontier domain of biomedical engineering.

For a long time, brain pacemaker technology is monopolized by Metronic Company and is sold at a high price. Li Luming Team of Tsinghua University, Tiantan Hospital and (Tsinghua) PINS Company cooperated and organized a team closely to research and develop brain pacemaker. Through unremitting efforts, they not only broke the global monopoly of Metronic Company but also have independently developed single-channel, dual-channel and chargeable dual-channel brain pacemakers and formed product series with proprietary intellectual property rights, fairly similar technology and performance yet competitive price.

Brain-computer interface is a direct communication channel established between brain and external equipment. Through reading and interpreting brain signal, the tester's real intention may be understood and converted into control order of external equipment so as to further realize the control over external equipment. Our country has two representative groups, namely Gao Shangkai Team of Tsinghua University and Zheng Xiaoxiang Team of Zhejiang University. They respectively follow different general thoughts and adopt different methodology systems to carry out continual research on brain-computer technology and obtain outstanding development in different aspects of the field.

Medical robot is a special robot that explores robot's technological features and assists human being to preferably complete disease diagnosis, and treatment and health care task when providing human health demand service. Itand is another leading edge of biomedical engineering.

Medical robot technology research in our country started late and is greatly backward by comparing with developed countries of America and Europe. However, in recent years, an associated research and development team is composed by Beijing TINAVI Medical Technology Co., Ltd., Beijing Jishuitan Hospital and Robotics Institute of Beihang University. The team realizes continual breakthrough from zero in aspect of orthopedic surgery robot, leaping to front rank of world orthopedic surgery robots.

Shouldering heavy responsibilitiesAlthough having a great distance and a heavy burden, Chin's the subject development in of Chinese biomedical engineering has promising and boundless prospects. We will be unremitting and adhere to excellence!

28. Nutrition Science

Nutrition science studies the relationship between food and status of health, which involves physiology, biochemistry, food chemistry, medicine, hygiene, psychology, sociology, economics, and other disciplines. Nutrition science interprets the interaction of nutrients and other substances in food in relation to health and disease of human body. It explores nutrient needs of human body under different conditions. It includes food intake, digestion, absorption, catabolism, assimilation and excretion. It investigates the methods of preserving and strengthening nutrients in food, and the scientific bases of rational diet. Modern nutrition also contains nutrition ecology such as relationship between diet and environmental protection. The purpose of nutrition science is to make the current world and future generations to maximize their potential and live in the optimal health status, which plays important role in developing, maintaining and enjoying an increasingly diverse lifestyle.

The report analyzes development status and trend of China's current nutrition science from three aspects namely the latest research progress, comparison of research progress at home and abroad, and trends and prospects of China's nutrition science. The report elaborates characteristics of nutrition discipline, and sums up new progress and main achievements in branch subjects, such as public nutrition, clinical nutrition, maternalmodernal and children nutrition, elderly nutrition, especial nutrition, trace element nutrition, food nutrition, nutrition and metabolism, nutrition and chronic diseases, etc. In the aspect of comparison of research situation at home and abroad, the report analyzes the scientific investments and directions in America, Canada, Australia, France and German.

Through the application of literature metrology, the report summarizes the new progress and breakthrough in the field of nutrition science, issues discussed from authoritative international conferences as well as projects supported by authoritative funding agencies of the past five years. What's more, the report combs hot topics and frontier subjects of China's nutrition science, and puts forward the future development trend of nutrition science. In conclusion, the report provides important information for the rapid development of nutrition discipline, and offers detailed data and facts to explore into the potential of China's nutrition science.

29. Sport Science

As a comprehensive discipline, sport science is a group of subjects revealing internal and external rules of sport, with research contents covering the related areas of natural sciences and humanities & social sciences. With the rapid development of the sport technology and enhancement of scientific level of sport, sport science, as one of the relatively independent disciplinary systems, has been widely applied in various fields of sport. Sport science is playing an increasingly important role in strengthening people's health, improving the level of elite sports and enriching people's cultural life.

The 12th Five-Year Plan is the key period for China to build a moderately prosperous society, and to promote the establishment of sport power. Centering on the sport undertaking in China, the sport scientists put focus on major theoretical issues and strategic issues in the process of sport reform and development, difficult issues impeding the sport development, and critical issues in the sport practice. Adhering to pragmatic and innovative approach, the sport scientists in China have actively conducted in-depth researches on forward-looking and systematic problems, enhanced the ability of overcoming difficulties, and made a series of high-quality research achievements, which have provided scientific support for building sport power. A team of high-level theoretical and academic leaders have been fostered. The overall level of innovation and scientific research of the sport discipline has been improved, mainly demonstrated in the following aspects:

Firstly, the basic research has enhanced the ability of original innovation of the sport discipline. In recent years, aiming at the international forefront, the basic research has made important progress and promoted the innovation of this discipline, such as the study on the factors influencing athletic ability of teenagers and children, the biomechanical research on the growth of teenagers and children affecting their movements, and the impact of sport participation on the youth's cognitive development. In terms of the mechanism of altitude training, lots of researchers have used physiological and biochemical parameters to evaluate and study altitude training, which plays a key role in helping our athletes to achieve superior performance. The mechanism research on the protective effect of sport on the body has focused on oxidative stress, i.e. sport can relieve oxidative damage by enhancing antioxidant capacity, so as to prevent or delay aging and diseases. The concept of mitochondrial nutrients has been proposed and applied in improving mitochondrial dysfunction under various physiological and pathological conditions. The nanotechnology-modified polymer coating with high performance has been developed for anti-slip protection of sport wood flooring. Studies have shown that adding nano-filler in the microporous composite materials is conducive to the formation of a good bubble structure and distribution, and production of a good microstructure and strength / weight ratio.

Secondly, the research of technology application has increased the comprehensive capability of improving elite sport and building up people's physique. As the sport discipline is correlative with science, engineering, medicine and other disciplines, based on the related national science and technology plans, we have combined research & teaching & promotion, experiment & demonstration & application, and research & development & industry together. Collaborative researches on Kinesiology rules, monitoring and integrated technology have been carried out, making a number of research achievements, which have enhanced the level of elite sports and improved people's health through the promotion and applications. For example, the theories and methods of physical training and periodic (stage) training have been expanded; the collection and dissemination methods and techniques of sport literature information have been innovated; the data mining technology has been widely used in the sport field; a variety of techniques have been applied for the acquisition and analysis of motion parameters, and the surface electromyography has been applied to test and guide sport training practice; the video image processing technology has been used in motion measurement and analysis, and special testing methods have been developed; the ergonomics study on sport equipment and the research on testing and standardization of sport venues have gradually kicked off; the simulation methods of movement models have gone through rapid development; different sport statistical methods have been applied; the research on sport and fitness guidelines for Chinese citizens has made great progress; sport psychology research has gone deeper; sport biomechanics has been widely used in the evaluation of effects of sport training; sport injury biomechanics has continued to expand, and sport biomechanics has been widely applied in the instruction of sport-for-all activities, etc.

Thirdly, the development of those branch disciplines of the sport discipline has been promoted. With the rapid development of high technologies such as biotechnology and information technology, the integration of the second-grade disciplines within the sport discipline has been facilitated and a number of new branches have emerged, which has enriched the research direction and formed a more complete system of the sport discipline. According to incomplete statistics, currently, the sport discipline includes branches and research directions such as sport training, physique research, sport information, computer application in sport, sport equipment and engineering, sport statistics, sport medicine, sport physiology and biochemistry, sport psychology, sport biomechanics, sport architecture, sport social science, physical education, sport history, sport management, sport industry, sport media, martial arts, etc.

Fourthly, the establishment of research platforms and innovative personnel has made great progress. Driven by the 12th Five-Year Plan, the construction of research platforms of the sport discipline has achieved further development and the team of research talents has continued to grow. In terms of establishment of innovation system of sport technology, 40 key labs of the General Administration of Sport such as Lab of Kinesiology Assessment have been made as the scientific and technological innovation base, which has formed a more complete sport discipline group and greatly promoted the collaborative innovation within the sport discipline. Meanwhile, the sport-related research institutes and universities have become research fronts and important platforms of fostering high-level scientific and technological talents and facilitating international exchanges and cooperation. By the support of Technology Support Program, National Natural Science Foundation, technology programs or special programs of the type of technology infrastructure and policy guidance, and non-profit industry research projects of the General Administration of Sport, a number of outstanding talents have been gathered and trained. The cultivation of nearly a thousand young academic leaders and technology backbone of the sport discipline has been accelerated, raising the overall academic level of the sport discipline in China.

In addition, the development of the sport discipline in China and other countries has their own characteristics respectively. The research angles and focuses are different at home and abroad. Through comparison of Chinese and foreign sport training theories, we found that in foreign countries there are most substantive researches based on biology which gradually go deeper into organ biology even molecular biology; while in China there are mainly taxonomic and humanistic studies from the perspective of philosophy and pedagogy, with a lack of experimental research. In the aspect of sport psychology, the qualitative research method is mostly used overseas while domestic research methods are more abundant including qualitative research, quantitative research and combination of the two, which can make the theories and applications of research results more valuable. The research directions of domestic and international sport biomechanics are basically the same, but have different emphasis. Domestic research focuses on the technical analysis of movements for competitive sports in order to improve athletic performance; while research overseas focuses on biomechanical feature study of movements with purpose of sport injury prevention and rehabilitation and study of mechanic rules of basic human motion functions. In the field of sport engineering, international research involves almost all aspects of sport practice, from mechanics study of "movement process of human beings and objects" to acquisition and analysis of motion data, and design and development of sport equipment, etc. Based on the actual needs of sport practice, domestic research topics of sport engineering are more specific, with more focus on such areas as the development and design of sport equipment, collection and analysis of motion data, and performance and application of sport materials.

The difference of the means and methods of sport biomechanics research between China and other countries is not obvious. Through comparison of sport training research methods at home and abroad, we found that foreign research attaches more importance to theoretical construction instead of being data-driven, to revelation and control instead of description and prediction, to on-spot experiments instead of laboratory experiments, to integrated approach instead of single approach, and to big data instead of small data. But domestic research on sport training mainly applies methods of rational thinking, comparative analysis and logical speculation. In the aspect of data analysis, related studies overseas frequently analyze gigabit data from hundreds or even thousands of competitions, and use advanced hardware such as supercomputers and cloud computing technology. And many well-known experts from world-renowned universities such as Harvard University,

Cambridge University and New York University, have joined relevant studies. In this sense, the technical and tactical research by use of computer abroad has entered an era of big data. Because the devices collecting technical and tactical information in China lag behind, domestic studies on techniques and tactics can only analyze several or dozens of competitions, and the data obtained is mainly simple and rough post-game statistical data without relevance with venue space and competition time.

The utilization of video analysis technology to assist sport training is more advanced and enjoys a higher degree of commercialization overseas than in China. The sport video processing technology which developed relatively early, the sport simulation technology, and the currently popular sensor technology, are all still in the early stage of exploration. The sport information institutions in countries like United States, Japan and Australia have attached great importance to the collection, analysis and utilization of sport video data. While our country also has related technological innovation and application such as sport training video capture and analysis, the integration and sharing system of these video resources has not been established yet.

There is no obvious difference at home and abroad in the research ideas and directions of exercise oxidative stress and mitochondrial medicine, thanks to a number of outstanding scholars with good academic sense who can keep up with the international scientific forefront and have a good grasp of the research directions of exercise oxidative stress and mitochondrial medicine. In contrast, in china, there is room for improvement in the following areas: research results were short of innovative scientific hypothesis and sufficient scientific proof, lack of the research on the conversion from laboratory to clinical application, and insufficient cooperation between the sport discipline and related disciplines. In terms of the biochemical and clinical research on the relationship between physical exercise and cognitive function of adolescents with disabilities, our country and foreign countries generally keep pace with each other. There remains a gap in research on fluid mechanics in sport between China and other countries.

At present, the general development trend of the sport discipline is to transform from the typical application-driven development model to the combination of technology-driven model and application-driven model. With the development of medical science, computer technology, and information technology, the comprehensive and integrated concept is reflected in various kinds of integration of services and contents, such as integration of information collection, processing, storage and transmission, and integration of information production and utilization. Looking to the future direction of the sport discipline, the following areas are likely to be the focus of future development:

Firstly, the tendency of interdisciplinary integration will continue to strengthen. The interdisciplinary research will undoubtedly be a development trend of sport discipline in the future, drawing support from multi-disciplinary research methods and ideas to solve the problems in sport. For instance, combination with medical, physiological and psychological science can help us get insight into the influence of different diseases, physical conditions or mental states of people on their completion of movements. By use of mathematical optimization methods and computer technology, complex human movements can be simulated and predicted. The development trend of sport engineering is to obtain research methods and technological means of physical motion, training and recovery of human beings and design methods of new sport equipment through studying the interactions of "sport subject, sport object and environment", based on comprehensive utilization of the basic principles of such disciplines as human movement science, sport biomechanics and engineering. Due to the specialty of sport materials, the basic principles of sport science, sport biomechanics and material mechanics will be exploited to study varied relationship of mechanical behaviors among athletes, materials and environments. And the material mechanical analysis and destruction-damage-fracture mechanism will be used to research safety and failure behavior of sport materials under different loads and conditions especially extreme conditions, so as to provide basic data for the design of sport materials.

Secondly, with the development of sensor technology and network technology, precisely obtaining human motion parameters and capturing human physiological and biochemical status and actions by use of wired or wireless sensors are drawing more and more attention of researchers. The sensors can record the trajectory of objects, monitor human movement from different perspectives, and test and record physiological parameters and exercise consumption for long term. As a result of using sensors, reasonable training programs can be framed, training volume and intensity can be adjusted, and technical movements can be analyzed and compared, so as to deeply explore the essence of sport, accurately grasp the rules of sport, and improve the quality and effectiveness of sports.

Thirdly, with the rise and industrialization of a new generation of information technology like the Internet of Things and cloud computing, "smart sport" becomes a development trend of sport. Being "smart" involves three elements, namely digitalization, networking and intelligence. The research on the establishment and application of "smart sport" platforms should be strengthened to make sport services and management smarter. Achieving a comprehensive perception of sport behavior through smart sensors everywhere, and processing and analyzing massive information by use of intelligent processing technologies like cloud computing will be a new model of modern sport which can make intelligent response and intelligent decision-making support aiming at various needs of elite sport, sport-for-all, sports venues and facilities.

Fourthly, according to international development trend of sport injury biomechanics, the following aspects of research can be carried out in our country: systematically study and determine the extent of mechanical impact of sport on a variety of human tissues; conduct biomechanical analysis on various kinds of sport and recreational activities with the purpose of preventing sport injuries, identify the injury factors and design appropriate prevention and treatment measures; provide targeted and systematic mechanical methods, and establish an objective system for evaluating clinical injury degree and effects of treatment; improve biomechanical simulation technology, design orthopedic braces or surgeries in accordance with deficiencies of the individual anatomical mechanics, so as to treat sport injuries more effectively and predict possible outcome of each patient; establish an index system indicating the load limit that athletes can bear without causing injuries in different sports.

30. Immunology

Immunology is a comperenhensive biomedical discipline that focuses on the operating mechanisms of the immune system and its role in health and disease. The fundamental function of immune system is to distinguish self from non-self, that is, to protect host against harmful microorganism invasion or malignent cell appearance while to prevent unnessesary responses from injury of host tissues. While the innate immune system orchestrates the natural, non-specific defense against invading pathogens, an adaptive immunity is characterized by a highly specific and effective response to and memory for encountered antigens. In most cases, the duration and magnitude of immune responses are fine-tuned and controlled by a dynamic regulatory network to avoid overactivation, and well controlled even in the inflammatory or infectious diseases.

So-called "Rabies vaccine" had been recorded as early as 3th century in ancient China, and smallpox inoculation has been spreaded hundreds years ago from China for many centuries that has saved thousands of lives. Since then, immunologists all over the world have attempted to understand how the tissues, cells and molecules of immune system work to defend host against disease. Over the past decades, substantial advances have been achieved in the understanding of key questions in immunology, including the initiation, activation and maintenance of innate and adaptive immune responses, mechanisms of the differentiation and activation of immune cells, shaping of immune memory, immune regulation and immune tolerance as well as their immunological mechanism, and preventive and therapeutic stratagies of infections, tumor and autoimmune diseases. Lately, the 2011 Nobel Price in Physiology or Medicine was awarded to Dr. Ralph Steinman for the discovery of DCs, and to Dr. Bruce Beutler and Dr. Jules Hoffman for the discovery of TLRs, whose work revealed the mechanism of innate and adaptive immunity and shed new light onto the development of the immunotherapy against infections and inflammatory diseases.

Recently, 13 representative research topics of immunology have sprung up, covering variety of fields on basic and clinical immunology, research and application of new techniques in immunology that have achieved great improvements. These hot topics are: innate immune recognition and signal transduction regulation, development and differentiation of immune cells, differentiation and functional regulation of immune subsets, the mechanism of immune memory cells, immune regulation and immune tolerance, metabolism and function of immune cells, epigenetics and immune regulation, posttranslational modification of immune molecules and immune functional regulation, prevention and treatment of main immune related diseases such as various infection and cancer, systems biology and immunological research, application of single-cell technology in immunological research, application of high-throughput testing in immunological research, visualization research in immune system and immune response.

Recent development of immunology shows the characteristic both of integration and detailing. Integration means that the theories and technologies of immunology are crossed with those of other biomedical disciplines, thus generating new inter-disciplinary field of research to solve important issues of biomedicine. For example, omics technology integrates systems biology with immunology, to result in promoting the development of systemic immunology. Detailing means the research of basic and clinical immunology as well as immunological technology becomes more and more sophisticated and detailed, with the aim to better and deeper understand the composition of immune cell, molecule and gene network, dynamic immune regulation and functional mechanism, thus significantly promoting the development of immunology and even the whole biomedical field.

In China, immunology research has progressed extensively in recent years. Chinese immunologists have published nearly 100 immunological papers on top journals, including *Cell*, *Science*, *Nature*, *Nature Immunology*, *Immunity*, *Nature Medicine*, *Cancer Cell*, *Nature Genetics*, *Lancet*, etc. Since 2010, the total number of immunological papers published on SCI journals by Chinese scientists has increased to the second place, only behind USA. The special edition of "Spotlight on China" published on *Immunity* journal by *Cell* Press at 2013, introduced comprehensively immunological research in China at various levels and angels, which shows that foreign scientsits have paid more and more attention to the rapid development of immunological research in China.

Chinese immunologists became more regular faces at the international meetings and took more responsibilities in international organizations. Porfessor Cao Xuetao has been elected to be the President of Federation of Immunology Societies of Asia–Oceania（FIMSA）in 2012 and Secretary–In–General in 2015, and professor He Wei has been the executive member of International Union of Immunological Societies（IUIS）since 2010. The English journal of Chinese Society of Immunology（CSI）——*Cellular & Molecular Immunology*, whose impact factor is 4.112 in 2014, has become one of the immunological top journals at Asia–Oceania. Furthormore, CSI won the bid to host the 17th International Congress of Immunology in 2019.

Chinese Society for Immunology was founded at 1988, whose main purpose is to promote communication and cooperation of Chinese immunologists and immunological institutes. The number of members of CSI has been increasing rapidly: from 1660 in 2002 to 7595 in 2014. The National Congress of Chinese Society of Immunology has been an exciting academic event of the feild in China, with largest representitives number and highest academic standards. The 9th biennial congress of CSI has been held successfully on December 2014 at Jinan. The number of representitives has increased from 435 at 4th congress in 2002 to 2575 in 2014, and the number of abstracts has increased from 399 in 2002 to 1536 in 2014. These facts not only show that more and more scientists choose immunology as their research career in China, but also indicate that CSI has been highly valued by more and more immunologists, thus attracting more and more immunologists to join the big family and to share their remarkable works.

Although significant achievements have been made, it should also be realized that there is still a great gap of immunological research between China and Western countries. So far, almost no native Chinese immunologist has been recognized by the international community for the milestone discovery in immunology. Young generation of Chinese immunologists needs to take more efforts to push immunology research in China even forword to catch up with the frontier areas of immunology research. We believe that if our immunologists keep their efforts on exploring the mistery of immunology step by step, keep their minds continuously fresh and creative, and keep to cooperate and communicate internationally, the development of Chinese immunology we would achieve will make greater contributions to the rapid development of biology and medicine in China, and even the health of all mankind.

31. Public Health and Preventive Medicine

Our country is experiencing the epidemiologic transition, population aging, as well as the social and economic transformation. Under these circumstances, more support is needed from the development of public health and preventive medicine than ever to achieve the goal of health promotion in our country. Chronic diseases have become the major disease burden in our country. Among the 10.3 million deaths caused by various factors every year, the death caused by chronic diseases is 85%, which accounts for 70% of the total burden of disease in our country. Cardiovascular disease, diabetes, chronic obstructive pulmonary disease and lung cancer are the main chronic diseases in Chinese people, which constitute the main burden of chronic diseases. China has more than 260 million patients with chronic diseases, and about 7.12 million died for chronic diseases every year. Prevalence of chronic diseases has been rising fast. In recent 20 years, an increasing trend, with an average annual growth of 4%, has been found in the incidence of cancer in our country. At present, Chinese top five cancer diseases are lung cancer, gastric cancer, liver cancer, esophageal cancer and colorectal cancer. Smoking, drinking, unreasonable diet, and lack of exercise are the most important casual factors to chronic diseases. In addition, atmospheric air pollution and indoor air pollution have also become important risk factors for health. Infectious diseases, including cholera, leprosy, tuberculosis, schistosomiasis and malaria, used to be the most important diseases that affect the health of Chinese people. With the establishment of disease prevention and control system, and implementation of preventive vaccination and patriotic health campaign, the incidence of infectious diseases was reduced. Some key infectious diseases have been effectively controlled. However, emerging infectious diseases is still a potentially serious threat, such as severe acute respiratory syndrome, infectious atypical pneumonia, highly pathogenic avian influenza, hand-foot-mouth disease, the input of poliomyelitis and the outbreak of H7N9 avian influenza, etc. These emerging infectious diseases have caused highly attention from the whole nation. Moreover, chronic infectious diseases such as viral hepatitis, tuberculosis and AIDS are still the heavy burden at present in our country.

In recent years, various fields of public health have made progress in our country. In the field of epidemiology, public health cohort studies have got higher attention and some large-scale cohort studies have been launched. Extensive consensus has been agreed on the role of building good public health cohort on the development of public health and preventive medicine. Besides, national support to public health cohort studies has been gradually increased, including the major program of the National Natural Science Fund and the national health and family planning commission industry fund, etc. Meanwhile, researches based on big data analysis have been developing rapidly. Analysis of big data sets helps to find new correlations between public health information and prevent diseases.

In the field of environmental hygiene, researches on air pollution, especially on fine particle pollution, soil heavy metal pollution, drinking water pollution and health effects of electromagnetic radiation have made prominent progress. $PM_{2.5}$ was included in the newly revised "ambient air quality standard" in year 2012, with national $PM_{2.5}$ monitoring carried out step by step. This monitoring system has provided large amounts of data for environmental hygiene researches. In year 2013, the state council issued "the action plan for the control of air pollution", providing policy support for the prevention and control of atmospheric pollution in China. In year 2014 to 2015, a number of research projects focusing on the effects of $PM_{2.5}$ on people health got supports from national natural science funds.

In the field of occupational health, the revision of "The Occupational Disease Prevention Law of the People's Republic of China" was completed in year 2012, as well as the completion of "Occupational Disease Classification and Catalogue". In the revision, the classification of occupational diseases were adjusted into 132 categories from the original 115, including 18 new terms and integrating 2 open terms. The names of 16 occupational diseases were revised. "The Management Measures for Occupational Health Tutelage" was revised as "The Management Measures for Occupational Health Inspection". "The General Principles for Occupational Disease Diagnosis" was issued at the same time. In year 2012, "Special Provisions for Female Worker Labor Protection" was revised and issued. A good development has also seen in occupational health standards. Until year 2014, there have been 351 effective national occupational health standards and 163 effective radiological health standards. Occupational diseases monitoring has covered more than 3600 enterprises from 134 counties, with the crowd of nearly 170 thousand people. The number of medical institutions with medical radiation protection has been expanded from 17 provinces to the whole country. For occupational health research, exposomics has been introduced by domestic scholars in order to evaluate the occupational exposure to harmful factors effectively and having a better understanding of early health damage of occupational hazards.

In the field of nutrition and food hygiene, the revision of Chinese "Dietary Reference Intakes (DRIs)" (2013 edition) was completed by the efforts of nearly 100 nutrition experts. During the revision of the key values in DRIs, such as "Recommended Nutrient Intakes (RNI)", "Adequate

Intake (AI)" and "Tolerable Upper Intake Levels (UL) , high-quality research data from systematic review, randomized controlled trial and cohort studies have been adopted. Some new concepts appear in the new edition of DRIs, such as "Acceptable Macronutrient Distribution Ranges (AMDR)" , "Proposed Intakes for Preventing Non-communicable Chronic Diseases (PI-NCD)" , and "Specific Proposed Levels (SPL)" for photochemicals. In year 2010—2013, "Nutrition and Health Monitoring of Chinese Residents" was included as a major health reform project by National Health and Family Planning Commission of the People's Republic of China, deciding to change the nutrition and health survey every 10 years into a routine nutritional surveillance with a three to four years cycle. As genomics, bioinformatics and other areas of the biological technology develops rapidly, the research of dietary nutritional genomics and gene interaction has become the frontier and hot issue in nutrition research.

In the field of toxicology, introduction of new biotechnologies, such as genetic modification, antisense RNA, RNA interference, stem cell model and omics technology, have deepened the researches in toxicological mechanism. Good Laboratory Practice (GLP) has been extensively adopted in the evaluation of chemicals safety. With the advocating and implementation of the 3R principle (Reduction, Refinement and Replacement) in experiments done with animals, in vitro models have become an important development direction of toxicology research. Some beneficial attempts and positive explorations have been made by toxicologists in our country. According to methods of the European Union, USA and OECD countries, replacement methods to evaluate skin toxicology, genetic toxicology and reproductive and developmental toxicology were introduced and established. Safety of nano-materials has received much attention from the Chinese government, the scientific researchers and business community. Researches in this field by Chinese scientists have synchronized with the world. Research work involves the toxicity study of nano-materials on skin, respiratory tract, cardiovascular system, reproductive system and genetics, and the influence of surface modification on the toxicity and so on.

In the field of communicable diseases, at the present time, some communicable diseases are still causing large damage not only to our country but also to the whole world. Some communicable diseases once under control are coming back again, such as brucellosis, tuberculosis, dengue fever, norovirus and AIDS. At the same time, new communicable diseases are emerging, such as Ebola hemorrhagic fever that is raging above Africa, Middle East Respiratory Syndrome, severe fever with thrombocytopenia syndrome bunyavirus and H7N9 avian influenza. These diseases pose direct threat to people's health, so challenges and tasks still remain in fighting with communicable diseases. Global health is a new-emerging comprehensive discipline, adapting to the development of Globalization. With the acceleration of globalization, many significant hygiene problems, such as new occurrences and recurrences of communicable diseases, social determinant factors of health, aging and health, environment and health, are urging international society to realize the importance of multilateral health management. Health problems are transforming from international health to global health, thus promoting the birth of the latter concept. Though started late, global health related departments in China are growing rapidly. For realization of the goals that sharing global health resources and leveraging complementary advantages among Chinese universities, and promoting overall ability of Chinese universities, Chinese Consortium of Universities for Global Health (CCUGH), including 10 colleges and universities, was established on November 9, 2013. In the field of maternal and child health, with the success of reducing maternal and child mortality, Chinese government increased investment in recent years for improving the maternal and child health infrastructure at the grass-roots level, strengthening the human resources development, and improving the quality of the maternal and child health care services. Studies in this field are also active and deep, such as comprehensive health education and health care during pregnancy, consultation and care about postpartum depression and resolutions to tackles with the problems during menopause health. According to changes in the spectrum of disease and the main causes of death in children and adolescents, researches in our country are studying compressively in rules, causal factors and interventions of development of children and adolescents from different physiological, psychological and social background.

Above that, researchers are cooperating with foreign colleagues in related subjects, strengthening studies in various fields. In the field of elderly health, "healthy aging" has been considered as a key method to alleviate the national pressure of aging. In recent years, the Chinese government has tried to guide social resources to meet the health needs of old people through a variety of policy tools. Researches on elderly health has got more supports from national funds. In the field of health law, significant progress has been made in recent years in research method, personnel training and research teambuilding. Health legal system construction has also presented significant development. Some important laws have been issued in recent years, e.g. "The Mental Health Law of the People's Republic of China" was issued on October 26, 2012, and "The Food Safety Law of the People's Republic of China" was issued on April 24, 2015.

In order to solve the health problems, it is imperative to improve the service and management capabilities of the public health system and to promote the development level of preventive medicine. Public health is a kind of science and art, which can effectively improve the environment, prevent disease, increase in life span, promote mental and physical health and fulfill individual potential to the maximum extent through organized community activities. The scope of it includes the establishment of a fair and effective health service system, improvement of environment, prevention and control of health risk factors, prevention and control of infectious diseases, carrying out individual health education, organizing medical staff for early diagnosis and treatment of diseases, guaranteeing citizens' health right and prolonging lifespan. Preventive medicine, regarding the promotion of individuals health as its goal, setting the medical science as its foundation, combining with public policy, management science, economics, law and other social science, is a subject composed of several multi branch disciplines. It uses the basic methods of epidemiology and biostatistics to study the trends of occurrence and distribution of diseases and various factors that affect health, to establish and evaluate corresponding preventive strategies and measures and finally move towards the purpose of disease prevention, health promotion and improvement of the living quality from macro and micro level. The transformation of medical model from the bio medical model to the bio-psycho-social medical model has exerted a profound influence on the development of preventive medicine theory.

Since China began the reform of the medical and health system in 2009, reform and development of the public health system has entered into a new era. This report covers the period of 2012—2015, which is not only the critical period of health care reform, but also the key period to achieve the national goal of health care reform to complete the establishment of basic medical and health system. All of the reform activities carried out during this time had a close relationship with the development of public health and preventive medicine. Staff in the field of public health and preventive medicine made great contributions in the implementation and evaluation of the health care reform, including equalization of the basic public health services and system design, implementation and evaluation of major public health projects.

This report will mainly summarize and analysis the latest research progress in public health and preventive medicine, compare the research advances of this subject in China and abroad, and propose the development trends and prospects of this subject. The report consists two parts, namely comprehensive report and special report. Comprehensive report seeks to present a comprehensive and systematic summary of the latest developments of this subject, putting forward the development trends of the main areas of the discipline. Special report covers twelve themes, considering the national public health development needs and development trends in China and abroad. Twelve themes are as follows: Study on the development of Public Health Management; research on the development of Epidemiology; study on the development of Environmental Hygiene; research on the development of Nutrition and Food Hygiene; development of Occupation Health and Occupation Disease; research on the development of Hygiene Toxicology; research on the development of Vector Biology; study on the development of Social Medicine, Sanitary Engineering, Health Law; study on the development of Chronic Disease Prevention and Control (Cancer prevention and control, Stroke prevention and control, Cardiovascular disease prevention and control, Diabetes prevention and control, the elderly disease prevention and control); study on the development of Birth Defect Prevention and Control.

32. Library Science

In recent years, library science in our country has been developed gradually. New ideas, achievements and theory are constantly showing up. This summary mainly focus on the research of the progresses in library science both at home and abroad in3 aspects.

32.1 Review on Library Science Research

Research group has analyzed the papers on library science in the key journals both at home and abroad by using a qualitative method. All those analyzed papers were published from January 2012 to June 2015. The main contents of the important journals were also consult. Generally speaking, in the last 3 years the number of papers and multiple themes related to different discipline on library science gradually increased. All these papers main strokes on the basic theory of library science, information resource construction, information organization and search, information customers and service and library management etc.

(1) The recent research on the basic theory of library science. As the basic knowledge of library, the theory of library science has made a few achievements and obvious progresses on library philosophy, library object, library architecture and library history. Through the research, many new views are showing up.

(2) The research on information resources construction. Information resources construction is the most active research in the library science field. In recent years, it has made many progresses in information resources construction and special database construction cooperated with foreign countries.

(3) The research on information organization and retrieval. Through the analysis of the library science magazine in SCI, SSCI and important international congress from 2012 to 2015, the research on information organization and retrieval has made achievement in the field of information description standard and practice, which based on semantic research on the Web to organize

research, and put label in specific surroundings.

(4) The research on library management. The library management is the forefront research currently . The research of library evaluation, human resource management, knowledge management, management system, and the crisis management are developing quite well at home. All of those five themes are prevailing. We found that the library evaluation and human resource management are the focus of the research both at home and abroad. The difference is in the foreign researches library marketing management is the key research subject, but researches at home has paid more attention to the crisis management.

32.2 Comparison Research of Home and Abroad

According to the impact factor of 85 kinds of library science journalsfrom JCR in 5 years (2007–2011), 5 high impact factor journals were chosen. Using Citespace III software to analyze 1605 data for keyword analysis of the journal both at home and abroad, the differences between the research highlights in the field have been revealed.

Foreign research highlights have mainly focused on information science research by means of metrology, crossover study of sociology based on social organization information technology and the applied research by using network environment and health care information.

Domestic scholars pay more attention to the application ofmanagement and sociology, the library and information method, especially the research of management and sociology by using library and information methods and sociology which have become the focus in the interdisciplinary research.

Overall, the intersection research of the domestic library and information science and foreign research is increasing, and the gap in the field is narrowing. But as a whole, foreign research still have some advantages over domestic research. In a word, domestic research not only focus on the international research highlight, but also promote more academic influence in the future library and information study.

32.3 The Trend in Future Library Science

The library science is an applied subject, and its development is directly affected by the development of library cause, and indirectly influenced by the development of society, economy, culture and science and technology.

The trend of the library science discipline has aroused the attention of many experts in the early period of this century. Many scholars have discussed the development direction of the library science in the 21st century. Some of them were already under way, the others are not very clear at the moment. We try to use bibliometrics method to explore the development trend of future library science. Through the data analysis from January 2012 to June 2015, we got the follow result: there are much dispersion and confusion of research questions in research topics. So it's hard to get the development trend of the library science from bibliometric analysis in the next few years. But as a whole, the scientific rationality and humanistic orientation of library science will be carried out gradually. Combined with the current scientific and technological development of library science research, the following research will be the future research direction. Such as 1) the core theory of library science discipline, 2) all the media environment research, 3) digitized collection and knowledge resources construction research, 4) semantic knowledge organize research, 5) social label semantic research, 6) specific situation information retrieval research and so forth.

33. Cryptology

33.1 Status Quo

As a comprehensive discipline overlapping mathematics, physics, microelectronics, computer science, networking and communications, cryptology has particular relevance for politics, national defense and diplomacy, and was often juxtaposed to nuclear and space technologies as the 3 three pillars of national security. In consequence of changing environment and evolving needs, great leaps in computing power and cryptanalytic capabilities, and intense competition in cyber-surveillance and information acquisition among countries in the past half-decade, cryptology has been, and is still being actively developed.

33.1.1 Global Breakthroughs

As technology and methods progressed, the past half-decade has witnessed remarkable advancement in cryptography and cryptanalysis, e.g., Joux's quasi-polynomial algorithm for solving the discrete logarithm problem in small characteristic fields, Gentry's first fully homomorphic encryption scheme, Lo's measurement device independent quantum key distribution protocol and Grag's indistinguishable obfuscation.

33.1.2 World Events

Furthermore, various cryptologic research programs were launched and security affairs were arising across nations. The SHA-3 competition intrigued great research endeavors in hash function design and analysis, punctuated by the 64 submissions received. An ongoing competition, CAESER, has hitherto received 57 submissions, giving impetus to achievements in authenticated encryption. The ECRYPT II project established three virtual laboratories in Europe which propels fusion of cryptologic research and relating industries. Quantum computers with worldwide concern and NSA's Penetrating-Hard-Target project is said to be developing quantum code-breakers against mainstream asymmetric cryptosystems. Open SSL's Heartbleed, a buffer over-read bug exposing victim's memory data, is among the most serious security loopholes. Snowden's unveiling of the Prism, NSA's clandestine surveillance program, have aroused unprecedented concern over information security.

33.1.3 Internal Achievements

The importance of cyber and information securities was being emphasized at the national interest level. As strategic policies and initiatives implemented, research progress was constantly being made and achievements accrued. The ZUC algorithm, a domestically designed stream cipher, is the core of the standardized 3GPP LTE confidentiality and integrity algorithms. It was the first time for us to be recognized as an international cryptologic standard, demonstrating the openness and high competence of our commercial cryptographic design and application. Leading results were burgeoning on other branches, e.g., hash function analysis, nonlinear sequence construction, Boolean functions, authenticated key exchange, privacy preserving protocols and quantum key distribution.

33.2 Trends and Prospectives

The past half-decade saw the rapid development of cloud computing, big data, internet of things and other emerging technologies. Both cryptology and communications were constantly evolving their manner. Analytic and computing capabilities as well as cryptographic theories and algorithms were improved radically. As a result, advancement in cryptologic research was happening rapidly and academic hotspots sprung up.

(1) Theoretic research tends to focus more on applications, e.g., cryptology-friendly Boolean functions and vector Boolean functions.

(2) Cryptographic design and analysis tend to be dedicated, combinatorial and automated, e.g., lightweight cryptographic algorithms and protocols.

(3) Security models tend to be complicated and diversified, e.g., the formalization of the secret-key-leakage-tolerant model and the construction of secure cryptographic schemes.

(4) Cryptographic functions tend to be broadened, e.g., fully homomorphic encryption.

(5) Cryptology tends to become interdisciplinary, e.g., the quantum cryptology.

(6) Post-quantum cryptology tends to be in an increasingly urgent need, e.g., lattice problems and other quantum-resist hard problems.

(7) Cryptographic applications tends to be environment and demand oriented, e.g., security models towards cloud storage and cloud computing.

(8) Standardization process tends to serve the need for implementation of technical specifications, e.g., the quantum cryptology standards.

(9) Research on side-channels tends to focus more on the theorization of attack and protection, and the generalization of cryptographic evaluation and certification, e.g., new energy model, mask codes and comprehensive protection technologies.

33.3 Suggestions

As our nation's rising continues, an increasing competence of cryptologic research will be expected. However, to secure the nation's future, we are still facing great challenges and obstacles. That necessitates a continuum of efforts and invests. We propose below several suggestions that may benefit.

(1) Strengthen interdiscipline construction and specialist education.

(2) Broaden, deepen and sustain theoretical research.

(3) Emphasize the integration of research and application.

(4) Accelerate the nationwide standardization process.

(5) Encourage international cooperation and communication.

附 件

2014、2015年度与学科进展相关的主要科技成果

附件1 2014年度国家自然科学奖获奖项目目录

一等奖

序号	项目名称	主要完成人
01	网络计算的模式及基础理论研究	张尧学，周悦芝，林　闯，等

二等奖

序号	项目名称	主要完成人
01	微分流形的几何拓扑	方复全
02	自守形式与素数分布的研究	刘建亚，展　涛，吕广世，等
03	复杂流体的数学理论和计算方法	张平文
04	巨电流变液结构和物理性质的研究	温维佳，沈　平，谭永炎，等
05	超高压下简单分子凝聚体系的新奇结构相变和压力效应	邹广田，崔　田，刘冰冰，等
06	低维材料中新奇量子现象及其调控的机理研究	段文晖，顾秉林，吴　健，等
07	态－态分子反应动力学研究	张东辉，杨学明，戴东旭，等
08	低维光功能材料的控制合成与物化性能	姚建年，赵永生，付红兵，等
09	配位聚合物构筑与结构性能调控	卜显和，李建荣，杜　淼，等
10	功能核酸分子识别及生物传感方法学研究	谭蔚泓，杨荣华，蒋健晖，等
11	若干分子基材料的自组装、聚集态结构和性能	李玉良，刘辉彪，李勇军，等
12	功能导向的多酸设计与合成	王恩波，苏忠民，王新龙，等
13	晚新生代风化成壤作用与东亚环境变化	郭正堂，郝青振，吴海斌，等
14	废水处理系统中微生物聚集体的形成过程、作用机制及调控原理	俞汉青，李晓岩，盛国平，等
15	二十万年来轨道至年际尺度东亚季风气候变率与驱动机制	汪永进，张平中，谭　明，等
16	南海与邻近热带区域的海洋联系及动力机制	王东晓，方国洪，甘剑平，等
17	青藏高原冰芯高分辨率气候环境记录研究	姚檀栋，秦大河，田立德，等
18	华北克拉通早元古代拼合与Columbia超大陆形成	赵国春，孙　敏，李三忠，等
19	气候预测的若干新理论与新方法研究	王会军，范　可，孙建奇，等
20	哺乳动物多能性干细胞的建立与调控机制研究	周　琪，王秀杰，曾凡一，等
21	高等植物主要捕光复合物的结构与功能研究	常文瑞，柳振峰，匡廷云，等
22	双生病毒种类鉴定、分子变异及致病机理研究	周雪平，谢　旗，陶小荣，等
23	基因组多样性与亚洲人群的演化	张亚平，孔庆鹏，吴东东，等
24	中国两栖动物系统学研究	费　梁，叶昌媛，江建平，等
25	水稻重要生理性状的调控机理与分子育种应用基础	何祖华，王二涛，王建军，等
26	TRPC通道促进神经突触形成机制的研究	王以政，袁小兵，贾怡昌，等
27	遗传病致病基因和致病基因组重排的新发现	张　学，何春涤，沈　岩，等
28	组织免疫微环境促进人肝癌进展的新机制	郑利民，庄诗美，邝栋明，等
29	瞬时受体电位通道在代谢性血管病中的作用与机制	祝之明，刘道燕，黄　聿，等
30	分布式协同控制的混合智能优化与稳定性	陈　杰，王　凌，方　浩，等
31	具有网络通讯约束的动态系统控制理论与方法	高会军，吴立刚，张立宪，等

续表

序号	项目名称	主要完成人
32	逻辑动态系统控制的代数状态空间方法	程代展，齐洪胜
33	基于环境约束和多空间分析的机器人操作理论研究	乔　红，王子栋，刘智勇，等
34	新型人工电磁媒质对电磁波的调控研究	崔铁军，马慧锋，蒋卫祥，等
35	局域态操控的红外探测机理	陆　卫，陈效双，李志锋，等
36	钙磷基生物材料的转化机理及新生物性能研究	刘昌胜，袁　媛，陈芳萍，等
37	导电聚合物微纳米结构及其多功能化	万梅香，魏志祥，朱　英，等
38	可见光响应光催化材料及在能源环境中的应用基础研究	邹志刚，李朝升，于　涛，等
39	直接醇类燃料电池电催化剂材料应用基础研究	孙公权，辛　勤，姜鲁华，等
40	高性能半导体光催化材料制备与微结构调控	余家国，余火根，程　蓓，等
41	吸附式制冷的吸附机理、循环构建及热设计理论	王如竹，王丽伟，吴静怡，等
42	多孔介质与微 / 纳结构中热传递机理研究	姜培学，王补宣，胥蕊娜，等
43	基于离散体系的跨尺度多相反应流的介观理论和方法	郑楚光，郭照立，柳朝晖，等
44	超高温条件下复合材料的热致损伤机理和失效行为	韩杰才，杜善义，张幸红，等
45	纳微系统中表面效应的物理力学研究	赵亚溥，袁泉子，林文惠，等

附件 2　2014 年度国家技术发明奖获奖项目目录（通用项目）

一等奖

序号	项目名称	主要完成人
01	甲醇制取低碳烯烃（DMTO）技术	刘中民，刘　昱，吕志辉，等

二等奖

序号	项目名称	主要完成人
01	水稻籼粳杂种优势利用相关基因挖掘与新品种培育	万建民，赵志刚，江　玲，等
02	油菜高含油量聚合育种技术及应用	王汉中，刘贵华，王新发，等
03	海水鲆鲽鱼类基因资源发掘及种质创制技术建立与应用	陈松林，刘海金，尤　锋，等
04	花生低温压榨制油与饼粕蛋白高值化利用关键技术及装备创制	王　强，许振国，刘红芝，等
05	室间隔缺损介入治疗新器械新技术及其临床应用	孔祥清，张智伟，张德元，等
06	单细胞分辨的全脑显微光学切片断层成像技术与仪器	骆清铭，龚　辉，李安安，等
07	微波消融设备的研发与临床应用	梁　萍，于晓玲，程志刚，等
08	高性能大型振动筛关键技术及其应用	赵跃民，刘初升，张成勇，等
09	低渗透煤层高压水力割缝强化瓦斯抽采成套技术与装备	赵阳升，冯增朝，肖亚宁，等

续表

序号	项目名称	主要完成人
10	海洋钻井隔水导管关键技术及工业化应用	姜　伟，杨　进，刘书杰，等
11	基于巨磁阻效应的油井管损伤磁记忆检测诊断技术及工业化应用	张来斌，樊建春，宋周成，等
12	可控结构吸附材料构建及控制油类污染物的关键技术	路建美，徐庆锋，蒋　军，等
13	有机废物生物强化腐殖化及腐殖酸高效提取循环利用技术	席北斗，岳东北，于家伊，等
14	重大化工装置中细颗粒污染物过程减排新技术研发与应用	汪华林，杨　强，李立权，等
15	黄磷尾气催化净化技术与应用	宁　平，田森林，彭金辉，等
16	热带海洋微生物新型生物酶高效转化软体动物功能肽的关键技术	张　偲，龙丽娟，齐振雄，等
17	新型共聚酯MCDP连续聚合、纺丝及染整技术	顾利霞，何正锋，蔡再生，等
18	新型淀粉衍生物的创制与传统淀粉衍生物的绿色制造	金征宇，顾正彪，徐学明，等
19	基于干法活化的食用油脱色吸附材料开发与应用	王兴国，陈天虎，金叶玲，等
20	有机硅杂化层状分子筛新催化材料及节能异丙苯成套技术	高焕新，周　斌，杨为民，等
21	功能性高分子聚氨基酸生物制备关键技术与产业化应用	徐　虹，冯小海，李　莎，等
22	新型功能化超顺磁性颗粒的制备及在分离技术中的应用	刘会洲，邢建民，杨良嵘，等
23	新型红外硫系玻璃制备关键技术及应用	聂秋华，戴世勋，徐铁峰，等
24	高增益玻璃光纤与单频光纤激光器成套制备技术及其应用	杨中民，徐善辉，张勤远，等
25	耐烧蚀复合材料用碳纤维多向预成型体结构设计、控制、制备及应用	朱建勋，蒋　云，马文锁，等
26	高性能热电材料快速制备与高效器件集成制造新技术及应用	张清杰，唐新峰，柏胜强，等
27	高稳定高耗散减振材料制备关键技术与装置开发及工程应用	徐赵东，龚兴龙，韩玉林，等
28	新型高强度、易加工灰铸铁制备关键技术及应用	姜启川，逄　伟，王金国，等
29	高性能铜铝复合材料连铸直接成形技术与应用	谢建新，刘新华，吴春京，等
30	关联面形约束的大型复杂曲面加工技术与装备	贾振元，王永青，孙玉文，等
31	空间折展与锁解机构关键技术	邓宗全，刘荣强，岳洪浩，等
32	高速重载工程机械大流量液压系统核心部件	易小刚，刘永东，陈兵兵，等
33	个性化颅颌面骨替代物设计制造技术及应用	李涤尘，刘亚雄，刘彦普，等
34	气体绝缘装备特高频局部放电监测关键技术及其应用	唐　炬，张晓星，李成榕，等
35	防腐高效低温烟气冷凝余热深度利用技术	王随林，刘贵昌，艾效逸，等
36	冶金特种大功率电源系统关键技术与装备及其应用	罗　安，张　波，马伏军，等
37	深低温回热制冷关键技术及应用	陈国邦，邱利民，甘智华，等
38	标识网络体系及关键技术	张宏科，苏　伟，吴　强，等
39	汽车电子嵌入式平台技术及应用	吴朝晖，李　骏，吴成明，等
40	可视素材内容驱动的虚拟场景生成技术及应用	陈小武，赵沁平，王莉莉，等
41	主动对象海量存储系统及关键技术	冯　丹，王　芳，施　展，等
42	以太网与SDH传输网融合传送的LAPS设备装置	余少华，戴锦友，朱国胜，等
43	大规模无线局域网与蜂窝网络异构自组织技术	李建东，盛　敏，周　元，等
44	机载高精度位置姿态测量系统关键技术及应用	房建成，宋凝芳，钟麦英，等
45	低热阻高光效蓝宝石基GaNLED材料外延及芯片技术	李晋闽，王国宏，王军喜，等

续表

序号	项目名称	主要完成人
46	地、空协同时频电磁探地系统关键技术及应用	林　君，嵇艳鞠，王言章，等
47	高光束质量超高斯平顶钕玻璃激光器关键技术及应用	樊仲维，邱基斯，伍浩成，等
48	调控光线行为的三维自由光学曲面构建及其在半导体照明中的应用	罗　毅，钱可元，韩彦军，等
49	建筑物移位改造工程新技术及应用	张　鑫，吕西林，贾留东，等
50	大掺量工业废渣混凝土高性能化活性激发与协同调制关键技术及应用	邢　锋，蒋正武，孙振平，等
51	核电站反应堆安全壳结构系统全寿期检测评估关键技术	林松涛，蒋坚毅，王永焕，等
52	非水反应高聚物注浆防渗加固成套技术及装备	王复明，钟燕辉，石明生，等
53	大跨度漂浮型铁路斜拉桥列车制动响应智能控制新技术	瞿伟廉，李忠献，秦顺全，等

附件 3　2014 年度国家科学技术进步奖获奖项目目录（通用项目）

特等奖

序号	项目名称	主要完成人或主要完成单位
01	超深水半潜式钻井平台研发与应用	中海石油（中国）有限公司，中海油研究总院，上海外高桥造船有限公司，等

一等奖

序号	项目名称	主要完成人或主要完成单位
01	我国首次对甲型 H1N1 流感大流行有效防控及集成创新性研究	侯云德，王　宇，王　辰，等
02	我国油气战略通道建设与运行关键技术	廖永远，孙　波，黄维和，等
03	高端容错计算机系统关键技术与应用	王恩东，胡雷钧，张　东，等
04	600℃超超临界火电机组钢管创新研制与应用	刘正东，王起江，程世长，等
05	筒子纱数字化自动染色成套技术与装备	单忠德，陈队范，吴双峰，等
06	特厚煤层大采高综放开采关键技术及装备	王金华，于　斌，康红普，等
07	中成药二次开发核心技术体系创研及其产业化	张伯礼，程翼宇，瞿海斌，等
08	极端条件下重要压力容器的设计、制造与维护	陈学东，涂善东，郑津洋，等
09	流域水循环演变机理与水资源高效利用	王　浩，贾仰文，康绍忠，等
10	元坝超深层生物礁大气田高效勘探及关键技术	郭旭升，郭彤楼，蔡希源，等
11	现代预应力混凝土结构关键技术创新与应用	吕志涛，薛伟辰，蒋立红，等
12	汶川地震地质灾害评价与防治	黄润秋，许　强，裴向军，等
13	超深井超稠油高效化学降粘技术研发与工业应用	刘中云，秦　冰，林　涛，等
14	国家电网智能电网创新工程	国家电网公司

创新团队

序号	团队名称	推荐单位
01	解放军总医院器官损伤与修复综合救治创新团队	总后勤部
02	武汉大学对地观测与导航技术创新团队	湖北省
03	中国航天科技集团公司第五研究院深空探测航天器系统创新团队	国防科技工业局

二等奖

序号	项目名称	主要完成人或主要完成单位
01	优质强筋高产小麦新品种郑麦366的选育及应用	雷振生，吴政卿，田云峰，等
02	甘蓝雄性不育系育种技术体系的建立与新品种选育	方智远，刘玉梅，杨丽梅，等
03	西瓜优异抗病种质创制与京欣系列新品种选育及推广	许 勇，宫国义，张海英，等
04	小麦种质资源重要育种性状的评价与创新利用	李立会，李杏普，蔡士宾，等
05	荔枝高效生产关键技术创新与应用	李建国，陈厚彬，黄旭明，等
06	豫综5号和黄金群玉米种质创制与应用	陈彦惠，李玉玲，库丽霞，等
07	杨树高产优质高效工业资源材新品种培育与应用	苏晓华，潘惠新，黄秦军，等
08	竹纤维制备关键技术及功能化应用	陈礼辉，黄六莲，刘必前，等
09	非耕地工业油料植物高产新品种选育及高值化利用技术	李昌珠，夏建陵，王光明，等
10	饲料用酶技术体系创新及重点产品创制	姚 斌，罗会颖，黄火清，等
11	奶牛饲料高效利用及精准饲养技术创建与应用	李胜利，冯仰廉，王中华，等
12	东海区重要渔业资源可持续利用关键技术研究与示范	吴常文，程家骅，徐汉祥，等
13	大恒肉鸡培育与育种技术体系建立及应用	蒋小松，朱 庆，杜华锐，等
14	远古的悸动——生命起源与进化	冯伟民，许汉奎，傅 强
15	专家解答 腰椎间盘突出症	董 健，李熙雷，周晓岗，等
16	听伯伯讲银杏的故事	曹福亮，祝遵凌，邵权熙，等
17	±660kV直流架空输电线路带电作业技术和工器具创新及应用	王 进
18	试油测试技术的创新与应用	田 明
19	优质草菇周年高效栽培关键技术及产业化应用	姜建新
20	无线通信终端核心芯片关键技术及产业化平台	展讯通信（上海）有限公司
21	中国石化科技创新体系建设工程	中国石油化工集团公司
22	基于掌握核心科技的自主创新工程体系建设	珠海格力电器股份有限公司
23	中国中铁技术创新体系升级版工程	中国铁路程总公司
24	长安汽车全球协同自主创新工程	重庆长安汽车股份有限公司
25	中国一重大型铸锻件制造技术创新工程	中国第一重型机械集团公司
26	大型复杂储层高精度测井处理解释系统CIFLog及其工业化应用	李 宁，王才志，刘乃震，等
27	复杂油气储层裂缝定量识别与评价关键技术及工业化应用	曾联波，雍学善，乔文孝，等
28	阿姆河右岸盐下碳酸盐岩大型气田勘探开发关键技术与应用	吕功训，刘合年，邓民敏，等
29	辣椒天然产物高值化提取分离关键技术与产业化	卢庆国，张卫明，张泽生，等
30	房间空气调节器节能关键技术研究及产业化	李金波，李 强，朱良红，等
31	高耐性酵母关键技术研究与产业化	俞学锋，曾晓雁，陈 雄，等
32	新型香精制备与香气品质控制关键技术及应用	肖作兵，纪红兵，佘远斌，等

续表

序号	项目名称	主要完成人或主要完成单位
33	高效能棉纺精梳关键技术及其产业化应用	任家智，苏善珍，崔世忠，等
34	新型熔喷非织造材料的关键制备技术及其产业化	程博闻，唐世君，陈华泽，等
35	新一代高性能苯乙烯类热塑性弹性体成套技术	梁红文，张红星，张爱民，等
36	高酸重质原油全额高效加工的技术创新及工业应用	董孝利，吴　青，王少飞，等
37	百万吨级精对苯二甲酸（PTA）装置成套技术开发与应用	周华堂，罗文德，姚瑞奎，等
38	超高性能混凝土抗爆材料成套制备技术、结构设计及其应用	孙　伟，方　秦，刘加平，等
39	结构陶瓷典型应用条件下力学性能测试与评价关键技术及应用	包亦望，万德田，邱　岩，等
40	界面性质与光电器件特性关系调控技术及应用	许并社，贾虎生，王　华，等
41	新型阴极结构铝电解槽重大节能技术的开发应用	冯乃祥，顾松青，刘风琴，等
42	高性能细晶粒钢筋的规模化生产及应用关键技术	岳清瑞，杨忠民，王晓锋，等
43	稀土永磁产业技术升级与集成创新	李　卫，胡伯平，竺韵德，等
44	先进铁素体不锈钢关键制造技术与系列品种开发	李晓波，范光伟，姜周华，等
45	先进短流程高品质特殊钢制造关键技术及其产业化	毛新平，张　超，韩　斌，等
46	半导体器件后封装核心装备关键技术与应用	陈　新，吴　宏，高　健，等
47	高效离心泵理论与关键技术研究及工程应用	袁寿其，刘厚林，袁建平，等
48	高等级中厚钢板连续辊式淬火关键技术、装备及应用	王昭东，袁　国，王　洪，等
49	微通道管材与换热器制造技术及其应用	彭颖红，陈江平，李大永，等
50	高端重载齿轮传动装置关键技术及产业化	刘建国，秦大同，王长路，等
51	超大电流短路发电机自主研制与工程应用	王国海，苗立杰，焦晓霞，等
52	混流式水轮机水力优化设计的关键技术及应用	罗兴锜，吴玉林，覃大清，等
53	大型电站锅炉混煤燃烧理论方法及全过程优化技术	陈　刚，向　军，张洪刚，等
54	大型超超临界机组自动化成套控制系统关键技术及应用	刘吉臻，夏　明，朱永芃，等
55	高密度互连混合集成印制电路关键技术及产业化	张怀武，何　为，胡永栓，等
56	服务三农的安全可信金融电子交易关键技术和应用	时龙兴，杨　军，李　杰，等
57	虚拟机运行支撑关键技术与应用	管海兵，邵宗有，董振江，等
58	铝电解槽高效节能控制技术及推广应用	李　劼，阳春华，宋　威，等
59	复杂装备跨生命周期数据管理平台关键技术	王建民，孙家广，周　翔，等
60	维哈柯文软件开发关键技术研究与应用	蒋同海，吾守尔．斯拉木，李　晓，等
61	工业工程振动控制关键技术研究与应用	徐　建，尹学军，陈　骝，等
62	百层高楼结构关键建造技术创新与应用	叶浩文，毛志兵，杨　玮，等
63	高水压浅覆土复杂地形地质超大直径长江盾构隧道成套工程技术	肖明清，王守慧，沙明元，等
64	地铁施工安全风险控制成套技术及应用	丁烈云，朱宏平，刘玉华，等
65	混凝土结构耐火关键技术及应用	吴　波，郑文忠，惠云玲，等
66	大跨度钢结构防火防腐关键技术与工程应用	李国强，侯兆新，李　风，等
67	拆除工程精确爆破理论研究与关键技术应用	郑炳旭，张英才，张志毅，等
68	复杂河网多目标水力调控关键技术与应用	唐洪武，王船海，肖　洋，等
69	超高心墙堆石坝关键技术及应用	张宗亮，马洪琪，艾永平，等
70	汽车制动与 ABS 多工况整车智能检测技术及装备开发	马　建，赵祥模，高建国，等
71	基于路感跟踪的高性能电动助力转向系统关键技术及应用	季学武，刘亚辉，姜殿鑫，等
72	国家高速公路网运行监管与服务关键技术及应用	王笑京，杨　琪，李爱民，等
73	隧道与地下工程重大突涌水灾害治理关键技术及工程应用	李术才，张庆松，李利平，等

续表

序号	项目名称	主要完成人或主要完成单位
74	粉沙质海岸泥沙运动规律研究及工程应用	赵冲久，季则舟，杨　华，等
75	痕量分析用试剂纯化及检测关键技术研究与应用	李红梅，张庆合，戴新华，等
76	中国游泳运动训练的关键技术突破与创新	陆一帆，杨红春，郑闽生，等
77	有色冶炼含砷固废治理与清洁利用技术	柴立元，蔡练兵，闵小波，等
78	重型柴油车污染排放控制高效 SCR 技术研发及产业化	贺　泓，王树汾，潘吉庆，等
79	污泥搅动型间接热干化和复合循环流化床清洁焚烧集成技术	严建华，池　涌，王　飞，等
80	电袋复合除尘技术及产业化	黄　炜，修海明，林　宏，等
81	水与废水强化处理的造粒混凝技术研发及其在西北缺水地区的应用	王晓昌，金鹏康，陈　荣，等
82	干旱内陆河流域生态恢复的水调控机理、关键技术及应用	冯　起，邓铭江，海米提·依米提，等
83	农村污水生态处理技术体系与集成示范	徐祖信，李怀正，张　辰，等
84	基于磁絮凝磁分离技术的超高速水质净化系统及规模化应用	张　统，倪明亮，李志颖，等
85	复杂气候与地质条件下隧道工程灾害及其稳定性控制关键技术及应用	陈卫忠，廖朝华，谭贤君，等
86	脑梗死血管学特征谱的新发现与血运重建治疗的新策略	刘新峰，刘国庆，梁慧康，等
87	药物成瘾机制及综合干预模式研究与应用	李　锦，郝　伟，周文华，等
88	移植后白血病复发及移植物抗宿主病新型防治体系建立及应用	黄晓军，许兰平，刘开彦，等
89	脑动脉瘤及相关血管无创成像和微创治疗新技术的研究及其临床应用	李明华，程英升，王建波，等
90	生产性粉尘的致病规律与预防对策	陈卫红，邬堂春，杨　磊，等
91	多功能分子成像肿瘤诊疗关键技术及应用	申宝忠，崔大祥，鞠佃文，等
92	中草药微量活性物质识别与获取的关键技术及应用	庚石山，石建功，张东明，等
93	调肝启枢化浊法防治糖脂代谢紊乱性疾病基础与应用研究	郭　姣，李楚源，雷　燕，等
94	中药材生产立地条件与土壤微生态环境修复技术的研究与应用	郭兰萍，黄璐琦，虞云龙，等
95	源于中医临床的中药药效学评价体系的构建与应用	刘建勋，林成仁，任钧国，等
96	多囊卵巢综合征病症结合研究的示范和应用	吴效科，尤昭玲，邹　伟，等
97	中药注射剂全面质量控制及在清开灵、舒血宁、参麦注射液中的应用	李振江，陈　钟，罗国安，等
98	抗精神病新药奥氮平及其制剂的研制和应用	岑均达，钟慧娟，王广基，等
99	抗高血压沙坦类药物的绿色关键技术开发及产业化	时惠麟，胡功允，李巧霞，等
100	阿卡波糖原料和制剂生产关键技术及产业化	郑裕国，李邦良，何璧梅，等
101	新型直立式聚丙烯医用输液袋制造技术与产业化	刘革新，程志鹏，谭鸿波，等
102	分组传送网（PTN）重大技术攻关、设备研制和应用创新	李　晗，李　芳，赵福川，等
103	超宽带新铜线接入技术创新与产业化	胡粤麟，游依勇，周　毅，等
104	下一代网络与业务国家试验床创新技术研究及应用	汪斌强，刘勤让，伊　鹏，等
105	协同高速无线通信系统	赵先明，张万春，向际鹰，等
106	星地融合广域高精度位置服务关键技术	邓中亮，吕子平，罗圣美，等
107	电子商务与电子支付综合服务平台及产业应用	柴洪峰，鲁志军，何　朔，等
108	防治农作物病毒病及媒介昆虫新农药研制与应用	宋宝安，郭　荣，季玉祥，等
109	新型天然蒽醌化合物农用杀菌剂的创制及其应用	喻大昭，倪汉文，赵　清，等
110	重要植物病原物分子检测技术、种类鉴定及其在口岸检疫中应用	陈剑平，陈　炯，陈先锋，等

续表

序号	项目名称	主要完成人或主要完成单位
111	青藏高原青稞与牧草害虫绿色防控技术研发及应用	王保海，王文峰，张礼生，等
112	农业旱涝灾害遥感监测技术	唐华俊，黄诗峰，霍治国，等
113	黄淮地区农田地力提升与大面积均衡增产技术及其应用	张佳宝，黄绍敏，林先贵，等
114	花生品质生理生态与标准化优质栽培技术体系	万书波，王才斌，李向东，等
115	超级稻高产栽培关键技术及区域化集成应用	朱德峰，张洪程，潘晓华，等
116	滴灌水肥一体化专用肥料及配套技术研发与应用	尹飞虎，陈　云，李光永，等
117	国家西部测图工程技术体系及其应用	张继贤，张　力，辛少华，等
118	南海及周边地区遥感综合监测与决策支持分析	李满春，吴士存，苏奋振，等
119	国家基础地理信息更新技术体系与工程应用	陈　军，王东华，商瑶玲，等
120	广域实时精密定位关键技术与应用	施　闯，楼益栋，陈向东，等
121	地球系统科学数据共享国家平台构建、关键技术与应用服务	孙九林，诸云强，闾国年，等
122	胶东金矿理论技术创新与深部找矿突破	宋明春，邓　军，吕古贤，等
123	生态脆弱区煤炭现代开采地下水和地表生态保护关键技术	顾大钊，翟桂武，张建民，等
124	宁东特大型整装煤田高效开发利用及深加工关键技术	王　俭，李玉民，周光华，等
125	弱磁性矿石高效强磁选关键技术及装备研究	熊大和，黄万抚，曾文清，等
126	大型铁矿山露天井下协同开采及风险防控关键技术与应用	邵安林，吴立新，任凤玉，等
127	复杂难处理钨矿高效分离关键技术及工业化应用	孙传尧，邱显扬，李晓东，等
128	提高肝癌外科疗效的关键技术体系的创新和应用	沈　锋，谢渭芬，蔡建强，等
129	肝胆胰腹腔镜手术技术体系及应用	刘　荣，胡三元，秦鸣放，等
130	终末期肾病肾脏替代治疗关键技术创新与推广应用	陈江华，吴建永，寿张飞，等
131	原发性开角型青光眼新防治技术的建立及应用	王宁利，徐　亮，王怀洲，等
132	白内障复明手术体系的创建及其应用	刘奕志，林顺潮，何明光，等
133	脑组织修复重建和细胞示踪技术及转化应用	朱剑虹，周良辅，毛　颖，等
134	原发恶性骨肿瘤的规范化切除及功能重建的系列研究	郭　卫，杨荣利，汤小东，等
135	基于自主技术平台的系列化大功率交流传动电力机车研发及应用	傅成骏，李　扬，樊运新，等
136	高速铁路关键基础设施综合检测及评估技术	康　熊，王卫东，顾世平，等

附件 4　2014 年度“中国科学十大进展”

1. 阐明独脚金内酯调控水稻分蘖和株型的信号途径
2. 发现新生期心脏具有重新生成冠状动脉的能力
3. 提出并验证了一种既可提高产量又可降低环境成本的种植模式
4. 利用溶液法制备出高性能量子点发光二极管
5. 合成出具有空前硬度和热稳定性的纳米孪晶金刚石
6. 提出并证实极体移植可有效阻断线粒体遗传病的传递
7. 利用极体高通量测序结果精确推演出母源基因组信息

8. 证实青藏高原通过下部地壳物质流动和上部地壳沿断层块体滑移两种方式向东扩张

9. 利用纳米限域的单铁催化剂实现天然气直接制乙烯

10. 发现炎症性半胱天冬酶是胞内细菌脂多糖的先天免疫受体

附件 5　2015 年度国家自然科学奖获奖项目目录

一等奖

序号	项目名称	主要完成人
01	多光子纠缠及干涉度量	潘建伟，彭承志，陈宇翱，等

二等奖

序号	项目名称	主要完成人
01	资产定价理论中的非线性期望方法	陈增敬
02	自正则化极限理论和斯坦因方法	邵启满，荆炳义
03	真空紫外激光角分辨光电子能谱对高温超导机理相关科学问题的研究	周兴江，刘国东，赵　林，等
04	高压下钠和锂单质及二元化合物的结构与物性	马琰铭，王　晖，王彦超，等
05	铁基超导体电子结构的光电子能谱研究	封东来，张　焱，谢斌平，等
06	活体层次定量获取化学信号的新原理和新方法研究	毛兰群，于　萍，张美宁，等
07	分子尺度分离无机膜材料设计合成及其分离与催化性能研究	杨维慎，李砚硕，王海辉，等
08	新型富勒烯的合成	谢素原，谭元植，郑兰荪，等
09	石墨烯的电分析化学和生物分析化学研究	李景虹，王　颖，刘　洋，等
10	生物分子识别的分析化学基础研究	杨秀荣，逯乐慧，徐国宝，等
11	大陆碰撞成矿理论的创建及应用	陈衍景
12	青藏高原生长的深部过程、岩石圈结构与地表隆升	王成善，魏文博，朱弟成，等
13	微型生物在海洋碳储库及气候变化中的作用	焦念志，张　瑶，骆庭伟，等
14	典型内分泌干扰物质的环境行为与生态毒理效应	胡建英，万　祎，张照斌，等
15	电离层变化性的驱动过程	万卫星，刘立波，宁百齐，等
16	东亚人群和混合人群基因组的连锁不平衡研究	金　力，徐书华，黄　薇，等
17	抗病毒天然免疫信号转导机制	舒红兵，钟　波，王延轶，等
18	家蚕基因组的功能研究	夏庆友，周泽扬，鲁　成，等
19	髓系白血病发病机制和新型靶向治疗研究	陈赛娟，陈　竺，王月英，等
20	乳腺癌转移的调控机制及靶向治疗的应用基础研究	宋尔卫，王　均，姚和瑞，等
21	磁共振影像学分析及其对重大精神疾病机制的研究	龚启勇，贺　永，孙学礼，等

续表

序号	项目名称	主要完成人
22	图像非均匀计算理论与方法	吴　枫，李厚强，汪　萌，等
23	复杂耦合动态系统控制与应用	段志生，黄　琳，李忠奎，等
24	用于功能集成的微型化光子器件基础研究	李宝军，邢晓波，张　垚，等
25	不确定性系统的辨识与控制	张纪峰，刘允刚，赵延龙，等
26	可视媒体几何计算的理论与方法	胡事民，黄继武，艾海舟，等
27	视觉模式的局部建模及非线性特征获取理论与方法研究	陈熙霖，山世光，高　文，等
28	受限控制系统的参数化设计理论与应用	段广仁，林　参，刘国平，等
29	复杂网络演化动力学分析与控制	汪小帆，李　翔，苏厚胜，等
30	声子晶体等人工带隙材料的设计、制备和若干新效应的研究	陈延峰，卢明辉，张善涛，等
31	弛豫铁电体的微畴－宏畴理论体系及其相关材料的高性能化	姚　熹，徐　卓，魏晓勇，等
32	航天用非连续增强金属基复合材料制备科学基础研究	张　荻，范同祥，吕维洁，等
33	低维氧化锌材料的载流子调控与功能化研究	刘益春，申德振，徐海阳，等
34	工程材料表面的润湿及其调控	周　峰，郭志光，王道爱，等
35	实现高效率有机太阳电池的新型聚合物材料及器件结构	曹　镛，吴宏滨，黄　飞，等
36	内燃机低碳燃料的互补燃烧调控理论及方法	黄佐华，王金华，胡二江，等
37	机械结构系统的整体式构型设计理论与方法研究	张卫红，朱继宏，高　彤，等
38	混凝土结构裂缝扩展过程双 K 断裂理论及控裂性能提升基础研究	徐世烺，梁坚凝，李庆华，等
39	流域水沙条件对水质的影响过程及机理	夏星辉，杨志峰，沈珍瑶，等
40	形状记忆和电致活性聚合物复合材料的主动变形机理与力学行为	冷劲松，刘彦菊，吕海宝，等
41	皮肤与牙热－力－电耦合行为机理	卢天健，徐　峰，胡更开，等

附件 6　2015 年度国家技术发明奖获奖项目目录（通用项目）

一等奖

序号	项目名称	主要完成人
01	硅衬底高光效 GaN 基蓝色发光二极管	江风益，刘军林，王　立，等

二等奖

序号	项目名称	主要完成人
01	农产品黄曲霉毒素靶向抗体创制与高灵敏检测技术	李培武，张　奇，丁小霞，等
02	农用抗生素高效发现新技术及系列新产品产业化	向文胜，王相晶，王继栋，等
03	花生收获机械化关键技术与装备	胡志超，彭宝良，胡良龙，等
04	基于高性能生物识别材料的动物性产品中小分子化合物快速检测技术	沈建忠，江海洋，吴小平，等

续表

序号	项目名称	主要完成人
05	安全高效猪支原体肺炎活疫苗的创制及应用	邵国青，金洪效，刘茂军，等
06	国境转基因产品精准快速检测关键技术及应用	陈洪俊，黄　新，曹际娟，等
07	基于稀土纳米上转发光技术的即时检测系统创建及多领域应用	杨瑞馥，周　蕾，黄惠杰，等
08	定向转化多元醇的生物催化剂创制及其应用关键技术	魏东芝，林金萍，王学东，等
09	山地复杂构造精确地震成像与气层识别技术及工业化应用	李亚林，何光明，巫芙蓉，等
10	偏振遥感物理机理、关键方法与技术应用	晏　磊，吴太夏，杨建义，等
11	年产千万吨级矿井大型提升容器及安全运行保障关键技术	朱真才，王继生，胡长华，等
12	道路路面动态检测关键技术及装备	李清泉，张德津，毛庆洲，等
13	燃煤烟气选择性催化脱硝关键技术研发及应用	李俊华，郝吉明，刘汉强，等
14	基于纳米复合材料的重金属废水深度处理与资源回用新技术	潘丙才，张炜铭，张全兴，等
15	基于酶作用的制革污染物源头控制技术及关键酶制剂创制	石　碧，彭必雨，黄遵锡，等
16	酮酸发酵法制备关键技术及产业化	陈　坚，周景文，刘立明，等
17	酵母核苷酸的生物制造关键技术突破及产业高端应用	应汉杰，张　磊，陈　勇，等
18	速生阔叶材制浆造纸过程酶催化关键技术及应用	陈嘉川，杨桂花，吉兴香，等
19	节油轮胎用高性能橡胶纳米复合材料的设计及制备关键技术	张立群，田　明，吴友平，等
20	乙烯三聚制 1- 己烯新型催化体系及成套工艺技术	梁爱民，栗同林，李达刚，等
21	含高浓度分散相的搅拌反应器数值放大与混合强化的新技术	杨　超，毛在砂，王志侃，等
22	碱木质素的改性及造纸黑液的资源化高效利用	邱学青，楼宏铭，杨东杰，等
23	特种液晶材料及调光膜制备技术	杨　槐，曹　晖，杨　洲，等
24	耐高温杂化硅树脂及其复合材料制备关键技术	黄玉东，刘　丽，姜　波，等
25	基于拉伸流变的高分子材料绿色加工成型技术	瞿金平，冯彦洪，殷小春，等
26	全钒液流电池储能技术及应用	张华民，马相坤，李先锋，等
27	国际热核聚变实验堆用高性能低温超导材料制备技术	张平祥，周　廉，刘向宏，等
28	高性能铜合金连铸凝固过程电磁调控技术及应用	李廷举，王同敏，李维源，等
29	高性能钨基复合材料及其应用	范景莲，张忠健，刘　涛，等
30	复杂难处理资源可控加压浸出技术	蒋开喜，王海北，刘三平，等
31	高速并联机器人关键技术及工程应用	黄　田，梅江平，刘海涛，等
32	高性能中心给粉旋流煤粉燃烧技术	李争起，陈智超，孙　锐，等
33	高可靠精密滤波传动技术及系统	王家序，汤宝平，蒲　伟，等
34	高速、重载列车牵引控制关键技术及应用	冯江华，丁荣军，刘可安，等
35	二十二种型号飞机载荷谱关键技术及应用	闫楚良，高镇同，卓宁生，等
36	高效节能的连续螺旋推流强化传热技术及应用	王秋旺，曾　敏，张剑飞，等
37	天线多频技术及在多模移动终端的应用	刘元安，苏　明，肖　雳，等
38	运动座载设备协调控制关键技术及应用	贾英民，霍　伟，杜军平，等
39	基于网络的软件开发群体化方法及核心技术	王怀民，谢　冰，孙海龙，等
40	面向社区共享的高可用云存储系统	郑纬民，武永卫，舒继武，等
41	多流波束赋形的无线传输技术	陈山枝，王映民，孙韶辉，等

续表

序号	项目名称	主要完成人
42	高性能星载铷原子钟原子信号增强与稳定关键技术	梅刚华，钟　达，安绍锋，等
43	高能效动态可重构计算及其系统芯片关键技术	魏少军，刘雷波，毛志刚，等
44	高精度微小气体流量测量新技术及应用	李得天，冯　焱，成永军，等
45	耙吸挖泥船动力定位与动态跟踪系统	田俊峰，丁树友，顾　明，等
46	砂卵石地层盾构隧道施工安全控制与高效掘进技术	何　川，周顺华，晏启祥，等
47	新型内置液压动力模块化整体钢平台模架装备技术及应用	龚　剑，朱毅敏，黄玉林，等
48	大跨度桥梁结构和行车抗风安全的气动控制技术	葛耀君，宋　晖，项海帆，等
49	大型结构光纤传感监测关键技术及其同步采集装备	李宏男，伊廷华，于清旭，等

附件 7　2015 年度国家科学技术进步奖获奖项目目录（通用项目）

特等奖

序号	项目名称	主要完成人
01	京沪高速铁路工程	何华武，卢春房，蔡庆华，等
02	高效环保芳烃成套技术开发及应用	戴厚良，孙丽丽，王辉国，等

一等奖

序号	项目名称	主要完成人
01	5000 万吨级特低渗透 - 致密油气田勘探开发与重大理论技术创新	杨　华，李安琪，张明禄，等
02	汽车制造中的高质高效激光焊接、切割关键工艺及成套装备	邵新宇，李　斌，黄　禹，等
03	建筑结构基于性态的抗震设计理论、方法及应用	谢礼立，翟长海，马玉宏，等
04	水库大坝安全保障关键技术研究与应用	张建云，蔡跃波，李　云，等
05	小分子靶向抗癌药盐酸埃克替尼开发研究、产业化和推广应用	丁列明，石远凯，孙　燕，等
06	中国人体表难愈合创面发生新特征与防治的创新理论与关键措施研究	付小兵，程天民，陆树良，等
07	人工麝香研制及其产业化	于德泉，朱秀媛，柳雪枚，等

创新团队

序号	团队名称	推荐单位
01	浙江大学医学院附属第一医院终末期肝病综合诊治创新团队	浙江省
02	海军工程大学电力集成创新团队	总装备部
03	解放军信息工程大学网络通信与交换技术创新团队	总参谋部

二等奖

序号	项目名称	主要完成人或主要完成单位
01	CIMMYT 小麦引进、研究与创新利用	何中虎，夏先春，陈新民，等
02	高产稳产棉花品种鲁棉研 28 号选育与应用	王家宝，王留明，赵军胜，等
03	晚粳稻核心种质测 21 的创制与新品种定向培育应用	姚海根，张小明，姚　坚，等
04	甘蓝型黄籽油菜遗传机理与新品种选育	李加纳，涂金星，张学昆，等
05	小麦抗病、优质多样化基因资源的发掘、创新和利用	孙其信，刘志勇，刘广田，等
06	核果类果树新品种选育及配套高效栽培技术研究与应用	陈学森，姜远茂，毛志泉，等
07	高性能竹基纤维复合材料制造关键技术与应用	于文吉，李延军，余养伦，等
08	南方特色干果良种选育与高效培育关键技术	黄坚钦，姚小华，戴文圣，等
09	四倍体泡桐种质创制与新品种培育	范国强，翟晓巧，尚忠海，等
10	荣昌猪品种资源保护与开发利用	刘作华，王金勇，杨飞云，等
11	“农大 3 号”小型蛋鸡配套系培育与应用	杨　宁，宁中华，张庆才，等
12	鲤优良品种选育技术与产业化	孙效文，石连玉，董在杰，等
13	畜禽饲料中大豆蛋白源抗营养因子研究与应用	谯仕彦，秦贵信，李德发，等
14	刺参健康养殖综合技术研究及产业化应用	隋锡林，王印庚，常亚青，等
15	玉米田间种植系列手册与挂图	李少昆，谢瑞芝，崔彦宏，等
16	前列腺疾病 100 问	孙颖浩，王林辉，高　旭，等
17	中国载人航天科普丛书	王永志，王文宝，袁家军，等
18	高产早熟多抗广适小麦新品种国审偃展 4110 选育及应用	徐才智
19	异形承载木梁拼板制造技术与应用	白伟东
20	中国电科技术创新体系重构工程	中国电子科技集团公司
21	中国交通建设集团科技创新工程	中国交通建设集团有限公司
22	石药集团药物研发创新体系建设	石药集团有限责任公司
23	微创介入与植入医疗器械关键技术及产业化平台	上海微创医疗器械（集团）有限公司
24	中信重工高端矿山重型装备技术创新工程	中信重工机械股份有限公司
25	超高压大功率油气压裂机组研制及集群化应用	王峻乔，吴汉川，王庆群，等
26	海上稠油聚合物驱提高采收率关键技术及应用	张凤久，孙福街，叶仲斌，等
27	库车前陆冲断带盐下超深特大型砂岩气田的发现与理论技术创新	王招明，李　勇，田　军，等
28	营养代餐食品创制关键技术及产业化应用	张名位，杨晓泉，魏振承，等
29	空调器舒适性智能控制技术研究及产业化	王友宁，屈治国，高保华，等
30	PTT 和原位功能化 PET 聚合及其复合纤维制备关键技术与产业化	王　锐，缪汉根，张叶兴，等
31	高精度圆网印花及清洁生产关键技术研发与产业化	张国清，房宽峻，王玉平，等
32	高端医药产品精制结晶技术的研发与产业化	王静康，龚俊波，黄文锋，等
33	满足国家第四阶段汽车排放标准的清洁汽油生产成套技术开发与应用	蔺爱国，鲍晓军，兰　玲，等
34	青海盐湖低品位难开发钾盐高效利用技术	王兴富，李小松，王石军，等
35	冷再生剂循环技术重油催化裂化装置工业应用	李群柱，李志国，李　莉，等
36	高性能多尺度颗粒协同增强铝、镁基复合材料关键技术与应用	李建平，郭永春，杨　忠，等
37	有机氟单体及高性能氟聚合物产业化新技术开发	曾本忠，张建新，张金刚，等
38	红外吸收微粒的表面改性及在节能树脂中的应用	薛　奇，周东山，王昭群，等

续表

序号	项目名称	主要完成人或主要完成单位
39	复杂锡合金真空蒸馏新技术及产业化应用	杨　斌，兰　旭，戴永年，等
40	高效化微合金化钢板坯表面无缺陷生产技术开发与工程化推广应用	张　慧，杨春政，吴夜明，等
41	高品质特殊钢大断面连铸关键技术和装备开发与应用	韩国瑞，张温永，许晓红，等
42	高性能大规格复杂截面铝合金型材挤压成形及应用技术	赵国群，张培良，龚　明，等
43	铜管高效短流程技术装备研发及产业化	李长杰，张士宏，王世中，等
44	复杂稀贵金属物料多元素梯级回收关键技术	张　源，高　亮，梁海卫，等
45	节材耐磨损钢铁材料制造技术研发与工业应用	李　卫，郑开宏，冼卫泉，等
46	3.6 万吨黑色金属垂直挤压机成套装备与工艺技术研发及产业化	雷丙旺，颜永年，吴任东，等
47	12000 吨航空铝合金厚板张力拉伸装备研制与应用	谢东钢，蒋太富，汪恩辉，等
48	航天器舱体结构变极性等离子弧穿孔立焊关键技术与应用	陈树君，卢振洋，杨颂华，等
49	电网雷击防护关键技术与应用	陈维江，陈家宏，曾　嵘，等
50	大功率特种电源的多时间尺度精确控制技术及其系列产品开发	杨　旭，王兆安，卓　放，等
51	特大型水轮机控制系统关键技术、成套装备与产业化	魏守平，刘文斌，文劲宇，等
52	预防交直流混联电网大面积停电的快速防控与故障隔离技术及应用	马世英，郭小江，郑　超，等
53	青藏电力联网工程	国家电网公司，中国电力科学研究院，中国科学院寒区旱区环境与工程研究所，等
54	柴油机低噪声设计关键技术及应用	舒歌群，张俊红，沈　捷，等
55	氮化镓基紫外与深紫外 LED 关键技术	郝　跃，李培咸，林科闯，等
56	推扫成像型碲镉汞红外焦平面组件关键技术及其航天应用	何　力，丁瑞军，张勤耀，等
57	非制冷红外辐射热探测系统关键技术及应用	蒋亚东，吴志明，王　涛，等
58	大规模网络流媒体服务关键支撑技术	金　海，廖小飞，程　斌，等
59	32 位星载容错控制计算机系统关键技术及应用	华更新，杨　桦，梁洁玫，等
60	基于大数据的互联网机器翻译核心技术及产业化	王海峰，吴　华，宗成庆，等
61	支持批量定制生产的数字化车间动态管控平台及装备研发与应用	于海斌，史海波，曲道奎，等
62	在线社交网络分析关键技术及系统	贾　焰，周　斌，方滨兴，等
63	普适计算软硬件关键技术与应用	史元春，潘　纲，陈　渝，等
64	深大长基坑安全精细控制与节约型基坑支护新技术及应用	郑　刚，王存贵，张晋勋，等
65	钢－混凝土组合结构与混合结构体系关键技术及其工程应用	白国良，陈以一，薛建阳，等
66	预应力整体张拉结构关键技术创新与应用	葛家琪，张爱林，王泽强，等
67	面向大型工程施工的流动式成套吊装设备关键技术与应用	陈卫东，孙　丽，孙　影，等
68	300m 级溪洛渡拱坝智能化建设关键技术	樊启祥，王仁坤，张超然，等
69	水工岩体特性评价与工程利用关键技术	邬爱清，杨启贵，陈胜宏，等
70	海量数据驱动的水文多要素监测预报关键技术与应用	朱跃龙，余钟波，蔡　阳，等
71	高速铁路大断面黄土隧道建设成套技术及应用	赵　勇，喻　渝，李国良，等
72	节能与新能源客车关键技术研发及产业化	李高鹏，朱光海，何洪文，等
73	山区高速公路运营保障关键技术及装备	孙乔宝，周应新，黄宏伟，等
74	车辆联网感知与智能驾驶服务关键技术及应用	王云鹏，沃天宇，余贵珍，等
75	废轮胎修筑高性能沥青路面关键技术及工程应用	王旭东，柳　浩，杨志峰，等
76	气控热管国家高精度温度源	闫小克，马重芳，孙建平，等
77	大型承压设备不停机电磁无损检测技术及应用	沈功田，武新军，胡　斌，等

续表

序号	项目名称	主要完成人或主要完成单位
78	大气细颗粒物在线监测关键技术及产业化	刘建国，刘文清，桂华侨，等
79	区域大气污染源高分辨率排放清单关键技术与应用	贺克斌，王书肖，张　强，等
80	中国生态交错带生态价值评估与恢复治理关键技术	高吉喜，李文华，吕世海，等
81	重要真菌病的临床诊治与干预策略	廖万清，张万年，姜远英，等
82	环境与遗传因素对男性生殖功能影响的基础研究与应用	王心如，沙家豪，陈子江，等
83	中枢神经系统重大疾病 CT/MRI 关键技术的创新与临床应用	耿道颖，李　聪，董　强，等
84	异基因造血干细胞移植关键技术创新与推广应用	黄　河，罗　依，蔡　真，等
85	慢性乙型肝炎诊疗体系的创新及关键技术推广应用	侯金林，王福生，戴立忠，等
86	我国艾滋病新流行形势下的综合防控策略及应用研究	尚　红，吴　昊，张林琦，等
87	慢性阻塞性肺疾病发病与综合防治	冉丕鑫，周玉民，王　健，等
88	鼻咽癌诊疗关键策略研究与应用	马　骏，赵　充，麦海强，等
89	以桂枝茯苓胶囊为示范的中成药功效相关质量控制体系创立及应用	萧　伟，徐筱杰，朱靖博，等
90	基于活性成分中药质量控制新技术及在药材和红花注射液等中的应用	屠鹏飞，姜　勇，李　军，等
91	慢性阻塞性肺疾病中医诊疗关键技术的创新及应用	李建生，李素云，王明航，等
92	藏药现代化与独一味新药创制、资源保护及产业化示范	贾正平，李茂星，阙文斌，等
93	冠心病“瘀毒”病因病机创新的系统研究	陈可冀，史大卓，徐　浩，等
94	中药及天然药物活性成分分离新技术研究与应用	孔令义，罗　俊，王小兵，等
95	补肾益精法防治原发性骨质疏松症的疗效机制和推广应用	王拥军，谢雁鸣，王永炎，等
96	热敏灸技术的创立及推广应用	陈日新，陈明人，康明非，等
97	原创新药艾普拉唑的研发与产业化	侯雪梅，刘　然，胡海棠，等
98	重组人生长激素系列产品研制与产业化	金　磊，罗小平，王俊才，等
99	奥美拉唑系列产品产业化与国际化的关键技术开发	程卯生，宋伟国，刘新泳，等
100	通信局（站）系统防雷接地理论突破及技术创新与国内外应用	刘吉克，林湧双，孔　力，等
101	大容量、智能化光传送网（OTN）技术创新与产业化	黄志勇，李允博，荆瑞泉，等
102	高性能超强抗弯光纤关键技术、制造工艺及成套装备	李诗愈，王彦亮，罗文勇，等
103	高清视频网络化即时服务技术与应用	张文军，杨小康，归　琳，等
104	苏打盐碱地大规模以稻治碱改土增粮关键技术创新及应用	梁正伟，杨　福，侯立刚，等
105	生物靶标导向的农药高效减量使用关键技术与应用	高希武，柏连阳，崔海兰，等
106	长江中下游稻飞虱暴发机制及可持续防控技术	方继朝，刘泽文，韩召军，等
107	新疆棉花大面积高产栽培技术的集成与应用	新疆农业科学院棉花工程技术研究中心，新疆农业科学院，石河子大学，等
108	主要粮食产区农田土壤有机质演变与提升综合技术及应用	徐明岗，张文菊，魏　丹，等
109	玉米冠层耕层优化高产技术体系研究与应用	赵　明，董志强，钱春荣，等
110	稻麦生长指标光谱监测与定量诊断技术	曹卫星，朱　艳，田永超，等
111	有机肥作用机制和产业化关键技术研究与推广	沈其荣，徐阳春，杨　帆，等
112	农林废弃物清洁热解气化多联产关键技术与装备	陈冠益，董玉平，许　敏，等
113	精量滴灌关键技术与产品研发及应用	王　栋，许　迪，龚时宏，等
114	新型低能耗多功能节水灌溉装备关键技术研究与应用	施卫东，李　红，王新坤，等
115	植物 – 环境信息快速感知与物联网实时监控技术及装备	何　勇，杨信廷，史　舟，等

续表

序号	项目名称	主要完成人或主要完成单位
116	中国海大陆架划界关键技术研究及应用	李家彪，刘保华，郝天珧，等
117	国家数字城市地理空间框架技术体系构建与应用	李成名，李维森，邵振峰，等
118	多系统多频率卫星导航定位关键技术及 SoC 芯片产业化应用	韩绍伟，钱　镱，郑　睿，等
119	2000m 以内全液压地质岩心钻探装备及关键器具	张金昌，刘凡柏，孙建华，等
120	煤矿重大水患探测与快速抢险关键技术及装备	董书宁，王晓林，倪建明，等
121	高瓦斯突出煤层强化卸压增透及瓦斯资源化高效抽采关键技术	林柏泉，翟　成，屈永安，等
122	露天转地下高效转型建设大型数字化地下金属矿山的研究与实践	蔡美峰，齐宝军，甘德清，等
123	超大直径深立井建井关键技术及成套装备	王　安，周国庆，龙志阳，等
124	西部干旱半干旱煤矿区土地复垦的微生物修复技术与应用	毕银丽，凌　文，杨　鹏，等
125	眼眶外科修复重建关键技术体系的创建和应用	范先群，周慧芳，毕晓萍，等
126	腹部多器官移植及器官联合移植的技术创新与临床应用	何晓顺，陈知水，朱晓峰，等
127	基于影像导航和机器人技术的智能骨科手术体系建立及临床应用	田　伟，王田苗，王满宜，等
128	结直肠癌肝转移的多学科综合治疗	秦新裕，许剑民，钟芸诗，等
129	角膜病诊治的关键技术及临床应用	史伟云，谢立信，周庆军，等

附件 8　2015 年度“中国科学十大进展”

1. 实现单光子多自由度量子隐形传态
2. 理论预言并实验验证外尔半金属的存在
3. 揭示埃博拉病毒演化及遗传多样性特征
4. 实现对反物质间相互作用力的测量
5. 探测到宇宙早期最亮中心黑洞质量最大的类星体
6. 发现东亚最早的现代人化石
7. 揭示人类原始生殖细胞基因表达与表观遗传调控特征
8. 解析细胞炎性坏死的关键分子机制
9. 研制出碳基高效光解水催化剂
10. 实现对单个蛋白质分子的磁共振探测